BENSHEIMER HEFTE
Herausgegeben vom Evangelischen Bund
Heft 119

Die Kirchen der Gegenwart

Herausgegeben von Gury Schneider-Ludorff
und Walter Fleischmann-Bisten

Band 8

FERNANDO ENNS (HG.)

Mennoniten

VANDENHOECK & RUPRECHT

Bibliografische Information der Deutschen Nationalbibliothek:
Die Deutsche Nationalbibliothek verzeichnet diese Publikation in der
Deutschen Nationalbibliografie; detaillierte bibliografische Daten sind
im Internet über https://dnb.de abrufbar.

© 2025 Vandenhoeck & Ruprecht, Robert-Bosch-Breite 10,
D-37079 Göttingen, ein Imprint der Brill-Gruppe
(Koninklijke Brill BV, Leiden, Niederlande; Brill USA Inc., Boston MA, USA;
Brill Asia Pte Ltd, Singapore; Brill Deutschland GmbH, Paderborn, Deutschland; Brill Österreich GmbH, Wien, Österreich)
Koninklijke Brill BV umfasst die Imprints Brill, Brill Nijhoff,
Brill Schöningh, Brill Fink, Brill mentis, Brill Wageningen Academic,
Vandenhoeck & Ruprecht, Böhlau und V&R unipress.

Alle Rechte vorbehalten. Das Werk und seine Teile sind urheberrechtlich
geschützt. Jede Verwertung in anderen als den gesetzlich zugelassenen Fällen
bedarf der vorherigen schriftlichen Einwilligung des Verlages.

Umschlagabbildungen:
Bild oben: Täufer lesen die Bibel. Jan Luyken (1685).
Bild unten links: GEMPAZ – Grupo Ecuménico de Mujeres
Constructoras de Paz, foto: privat.
Bild unten rechts: Image by Rachel Schrock Photography,
in collaboration with Mennonite Action (2025).

Satz: SchwabScantechnik, Göttingen
Druck und Bindung: CPI books GmbH, Ulm
Printed in the EU

Vandenhoeck & Ruprecht Verlage | www.vandenhoeck-ruprecht-verlage.com
E-Mail: info@v-r.de

ISSN 0522-9014
ISBN 978-3-525-87244-4

INHALT

Vorwort 9

A. Geschichte 13

1. Täufer und Mennoniten im Aufbruch der Reformation.
Die Anfänge 14
Hans-Jürgen Goertz

2. Mennonitische Glaubensbekenntnisse:
Vielfalt und Kontextualität 41
Karl Koop

3. „Mennonitische Unschuld". Die Entkolonialisierung
täuferisch-mennonitischer Selbstdarstellungen 49
Andrés Felipe Pacheco Lozano

B. Glauben und Leben 69

4. Schrift, Nachfolge und Gemeinschaft –
Mennonitisches Schriftverständnis 70
Joel Driedger

5. Christologie, Rechtfertigung und Trinität in
mennonitischer Theologie und Praxis 78
Neal Blough

6. Friedenskirche – Ekklesiologie und Friedensethik 93
Fernando Enns

7. Das Verhältnis von Kirche und Staat aus täuferisch-
mennonitischer Perspektive 118
Paul Doerksen

8. Liturgie des Lebens: Biblische Schlichtheit und
Ermutigung im praktischen Glauben 133
Ciska Stark

9. Die Taufe auf das Bekenntnis des Glaubens 141
Rainer W. Burkart

10. Abendmahl und Fußwaschung in der
mennonitischen Tradition 150
John D. Rempel

11. Eidesverweigerung 160
Jonathan Seiling

12. Mission und Diakonie: Salz der Erde, Licht der Welt –
und „die Stillen im Lande" 172
Arli Klassen

13. Mennoniten in ökumenischen Beziehungen 180
Fernando Enns

14. Mennoniten in interreligiösen Beziehungen 206
Jonas Widmer

**C. Mennonitische Gemeinden in fünf Kontinenten –
eine globale Gemeinschaft** 217

15. Die Mennonitische Welt (-konferenz):
eine wachsende Glaubensgemeinschaft 218
Larry Miller

16. Afrikanische Täuferinnen und Täufer: Teil der
weltweiten mennonitischen Familie im 21. Jahrhundert –
eine persönliche Reflexion 229
Pakisa K. Tshimika

17. Mennonitische Gemeinden und täuferische Kirchen
in Lateinamerika. Hundert Jahre Pilgerweg 254
Jaime Adrián Prieto Valladares

18. Mennoniten in Nordamerika heute –
zwischen europäischer Vergangenheit und globaler Zukunft 280
Helmut Harder

19. Die mennonitischen Kirchen in Asien 301
Chiou-Lang (Paulus) Pan

20. Mennoniten in Europa: Glaube und Tradition
in der Bewährungsprobe 317
Hanspeter Jecker

21. Die russlanddeutschen Mennoniten 337
Walter Sawatsky

Anhänge 353
Gemeinsame Überzeugungen 354
Autorinnen und Autoren 356

VORWORT

Wie sollen wir Mennoniten beschreiben? Das ist vor allem für Mennoniten selbst eine Herausforderung. Wie alle anderen Denominationen sind auch die Mennoniten plural, vielgestaltig und kontextuell unterschiedlich geprägt – sowohl im Glauben als auch in der Praxis. Aber in kaum einer anderen Denomination ist diese Vielfalt so offensichtlich, verzichtet sie doch – ihrem Selbstverständnis entsprechend – auf einigende, verbindliche Bekenntnistexte; sie hat keine ausgebildeten Lehrämter, weil sie das „Priestertum aller Gläubigen" tatsächlich leben will; sie ist kongregationalistisch verfasst, so dass jede einzelne Ortsgemeinde frei über Lehre und Glaubenspraxis entscheiden kann; und es gibt keine anerkannte „mennonitische Theologie", die zur Beschreibung herangezogen werden könnte. – Fragt man also Mennonit:innen, wer sie sind, dann wird immer ein vielstimmiges Konzert hörbar, so wie in diesem Sammelband. Die einen werden die Geschichte erzählen, meist beginnend in der Reformation des 16. Jh. in Europa (obwohl diese ja nicht ohne die mittelalterliche Mystik oder vorausgehende Reformbestrebungen zu denken ist); andere werden zuerst vom gewaltfreien Friedenszeugnis berichten (obwohl dies nicht ungebrochen in der Geschichte der Mennoniten durchgehalten wurde); wieder andere beginnen bei der Taufe auf das eigene Glaubensbekenntnis. Die einen werden sagen, dass sie Mennoniten sind, weil sie dort so frei im Glauben sein dürfen, andere, dass sie die Gemeinschaft von Gleichgesinnten so schätzen. Und alle diese Erzählungen zusammen ergeben erst ein der Wirklichkeit annähernd entsprechendes, vielschichtiges Bild dieser weltweiten Glaubensfamilie.

So sind die hier versammelten Beiträge systematisch ausgewählte Stimmen zu einzelnen Themen, die einen ersten Überblick verschaffen. Es sind fast alles Autor:innen, die sich zur weltweiten täuferisch-mennonitischen Familie zählen. Selbstverständnisse also, die dennoch jeweils versuchen, eine Bandbreite von Überzeugungen, Praktiken und Meinungen darzustellen. – Dass solche Selbstdarstellungen stets auch Gefahren bergen, macht vor allem der Beitrag „Mennonitische Unschuld" deutlich. Die Diskrepanz zwischen Selbst- und Fremdwahrnehmung ist nicht zu unterschätzen. Man wünschte sich einen ergänzenden Band, der die einzelnen Beiträge von nicht-Mennoniten kommentieren würde; einen ökumenischen oder auch interreligiösen Dialog also, der uns Mennoniten auch in der Vergangenheit stets geholfen hat, unsere eigene Identität – in Beziehung zu den jeweils Anderen – zu beschreiben, im besten Falle dann auch Stereotypen von „den Anderen" aufbrechend und die Selbstbeschreibungen kritisch prüfend. Nur so kann es gelingen, das Ethos der Friedenskirche – oder des Evangeliums – glaubwürdig zu leben. Dass der Glaube zu einer Lebenshaltung heranwächst, war dieser Bewegung, ausgehend von jener „radikalen Reformation", ja immer wichtiger als dogmatisch fixierte Lehrsysteme.

Die vorliegenden Beiträge sind also nicht „die mennonitische Position" zu ausgesuchten Themen, sondern Mennonit:innen nehmen aus der Perspektive dieser Tradition Beschreibungen und manchmal auch Wertungen vor. Sie sind authentisch. – Doch trotz der gebotenen Vielfalt sind hierbei deutliche Begrenzungen festzustellen, die weitere Beiträge ergänzen müssen: Es sind zum einen immer noch vorwiegend weiße Männer aus Europa oder Nordamerika unter den Autor:innen. Dies ist keineswegs repräsentativ für die weltweite Gemeinschaft der Mennonit:innen, deutet eher auf die Begrenztheit des Mediums „wissenschaftliches Buch". Die traditionellen Schulen und Forschungseinrichtungen zu Geschichte und Theologie aus mennonitischer Perspektive finden sich immer noch vorwiegend in den westlichen Kontexten, aber der Glaube in mennonitischer Perspektive wird vorwiegend im globalen Süden gelebt und gefeiert. Zum zweiten sind die Themen weitgehend durch eine bestimmte theologische Tradition vorgegeben. In anderen Kontexten und (Wissens-) Kulturen wäre womöglich ein ganz anderer Kanon zur Erörterung, wer die Mennoniten denn sind, entwickelt worden; vielleicht die Frage der Schöpfung ganz im Vordergrund stehend, oder Spiritualität stärker hervorhebend, womöglich auch andere Fragen der Ethik thematisierend. – Diese Begrenzungen sind uns bewusst und dürfen bei der Lektüre nicht vergessen werden.

Zu danken ist den Herausgeber:innen dieser Reihe, dass sie uns Mennoniten eingeladen haben, diesen Band weitestgehend selbst zu verantworten. Das Team der Arbeitsstelle „Theologie der Friedenskirchen" im Fachbereich ev. Theologie an der Universität Hamburg hat diese Aufgabe mit viel Aufmerksamkeit und Fleiß gemeinsam erledigt – über mehrere Jahre hinweg. Viele haben geholfen beim Übersetzen, Korrigieren, Formatieren. An dieser Stelle danken wir freilich auch den zahlreichen Autor:innen, die sich bereitwillig auf die Vorgaben eingelassen haben. Es war eine Freude, mit Euch allen in Kontakt zu sein. – So ist die Entstehung von Büchern wie dem vorliegenden selbst bereits ein Gewinn, weil uns der Prozess wieder neu aufeinander hören und voneinander lernen lässt.

Mögen die hier versammelten Stimmen ein hilfreicher Beitrag sein zum fortwährenden Gespräch mit Anderen und zur kreativen Identitätsfortschreibung in den eigenen Reihen führen.

Hamburg, im Februar 2025 *Fernando Enns*

A. GESCHICHTE

1. Täufer und Mennoniten im Aufbruch der Reformation.

Die Anfänge

Hans-Jürgen Goertz

Die Geschichte der Täufer beginnt nicht mit der rechtlich abgesicherten Gründung einer neuen Kirche. Am Anfang standen vielmehr nur lose religiöse bzw. soziale Bewegungen, die aus dem reformatorischen Aufbruch um 1520 und den Aufständen des „gemeinen Mannes" um 1525 in der Schweiz, in Ober- und Mitteldeutschland hervorgingen. Diese Bewegungen griffen allgemeinreformatorische Losungen, vor allem das Schriftprinzip (*sola scriptura*), das Argument gegen die Werkgerechtigkeit (*sola gratia*) und die Kritik am geistlichen Stand („Priestertum aller Gläubigen") auf. Sie solidarisierten sich auch mit den Forderungen der aufständischen Bauern nach eigener Pfarrerwahl, kirchlicher Selbstbestimmung der Dorfgemeinden und Erneuerung des gesamten Lebens nach göttlichem Recht. Sie stimmten in die Kritik am katholischen Abendmahlsverständnis ein, sie weigerten sich, ihre Kinder unmittelbar nach der Geburt zur Taufe zu tragen und führten die Erwachsenen- bzw. Glaubens- oder Bekenntnistaufe ein. Die Taufe sollte den Beginn eines neuen Lebens in der Nachfolge Jesu markieren und die Bereitschaft anzeigen, sich in den Leib Christi eingliedern zu lassen. Damit wurde nicht nur der traditionelle kirchliche Initiationsritus in Frage gestellt, sondern auch das politische, soziale und kulturelle Grundgefüge des christlichen Abendlandes untergraben, das sich mit jedem freiwilligen Aufnahmeakt eines Täuflings in den Leib Christi von Generation zu Generation erneuerte. Die katholischen und evangelischen Obrigkeiten sahen in den Anhängern dieser Bewegungen „Wiedertäufer", d. h. Ketzer und Aufrührer, und verfolgten sie seit 1529 reichsweit, in der Schweiz schon früher, mit der Todesstrafe. Erst in der zweiten Hälfte des Reformationsjahrhunderts ließen die schweren Verfolgungen allmählich nach. In zahlreichen Herrschaftsgebieten wurden die „Täufer", wie sie sich später selber nannten, geduldet, sobald sie ihren aggressiven Nonkonformismus aufgegeben und sich als wirtschaftlich nützliche Untertanen empfohlen hatten. Aus aufmüpfigen, unruhigen Geistern waren die „Stillen im Lande" geworden. Volle Bürgerrechte erhielten sie allerdings erst im 19. Jh.[1]

I. Das antiklerikale Entstehungsmilieu

Mit allen reformatorischen Bewegungen teilten die Täufer die allgemeine Situation, in der sich die ersten Forderungen nach einer Erneuerung der Christenheit regten und reformatorische Losungen ihre Sprache fanden. Diese Situation war von der Kritik am Klerus beherrscht, von „Pfaffenhass und groß Geschrei".[2] In der Forschungsliteratur wird zwischen vorreformatorischem und reformatorischem Antiklerikalismus unterschieden.[3] Kritik an den Geistlichen hat es immer gegeben. Seit dem 11. Jh. aber bildete sich eine Trennung von Klerikern und Laien heraus, die seit dem 12. Jh. im Codex Juris Canonici ihre rechtliche Verbindlichkeit erlangte. Ein Reflex auf diese Trennung sind die Zeilen, mit denen Walter von der Vogelweide (ca. 1170–1230) über die Not klagte, die entstanden war, „als sich Pfaffen und Laien zu entzweien begannen".[4] Kleruskritik wurde vor allem in den Armuts- und Ketzerbewegungen des Mittelalters laut – bis hin zu den apokalyptischen Bußrufen Girolamo Savonarolas, den Reformpredigten Geiler von Kaysersbergs und dem „Narrenschiff" Sebastian Brants im 15. Jh. Kritisiert wurde vor allem, dass der Geistliche, der an der Spitze der mittelalterlichen Ständepyramide stand, nicht mehr seinem Ideal eines „vollkommenen" Menschen entsprach und zunehmend in Gegensatz zu den Erwartungen geriet, die von den Laien an die Vermittler des Heils in dieser Welt geknüpft wurden. Die antiklerikalen Affekte und die vehemente Polemik gegen Päpste, Kardinäle, Bischöfe, Mönche, Nonnen und Priester waren nicht Äußerungen kirchenfeindlicher Agitatoren, sie entsprangen vielmehr der Sorge der Gläubigen um das Heil ihrer Seele. Immer mehr schwand ihr Vertrauen in den Klerus. Sie sahen sich gezwungen, sich selber um ihr Heil zu kümmern, nicht zuletzt, indem sie die Priester, auf deren Vermittlungsdienste im Grunde noch nicht zu ver-

---

[1] Vgl. Goertz, Die Täufer, 121–136; von Schlachta, Täufer.
[2] Goertz, Pfaffenhaß und groß Geschrei.
[3] Vgl. Scribner, Antiklerikalismus in Deutschland.
[4] Goertz, Antiklerikalismus und Reformation, 11.

zichten war, zur Ordnung riefen. Diese Laien wollten den Klerus nicht abschaffen, sie setzten vielmehr auf dessen Fähigkeit, sich zu reformieren.

Alle Formen dieser spätmittelalterlichen Kleruskritik und des antiklerikalen Protests waren auch in der Reformationszeit präsent. Allerdings wurde der Klerus jetzt einer weitaus radikaleren Kritik ausgesetzt. Sie mündete in die Forderung, den geistlichen „Stand" ganz abzuschaffen. In zunehmendem Maße wurden Priester beschimpft, Mönche aus den Dörfern getrieben, Priester, die am Altar die Messe zelebrierten, mit Messern bedroht, ihnen wurde gelegentlich der Kelch aus den Händen geschlagen, einige wurden mit Kot oder Steinen beworfen, Predigten wurden gestört, Bischöfe und Kardinäle wurden in Fastnachtsumzügen verspottet und deren Attrappen unter dem Gejohle des Volkes auf Scheiterhaufen verbrannt. Der antiklerikalen Turbulenz waren keine Grenzen mehr gesetzt. In der berühmten Flugschrift Martin Luthers „An den christlichen Adel deutscher Nation von des christlichen Standes Besserung" (1520) wird deutlich, dass dieser Antiklerikalismus keine Randerscheinung der beginnenden Reformation war, nicht nur das alte Gebäude der Kirche niederriss, sondern selbst schon Ausdruck eines reformatorischen Anliegens. Dieser positive Zug kommt in der Losung vom „Priestertum aller Gläubigen" zur Geltung. Der Priester verführt nicht nur die Laien dazu, sich ihr Heil mit frommen Werken verdienen zu können, sondern er ist selber – der Definition seines Standes entsprechend, Gott am nächsten zu sein – ein Produkt der Werkgerechtigkeit, das von den Laien am Leben erhalten wird und als solches hinfällig geworden ist. „Im Aufstand gegen den falschen homo religiosus kam der wahre homo religosus wieder zum Vorschein. Im Wechsel vom Priester zum Laien zeigte sich der Ursprung der Reformation."[5]

In diesem antiklerikalen Reformmilieu sind auch die so genannten Prototäufer bzw. die ersten Täufer anzutreffen. Sie warfen Kruzifixe um, störten Predigten, stürmten Bilder, beschimpften Priester, begannen die offiziellen Gottesdienste zu meiden, gestalteten das Abendmahl antizeremoniell, ebenso die Taufe: ohne Priester, ohne Talar, ohne Kerzen, ohne güldenes Kultgerät, ohne Monstranz und Kelch, ohne Oblaten.

---

[5] Goertz, Antiklerikalismus und Reformation, 17.

Das Abendmahl wurde mit einfachem Brot gefeiert, das gebrochen wurde und mit Wein aus irdenen oder hölzernen Bechern. In Waldshut wurde der Taufstein aus der Verankerung gerissen und in den Rhein geworfen, getauft wurde mit Wasser aus einem Milchkübel. Ostern 1525 waren es dreihundert Täuflinge. Die Gottesdienste wurden in Wäldern und Höhlen gefeiert, in Wirtshäusern und Scheunen. Nicht nur Täufer, sondern auch Täuferinnen beteiligten sich an solchen antiklerikalen Aktionen. Alle Reformbereiten waren gegen die Herrschaft der Priester eingestellt, die „immer oben an sitzen wollen" (Andreas Karlstadt). Die Täufer wollten nur dienen und helfen. Die Religiosität der Alltäglichkeit zerstörte die kultische Welt des Priesters. Laienkultur war im Begriff, sich gegen Priesterkultur durchzusetzen.

An diesem reformatorischen Prozess waren die Täufer in besonderer Weise beteiligt. Sie waren von Anfang an existentiell so tief im antiklerikalen Milieu verwurzelt, dass es Wunder nehmen müsste, wenn ihr Denken, Verhalten und Handeln nicht davon berührt bzw. bestimmt worden wären. Das wird sich an einzelnen Gedanken, Einstellungen und Visionen immer wieder zeigen: Im Individuellen verstanden sie sich als die besseren Geistlichen, im Korporativen bildeten sie eine Gemeinschaft, die sich als Volk Gottes, als Gegenentwurf zu jener Kirche verstand, die über den Klerus definiert wurde.

Vor allem und zuerst aber prägte das antiklerikale Milieu die äußere Form, in der die Täufer auf den Plan traten. Sie waren noch nicht Mitglieder einer neuen Kirche, geschweige denn Begründer einer protestantischen Konfession. Sie bildeten nur eine lose organisierte Bewegung, im Grunde mehrere Bewegungen, die sich in unterschiedlichen Regionen auf verschiedene Weise herausbildeten und weiterentwickelten, sich gelegentlich auch überschnitten und sich miteinander vermischten. In dieser Situation aber eigene Gedanken zu fassen, die Heilige Schrift zu lesen und Konsequenzen aus der Lektüre der Schrift zu ziehen, fiel ganz unterschiedlich aus, so wie der Alltag sich in der Stadt anders darstellte als auf dem Land, in der Schweiz und in Mitteldeutschland anders als in Tirol und Mähren und dort wieder anders als am Niederrhein oder in den Niederlanden. In den täuferischen Bewegungen sammelten sich unterschiedlich motivierte, biblisch-reformerische, mystisch-spiritualistisch oder apokalyptisch geprägte,[6] von religiösem Erneuerungswillen erfüllte oder von sozialen Bedürfnissen getriebene Männer und Frauen. Diese strebten zwar danach, sich zu Gemeinschaften oder kirchlichen Gemeinden zu verbinden, wie im Täuferreich zu Münster 1534/35 sogar mit der Absicht, die ganze Welt zu beherrschen, vorerst aber wiesen sie die typischen Merkmale einer sozialen Bewegung, ja, einer Vielfalt von Bewegungen auf. Soziale und religiöse Anliegen waren miteinander verknüpft. Vieles war nur angedeutet, provisorisch und experimentell, oft sogar in sich widersprüchlich. Die frühen Täufer schwankten zwischen Militanz und Friedfertigkeit. Einmal wollten sie die Missstände in der bestehenden Kirche beseitigen, ein anderes Mal sich von dieser Kirche und dem öffentlichen Leben absondern. Aus militanten Täufern wurden oft friedliche Glaubensgenossen, aus lautstarken Bilderstürmern jene sprichwörtlichen „Stillen im Lande". Gelegentlich war es umgekehrt, wie im westfälischen Münster: aus friedlichen Reformern wurden furiose Apokalyptiker. Gemeinsam war ihnen vor allem die Praxis der Erwachsenentaufe als sichtbares Zeichen eines ursprünglichen Nonkonformismus christlicher Existenz. Doch schon die Begründungen dieser Praxis waren verschieden: die Verpflichtung, ein untadeliges, Gott ergebenes Leben zu führen (Balthasar Hubmaier); die Versiegelung der Auserwählten, um sie vor dem bevorstehenden Weltgericht zu bewahren (Hans Hut); die Aufnahme in den Bund, den Gott mit den Menschen geschlossen hat (Melchior Hoffman, Bernhard Rothmann und Menno Simons). Die Taufe war nicht das theologische Herzstück, sondern eher ein Merkmal umfassender Bemühungen um eine Erneuerung der Christenheit unter den Bedingungen wechselnder Situationen. Nicht dies oder das, sondern alles sollte „anders" werden, hieß es von den Täufern in Straßburg.

---

[6] Vgl. Klaassen, Living in the End of the Ages.

II. Unterschiedliche Bewegungen in verschiedenen Regionen

In der Forschung hat sich inzwischen die Vorstellung vom polygenetischen Ursprung des Täufertums allmählich durchgesetzt.[7] Wohl gab es Berührungspunkte und Überschneidungen unter den täuferischen Bewegungen, grundsätzlich entstand aber jede Bewegung aus eigenem Recht, keine war von der anderen abhängig. Was sie gemeinsam hatten, hatte sich oft aus einer vergleichbaren Situation ergeben. Es waren zunächst mehr strukturelle Ähnlichkeiten, die sie miteinander verbanden, als gegenseitige Beeinflussung.

a. Schweizer Täuferbewegung

Täufergemeinden entstanden nicht nur im Zürcher Herrschaftsgebiet, die Schwerpunkte verlagerten sich allmählich auch auf die Territorien Basels und Berns (Berner Jura).[8] Alles begann aber mit dem reformatorischen Wirken Ulrich Zwinglis in Zürich, der von Klerikern und Laien unterstützt und angetrieben wurde. Seine Anhänger trafen sich in Konventikeln, um die Heilige Schrift gemeinsam zu lesen und Schritte zur Erneuerung der Kirche und des öffentlichen Lebens im Geiste des Gehörten zu beraten. Doch immer deutlicher wurde ihnen, dass auch Zwingli ihnen die Wahrheit der Heiligen Schrift noch nicht ganz erschlossen habe.[9] Wichtig war der Kreis um den Buchhändler Andreas Castelberger, bei dem sich Zürcher Anhänger Zwinglis, Geistliche und Handwerker, auch mit Prädikanten aus der Landschaft zu gemeinsamem Bibelstudium trafen und ihre Erfahrungen austauschten. Sie brachen die Fastengebote, stritten mit den Mönchen, störten Predigten und stürmten Heiligenbilder in den Kirchen. In Stadelhofen wurde ein hölzernes Kruzifix

---

[7] Stayer / Deppermann / Packull, From Monogenesis to Polygenesis. Angelegt ist die Polygenesis-These bereits in: Stayer, Anabaptists and the Sword. Vgl. auch Goertz, Umstrittenes Täufertum.
[8] Vgl. Jecker, Ketzer – Rebellen – Heilige. Zur Entstehung des Schweizer Täufertums vgl. neuerdings: Roth / Stayer, A Companion to Anabaptism, 45–118; Snyder, The Birth and Evolution of Swiss Anabaptism.
[9] Vgl. Strübind, Eifriger als Zwingli. Zu den reformatorischen Unruhen in Zürich und auf der Zürcher Landschaft vgl. neuerdings: Kamber, Reformation als bäuerliche Revolution.

von radikalen, bald zu Täufern gewordenen Gesinnungsgenossen Zwinglis niedergerissen.

Bereits 1523 kam es zum Bruch zwischen Zwingli und den Anhängern, die mit seinen Konzessionen an die weltliche Obrigkeit nicht einverstanden waren. Entzündet hatte sich der Streit an der harten Reaktion des Zürcher Rates auf die Verweigerung des Kirchenzehnten in einigen Landgemeinden. Zwingli schlug sich auf die Seite des Rates, obwohl er keinen Beleg aus göttlichem Recht für die Zehntabgabe anführen konnte, während seine Anhänger sich mit den Gemeinden auf dem Lande solidarisierten, die um ihre politische und kirchliche Unabhängigkeit von der Zürcher Obrigkeit rangen. Der Bruch entstand nicht, wie oft behauptet wurde, an der Forderung, Kirche und Staat grundsätzlich voneinander zu trennen und eine „Freikirche" zu errichten, sondern an der Frage, ob einem Rat zu trauen sei, der Reformen in der Stadt unterstützte, auf dem Lande aber eine reformfeindliche, ja, wie man meinte, „teuflische" Politik betrieb.

Dieser Bruch vertiefte sich auf der Zweiten Disputation Zwinglis und seiner Gefolgsleute mit Vertretern des Bischofs von Konstanz im Oktober 1523. Dort wurde beschlossen, die Messe abzuschaffen und die Bilder, die von den Gläubigen verehrt wurden, aus den Kirchen zu entfernen. Die Durchführung dieses Beschlusses aber sollte, wie im Fall der Zehntabgabe, dem Rat überlassen werden. Dagegen erhob sich Protest aus dem Kreis derer, die bereits in der Zehntfrage von Zwingli abgewichen waren. Offiziell eingeführt wurde die Reformation in Zürich mit einer eigenen Abendmahlsordnung am Karfreitag bzw. Ostern 1525. Als es schließlich zum Streit um Taufverweigerungen in einigen Dörfern kam, war eine Verständigung zwischen Zwingli und seinen einstigen Anhängern nicht mehr möglich. Sie diskutierten zwar über die Taufpraxis, doch die Gegner der Säuglingstaufe fanden kein Gehör. Der Schritt zur ersten Glaubenstaufe, die der Patriziersohn und humanistisch gebildete Konrad Grebel an dem entlaufenen Priester Georg Blaurock aus Graubünden am 21. Januar 1525 in einem Privathaus vollzog, war unausweichlich, wollten die radikalen, wenig kompromissbereiten Reformer ihren Willen zur Erneuerung der Christenheit nicht aufgeben.[10]

---

[10] Vgl. Goertz, Konrad Grebel.

Mit dieser Taufe wurde noch keine eigene Kirche gegründet, sondern lediglich die Absicht bekundet, dem Wort Gottes im Erfahrungsraum des „gemeinen Mannes" zu folgen. Konrad Grebel und seine Gefolgsleute schwankten noch zwischen einer gesamtkirchlichen und einer separatistischen Lösung – immer noch in der Hoffnung, sich gesamtkirchlich durchsetzen zu können.

Den Weg einer gesamtkirchlichen, von den Obrigkeiten getragenen Täuferreformation hatte indessen Balthasar Hubmaier in Waldshut am Oberrhein erfolgreich eingeschlagen und später im mährischen Nikolsburg fortgesetzt, wo ihm humanistisch gesinnte Reformkleriker bereits vorgearbeitet hatten. Einen solchen Weg beschritten zunächst auch Täufer in Zollikon und Höngg bei Zürich, Johannes Brötli in Hallau, vorübergehend auch Sebastian Hoffmeister in Schaffhausen und Wilhelm Reublin auf seinen Werbezügen zwischen dem Zürcher Herrschaftsgebiet, Waldshut und Schaffhausen, nicht zuletzt wohl auch Konrad Grebel selbst im Grüninger Amt. Sie solidarisierten sich mit den aufständischen Bauern in schweizerischen Territorien, so dass sich täuferische Reformanliegen gelegentlich kaum von den Forderungen der Bauern unterschieden.

Deutliche Konturen eines eigenen Kirchenverständnisses wurden erst in der Brüderlichen Vereinigung etlicher Kinder Gottes von Schleitheim 1527 sichtbar,[11] deren Abfassung auf Michael Sattler, den ehemaligen Prior des Benediktinerklosters St. Peter im Schwarzwald, zurückgeht. Offensichtlich ließ Sattler Reformimpulse seines Ordens ins Täufertum einfließen, etwa die Gemeinschaft der Glaubenden „in der Vollkommenheit Christi" von der „Welt" („außerhalb der Vollkommenheit Christi") zu trennen. So schrieb er die ekklesiologischen Ansätze des Zürcher Täuferkreises nicht nur fort, sondern verlieh ihnen auch einen deutlicheren separatistischen Akzent. Vor allem mit dem Artikel von der „Absonderung von der Welt" wurde ein Ausweg aus der Krise gesucht, in die viele Täufer und Täuferinnen nach dem Bauernkrieg unter Verfolgungsdruck geraten waren, und Einvernehmen über das weitere Vorgehen herbeigeführt. Die in Schleitheim versammelten Täufer trennten sich endgültig von der offiziellen Kirche, ebenso von den „falschen Brüdern"

---

[11] Brüderliche Vereinigung.

in den eigenen Reihen und von dem militanten Vorgehen der aufständischen Bauern, auch wenn sie untergründig Solidarität mit ihnen bewahrten. Erst jetzt wurden Abendmahl und Taufe, Bann, Eidesverweigerung und Wehrlosigkeit bzw. Gewaltverzicht zu Kennzeichen einer separatistischen und friedfertigen Glaubensgemeinschaft. Michael Sattler wurde verfolgt und 1527 in Rottenburg am Neckar nach qualvollen Folterungen als Ketzer auf dem Scheiterhaufen verbrannt.

Allmählich nahmen die täuferischen Gemeinschaften, vor allem in der Ost- und Westschweiz, Konturen festgefügter, mit Hilfe der „Regel Christi" (Mt 18,15–18) disziplinierter Gemeinden an. Der Bann war zunächst nicht eigentlich eine Maßnahme der Gemeinde, um notorische Sünder, Gestrauchelte oder aus dem Einvernehmen mit den Glaubensgeschwistern herausgefallene Gemeindeglieder aus der Gemeinde auszuschließen, sondern um sich mit ihnen auszusöhnen und sie wieder in die Gemeinschaft einzufügen. Bald jedoch wurde der Bann auch als Instrument des erbarmungslosen Ausschlusses gehandhabt. Er wurde zum Reflex eines sich in harter Verfolgungssituation immer mehr verengenden Separatismus. Doch nicht überall hatte sich der Separatismus des Schleitheimer Bekenntnisses in der Schweiz und in Oberdeutschland durchgesetzt, nicht bei den Täufern aus dem Appenzeller Land und in St. Gallen oder aus Gruppen, die sich um Pilgram Marpeck gesammelt hatten[12] und in deren Kreisen das so genannte *Kunstbuch* entstand.

b. Mittel- und oberdeutsche Täuferbewegung

Andere Wege schlugen die Täufer ein, die dem Umkreis Thomas Müntzers entsprungen waren: Hans Hut, Hans Denck und Melchior Rinck, Hans Römer, Leonard Schiemer und Hans Schlaffer. Auf eigene Weise trug Hut, der einer Gefangennahme nach der Bauernschlacht bei Frankenhausen im Mai 1525 entkommen war, die mystischen und apokalyptischen Akzente weiter, mit denen Thomas Müntzer seine reformatorische Theologie versah. Der fliegende Buchhändler Hans Hut aus dem fränkischen Bibra entwickelte sein Glaubensverständnis in seiner

---

[12] In deren Kreisen war das bedeutende *Kunstbuch* entstanden: Briefe und Schriften oberdeutscher Täufer.

„Unterrichtung christlicher Lehr" sowie in seiner Schrift „Von dem Geheimnis der Taufe" am Leitfaden der göttlichen Trinität.[13] Er konfrontierte die Menschen zunächst wie Müntzer mit dem „Evangelium aller Kreatur" (Genitiv statt Dativ) und meinte, dass den Menschen zunächst vor Augen geführt wird, was die Geschöpfe sie lehren: dass es ihre Bestimmung sei, sich im Zusammenhang der Nahrungskette dem jeweils Höheren unterzuordnen und Leid zu ertragen. Analog gilt das für den Menschen. In der Furcht vor Gott zeigt er sich bereit, Leid gehorsam auf sich zu nehmen und darauf zu vertrauen, dass die Heilstat Jesu Christi sich in ihm wiederholt und der Heilige Geist schließlich sein Inneres ganz und gar durchströmt.

So sammelte Hut die Gläubigen in Mittel- und Oberdeutschland, in Tirol und Mähren, um sie nach „Ankunft des Glaubens" mit der Taufe auf das Weltgericht am Ende der Tage vorzubereiten und zu versiegeln (vgl. Apk 7:3). Vorerst sollten sie das Schwert, das Müntzer im Bauernkrieg gezogen hatte, wieder in die Scheide stecken, um es am Jüngsten Tag, nachdem die Türken ihr martialisches Werk als Rute Gottes getan hätten, nochmals herauszuziehen und Rache am Rest der Gottlosen zu nehmen. Das war ein vorläufiger, kein grundsätzlicher Pazifismus wie in Teilen des schweizerischen Täufertums. Hut hatte das Weltgericht und die Wiederkunft Christi zu Pfingsten 1528 erwartet, war aber auf der spätsommerlichen Täuferzusammenkunft in Augsburg, der so genannten *Märtyrersynode* 1527, von den Glaubensgenossen gedrängt worden, Endzeitberechnungen für sich zu behalten und die missionarischen Züge nicht mit einer herausfordernden apokalyptischen Naherwartung zu belasten. Der endzeitliche Akzent dieser Verkündigung brachte es mit sich, dass Strukturen einer festgefügten Gemeinde, die sich in dieser Welt auf längere Zeit einzurichten hätte, nicht ausgebildet wurden. Entstanden war nur ein Netz loser Sammlungen. Hut wurde im September 1527 verhaftet und zum Tode verurteilt. Nach einem Ausbruchsversuch aus dem Augsburger Gefängnis in einem wohl von ihm selbst gelegten Feuer starb er im November 1527 und wurde in den ersten Dezembertagen posthum als Ketzer verbrannt.

---

[13] Zu Leben und Werk Hans Huts vgl. Seebaß, Müntzers Erbe.

Introvertierter war der mystische Spiritualismus, den Hans Denck, Rektor der Lateinschule an St. Sebald in Nürnberg, unter die Täufer trug. Er war eine irenische Gestalt. Höchstwahrscheinlich wurde er von Hut getauft und hatte theologische Argumente aus mystischer Frömmigkeitstradition, teilweise von Müntzer angeregt, aufgenommen, sich aber von apokalyptischen Einflüssen ferngehalten. Gemeinsam mit Jakob Kautz und Ludwig Hätzer war er an der Übersetzung der alttestamentlichen Prophetenbücher beteiligt („Wormser Propheten"). Sein Einfluss auf die weitere Entwicklung der Täufer war nicht groß. Stärker auf die Gründung geordneter Gemeinden ausgerichtet, doch weiterhin in der Leidensmystik Huts verankert, war das Wirken Leonhart Schiemers und Hans Schlaffers in Tirol. Auch sie zählen zu den frühen Märtyrern des Täufertums. Für ein ethisch orientiertes Glaubensverständnis setzte sich Melchior Rinck ein, ein humanistisch gebildeter, ehemaliger Kaplan in Hessen, der über die Wirren des Thüringer Bauernkriegs zu den Täufern gefunden hatte. Sein Wirken dort war allerdings zeitlich begrenzt. Ungeduldig reagierte schließlich der Bauernkriegsveteran Hans Römer, der in Erfurt am Neujahrstag 1528 mit Gleichgesinnten das Rathaus stürmen und das Reich Gottes ausrufen wollte. Sein Vorhaben wurde verraten, und seine Spuren verliefen sich.

Zu erwähnen sind noch die Uttenreuther „Träumer", die sich der Führung durch den Heiligen Geist anvertrauten. In Träumen und Visionen wurden sie angeblich aus den irdischen Bindungen gelöst und inspiriert, die bestehenden Ehen unter Partnern ungleichen Glaubens zu trennen und geistliche Ehen unter Gleichgesinnten einzugehen. Auch dies war ein Versuch, die Voraussetzungen für eine reine Endzeitgemeinde zu schaffen. Nicht minder provokativ erschien den Zeitgenossen schließlich der Augsburger Weber Augustin Bader, der unter dem Einfluss der jüdischen Kabbalah einen täuferisch-apokalyptisch inspirierten Messianismus ersann und Vorkehrungen traf, sich und danach auch seinen jüngsten Sohn zum messianischen König im Tausendjährigen Reich einsetzen zu lassen.[14]

Im Missionsgebiet Huts waren es lose Gruppierungen, zu denen sich die Auserwählten versammelten. Eine eindrucksvolle

---

[14] Vgl. Schubert, Täufertum und Kabbalah.

Alternative christlicher Gemeinschaft entstand erst in Mähren. In Nikolsburg, wo flüchtige Täufer Aufnahme gefunden und mit Hilfe Balthasar Hubmaiers eine obrigkeitliche Täuferreformation durchgeführt hatten, kam es nach internen Auseinandersetzungen über den Charakter der Reformation zu Spaltungen und schließlich zur Gründung einer neuen Gemeinde. Diese richtete sich frei von obrigkeitlicher Einflussnahme als Gütergemeinschaft nach dem Vorbild der Jerusalemer Urgemeinde (Apg 2 und 4) im benachbarten Austerlitz ein. Die Anlaufschwierigkeiten waren jedoch so groß, dass sich der kommunitäre Vorsatz nicht verwirklichen ließ und es zu weiteren Spaltungen kam.

Stabilisieren konnte sich jedoch dann eine Gruppe in Auspitz, die von Jakob Hutter aus Tirol angeführt wurde und sich in zahlreichen Bruderhöfen zu einer Konsumptions- und Produktionsgütergemeinschaft entwickelte. Hier machten sich Einflüsse aus dem Hutschen und dem Schweizer Täufertum geltend. Diese Höfe waren handwerklich-bäuerliche Mischbetriebe, deren Mitglieder in einer klosterähnlichen *vita communis* organisiert waren und mit einem eigenen Schulsystem für die Bildung des Nachwuchses sorgten. Da die Belange des täglichen Lebens kommunitär geregelt wurden, war es den *Hutterern* gelungen, mehr Arbeitskräfte für den Betrieb freizusetzen, als das den herkömmlichen Handwerkerfamilien möglich gewesen wäre. Tonangebend war das Handwerk, nicht die bäuerliche Erwerbswirtschaft. Das steigerte die wirtschaftliche Effizienz und das Ansehen der Bruderhöfe. Nicht zuletzt machte es sie mit ihren neuartigen Fertigungsmethoden für die adligen Landstände attraktiv, die sie gewöhnlich gegen die Verfolgungen durch den habsburgischen Hof in Schutz nahmen.[15]

Verfolgungszeiten wechselten jedoch mit Zeiten der Ruhe und wirtschaftlicher Blüte (die „goldenen Jahre" 1565–1595) ab. Was die *Hutterer,* die auch numerisch zu einer der bedeutendsten Nachfolgegemeinschaften der frühen täuferischen Bewegungen wurden, über die Jahrhunderte vor dem Niedergang bewahrte, war eine Mischung aus geistlich-kontemplativer Spiritualität

---

[15] Vgl. Packull, Die Hutterer in Tirol; oder Rothkegel, Martin, Anabaptism in Morovia and Silesia, in Roth/Stayer, Anabaptism and Spiritualism, 163–215. Zum Gütergemeinschaftsgedanken im Täufertum allgemein: Stayer, The German Peasants' War.

(besonders stabilisiert durch das Wirken Peter Riedemanns),[16] eschatologisch geprägter Fremdexistenz in dieser Welt und wirtschaftlich aktiver Lebensführung, deren Gütergemeinschaftsexperiment als ein kommunalistisch-kommunitärer Frühkapitalismus verstanden werden könnte – eine Alternative zum sich entwickelnden frühmodernen Kapitalismus.[17] In schwere Krisen gerieten die Hutterer im Zuge des Dreißigjährigen Krieges, die teilweise zur Auflösung der mährischen Bruderhöfe führten. Reste retteten sich über die Walachai und die Ukraine schließlich in die Prärien Nordamerikas am Ende des 19. Jh. Hier war allerdings nicht mehr das Handwerk, sondern die Landwirtschaft tonangebend, die für den agrarkapitalistisch bestimmten Markt produzierte.[18]

Schließlich finden sich Spuren des Hutschen Täufertums in weitgestreuten, miteinander kommunizierenden Kreisen, die in enger Verbindung mit den Täufern in Austerlitz um Jakob Wiedemann und Cornelius Veh entstanden waren und in denen Pilgram Marpeck, Bergrichter aus dem tirolischen Rattenberg und dann angesehener Stadtbauingenieur in Straßburg und Augsburg, besonders erfolgreich wirkte. Marpeck versuchte, den Täufern zu einer eigenen Identität zwischen biblizistischer Gesetzlichkeit und reinem Geistglauben zu verhelfen.[19] Das von Jörg Maler kompilierte „Kunstbuch" greift über die Vorstellungen Marpecks hinaus. Es legt den Akzent stärker auf spiritualistische Einstellungen und spiegelt die Weite eines reformatorischen Radikalismus wider, in dem sich der Kompilator bewegte. Dieses besonders gesprächsbereite Täufertum zwischen Biblizismus und Spiritualismus geriet jedoch bald in Vergessenheit. Das Hutsche Täufertum war, abgesehen von den Hutterern, eine „Bewegung im Übergang". Es löste sich nach 1530 allmählich auf oder wurde von den Schweizer Brüdern aufgesogen, einer Sammlungsbewegung einiger täuferischer Gruppen in der Schweiz, in der Pfalz, in Oberdeutschland und Mähren, die sich im oberdeutschen Raum, schließlich dem Elsass und der Pfalz,

---

[16] Vgl. Packull, Peter Riedemann.
[17] Vgl. Goertz, Hans-Jürgen, Religiöser Nonkonformismus und wirtschaftlicher Erfolg, in ders., Radikalität der Reformation, 343–362.
[18] Vgl. Von Schlachta, Hutterische Konfession.
[19] Vgl. Klaassen / Klassen, Marpeck.

auch am Niederrhein verbreitete: mit strenger, an dem Schleitheimer Bekenntnis orientierter Kirchenzucht, eigenem Liedgut (dem sogenannten *Ausbund*), weitgestreuten Publikationen und einer synodal geprägten Organisation ihrer Gemeinden.[20]

c. Niederdeutsch-niederländische Täufer

Das Täufertum im niederdeutschen Sprachraum geht auf den Kürschner und Laienprädikanten Melchior Hoffman aus Schwäbisch Hall zurück. Er hatte sich schon früh der reformatorischen Bewegung angeschlossen, die von Martin Luther und Andreas Karlstadt inspiriert war, und sich auf spektakuläre Weise in Livland, Stockholm und Kiel für die Sache der Reformation eingesetzt. Am Ende der zwanziger Jahre des 16. Jh. traf er mit Anhängern Huts in Straßburg zusammen, war von der prophetischen Gabe Ursula Josts und Barbara Rebstocks tief beeindruckt und lernte die „sakramentarische" Bewegung in Ostfriesland kennen.[21] Schnell bildete sich in ihm die Vorstellung eines apokalyptisch und visionär eingefärbten Täufertums eigener Art aus. Er schloss sich keiner Täufergruppe in der Stadt an, sondern sammelte einen eigenen Kreis um sich. Er führte die Menschen zu innerer Läuterung und gliederte sie „aus eigener Vollmacht als der letzte endzeitliche Prophet" durch die Taufe in die Gemeinde der Heiligen ein.[22] Eine monophysitische Christologie, teilweise an Kaspar von Schwenckfelds Lehre vom „himmlischen Fleisch" Christi orientiert, sollte sicherstellen, dass Jesus Christus nicht die sündige Natur des Menschen angenommen habe, sondern von unbefleckter, reiner Gestalt sei: geboren in Maria, aber nicht aus Maria. Diese Inkarnationslehre korrespondierte bei Hoffman mit einer rigorosen Heiligungsethik und wurde zum Erkennungszeichen des melchioritischen Täufer-

---

[20] Vgl. Packull, Mysticism and the Early South German-Austrian Anabaptist Movement, 118–138; Rothkegel, Martin, Art. „Schweizer Brüder", in Mennonitisches Lexikon, Bd. 5, www. mennlex.de [01.02.2024]; Um die Entstehung der Schweizer Brüder ist eine Kontroverse entstanden: vgl. Rothkegel, The Swiss Brethren. Dazu neuerdings kritisch: Snyder, C. Arnold, The Swiss Brethren Obscured. A Quixotic Redefinition Continues, in: Mennonite Quarterly Review, Okt. 2023, 4, 395–426.
[21] Vgl. Grochowina, Indifferenz und Dissens.
[22] Vgl. Deppermann. Melchior Hoffman.

tums.[23] Trotz des apokalyptischen Endes, das Hoffman unmittelbar heraufziehen sah, rief er nicht zu militantem Aufstand auf. Der große Kampf sollte von den Reichsstädten, allen voran von Straßburg, geführt werden: gegen Kaiser, Papst und Irrlehrer, die Exponenten der Gottlosigkeit. Die Täufer hingegen waren ausersehen, in aller Friedfertigkeit das geistliche Jerusalem vorzubereiten, in dem König und Prophet bald in frommer Eintracht herrschen würden. Hoffman musste Straßburg verlassen, wandte sich gen Norden und gründete 1530 die erste Täufergemeinde in Emden (Ostfriesland). Bald fanden seine Ideen auch Eingang in die Niederlande, wo seine apokalyptische Weltdeutung und sein ethischer Rigorismus einen aufnahmebereiten Boden fanden und in manchen Gegenden eine Massenbewegung auslösten. Während eines heimlichen Besuchs in Straßburg wurde er 1533 gefasst und zu lebenslanger Kerkerhaft verurteilt. 1543 soll er im dunklen und feuchten Verlies eines Gefängnisturms gestorben sein.

Auch diese Bewegung hatte viele Gesichter. Am spektakulärsten war das Eindringen täuferischer Sendboten mit prophetischem Anspruch ins westfälische Münster, wo die Reformation bereits Fuß gefasst, sich gegen den Fürstbischof aber noch nicht durchgesetzt hatte.[24] Die reformerische Bewegung unter dem ehemaligen Priester Bernhard Rothmann – eher reformiert als lutherisch orientiert – sah sich in der Situation des Kampfes gezwungen, zu radikalen Maßnahmen zu greifen, und näherte sich den Täufern an. Sie konnten die anstehende Wahl des Rates 1534 nutzen und die Mehrheit im Rat erringen, so dass sich ein Herrschaftswechsel zugunsten des Täufertums vollzog und aus einer kommunal ausgerichteten reformatorischen Ordnung in aller Kürze eine apokalyptische, universal ausgreifende Theokratie erwuchs. Das „Neue Jerusalem" wurde zwar immer noch erwartet, doch es hatten sich schon erste Umrisse dieser Heiligen Stadt gezeigt. Münster wurde von bischöflichen und reichsständischen Truppen belagert. Bei einem Ausbruchsversuch kam der niederländische „Prophet" Jan Mattijs, der den Durchbruch zur Weltherrschaft erzwingen wollte, ums Leben. Die Herrschaft wurde von Jan van Leiden, einem rhetorisch begabten Schneider und Volksschauspieler, ebenfalls aus den Niederlanden, über-

---

[23] Vgl. Voolstra, Het woord is vlees geworden.
[24] Vgl. de Bakker / Driedger / Stayer, Bernhard Rothman.

nommen. Er gab der Stadt zunächst eine Ältestenordnung, die sich an den zwölf Stämmen Israels orientierte und verwandelte sie nach fünf Monaten in ein Königreich – mit ihm als König, der mit einer Erdkugel, die von zwei Schwertern kreuzweise durchbohrt war, den Insignien täuferischer Weltherrschaft, präsentierte, mit einem Hofstaat und königlichem Zeremoniell. Die Einwohnerschaft Münsters wurde gezwungen, sich taufen zu lassen. So konnte ein geschlossener Untertanenverband entstehen.

Unter den Bedingungen der Belagerung wurden Gütergemeinschaft und Vielweiberei eingeführt, um die Versorgung der Einwohnerschaft zu sichern und den Frauenüberschuss in der Stadt – nach dem Zuzug zahlreicher Täuferinnen aus den Niederlanden und dem erzwungenen Wegzug zahlreicher männlicher Einwohner Münsters – familiär zu binden. Doch die Polygamie wurde trotz ihrer alttestamentlichen Begründung nicht ohne den Widerstand einiger Teile der Bevölkerung eingeführt. Es kam zu einem Aufstand, der mit Gewalt niedergeschlagen wurde. Das Regiment in der Stadt konnte während der Belagerung und zunehmender Hungersnot nur noch durch Schrecken und Terror aufrechterhalten werden. Schließlich fiel die Stadt 1535 durch Verrat. Viele wurden umgebracht, die Anführer der Täufer wurden hingerichtet und in Käfigen am Turm von St. Lamberti als Abschreckung zur Schau gestellt. Gerüchte vom Terror in Münster wurden in Flugschriften über die Grenzen des Reichs hinausgetragen. Sie haben das Täufertum endgültig diskreditiert und neue Verfolgungswellen ausgelöst.[25]

Während der Belagerung Münsters flackerten einige Täuferaufstände auch in den Niederlanden auf (in Amsterdam und im Oldekloster bei Bolsward), danach brandschatzten marodierende Banden um Jan van Batenburg unter der Bevölkerung. In der Folge schlossen sich viele Täufer dem spiritualistisch geprägten, friedfertigen Glasmaler David Joris aus Delft an, um durch die spirituelle Verflüchtigung äußerer Ordnungen, z. B. der Taufe, die Verfolgungen für sich in Grenzen zu halten.[26] In Bocholt trafen sich 1536 Anführer verschiedener Richtungen und suchten gemeinsam nach einem Weg aus der nachmünsterischen Krise.

---

[25] Vgl. zu Münster vor allem Klötzer, Die Täuferherrschaft von Münster.
[26] Vgl. Waite, David Joris.

Anders als in Schleitheim 1527 kam es hier aber nicht zu einer Einigung.

Erst in den 1540er Jahren beruhigte sich die Täuferszene, als der ehemalige Priester Menno Simons aus Witmarsum die versprengten Täufer zu friedfertigen, disziplinierten Gemeinden „ohne Flecken und Runzel" (Eph 5:27) zusammenführte.[27] Bereits als Priester im westfriesischen Pingjum und Witmarsum hatte Menno Simons unter dem Eindruck der sakramentarischen Reformbewegung in den Niederlanden erste Zweifel an der Transsubstantiationslehre seiner Kirche gehegt und nach der Hinrichtung des Täufers Sicke Freerks bald auch an der Praxis der Säuglingstaufe gezweifelt. Er las in der Heiligen Schrift und suchte in Gesprächen mit Amtsbrüdern nach einer Bewältigung seiner Zweifel – zunächst aber ohne Erfolg. Mit den Täufern kam er sozusagen noch als „evangelischer Priester" in direkten Kontakt und wandte sich ihnen zu, nachdem höchstwahrscheinlich auch sein Bruder in einem Sturm auf das Oldekloster während eines Massakers umgekommen war, das Truppen des Statthalters angerichtet hatten, um die Besetzung des Klosters zu beenden. 1536 verließ Menno Simons seine Kirche in Witmarsum. Schon davor könnte er von dem Täufer Obbe Philips getauft worden sein. Zunächst wich er nach Ostfriesland aus. 1537 wurde er dann zum „Ältesten" der täuferischen Gemeinde in Groningen eingesetzt. Er begann, im täuferischen Sinn zu predigen und zu taufen, bald auch schriftlich Rechenschaft über seinen Weg ins Täufertum abzulegen. Er baute die Gleichgesinnten in zahlreichen Schriften geistlich auf, tröstete sie in schwerer Verfolgung und rüstete sie für die Auseinandersetzungen mit Altgläubigen, Lutheranern und Reformierten aus: in Westfriesland, am Niederrhein, in Ostfriesland und an der Ostseeküste. 1539/40 veröffentlichte er sein „Fundament des christelyken leers", in dem er seine täuferischen Grundanschauungen darstellte. Er konzentrierte sich auf die Christologie und betonte mit Hilfe der melchioritischen Inkarnationslehre vom himmlischen Fleisch Christi das „reine" Leben in der Nachfolge Jesu und die „reine" Gemeinde. Mit diesem Buch wollte er auch die geistlichen und weltlichen Autoritäten seiner Tage von der friedfertigen Gesinnung der Täufer überzeugen und sparte nicht mit heftiger Kri-

---

[27] Vgl. Bornhäuser, Leben und Lehre Menno Simons'.

tik an den apokalyptischen Auswüchsen der Täuferherrschaft in Münster. Grundtenor der Kritik war der Hinweis darauf, dass die „Zeit der Gnade" in Jesus Christus bereits angebrochen sei und nicht mehr auf weitergehende Offenbarungen und institutionelle Neuordnungen im „Neuen Jerusalem" am Ende der Tage gewartet werden müsse. Die Gemeinde verfügte mit dem Bann über alle Mittel, sich in dieser Welt als die „reine Braut Christi" zu behaupten und ihr Leben in aller Stille, fern von jeder apokalyptischen Turbulenz in Friedfertigkeit zu führen. Das „Neue Jerusalem" wurde in der Gemeinde Jesu Christi auf Erden bereits antizipiert und sollte in einer *„all-inclusive new society of regenerated Christians, the new people of God"* verwirklicht werden.[28]

Zumindest bis in die Mitte der 1540er Jahre hinein wurde die Obrigkeit in diese „neue Gesellschaft" miteingeschlossen. Allerdings verwahrte sich die Gemeinde der Gläubigen gegen Obrigkeiten, die nicht bereit waren, in ihrer Politik auf die Mittel der Gewaltanwendung zu verzichten. Menno Simons gab die Hoffnung nicht auf, weltliche Obrigkeiten zu einer Amtsführung in Gerechtigkeit und Frieden bewegen zu können. Nur das wäre eine „christliche" Obrigkeit gewesen, mit deren Hilfe er seine täuferische Reformation vollenden zu können glaubte. Er war stets auf der Suche nach „seinem Kaiser Konstantin" (J. M. Stayer). Darin unterschied sich der Separatismus seiner Gemeinden von demjenigen der Schleitheimer Brüder. Freilich musste er in den letzten Jahren seines Lebens einsehen, dass dieser Weg ins „Neue Jerusalem" nur in Verfolgung und Not als kleine, leidensbereite Gemeinde begangen werden könne. So sehr die Suche nach einer frommen Obrigkeit ihn vom separatistischen Obrigkeitskonzept der Schleitheimer Brüder unterschied, waren seine Gemeinden auf ihrem Leidensweg doch den Gemeinden der Schweizer Täufer ähnlich geworden. Allerdings trugen die Streitigkeiten um den Bann, vor allem die Meidung des ungläubigen Ehepartners, auch das Zerwürfnis zwischen Menno Simons und Adam Pastor, den Menno Simons wegen antitrinitarischer Abweichungen und einer latenten Ablehnung der melchioritischen Inkarnationslehre, gebannt hatte, dazu bei, dass das Erscheinungsbild der Täufer in den Niederlanden alles andere als homogen war. Die Täufer in den Waterlanden, ungefähr ein Viertel aller niederländischen

---

[28] Isaak, Menno Simons, 98.

Täufer, wurden aus der Bewegung, die Menno und seine Mitältesten Dirk Philips und Leenhart Bouwens anführten, ausgeschieden. Sie repräsentierten fortan ein stärker spiritualistisch orientiertes, weltoffeneres Täufertum, das den Kampf Willem von Oraniens gegen die spanische Krone finanziell unterstützte, die Tolerierung der Täufer in der Niederländischen Republik vorbereitete und den Weg der Täufer ins wirtschaftliche und kulturelle Gesellschaftsleben sowie in frühaufklärerische Strömungen, späterer Zeiten ebnete.

So waren Gemeinden entstanden, mennonitische und waterländische, auch noch regional differenzierte friesische, flämische und hochdeutsche Gemeinden, deren Mitglieder in den Niederlanden oft *Doopsgezinde* (Taufgesinnte)[29] und in deutschen Städten und Territorien später *Mennoniten* genannt wurden. Heute akzeptieren die Nachkommen aller Täufer, bis auf die Hutterer und die Doopsgezinden in den Niederlanden, Menno Simons als ihren Namenspatron. Er verzehrte sich im Kampf für die Gemeinden nach außen und zerrieb sich in Streitigkeiten um die Bannpraxis in den eigenen Gemeinden. Er suchte zunächst einen Weg der milderen Bannpraxis, musste sich gegen Ende seines Lebens aber einer strengeren Handhabung des Banns fügen, um den Einfluss auf seine Gemeinden nicht zu verlieren. Er starb im Januar 1561 auf dem Gut eines einstigen Hauptmanns im kaiserlichen Heer bei Oldesloe in Holstein. Dort hatte er nach einem entbehrungsreichen Leben mit einigen Glaubensgenossen Asyl gefunden.

III. Die Gegenwart Gottes als „Zeit der Gnade"

Die polygenetische Bewegungsvielfalt des Täufertums regt nicht gerade an, nach einer einheitlichen Theologie oder Konfessionsgestalt des Täufertums zu suchen. In Bewegungen sind neue Entwicklungen nur provisorisch, nicht festgelegt, immer noch variabel. Vieles geht durcheinander, ist verzweifelt, skurril oder abwegig. Dennoch bemühten sich die Täufer, in dem Bewusstsein zu leben, dass für sie die „Zeit der Gnade", wie Menno Simons

---

[29] Vgl. Visser, Piet, Mennonites and Doopsgezinden in the Netherlands, in Roth / Stayer, Anabaptism and Spiritualism, 299–345. Zijlstra, Om de ware gemeente en de oude gronden.

meinte, jetzt schon angebrochen sei. Sie lebten bereits in einer neuen, pneumatischen Realität – anders als vorher – aus dem Einvernehmen, dass Gott zwischen sich und ihnen wiederhergestellt hatte. Das war ihre Art, die reformatorische Erkenntnis von der Rechtfertigung der Sünder und Sünderinnen *sola gratia* anzunehmen und in ihrem täglichen Leben zur Geltung zu bringen. Im Grunde wurzelt die Vorstellung vom Wirken des Heiligen Geistes im Verständnis der Rechtfertigung wie es vor allem von Martin Luther erneut zum Zuge gebracht worden war. Zutiefst waren auch die Täufer davon überzeugt, dass es dem Menschen unmöglich sei, sich das Heil aus eigener Kraft zu erwerben. So standen sie auf dem Boden der Reformation. Sie brachten diese Einsicht allerdings nicht in der forensisch (gerichtlich) orientierten Begrifflichkeit Martin Luthers oder Philipp Melanchthons zum Ausdruck, sondern in einer Begrifflichkeit, die aus Erfahrungen in der Gegenwart Gottes entsprungen war, in der sich diese Menschen auf einmal wähnten. Gott hat sich den Sündern und Sünderinnen zugewandt, er hat sein Geschöpf nicht allein gelassen und es ihnen nahegelegt, den Spuren Jesu, des eigenen Sohnes, zu folgen. Das Leben, das in dieser Nachfolge fortan geführt wird, ist ein anderes als zuvor. Es ist „neues Leben". Alles ist anders geworden. So wird die Gegenwart Gottes als Gnade wahrgenommen. Jahrhunderte später hat Paul Tillich die Gnade, wie sie in der Reformation verstanden wurde, als „Gottes Gegenwart" beschrieben. „Glaube in religiösem Sinn ist das Werk des göttlichen Geistes und dieser bedeutet wiederum Gottes Gegenwart."[30] Schließlich hat Ingolf U. Dalferth die Reformation als eine „Revolution des Glaubens" charakterisiert und die forensisch orientierten Argumente der reformatorischen Rechtfertigungslehre durch eine Begrifflichkeit ersetzt, die von der Gegenwart Gottes bestimmt wird und mit der Kraft einer Veränderung des bisherigen Lebens einhergeht.[31] Die Rechtfertigung, die sich in dem Auseinandersetzungsmilieu der Reformationszeit oft im appellativen Charakter des göttlichen Urteils über die Sünder und Sünderinnen erschöpfte, im Zuspruch und nicht in der Veränderungskraft des Heils, wurde im Begriffsfeld der Gegenwart Gottes so konzipiert, dass sie die Wirkung des befreienden Urteils mit einschloss und

---

[30] Tillich, Paul, Gesammelte Werke, Bd. VII, Stuttgart 1962, 196f.
[31] Dalferth, God first. Vgl. Goertz, Im Aufbruch der Reformation.

gar nicht erst die Konsequenz zuließ, die sündigenden Menschen seien aufgefordert noch das Ihre für ihr Heil tun zu müssen (Heiligung).[32] Der Vorwurf einer neuen Werkgerechtigkeit trifft die Täufer nicht. In der Gegenwart Gottes dachten und bewegten sie sich anders als diejenigen, die nicht in den Genuss dieser Gnade gekommen waren: friedfertig und versöhnlich, hilfsbereit und fürsorglich, frei von Zwang und voller Zuversicht. Sie mussten dazu nicht erst noch aufgefordert oder genötigt werden. Die gnädige Zuwendung Gottes zu seinem Geschöpf stand im Zeichen des Indikativs und nicht des Imperativs. Die Praxis des Glaubens, auf die im Täufertum besonders viel Wert gelegt wurde, war also keine Ergänzung der reformatorischen Rechtfertigungslehre, sondern ihr genuiner Ausdruck.

IV. Grenzen zwischen Konformität und Nonkonformität verändern sich

Wiederholt kam es zu offiziellen Gesprächen zwischen reformatorischen Theologen und Täufern, um sich über die Meinungsverschiedenheiten zu verständigen, mehr noch, um sich gegenseitig von der Richtigkeit des eigenen Weges christlicher Erneuerung zu überzeugen: in Bern (1527/28 und 1538), Zofingen (1532), Wismar (1554), Pfeddersheim (1557), Frankenthal (1571), Emden (1578). John H. Yoder, der die Täufergespräche in der Schweiz untersucht hat, sah das Motiv der Täufer, solche Gespräche zu führen, in der theologischen Einsicht begründet, dass sich die Wahrheit der Heiligen Schrift und die praktischen Konsequenzen, die daraus zu ziehen seien, nur im Gespräch miteinander erschließen. Yoder sprach vom „unermüdlichen Willen zum Gespräch".[33] Oft haben die Täufer diese Gespräche allerdings auch gesucht, um eine Milderung der scharfen Verfolgungsmaßnahmen zu erreichen. Doch ein direkter Erfolg blieb aus. Die Fronten hatten sich im Zeitalter der Konfessionalisierung noch mehr verhärtet, so dass die Täufer sich weiterhin im Untergrund halten oder in eine „konforme Nonkonformität"

---

[32] Deppermann, Melchior Hoffman, 202–212.
[33] Yoder, Täufertum und Reformation in der Schweiz, 176. Vgl. ders., Täufertum und Reformation im Gespräch. Vgl. dazu kritisch: Goertz, John Howard Yoder, 26–56.

(Michael Driedger) schicken mussten, um zu überleben. Wo sie den zweiten Weg beschritten, nahmen sie einerseits ihren besonderen theologischen Auffassungen die herausfordernde Spitze, andererseits erwarteten sie von den Obrigkeiten, sie mit ihren besonderen, nun abgemilderten Auffassungen gewähren zu lassen.

Die Taufe beispielsweise wurde als missionarischer Bekenntnisakt an der Grenze zwischen wahren Christen und Heiden, als „Eingangstor" in die Gemeinde, bald zum Ritus heruntergestuft, der die nachwachsenden Generationen in die bestehende Gemeinschaft einer Familienkirche eingliederte. Ein anderes Beispiel ist die Verweigerung des Waffen- bzw. des Kriegsdienstes.[34] Einerseits unternahmen die Mennoniten alles, um die weltlichen Obrigkeiten von ihrer Loyalität zu überzeugen, indem sie finanzielle Mittel aufwandten, um die Kriegskasse der weltlichen Obrigkeit aufzufüllen, andererseits ließen sie sich im Gegenzug das Privileg der Kriegsdienstverweigerung staatlich garantieren. Heinold Fast bezeichnet das Erlöschen des missionarischen Auftrags unter den Täufern und Mennoniten als Weg in die Konfessionalisierung.[35]

Indirekt haben die Gespräche die Täufer veranlasst, sich mehr als bisher um eine genauere Artikulation ihrer theologischen Auffassungen zu bemühen, d. h. auch ihr theologisches Denken auf die jeweilige konkrete Situation abzustimmen. Dabei haben sie allerdings auch die Erfahrung machen müssen, dass ihnen die Tagesordnung theologischer Auseinandersetzung oft von ihren theologisch versierteren Gegnern aufgedrängt wurde und der Prozess theologischer Selbstklärung fremdbestimmt wurde. Unter solchen Bedingungen konnte der Versuch, die in der religiösen Erfahrung gesammelten theologischen Ansätze zu einer in sich geschlossenen Theologie zu verarbeiten, kaum gelingen. Gleichwohl trugen diese Bedingungen dazu bei, die eine oder andere Anschauung klarer hervortreten zu lassen.

Das gilt auch von den Verhören der Täufer und Täuferinnen vor Gericht. In den endlosen Befragungen mussten sie über die Lehranschauungen, wie sie ihnen von den Richtern oft unterstellt worden waren, Rede und Antwort stehen. Hilfreich war

---

[34] Biesecker-Mast, Separation and the Sword.
[35] Vgl. Fast, Heinold, Von den Täufern zu den Mennoniten, in Goertz, Die Mennoniten, 24–27. Vgl. Wiebe, Christoph, Art. „Wehrlosigkeit", in Mennonitisches Lexikon.

ihnen, was sie in den Gesprächen untereinander gelernt hatten, die Erinnerung an ihre Bibellektüre, oft auch das Memorieren von Bibelstellen aus den Konkordanzen, die unter ihnen kursierten. Letztlich aber war auch hier vieles vom Zufall abhängig oder von dem Druck, den die Taktik der Verhöre auf sie ausübte. Auch das war keine günstige Voraussetzung, eine eigene täuferische Theologie zu entwickeln.

Zur Schärfung eines theologischen Profils trugen freilich die Gespräche und Auseinandersetzungen der verschiedenen Gruppen untereinander bei. Auch diese Gespräche verliefen oft recht kontrovers und endeten gelegentlich in unerbittlicher Feindschaft. Je mehr der Druck von außen nachließ, umso mehr baute sich ein interner Druck unter Glaubensverwandten auf und belastete die Atmosphäre.

V. Eine täuferische Theologie?

Die täuferischen Bewegungen haben, wie bereits erwähnt, keine gemeinsame Theologie ausgebildet. Im 16. Jh. war noch alles im Fluss, und niemand wäre in der Lage gewesen, theologisch zu erörtern, was zu einem Konsens hätte geführt werden können. Absichten, Erfahrungen und Hoffnungen wurden zwar in religiöser Sprache zum Ausdruck gebracht, aber nicht so, dass eine „Theologie des Täufertums" erkennbar gewesen wäre. Allein schon die Verschiedenartigkeit der Bewegungen, die sich innerhalb der einzelnen Ursprungsgebiete weiter auffächerten, verbietet es, von der Theologie der Täufer zu sprechen, ebenso der Bewegungscharakter des frühen Täufertums selbst: das Provisorische, Experimentelle, Vorübergehende. Allenfalls wäre es möglich, nach theologischen Fragmenten zu suchen, nicht aber nach einem geschlossenen Lehrgebäude.

Erstaunlich ist dennoch, dass die täuferischen Bewegungen in der Lage waren, Impulse für weitere Entwicklungen ihrer ursprünglichen Einsichten, Interessen und Visionen auszubilden. Das war in einem Prozess möglich geworden, der nicht nur die großen evangelischen Territorialkirchen erfasste, sondern auch die separaten Gemeinden der Täufer und Mennoniten: im Prozess der Konfessionalisierung. Auch diese kleinen Gemeinschaften haben sich nach und nach festere Ordnungen und Organisationsformen gegeben, sie haben gefestigt und auf Dauer gestellt, was sich im praktischen Lebensvollzug eingeschliffen und bewährt hat. Sie haben grundlegende Gedanken in die Form schriftlicher Bekenntnisse und später auch Katechismen gegossen, sie haben ihre theologischen Ansätze oft in neuen Liedern zum Ausdruck gebracht und in ständigem gottesdienstlichem Gebrauch von Generation zu Generation überliefert. Das gilt auch für die Berichte und Zeugnisse von Verfolgung und Martyrium. Sie wurden aufgeschrieben, in Märtyrerspiegeln veröffentlicht und so in das kollektive Gedächtnis nachfolgender Generationen aufgenommen. Das waren konfessionsbildende Medien, die Gemeinden entstehen ließen und am Leben erhielten, ohne auf selbstkritisch reflektierende theologische Arbeit zurückgreifen zu müssen. Die Mennoniten haben nicht die Notwendigkeit verspürt, sich ihre konfessionelle Identität von Zeit zu Zeit immer wieder aufs Neue zu erarbeiten. Das machte ihre Gemeinden einerseits resistent gegen innere Wandlungsprozesse, andererseits auch, wie die Geschichte zeigt, anfällig für oft unbewusst oder theologisch unkontrolliert ablaufende Prozesse der Anpassung an neue Situationen, religiöse ebenso wie kulturelle Einflüsse und politische Strömungen. Manchmal wird diese Entwicklung als Abfall vom ursprünglichen Täufertum gedeutet. Es könnte aber auch so gewesen sein, dass diese Entwicklung im Kern ein täuferisches Anliegen bewahrte: die Einsicht, dass Gott sich den Menschen in ihrer Alltäglichkeit zuwendet und dort immer wieder aufs Neue nach der Verwirklichung christlicher Existenz zu suchen ist. Gemeinsam war vielen Täufern das Bewusstsein, in der Welt, aber nicht von der Welt zu sein: christliche Existenz verwirklicht sich im konkreten Lebensvollzug, ihre Identität erhält sie aber nicht von ihm. Diese formelhafte Wendung markiert die Grenze konformen und nonkonformen Verhaltens. Die Welt, die Menschen sich schaffen, verändert sich unablässig, und die Grenzen gegenüber dieser Welt verschieben sich ständig und sind immer wieder neu zu bestimmen. Nicht zuletzt ist es die schöpferische Kraft der Gegenwart Gottes, die alles, was ist, in ein Licht potentieller Veränderung stellt, „die das, was ist, zu dem verwandelt, was es als Gottes Schöpfung sein kann und soll".[36]

---

[36] Dalfert, God first, 15.

Literatur

Biesecker-Mast, Gerald, Separation and the Sword in Anabaptist Persuasion. Radical Confessional Rhetoric from Schleitheim to Dordrecht, Telford, PA, 2006.

Bornhäuser, Christoph, Leben und Lehre Menno Simons', Neukirchen-Vluyn 1973.

Briefe und Schriften oberdeutscher Täufer 1527–1555. Das >Kunstbuch< des Jörg Probst Rotenfelder gen. Maler, hg. von Fast, Heinold / Seebaß, Gottfried, bearb. von Martin Rothkegel, Gütersloh 2007.

Brüderliche Vereinigung etlicher Kinder Gottes, sieben Artikel betreffend, in Bekenntnisse der Kirche, hg. von Hans Streubing u. a., Wuppertal 1985, 261–268.

Dalferth, Ingolf U., God first. Die reformatorische Revolution der christlichen Denkungsart, Leipzig 2018.

de Bakker, Willem / Driedger, Michael / Stayer, James, Bernhard Rothman and the Reformation in Münster, 1530–35, Kitchener, ON, 2009.

Deppermann, Klaus, Melchior Hoffman. Soziale Unruhen und apokalyptische Visionen im Zeitalter der Reformation, Göttingen 1979.

Goertz, Hans-Jürgen, Antiklerikalismus und Reformation, Göttingen 1995.

–, Die Täufer. Geschichte und Deutung, München ²1988.

–, Im Aufbruch der Reformation. Das Rechtfertigungsverständnis Thomas Müntzers und der Täufer. Aufsätze, Bolanden-Weierhof 2023.

–, John Howard Yoder – Radikaler Pazifismus im Gespräch, Göttingen 2013.

–, Konrad Grebel. Kritiker des frommen Scheins 1498–1526, Hamburg und Bolanden 1998, veränd. Aufl., Zürich 2004.

–, Pfaffenhaß und groß Geschrei. Die reformatorischen Bewegungen in Deutschland, 1517–1529, München 1987.

–, Radikalität der Reformation. Aufsätze und Abhandlungen, Göttingen 2007.

Goertz, Hans-Jürgen (Hg.), Die Mennoniten. Die Kirchen der Welt, Bd. 8, Stuttgart 1971.

Goertz, Hans-Jürgen (Hg.), Umstrittenes Täufertum 1525–1975. Neue Forschungen, Göttingen ²1977.

Grochowina, Nicole, Indifferenz und Dissens in der Grafschaft Ostfriesland im 16. und 17. Jahrhundert, Frankfurt / M. u. a. 2003.

Isaak, Helmut, Menno Simons and the New Jerusalem, Kitchener, ON, 2006.

Jecker, Hanspeter, Ketzer – Rebellen – Heilige. Das Basler Täufertum von 1580–1700, Liestal 1998.

Kamber, Peter, Reformation als bäuerliche Revolution. Bildersturm, Klosterbesetzungen und Kampf gegen die Leibeigenschaft in Zürich zur Zeit der Reformation (1522–1525), Zürich 2010.

Klaassen, Walter, Living in the End of the Ages. Apocalyptic Expectation in the Radical Reformation, Landham, MD, 1992.

Klaassen Walter / Klassen, William, Marpeck. A Life of Dissent and Conformity, Scottdale, PA, 2008.

Klötzer, Ralf, Die Täuferherrschaft von Münster. Stadtreformation und Welterneuerung, Münster 1992.

Mennonitisches Lexikon, Bd. V, www.mennlex.de [01.02.2024].

Packull, Werner O., Die Hutterer in Tirol, Wien 2000.

–, Mysticism and the Early South German-Austrian Anabaptist Movement 1525–1531, Scottdale, PA, 1977.

–, Peter Riedemann. Shaper of the Hutterite Tradition, Kitchener, ON, 2007.

Roth, John D. / Stayer, James M. (ed.), A Companion to Anabaptism and Spiritualism 1521–1700, Leiden 2007.

Rothkegel, Martin, The Swiss Brethren, A Story in Fragments: The Transterritorial Expansion of a Clandestine Anabaptist Church, 1538–1618, Baden-Baden 2021.

Schubert, Anselm, Täufertum und Kabbalah. Augustin Bader und die Grenzen der Reformation, Gütersloh 2008.

Scribner, Robert, Antiklerikalismus in Deutschland um 1500, in: Seibt, F. / Eberhard, W. (Hg.), Europa um 1500. Interpretationsprozesse im Widerstreit. Staaten, Regionen, Personenverbände, Christenheit, Stuttgart 1987, 368–382.

Seebaß, Gottfried, Müntzers Erbe. Werk, Leben und Theologie des Hans Hut, Gütersloh 2002.

Snyder, C. Arnold, The Birth and Evolution of Swiss Anabaptism, 1520–1530, in Mennonite Quarterly Review 80, 2006, 501–645 (mit Responses: 647–690).

Stayer, James M., Anabaptists and the Sword, Lawrence, KS, ²1976.

–, The German Peasants' War and Anabaptist Community of Gods, Montreal and Kingston, ON, 1991.

Stayer, James M. / Deppermann, Klaus / Packull, Werner O., From Monogenesis to Polygenesis. The Historical Discussion of Anabaptist Origins, in Mennonite Quarterly Review 49, 1975, 83–122.

Strübind, Andrea, Eifriger als Zwingli. Die frühe Täuferbewegung in der Schweiz, Berlin 2003.

von Schlachta, Astrid, Hutterische Konfession und Tradition (1578–1619). Etabliertes Leben zwischen Ordnung und Ambivalenz, Stuttgart 2003.

–, Täufer. Von der Reformationszeit ins 21. Jahrhundert, Tübingen 2020.

Voolstra, Sjouke, Het woord is vlees geworden. De melchioritisch-menniste Incarnatieleer, Kampen 1982.

Waite, Gary K., David Joris and Dutch Anabaptism 1524–1543, Waterloo, ON, 1990.

Yoder, John H., Täufertum und Reformation im Gespräch. Dogmengeschichtliche Untersuchung der frühen Gespräche zwischen schweizerischen Täufern und Reformatoren, Zürich 1968.

–, Täufertum und Reformation in der Schweiz, I. Gespräche zwischen Täufern und Reformatoren 1523–1538, Karlsruhe 1962.

Zijlstra, Samme, Om de ware gemeente en de oude gronden. Geschiedenis van de dopersen in de Nederlanden 1531–1675, Hilversum und Leeuwarden 2000.

2. Mennonitische Glaubensbekenntnisse:
Vielfalt und Kontextualität

Karl Koop

Stets vertraten Mennoniten den Grundsatz, dass christlicher Glaube sich nicht auf dogmatische Inhalte, sondern vielmehr auf gemeinsame Werte und praktische Lebensführung konzentrieren sollte, die in Übereinstimmung mit dem Leben und der Lehre Jesu stehen. Dennoch formulierten Mennoniten zahlreiche Bekenntnisse, vielleicht mehr als jede andere reformatorische Tradition.[1]

I. Das fortwährende Verfassen von Bekenntnissen: ein lebendiges Erbe

Die Täufer, aus denen die Mennoniten hervorgingen, waren vertraut mit den alten Bekenntnissen, insbesondere dem Apostolikum und dem Nizänum, bzw. dem Nizäno-Konstantinopolitanum. So war es durchaus üblich, das Apostolikum als Grundlage sowohl für theologische Erläuterungen, als auch für erbauliche Auslegungen zu verwenden. Balthasar Hubmaier etwa brachte das apostolische Bekenntnis während der Zeit seiner Gefangenschaft in Zürich 1526 in die Form eines Gebets.[2] Zwischen 1527 und 1528 verfasste Leonard Schiemer aus Oberösterreich einen Kommentar zum Apostolikum, der möglicherweise dazu diente, neuen Mitgliedern, die vom Katholizismus übergetreten waren, vertraute Denkstrukturen zu bieten.[3] Weitere Täufer schrieben

---

[1] Für einen Überblick über den Kontext der verschiedenen Bekenntnisse vgl. Koop, Karl, Anabaptist Confessions of Faith: Diversity, Development, and Enduring Patterns, in: T & T Handbook of Anabaptism, 305–319; Koop, Anabaptist-Mennonite Confessions of Faith; Koop, Karl, Täuferisch-mennonitische Bekenntnisse: ein umstrittenes Vermächtnis, in: Mennonitische Geschichtsblätter Jg. 60, 2003, 23–42; Goertz, Zwischen Zwietracht und Eintracht; Snyder-Penner, The Ten Commandments; Driedger, Obedient Heretics.
[2] Vgl. Westin/Bergsten (Hg.), Balthasar Hubmaier, 215–220.
[3] Cornelius J. Dyck äußerte die Vermutung, dass der Text für neue Konvertiten aus der römisch-katholischen Kirche gebraucht wurde. Vgl. seine Übersetzung und Veröffentlichung des Textes: Ders., Spiritual Life in Anabaptism, 28. Der Text von Schiemer wurde veröffentlicht in: Fast u. Rothkegel (Hg.), Das Kunstbuch, 299–340.

zudem Kommentare, um ihre Lehren vor staatlichen Autoritäten zu rechtfertigen. Peter Riedemann verteidigte seinen hutterischen Glauben in Mähren mit der Schrift „Rechenschaft unsrer Religion, Lehre und Glaubens", die zwischen 1543 und 1545 entstand.[4] Auch von Jörg Maler stammt eine ähnliche Bekenntnisschrift, mit der er seinen Glauben verteidigen wollte. Diese entstand wohl 1554 in Augsburg oder Umgebung.[5]

Freilich waren nicht alle frühen Bekenntnisschriften der Täufer in Sprache und Struktur so sehr am Glaubensbekenntnis orientiert. Meist ging es in Schriften aus jener Zeit mehr um spezifische Streitfragen täuferischer Lehre oder um Antworten auf strittige Fragen. Schweizer Täufer etwa verfassten die „Schleitheimer Artikel" im Jahr 1527, um interne Streitigkeiten zu überwinden.[6] Daher legten sie das Hauptaugenmerk auf die Themen Taufe, Kirchenzucht, Abendmahl, das Verhältnis von christlicher Gemeinschaft und Welt, Status und Rolle der Kirchenleitung, sowie Themen, die den Gebrauch „des Schwertes" und des Eids betrafen. In einer weiteren Bekenntnisschrift, die 1545 in Kempen entstand, wurden ausgewählte Themen erläutert, um den eigenen Glauben gegenüber den Herrschern des Kurfürstentums Köln zu rechtfertigen.[7] In Wismar schließlich versammelten sich Täufer im Jahr 1554, um interne Streitfragen im Zusammenhang mit der Kirchenzucht zu klären.[8]

Von Mennoniten in den Niederlanden wurden am Ende des 16. und zu Beginn des 17. Jh. zahlreiche Bekenntnisschriften verfasst.[9] Die meisten dieser ‚Glaubenslehren' waren wie lutherische und reformierte Bekenntnisse aufgebaut. Sie umfassten die gesamte Bandbreite christlicher Lehre, beginnend mit den Themen Gott und Schöpfung, worauf die Artikel über die *con-*

---

[4] Originaltitel: Rechenschafft unserer Religion / Leer und Glaubens / Von den Brüdern so man die Hutterischen nent ausgangen / Durch Peter Ryedeman (1565). Englische Übersetzung: Friesen (ed.), Peter Riedemann's Hutterite Confession of Faith.
[5] Vgl. Fast/Rothkegel (Hg.), Das Kunstbuch, 637–642.
[6] Vgl. Fast (Hg.), Der Linke Flügel, 60–71.
[7] Vgl. Goeters, J.F.G., Das älteste rheinische Täuferbekenntnis, in: Dyck (ed.), A Legacy of Faith, 199–210.
[8] Vgl. Cramer/Pijper, Bibliotheca Reformatoria Neerlandica, 52–53.
[9] Vgl. Visser, A Checklist. Eine große Zahl dieser Bekenntnisse erschien in englischer Übersetzung: Koop, Confessions of Faith in the Anabaptist Tradition.

ditio humana, Christologie, Soteriologie, Ekklesiologie, sowie Ethik und Eschatologie folgten. Diese Bekenntnisschriften entstanden in der Zeit nach der Reformation, die in der Forschung gelegentlich als „Zeitalter der Konfessionsbildung" bezeichnet wird.[10] Fest steht, dass sich in dieser Zeit alle Kirchen Europas mit ihrer je eigenen kirchlichen Identität auseinandersetzten, eine solche herausbildeten und festigten und ihre je eigenen theologischen Positionen entwickelten. Das Bemühen um Gewissheit in der Lehre und der kognitive theologische Ansatz entsprachen dem aufkommenden modernen Zeitgeist. In diesem Zusammenhang verfassten auch Mennoniten Glaubensbekenntnisse, um den inneren Zusammenhalt zu stärken und die Identitätsbildung zu fördern. Überdies wurden einige Bekenntnisse verfasst, um die Einheit zwischen zuvor entzweiten Gruppierungen herbeizuführen. Zumindest eines dieser Bekenntnisse, das „Waterländer Bekenntnis" von 1610, wurde mit einem explizit ökumenischen Anspruch formuliert.[11]

In der zweiten Hälfte des 17. Jh. nahm das Interesse an Bekenntnisschriften unter den niederländischen Mennoniten ab. Beeinflusst von Spiritualismus, Pietismus und der frühen Aufklärung zog man Glaubensäußerungen vor, die eher nach innen gerichtet oder rationalistischer Natur waren.[12] In dieser Zeit wandten sich viele Mennoniten von ihrem konfessionellen Erbe ab und reagierten damit auf einen starren Konfessionalismus, der in bestimmten konservativen Kreisen gepflegt wurde. Obschon das Interesse an kirchlichen Bekenntnissen nie ganz erlosch, wurde es in den darauffolgenden Jahrhunderten für Mennoniten in den Niederlanden und einigen Teilen Deutschlands üblich, persönlichen Glaubensbekundungen größeren Wert beizumessen. Diese wurden gewöhnlich von einzelnen Personen verfasst und der Gemeinde zum Zeitpunkt der Taufe vorgetragen.

Andernorts hingegen verloren die gemeinschaftlichen Glaubensäußerungen nicht an Resonanz. Das „Dordrechter Bekenntnis" etwa, das flämische Mennoniten ursprünglich 1632 verfasst

---

[10] Vgl. Zeeden, Die Entstehung der Konfessionen. Siehe auch: Schilling, „Confessional Europe".
[11] Originaltitel: Corte Belijdenisse des Geloofs. Anhang zu: Het boeck der Gesangen, Hoorn 1618.
[12] Andrew C. Fix verfolgt diese Wende zum Rationalismus in: Ders. Prophecy and Reason.

hatten,[13] fand schließlich großen Anklang bei Kirchen in der Schweiz und in Süddeutschland sowie in einigen Regionen Kanadas und den Vereinigten Staaten. Im 20. Jh. verwendeten es außerdem Mennoniten in Honduras, Kenia and Tansania. Auch das preußische Bekenntnis von 1660, *Confession oder Kurtze und einfältige Glaubens-Bekenntnis derer / do man nene Die Vereinigte Flämische / Friesische und Hochdeutsche Tauffs=gesinnete, oder Mennonitsten in Preussen*, das vermutlich ursprünglich aus den Niederlanden stammte, blieb eine beachtliche Zeit lang in Gebrauch.[14] In zahlreichen Neuauflagen gedruckt, wurde es zur Vorlage für revidierte und aktualisierte Glaubensformulierungen, die während des 19. und 20. Jh. unter preußischen, russischen, kanadischen und nordamerikanischen Mennoniten entstanden.[15]

Bis in die jüngste Zeit entstehen weiterhin mennonitische Bekenntnisse. In den letzten Jahrzehnten etwa nahmen einige nordamerikanische mennonitische Denominationen neue oder überarbeitete Glaubensbekenntnisse an. Eines dieser Bekenntnisse, das 1995 veröffentlichte *Confession of Faith in a Mennonite Perspective* (Glaubensbekenntnis aus mennonitischer Perspektive), wurde in zahlreiche Sprachen übersetzt und findet in mennonitischen Kirchen vieler Länder Verwendung.[16] Die Mennonitische Weltkonferenz gab 2006 ein kurzes, in zahlreiche Sprachen übersetztes Dokument heraus, in dem „Gemeinsame Überzeugungen" (*Shared Convictions*) aller Mennoniten zusammengefasst sind.[17]

II. Vielgestaltige Formen und Inhalte, verbindende Ähnlichkeiten

Wie alle theologischen Schriften sind auch mennonitische Bekenntnisse keineswegs voraussetzungslos entstanden, sondern historisch bedingte Dokumente, die einen bestimmten Zeitgeist reflektieren und die Belange, Nöte und Interessen einer religiösen

---

[13] Vgl. Horst / Voolstra (Hg.), Confessie van Dordrecht 1632.
[14] Vgl. Koop, Confessions of Faith, 311.
[15] Einige der nordamerikanischen Dokumente sind veröffentlicht in: Loewen, One Lord.
[16] Confession of Faith.
[17] Eine Gemeinschaft täuferischer Gemeinden. Gemeinsame Überzeugungen der Mennonitischen Weltkonferenz; in: Enns (Hg.), Heilung der Erinnerungen, 313 f.

Gemeinschaft zu einer bestimmten Zeit am jeweiligen Ort widerspiegeln. Hierbei ist zu beachten, dass Mennoniten von jeher dazu neigten, zentral verfasste Autoritäten abzulehnen und demgegenüber eher kongregationalistische Strukturen vorzuziehen. Daher verwundert es auch nicht, dass sie nie eine einheitliche Kirchenstruktur formten, weder im formalen noch im konstitutiven Sinne. Diese Wirklichkeit setzt sich in der Gegenwart fort und wird noch dadurch verstärkt, dass Mennoniten heute – wie ein Großteil der Christenheit – in allen Teilen der Erde zu finden sind. Dies führt zu vielgestaltigen kulturellen Voraussetzungen und Anschauungen in den einzelnen Gliedkirchen, die das jeweilige theologische Profil nicht nur beeinflussen, sondern ihm auch eine spezifische Gestalt verleihen. Aus diesem Grund entstanden zu keiner Zeit Bekenntnisse, die in Form und Inhalt vollständig einheitlich wären.

Allerdings weisen die Bekenntnisse deutlich erkennbare Ähnlichkeiten auf. Sprachlich besteht beispielsweise eher eine Nähe zu biblischen als zu philosophischen Texten. Von Gott ist durchgehend in trinitarischen Begrifflichkeiten die Rede. Der Mensch wird als erlösungsbedürftig vorgestellt, wobei die menschliche Fähigkeit, zwischen Gut und Böse wählen zu können, nicht negiert wird. Erlösung widerfährt den Menschen in Christus, der alle Welt rettet und der Menschheit den Weg zur Erlösung und den Willen Gottes offenbarte. Die Erfahrung der Errettung schließt stets so etwas wie eine „Neugeburt" ein, eine Art des neu- oder heil-werdens der Einzelnen, die sich im Gehorsam gegenüber Christus, der Nachfolge, konkretisiert. Die Gläubigen sind vor allem in Form einer sichtbaren Ortsgemeinde miteinander verbunden, in der man sich gegenseitiger Unterstützung und Verantwortung verpflichtet weiß. Die Aufnahme in diese Gemeinschaft geschieht durch die Taufe, der ein persönliches Glaubensbekenntnis voraus geht. Das Abendmahl wird verstanden als Erinnerungsmahl, ein Akt des Gedenkens an Christi Leben und Sterben, sowie als Feier, die die Einheit und Zugehörigkeit zum Leib Christi sichtbar macht. Die Mitglieder dieses Leibes sind aufgerufen, ihre Beziehungen in und zur Welt auf gewaltfreie, friedfertige Weise zu gestalten. Der Lehre Jesu und seinem Beispiel entsprechend werden Gewalt, Krieg und auch der Eid abgelehnt. Diese Gemeinschaft, die Kirche, lebt gemeinsam in der Hoffnung auf die Wiederkunft Christi und im Vertrauen darauf, dass alles zukünftige Geschehen in Gottes Hand liegt.

Solche und ähnliche theologischen Aussagen sind freilich auch anderen christlichen Traditionen nicht gänzlich fremd. Viele Überzeugungen, die in der täuferisch-mennonitischen „Familie" geteilt werden, vertritt die christliche Kirche im Allgemeinen. Wie alle Kirchen der Reformation, so konnten auch die Täufer und Mennoniten nicht unvermittelt an die Tradition und Lehre der Ur-Gemeinden des 1. Jh. anschließen. Obwohl sie gelegentlich Gegenteiliges behaupteten, waren auch sie natürlich nicht in der Lage, unbeeinflusst von 1500 Jahren Kirchengeschichte zu transzendieren. Ebenso wenig konnten sie unabhängig von allen historischen Gegebenheiten in „biblischen Kategorien" denken. Ihre Art Theologie zu treiben, wurde von theologischen Entwicklungen katholischer wie protestantischer Provenienz beeinflusst und geschah unter komplexen sozialen und politischen Umständen.

III. Das eigentliche Bekenntnis als Leben in der Nachfolge

Heute haben die meisten nationalen oder regionalen mennonitischen Kirchen der Welt ein schriftliches Bekenntnis angenommen.[18] Gelegentlich wird dabei auf das Apostolikum Bezug genommen, obwohl es üblicherweise nicht Teil eines mennonitischen Gottesdienstes ist. Die von diesen Kirchen eingeführten Bekenntnisse weisen auf bestimmte kirchliche Ideale und Wertvorstellungen hin, die sowohl der Ortsgemeinde als auch den Einzelnen Orientierung geben sollen. Es ist allerdings von Fall zu Fall unterschiedlich, in welchem Maße diese Schriftstücke innerhalb einer regionalen Kirche autoritative Geltung haben. Anders als in der lutherischen Tradition – vielleicht eher im Anschluss an die reformierte Kirche – haben Mennoniten nur selten eine bestimmte Anzahl von Bekenntnisschriften für die Kirche festgelegt oder gar kanonisiert. Auch wurde niemals ein einzelnes Bekenntnis zu einem herausragenden Hauptstück der Lehre für alle Gliedkirchen dieser Tradition als verbindlich erklärt. Als die nationalen und regionalen Kirchen für sich Bekenntnisse annahmen, waren sie sich darüber im Klaren, dass deren Interpretation, Gebrauch und Bedeutung von Ortsgemeinde zu Ortsgemeinde stets verschieden ausfallen könnte.

---

[18] Vgl. Lichdi, Mennonite World Handbook.

In den Anfängen der Täuferbewegung verhinderten die Bevorzugung kongregationalistischer Autonomie und ein aufkommendes freikirchliches Selbstverständnis die Herausbildung einer regionalen oder nationalen Kirchenhierarchie, durch die zumindest eine Form einheitlicher Lehrmeinung entstehen oder erlassen hätte werden können. Gerade in Zeiten schwerer Verfolgung wurden Täufer/Mennoniten gegenüber aller kirchlichen Doktrin misstrauisch, denn die Verfolger gebrauchten häufig offizielle kirchliche Glaubensbekenntnisse, um Täufer:innen zu verurteilen. In der Folge wurde die Bibel für mennonitische Gemeinden zur hinreichenden Autorität in Fragen des Glaubens und des christlichen Lebens. Wollten leitende Personen dann doch eigene Bekenntnisschriften einführen, um etwa eine gemeinsame Identität zu schaffen oder zu wahren, dann wurde ihnen oft mit Widerstand begegnet. Im Laufe der Zeit herrschte doch bei fast allen Mennonit:innen Übereinstimmung, dass das eigentliche Bekenntnis im gesamten Leben, der Lebensführung, bestehe und sich nicht im christlichen Sprachgebrauch oder in der intellektuellen Zustimmung zu einer bestimmten Lehrmeinung erschöpfe. Wo dennoch Bekenntnisse angenommen wurden, geschah dies hauptsächlich zum Zweck der Katechese, der allgemeinen Bildung, der Ausbildung von Geistlichen, der Vereinigung von Gemeinden sowie zur Förderung des ökumenischen oder interreligiösen Dialogs.

Die mennonitische Geschichte zeigt, dass Bekenntnisse theologische Gespräche zuweilen auch zum Scheitern bringen. In den besten Fällen waren sie jedoch Mittel, um lebendige Dialoge anzuregen und ein tieferes Verständnis voneinander zu ermöglichen.

Literatur

Confession of Faith in a Mennonite Perspective, Scottdale, PA, 1995.
Cramer, Samuel/Pijper, Fredrik, Bibliotheca Reformatoria Neerlandica, Bd. 7, 'S-Gravenhage 1910.
Driedger, Michael D., Obedient Heretics: Mennonite Identities in Lutheran Hamburg and Altona during the Confessional Age, Aldershot 2002, 49–74.
Dyck, Cornelius J. Dyck, Spiritual Life in Anabaptism, Scottdale, PA, 1995.
– (ed.), A Legacy of Faith, Newton, KS, 1962.

Enns, Fernando (Hg.), Heilung der Erinnerungen – befreit zur gemeinsamen Zukunft. Mennoniten im Dialog. Frankfurt a. M. / Paderborn 2008, 313 f.

Fast, Heinold / Rothkegel, Martin (Hg.), Das Kunstbuch: Briefe und Schriften Oberdeutscher Täufer 1527–1561, Gesammelt von Jörg Probst Rotenfelder Genannt Maler (Quellen zur Geschichte der Täufer; 17), Gütersloh 2005.

Fast, Heinold (Hg.), Der linke Flügel der Reformation: Glaubenszeugnisse der Täufer, Spiritualisten, Schwärmer und Antitrinitarier, Bremen 1962.

Fix, Andrew C., Prophecy and Reason: The Dutch Collegiants in the Early Enlightenment, Princeton, NJ, 1991.

Friesen, John J. Friesen (ed.), Peter Riedemann's Hutterite Confession of Faith (Classics of the Radical Reformation; 9), Scottdale, PA, 1999.

Goertz, Hans-Jürgen, Zwischen Zwietracht und Eintracht: Zur Zweideutigkeit täuferischer und mennonitischer Bekenntnisse, in: ders., Das schwierige Erbe der Mennoniten: Aufsätze und Reden, hg. v. Marion Kobelt-Groch und Christoph Wiebe, Leipzig 2002, 93–120.

Horst, Irvin / Voolstra, Sjouke (Hg.), Confessie van Dordrecht 1632 (Doperse Stemen; 5), Amsterdam 1982.

Koop, Karl, Anabaptist-Mennonite Confessions of Faith: The Development of a Tradition, Kitchener, ON, 2004.

–, Confessions of Faith in the Anabaptist Tradition 1527–1660 (Classics of the Radical Reformation; 11), Kitchener, ON, 2006.

Lichdi, Diether Götz, Mennonite World Handbook: Mennonites in Global Witness, Carol Stream, IL, 1990.

Loewen, Howard John, One Lord, One Church, One Hope, and One God: Mennonite Confessions of Faith (Text-Reader Series; 2), Elkhart, IN, 1985.

Schilling, Heinz, „Confessional Europe"; in: Handbook of European History 1400–1600: Late Middle Ages, Renaissance, and Reformation, vol. 2, ed. V. Thomas Brady Jr. a.o., Leiden 1995, 641–681.

Snyder-Penner, Russel, The Ten Commandments, The Lord's Prayer, and the Apostles' Creed as Early Anabaptist Texts, in: Mennonite Quarterly Review 68 / 3, July 1994, 318–335.

T & T Handbook of Anabaptism, ed. Brian C. Brewer, London 2022.

Visser, Dirk, A Checklist of Dutch Mennonite Confessions of Faith to 1800 (Commissie tot de Uitgave van Documenta Anabaptistica Neerlandica), Bulletin Nr. 6 und 7, 1974–75.

Westin, Gunnar / Bergsten, Torsten (Hg.), Balthasar Hubmaier: Schriften (Quellen und Forschungen zur Reformationsgeschichte; 29), Gütersloh 1962.

Zeeden, Ernst Walter, Die Entstehung der Konfessionen. Grundlagen und Formen der Konfessionsbildung im Zeitalter der Glaubenskämpfe, München / Wien 1965.

3. „Mennonitische Unschuld"
Die Entkolonialisierung täuferisch-mennonitischer Selbstdarstellungen[1]

Andrés Felipe Pacheco Lozano

Indonesien war der Kontext der letzten Vollversammlung der Mennonitischen Weltkonferenz (MWK) im Jahr 2022, die unter dem Motto „Gemeinsam Jesus nachfolgen – über Grenzen hinweg" stand. Angesichts der vielfältigen Herausforderungen durch die COVID19-Pandemie und die von verschiedenen Ländern erlassenen Beschränkungen war diese Versammlung die bis heute (2024) letzte Gelegenheit, Mennoniten aus verschiedenen Teilen der Welt, verschiedenen Ethnien, Altersgruppen, kulturellen Hintergründen und Sprachen sowohl persönlich als auch online zusammenzubringen. Eine solche Zusammensetzung entspricht der gegenwärtigen Mitgliedschaft der MWK, die auf 2,13 Millionen getaufte Gläubige aus 86 verschiedenen Ländern und Regionen geschätzt wird: Afrika 36,43 %, Nordamerika 30,50 %, Asien und Pazifik 20,58 %, Lateinamerika und die Karibik 9,51 % und Europa 2,98 %.[2] Es ist nicht ungewöhnlich, dass Begriffe wie „bunt" oder „Vielfalt"[3] verwendet werden, um solche Versammlungen zu beschreiben und die Tatsache zu betonen, dass wir als weltweite Gemeinschaft, als globale Familie zusammen sind und bleiben.

Für mich als Mennonit, in Kolumbien geboren und aufgewachsen und in den letzten Jahren in den Niederlanden eine neue Heimat gefunden habend, ist der Begriff der täuferisch-mennonitischen Weltfamilie nichts Abstraktes, sondern vielmehr eine Erfahrung. Da ich aus einem Kontext bewaffneter Gewalt komme, in dem sich die mennonitische Kirche in den 1980er Jahren auf den Weg gemacht hat, ihre Friedenskirchen-Identität[4] (wieder) zu beanspruchen, war es beruhigend, diesen Fokus als Schlüssel zum Verständnis und zur Verkörperung des christlichen Glau-

---
[1] Dieser Beitrag basiert auf der Erstveröffentlichung in Ökumenische Rundschau 3/2023, 358–374.
[2] Vgl. Mennonite World Conference, „Membership, Map and Statistics".
[3] Vgl. Mennonite World Conference: „Mennonite World Conference Assembly", 2015, 21–26; Mennonite World Conference: 6 reasons.
[4] Vgl. Lozano: La intersección; Giraldo: Perspectiva histórica.

bens mit Mennoniten (*Doopsgezinden*) in den Niederlanden zu teilen. Diese sahen und sehen sich mit Herausforderungen und Dilemmata konfrontiert, welche Teil des Weges sind, zu verstehen, was es bedeutet, Friedenskirche zu sein. Während ich meine eigene Identität in verschiedenen Kontexten und Räumen (neu) aushandeln musste, hat mir das Gefühl, Teil dieser historischen friedenskirchlichen Tradition zu sein und zu dieser vielfältigen globalen Familie zu gehören, zu einer unschätzbaren Unterstützung werden lassen.

Doch was dieses Gefühl der Einheit in Vielfalt nicht zu berücksichtigen scheint – oder was zumindest auf den ersten Blick nicht sichtbar wird – ist, wie die täuferisch-mennonitische Tradition global wurde und welche Dynamiken in diesem Prozess eine Schlüsselrolle spielten. Als Friedenskirche sollten wir selbstkritisch die Möglichkeit untersuchen, ob und inwiefern Diskriminierung, Ungerechtigkeit oder sogar Gewalt eine Rolle gespielt haben könnten. Es gilt zu schauen: (1) auf die Gestaltung dieses Globalisierungsprozesses der „täuferischen Bewegung" – d. h. auf die Rolle, die einige Unzulänglichkeiten dabei gespielt haben könnten, wie die täuferisch-mennonitische Tradition, die ihre Wurzeln in der radikalen Reformation in Europa im 16. Jh. hat,[5] zu einer weltweiten Tradition wurde; und (2) auf die Gestaltung dessen, was als spezifisch täuferisch-mennonitische (Friedens-)Theologie und Ethik betrachtet werden kann.[6]

Ein Beispiel für diesen kritischen Ansatz findet sich in *God's People in Mission: An Anabaptist Perspective*. In der Einleitung wird eingeräumt, dass die westliche christliche Mission sich mit dem kolonialen Projekt verbündet hat, was zu „unglücklichen und tragischen Ergebnissen" geführt hat. Obwohl die Publikation insgesamt argumentiert, dass täuferisch-mennonitische Missionsinitiativen gegen solche kolonialen und imperialistischen Denkweisen in den Missionsbestrebungen kämpften,

> „teilten Mitglieder unserer täuferischen Familie, die in einem westlichen Milieu sozialisiert wurden, ob wissentlich oder unwissentlich, mit den anderen, die von diesem Milieu geprägt waren, leider eine

---

[5] Für historische Darstellungen der radikalen Reformation siehe zum Beispiel Dyck: An Introduction; Snyder: Anabaptist History.
[6] Vgl. Enns, Ecumenism and Peace.

Auffassung, welche die Menschen aus dem Süden als primitiv, infantil und schwach ansah."[7]

Obwohl diesem selbstkritischen Ansatz in dem genannten Buch nicht weiter nachgegangen wird, signalisiert er die Notwendigkeit, weiter zu erforschen, wie (Neo-)Kolonialismus, Rassismus, Diskriminierung und andere Formen der Gewalt von Menschen *innerhalb* der täuferisch-mennonitischen Gemeinschaft gegenwärtig waren und erfahren wurden – oder *von* Täufern / Mennoniten[8] ausgeübt wurden. Ein postkolonialer Ansatz könnte die Notwendigkeit betonen, nach innen zu schauen, um diese Ausdrucksformen von Ungerechtigkeit und Gewalt sowie die offensichtlichen Ungereimtheiten, blinden Flecken und das Schweigen aufzudecken, die in täuferisch-mennonitischen Selbstdarstellungen und Theologien vorhanden sein könnten. Die zentrale These hier ist, dass die täuferisch-mennonitische Tradition, um ihrer Friedensberufung gerecht zu werden, nicht nur über ihre historischen „Erfolge" Rechenschaft ablegen sollte, sondern auch über die Gelegenheiten und Formen, in denen sie versagt hat, ihrem Friedenszeugnis gerecht zu werden, oder es sogar verraten hat – auch und gerade auf ihrem Weg, eine globale Gemeinschaft zu werden.

Im vorliegenden Beitrag werde ich zunächst die Themen Migration, Mission und Kontextualisierung betrachten, die als entscheidend für die „Globalisierung" der täuferisch-mennonitischen Tradition identifiziert worden sind und die auch Merkmale gemeinsamer Erzählungen darüber offenbaren, was es bedeutet, täuferisch-mennonitisch zu sein. Zweitens wird der Begriff der „Weißen Unschuld" als postkolonialer Ansatz zur Beschreibung und Auseinandersetzung mit Paradoxien in Selbstdarstellungen eingeführt. Drittens werde ich untersuchen, wie dieser Begriff der „Weißen Unschuld" als Hermeneutik dienen kann, um über „Mennonitische Unschuld" zu sprechen. Um diesen Ansatz einer „Mennonitischen Unschuld" zu testen, werde ich zunächst eine kritische (Neu-)Betrachtung der Themen Migration, Mission und Kontextualisierung anbieten.

---

[7] Green / Zaracho, God's People.
[8] Hier wird durchgehend der Begriff „Täufer / Mennoniten" verwandt, da im Englischen der Begriff „Anabaptists" und „Mennonites" geläufig ist.

I. Täuferisch-mennonitische Selbstdarstellung(en)

Obwohl es ziemlich schwierig ist, sich darauf zu einigen, was Täufer / Mennoniten bei der Beschreibung ihrer spezifischen Glaubensprägung gemeinsam haben,[9] gibt es einige erkennbare Prozesse, wie diese Tradition zu einer weltweiten Gemeinschaft geworden ist. Ein gutes Beispiel bietet der mennonitische Historiker John Roth in seinem Buch *A Cloud of Witnesses* – ein Beitrag, der zur Vorbereitung für die Vollversammlung der MWK in Indonesien diente. Als Teil einer kurzen Einführung in die täuferisch-mennonitische Tradition identifiziert Roth drei Schlüsseldynamiken im Prozess der „Globalisierung" dieser Tradition:

1. *Migration:* „Eine Quelle der Globalisierung war die Diaspora deutschsprachiger Mennoniten, von denen viele als Flüchtlinge vor staatlicher Unterdrückung oder den Verwüstungen des Krieges aus ihrer Heimat flohen"[10] Ein Beispiel ist die (erzwungene) Migration dieser deutschsprachigen Gemeinschaften in und nach Nord- und Süd-Amerika im 20. Jh., von denen sich einige in „Kolonien" an den Ankunftsorten konstituierten. Heute gibt es etwa 250.000 dieser Täufer / Mennoniten in Mexiko, Mittel- und Südamerika.[11]

2. *Mission:* Roth identifiziert Mission als eine weitere Dynamik in diesem Prozess der Globalisierung. In dieser Hinsicht sind die Mennoniten „dem allgemeinen Verlauf der umfassenderen Geschichte der protestantischen Missionen gefolgt, wenn auch mit einer typischen zeitlichen Verzögerung".[12] Die erste institutionelle mennonitische Mission wurde in den 1850er Jahren von Mennoniten aus den Niederlanden gegründet. Danach wurden missionarische Initiativen von Mennoniten aus Südrussland ergriffen. Erst im Laufe des 20. Jh. – vor allem in der zweiten Hälfte – traten verschiedene nordamerikanische mennonitische Missionen in anderen Teilen der Welt stärker in den Vordergrund.

Neben diesen missionarischen Bemühungen betont Roth die Bedeutung, die Hilfswerke und Hilfsinitiativen von Organisa-

---

[9] Vgl. „Eine Gemeinschaft täuferischer Gemeinden."
[10] Roth: A Cloud of Witnesses, 15 (Übers. Hg.).
[11] Ebd.
[12] Roth, A Cloud of Witnesses, 16 (Übers. Hg.).

tionen wie dem *Mennonite Central Committee* (MCC) – in erster Linie eine Hilfsorganisation – in verschiedenen Regionen der Welt hatten. Diese sind von Bedeutung, da sie eine besondere Art und Weise darstellen, in der der christliche Glaube verkörpert wurde: als Bekehrung, als starker Gemeinschaftssinn und als Zeugnis für den Weg Jesu und im Engagement für Versöhnung und friedensstiftende Initiativen.[13]

3. *Kontextualisierung* identifiziert als dritte Dynamik des Globalisierungsprozesses. Er betont: „Der eigentliche Motor hinter dem drastischen Wachstum der weltweiten täuferisch-mennonitischen Gemeinschaft ist jedoch durch die kreativen Bemühungen von Leitung und Lai:innen in Ländern auf der ganzen Welt entstanden, die als Empfänger:innen des Evangeliums die frohe Botschaft in ihren lokalen Kontexten neu übersetzt und sie sich wirklich zu eigen gemacht haben".[14] Diese Dynamik der Kontextualisierung ist ein entscheidender Faktor im Prozess der Erneuerung und Transformation, den die 500 Jahre alte täuferisch-mennonitische Tradition heute erlebt, schließt Roth.

Auf der Grundlage dieser Dynamiken ist es möglich, einige Merkmale zu identifizieren, die den Täufern / Mennoniten gemeinhin zugeschrieben werden. Dazu gehören: eine Minderheit zu sein, Opfer von Verfolgung aufgrund ihres Glaubens und Zeugnisses zu sein, eine Tradition, in der die Ethik wichtiger ist als Dogmen und die Repräsentation und Verkörperung der pazifistischen Strömung des Christentums, was sich in der Betonung von Kriegsdienstverweigerung, Gewaltfreiheit und Friedensbemühungen ausdrückt.

Auch wenn dies gut klingende Merkmale zu sein scheinen, stellt sich die Frage, ob sie mit den Erfahrungen vereinbar sind, die verschiedene Menschen und Gemeinschaften *innerhalb* der

---

[13] Roth kommentiert: „Zusammen brachten diese internationalen Missions-, Dienst- und Hilfsinitiativen nicht nur die frohe Botschaft des Evangeliums in viele zuvor unerreichte Regionen der Welt, sondern verkörperten auch einen unverwechselbaren Ausdruck des christlichen Glaubens, der die Bekehrung mit einem ausgeprägten Sinn für Gemeinschaft, dem Wunsch, Jesus im täglichen Leben zu folgen, und dem Engagement für Versöhnung und Friedensstiftung verband, selbst wenn dies mit hohen Kosten verbunden war." Roth, A Cloud of Witnesses, 17 (Übers. Hg.).
[14] Ebd.

weltweiten täuferisch-mennonitischen Familie gemacht haben – oder in der Begegnung mit Täufern/Mennoniten.

Es ist interessant festzustellen, dass bei Migration und Mission hauptsächlich auf die „Träger" und „Absender" der Tradition fokussiert wird, nicht so sehr auf die „Empfänger". Lediglich die Dynamik der Kontextualisierung betont die „aufnehmenden" Gemeinden. Dies zeigt eine Tendenz in täuferisch-mennonitischen Selbstdarstellungen. Wenn zum Beispiel die Migration hervorgehoben wird, liegt der Schwerpunkt darauf, wie die Migrantengemeinschaften selbst, als Träger der täuferisch-mennonitischen Tradition, die Geschichte der Umsiedlung und Ansiedlung verkörperten und lebten, und nicht so sehr auf der Ankunft, der Aufnahme und der Art der Beziehungen zu den Gemeinschaften und Kulturen, in denen sie sich niederließen. Roth stellt fest, dass die konservativsten Migrantengruppen sich in Form von „Kolonien" niederließen, sich von der sie umgebenden Gesellschaft isolierten und das Niederdeutsche als Sprache beibehielten (um die religiöse Tradition und den kulturellen Hintergrund zu bewahren), während die fortschrittlicheren Gruppen sich in den großen Städten niederließen, Spanisch und Portugiesisch lernten und allmählich zu aktiven Mitgliedern dieser Gesellschaften wurden.[15] Dennoch werden die Beziehungen weitgehend übergangen, die diese Migrantengruppen zu den „First Nations"-Gemeinschaften und -Gebieten hatten und haben, auch zu den indigenen Völkern und dem Land, um nur einige zu nennen. Noch weniger wird berücksichtigt, inwieweit Dynamiken wie (Neo-)Kolonialismus, Diskriminierung oder Gewalt einige dieser Interaktionen geprägt haben könnten.

Während zunächst ein ähnliches Muster in der Gestaltung der Mission zu erkennen ist („Absender" und „Träger" werden stärker betont als „Empfänger"), fährt Roth fort, einige der Komplexitäten und Ambivalenzen der mennonitischen Missionen in Indonesien – dem Kontext, der im Mittelpunkt seiner Analyse steht – genauer zu untersuchen. Von besonderem Interesse ist dabei, dass die mennonitischen Missionsinitiativen – unter denen die Ankunft von Pieter Jansz mit seiner Frau Wilhelmina im November 1851 als erste vom Niederländischen Mennonitischen Missionsvorstand gesandte Missionar und Missionarin

---

[15] Vgl. Roth, A Cloud of Witnesses, 15–16.

eine wichtige Referenz darstellt – inmitten der niederländischen Kolonialherrschaft in Indonesien, stattfanden. Aus diesem Grund „ist es unmöglich, das Wesen der mennonitischen Mission und die komplexe Geschichte der täuferisch-mennonitischen Kirchen, die entstanden sind, losgelöst von diesem Kontext der kolonialen Ausbeutung, der Abhängigkeit, der konkurrierenden ethnischen Identitäten und des aufkommenden Nationalismus zu verstehen".[16] Dies veranlasst Roth immerhin, vom „zweideutigen Erbe"[17] dieser Missionsbemühungen zu sprechen.

Bei der Betrachtung dieser Phänomene durch eine postkoloniale Linse – unter Betonung von Fragestellungen wie Perspektive, Identität und Standort sowie der Anfechtung von Machtungleichgewichten und Vorherrschaft im Zusammenhang mit dem kolonialen Erbe[18] – tauchen einige dringliche Fragen auf. Wer erzählt die Geschichte und wessen Perspektiven werden in den traditionellen täuferisch-mennonitischen Selbstdarstellungen berücksichtigt? Wem obliegt es, die täuferisch-mennonitische Tradition zu gestalten und darüber Rechenschaft abzulegen, und von welchem Ort aus werden diese Berichte verfasst? Wer ist in solchen Erzählungen vertreten und wer nicht? Und wie kann man die blinden Flecken und Diskrepanzen in diesen Selbstdarstellungen identifizieren und durch sie hindurch navigieren?

II. „Weiße Unschuld": Die Paradoxien der Selbstdarstellung

In ihrem Buch *White Innocence: Paradoxes of Colonialism and Race* untersucht die surinamisch-niederländische Kulturanthropologin Gloria Wekker, wie 400 Jahre koloniales Erbe (niederländische Kolonialmacht und -herrschaft in verschiedenen Teilen der Welt) die niederländische Gesellschaft entscheidend geprägt haben – eine Gesellschaft, die sich oft (selbst) als tolerant, fortschrittlich und integrativ darstellt. Konkret untersucht Wekker kritisch, wie Rassendiskriminierung und Fremdenfeindlichkeit im heutigen niederländischen Kontext präsent sind und sich manifestieren und wie diese mit dem kolonialen Erbe der Nation zusammenhängen.

---

[16] Roth, A Cloud of Witnesses, 44 (Übers. Hg.).
[17] Vgl. Roth, A Cloud of Witnesses, 76–80 (Übers. Hg.).
[18] Vgl. Loomba, Colonialism / Postcolonialism, 19–180.

Indem sie von „Weißer Unschuld" spricht, legt Wekker das „niederländische Festhalten an einem Selbstbild offen, das betont, eine tolerante, kleine und gerechte ethische Nation zu sein, farbenblind und frei von Rassismus, die eher Opfer als Täter von (inter-)nationaler Gewalt ist".[19] Dieses Bild entspricht jedoch weder der tatsächlichen Kolonialgeschichte noch den Erfahrungen verschiedener Gemeinschaften in den Niederlanden, darunter Menschen aus den (ehemaligen) Kolonien, Schwarze, People of Colour, Flüchtlinge und Menschen marokkanischer oder türkischer Abstammung. Wenn diese Paradoxien und Diskrepanzen zwischen der vorherrschenden niederländischen Selbstdarstellung und den Erfahrungen der Rassendiskriminierung und Fremdenfeindlichkeit zur Sprache kommen, seien die üblichen Reaktionen der „weißen" Niederländer:innen Verleugnung, Abwehr, Ausweichen und Aggressivität.[20]

Wekker identifiziert drei Schlüsselkonzepte, die Teil des Konzepts der „Weißen Unschuld" sind. Das erste ist eine dominante weiße Selbstdarstellung. Wekker bekräftigt: „... ungeachtet der gründlichen Durchmischung der niederländischen Bevölkerung in Bezug auf die rassifizierte oder ethnische Herkunft, ist die vorherrschende Darstellung des Niederländischseins ein Weißsein und Christsein".[21] Wekker argumentiert, dass Weißsein zwar nicht als rassifizierte / ethnisierte Positionierung anerkannt wird (es wird als gewöhnlich, eigenschaftslos, normal und bedeutungslos angesehen), aber eine Schlüsselfunktion dabei spielt, Rasse zu einer „organisierenden Grammatik" der Gesellschaft zu machen; Weißsein ist die Norm. Ein Beispiel für eine solche „organisierende Grammatik" ist die Verwendung der Begriffe *„autochtoon"* und *„allochtoon"* im Niederländischen. Während sich diese Begriffe im Prinzip auf die „einheimischen" Niederländer:innen bzw. die „Ausländer:innen" beziehen, sind sie im allgemeinen Sprachgebrauch eng mit der Hautfarbe verwoben: Weiße Menschen, auch wenn sie *keine* Niederländer:innen sind, gelten als *autochtoon,* während Schwarze und People of Colour eher als *allochtoon* gelten, auch wenn sie Niederländer:innen sind.[22]

---

[19] Wekker: White Innocence, 39 (Übers. Hg.).
[20] Vgl. Wekker, White Innocence, 1.
[21] Wekker, White Innocence, 7 (Übers. Hg.).
[22] Vgl. Wekker, White Innocence, 23.

Das zweite Konzept ist *Unschuld*. Wekker nähert sich der „Weißen Unschuld" zwar nicht von der Theologie her, aber sie betrachtet die Unschuld als einen gewünschten Zustand, zu dem im Christentum aufgerufen werde.[23] Dieser Zustand wird durch Jesus repräsentiert:

> „Jesus ist der Inbegriff des unschuldigen Menschen. Er verrät andere nicht; er teilt das Wenige, das er besitzt; er wendet keine Gewalt an und begeht keine Sünden; er lebt in Armut; er heilt Kranke, hält die andere Wange hin und ist das personifizierte Gute – und doch wird er zum Tode verurteilt. (...) Er erträgt diese Behandlung zum Wohle der Menschheit und stellt selbstlos die Interessen anderer vor seine eigenen. Zweifellos gibt es in Jesus einen Edelmut, dem man nacheifern sollte und zu dem sich viele Menschen trotz des weit verbreiteten Säkularismus [in den Niederlanden] bekennen."[24]

Das Konzept der Unschuld wird auch mit „Kleinsein" assoziiert, einer kleinen Nation oder einer kleinen Gemeinschaft, argumentiert Wekker. Diese Assoziation hat eine kindliche Konnotation, die ein Gefühl von (moralischer) Unschuld und Gutheit vermittle. Unschuld impliziert in diesem Sinne „nicht wissen" und „nicht wissen wollen". Darüber hinaus argumentiert Wekker, dass Unschuld „weiblich konnotiert ist, als das, was beschützt werden muss, das, was weniger stark und aggressiv, sondern mehr liebevoll und beziehungsorientiert ist".[25]

Und das dritte Konzept ist das *kulturelle Archiv*. Wekker argumentiert, dass obwohl der offizielle niederländisch-imperiale Einfluss in der Welt eines der „bestgehüteten Geheimnisse" in der Art und Weise ist, wie Geschichte in den Niederlanden gelehrt wird, es dennoch Spuren des 400-jährigen kolonialen Erbes gibt, die im kollektiven Gedächtnis und im allgemeinen Bewusstsein präsent sind. In Anlehnung an die Arbeiten von Edward Said verwendet Wekker den Begriff des „kulturellen Archivs", um diese Art von kollektivem Erinnerungsspeicher hervorzuheben, in dem Bilder von „uns" und „denen" geformt und gespeichert wurden. Dieses kulturelle Archiv wird in der Kunst, der Literatur, dem Humor und anderen kulturellen Mitteln greifbar.

---

[23] Vgl. Wekker, White Innocence, 16–18.
[24] Wekker, White Innocence, 16 (Übers. Hg.).
[25] Wekker, White Innocence, 17 (Übers. Hg.).

*III. „Mennonitische Unschuld": Mögliche Implikationen
für täuferisch-mennonitische Selbstdarstellungen*

Auf der Grundlage von Wekkers analytischem Ansatz und ihren verschiedenen Ansätzen ist in jüngster Zeit der Begriff der „Mennonitischen Unschuld" aufgetaucht als ein Weg, Licht in die Existenz von Paradoxien in die üblichen täuferisch-mennonitischen Selbstdarstellungen zu bringen, einschließlich der Frage, wie sie zu einer „globalisierten Tradition" wurde.[26] Hier wird vorgeschlagen, dass der Begriff der „Mennonitischen Unschuld" einen Rahmen bieten kann, um die Existenz von blinden Flecken und Diskrepanzen zu untersuchen. Diese ergeben sich zwischen einerseits den gängigen Vorstellungen, dass Mennoniten gewaltlose und pazifistische Klein-/Minderheitengemeinschaften sind, die oft verfolgt wurden, selbst Gewalt erfahren haben und sich mehr auf die Ethik als auf Dogmen in der Nachfolge Jesu konzentrieren und andererseits den Erfahrungen von Diskriminierung, Ungerechtigkeit und Gewalt an den Schnittstellen von Rassenzuschreibungen, Geschlecht und Klasse, die verschiedene Menschen und Gemeinschaften *innerhalb* täuferisch-mennonitischer Kreise oder *durch* Täufer/Mennoniten erfahren haben. Darüber hinaus deutet die Verwendung des Begriffs „Mennonitische Unschuld" auch auf die möglichen Reaktionen hin, die das explizite Aufzeigen dieser Mehrdeutigkeiten, Paradoxien und Dissonanzen hervorrufen könnte, einschließlich einer Abwehrhaltung, Ablehnung oder gar Aggressivität.

Um diesen Begriff der „Mennonitischen Unschuld" zu testen, werden wir nun die eingeführten Dynamiken, die die „Globalisierung" der täuferisch-mennonitischen Tradition vorangetrieben haben, erneut betrachten: Migration, Mission und Kontextualisierung.

---

[26] Im Jahr 2022 organisierte z. B. das Amsterdam Center for Religion and Peace & Justice Studies (Fakultät für Religion und Theologie, Vrije Universität Amsterdam) eine Reihe von öffentlichen Vorträgen zum Thema „Mennonitische Unschuld". Vgl. Amsterdam Center for Religion and Peace & Justice Studies, Public Lectures.

a. Migration

Das Konzept der „Unschuld" ist besonders hilfreich, um kritisch zu untersuchen, wie eine täuferisch-mennonitische Selbstdarstellung als Minderheit und doch als exemplarische Friedensgemeinschaft innerhalb der christlichen Welt der Erkenntnis im Wege steht, dass auch eine kleine Gemeinschaft unweigerlich Gewalt gegen andere ausüben kann. Eine Minderheit zu sein schließt nicht aus, Privilegien zu haben. In manchen Fällen sichert es diese sogar – wie uns einige Migrationsgeschichten erzählen.[27] In diesem Sinne muss der Wechsel des sozialen Standorts – der Wechsel von einer Position der Marginalisierung zu einer Position der Privilegierung in einem neuen Kontext und in Beziehung zu neuen Menschen – berücksichtigt und kritisch untersucht werden. So wäre es zum Beispiel von entscheidender Bedeutung, den Übergang zu betrachten, den einige täuferisch-mennonitische Migrantengemeinschaften erlebt haben könnten, als sie von (verfolgten) Minderheiten in Europa zu *weißen*[28] Siedlern in von *indigenen* und *mestizischen*[29] Menschen bewohnten Gebieten wurden, und sensibel zu sein für die Privilegien, Möglichkeiten und sozialen Auswirkungen, die dieser Übergang mit sich brachte.

Die Migration der Täufer/Mennoniten, wenn sie durch religiöse/politische Unterdrückung oder Krieg erzwungen wurde, war eine Form der Gewalt, die diese Gemeinschaften erfahren haben. In vielerlei Hinsicht müssen die tiefen Wunden und (generationenübergreifenden) Traumata, die solche Realitäten bei Menschen und Gemeinschaften hinterlassen haben, noch geheilt werden. Die Betonung dieser Erfahrung einer kollektiven

---

[27] Vgl. z. B. die Möglichkeit (das Privileg) der mennonitischen Einwanderer in Paraguay, ihre eigene (deutsche) Sprache in den Schulen beizubehalten oder kollektiv vom Militärdienst befreit zu werden. Vgl. Ratzlaff, Lexikon.

[28] Vgl. zum Phänomen des Weißseins DiAngelo, White Fragility, 1–2.

[29] Die spanischen Begriffe „*mestizo*", „*mestiza*" und „*mestizaje*" werden in Lateinamerika häufig verwendet, um die aus der europäischen Kolonisierung der beiden Amerikas resultierenden „Mischungen" zu bezeichnen. Der Begriff *mestizo/a* (wörtlich „gemischt") bezeichnet die gegenwärtig verkörperte Kombination vielfältiger Wurzeln, einschließlich der europäischen Kolonisatoren, der afrikanischen Sklaven und der indigenen Völker. Als ich in Kolumbien aufwuchs, ging man allgemein davon aus, dass die meisten Menschen im Land „*mestizas*" und „*mestizos*" seien.

Opferrolle als Identitätsmerkmal könnte jedoch in vielen Fällen bedeuten, dass die Art und Weise, in der diese Gemeinschaften mit den Räumen – sowohl in Bezug auf Land als auch auf Menschen – in denen sie angekommen sind, in Verbindung stehen, weniger beachtet oder übergangen wird. Es geht nicht darum, die Bedeutung der traumatischen Erfahrungen im Zusammenhang mit der erzwungenen Migration abzutun oder zu unterschätzen, sondern vielmehr darum, die Existenz von noch zu heilenden Wunden bei Menschen und in Räumen anzuerkennen, in denen sich mennonitische Migrantengemeinschaften niedergelassen haben – beispielsweise in Kanada, Mexiko, Paraguay, Uruguay und Brasilien, um nur einige zu nennen.

In Anbetracht von Wekkers Beschreibung der Rassenzuschreibung als „organisierende Grammatik" ist es wichtig, die Rolle des *Weißseins* in gebräuchlichen täuferisch-mennonitischen Selbstdarstellungen kritisch zu betrachten – insbesondere im Zusammenhang mit der Migration. Zum Beispiel wird in einigen Zusammenhängen zwischen „ethnischen" und „nicht-ethnischen" Mennoniten unterschieden. Während eine solche Unterscheidung im Prinzip dazu dienen könnte, ein unverwechselbares kulturelles Erbe, eine gemeinsame Geschichte als (erzwungene) Migrantengemeinschaft sowie sprachliche Unterschiede zu betonen, kann eine solche Differenzierung von „nicht-ethnischen" Mennoniten als eine Art Klassifizierung zwischen echten/nicht echten oder Mennoniten erster/zweiter Klasse wahrgenommen werden. In ähnlicher Weise gibt es ein weiteres Gesprächsthema, bei dem Unterscheidungen unterstrichen und deutlich gemacht werden: häufig hört man in mennonitischen Kreisen Bemerkungen, dass man einen „mennonitischen Nachnamen" habe (oder eben nicht), was auf schweizerische, niederländisch-preußisch-russische oder ukrainische Wurzeln und Abstammung hinweist. In diesen Beispielen scheint das *Weißsein* (zuweilen auch das „Deutschsein") eine entscheidende Rolle zu spielen, was jedoch verschwiegen wird. Die bleibende Frage ist, ob die vorherrschende Darstellung der Täufer/Mennoniten – ungeachtet ihrer gegenwärtigen Zusammensetzung als globale Familie und der historischen „Mischungen" und Hybriditäten – weiterhin die einer weiß-schweizerisch-deutschen/niederländisch-preußisch-russisch-stämmigen Gemeinschaft sein wird.

b. Mission

Ein wichtiger Aspekt bei der Betrachtung des Begriffs der „Mennonitischen Unschuld" ist die Untersuchung der Zusammenhänge zwischen der Globalisierung der täuferisch-mennonitischen Tradition und dem Kolonialismus. Dies ist besonders wichtig, wenn die Geschichte der mennonitischen Missionen betrachtet wird. Wie bereits erwähnt, entstanden die ersten organisierten mennonitischen Missionen in den Niederlanden in der Mitte des 19. Jhs. Zwei wichtige Meilensteine in diesem Prozess waren die Gründung der *Doopsgezinde Zendings Vereeniging* – DZV (Mennonitische Missionsgesellschaft) im Jahr 1847 und die Aussendung von Pieter Jansz als erstem mennonitischen Missionar nach Indonesien,[30] das unter niederländischer Kolonialherrschaft stand. So fielen in Indonesien sowohl das (niederländische) Kolonialprojekt als auch die mennonitische Mission zusammen.

Während diese Interdependenz tendenziell übersehen wird, kommen in der neueren Forschung einige der Ambivalenzen der Überschneidungen zwischen mennonitischer Mission und Kolonialismus ans Licht. So schreibt der niederländische Missionswissenschaftler und Historiker Alle Hoekema in seinem Buch *Dutch Mennonite Mission in Indonesia*:

> „[W]ir brauchen nicht zu romantisieren, wenn wir über diese Initiative [Missionsaktivitäten in Indonesien] sprechen. Besonders diejenigen mit nicht-westlichem Hintergrund sollten sich bewusst sein, dass viele dunkle Seiten bleiben. Der DZV-Vorstand hat sicherlich die geistlichen und kirchlichen Interessen von den geschäftlichen Interessen getrennt. *Nichtsdestotrotz waren die niederländischen (und deutschen) missionarischen Aktivitäten und die dazugehörige Theologie im Allgemeinen mit der gesamten kolonialen Entwicklung verflochten. Die Mennoniten waren ein Teil dieses Komplexes.*"[31]

---

[30] Vgl. Hoekema, Dutch Mennonite Mission, 1.
[31] Hoekema, Dutch Mennonite Mission, 23 (Hervorhebung A.L.; Übers. Hg.). In ähnlicher Weise argumentiert Roth: „Dies [die untrennbare Verbindung von Christentum im Indonesien des 19. Jh. mit der europäischen Kolonisation] bedeutete, dass bei Jansz' Ankunft auf Java, das Evangelium, das er weitergeben wollte, nicht leicht von den sichtbaren Zeichen der niederländischen Macht zu unterscheiden war – einschließlich der Verpflichtung zur Zwangsarbeit und all

Die Erforschung der Ambivalenzen der niederländischen Mission in Indonesien erstreckt sich auch auf die Missionare selbst und darauf, wie sie einige der täuferisch-mennonitischen Themen und Theologien definierten, interpretierten – und wahrscheinlich auch lehrten. Während die Erwachsenentaufe und die „Neugeburt" eines wahren Christen für Jansz wichtige Themen waren,[32] war dies bei dem Thema der Wehrlosigkeit nicht der Fall.[33] In Bezug auf die Haltung zum Frieden und zur Kriegsdienstverweigerung bemerkt Hoekema über Jansz: „[W]ie die meisten niederländischen Mennoniten seiner Zeit war er nicht grundsätzlich Pazifist."[34] Hoekema zitiert weiter Jansz, der 1897 schrieb: „Angenommen, alle würden Kriegsdienstverweigerer würde der Feind dann nicht angreifen? In diesem Fall hätten die Verweigerer ihr Land verraten, und Gott würde sie verdammen."[35]

Einige der Ambivalenzen der niederländischen mennonitischen Mission in Indonesien, die Roth aufzeigt, lassen sich daran erkennen, dass erst 1929 – mehr als 70 Jahre nach der Ankunft von Jansz – der erste javanische Pastor von der niederländischen Missionskonferenz ordiniert wurde. Paternalismus, komplizierte wirtschaftliche Abhängigkeiten, Unzulänglichkeiten beim Übergangsprozess, in dem die indonesischen Gemeinden ihre eigene täuferisch-mennonitische Identität entwickeln sollten, und Herausforderungen beim Landbesitz – der unter der Kolonialherrschaft begrenzt war – sind einige der komplexen Dynamiken, die die Beziehungen zwischen Missionaren und indonesischen Gemeinden während der niederländischen Kolonialherrschaft beeinflussten.[36]

---

der anderen Demütigungen und Ungleichheiten, die mit der niederländischen Kolonialherrschaft verbunden waren." Roth, A Cloud of Witnesses, 57 (Übers. Hg.).

[32] Vgl. Hoekema, Dutch Mennonite Mission, 44–47.

[33] Für einen prägnanten und umfassenden Überblick über den Prozess, der den Übergang von der Wehrlosigkeit zur Gewaltfreiheit im 20. Jh. in der täuferisch-mennonitischen Theologie und Ethik markierte (wobei der nordamerikanische Einfluss hier eine wichtige Rolle spielte), siehe Graber, From Passive Nonresistance to Active Nonviolence.

[34] Hoekema, Dutch Mennonite Mission, 44 (Übers. Hg.).

[35] Dieser Brief von Pieter Jansz ist auf den 25. Januar 1897 datiert und wird zitiert in Hoekema, Dutch Mennonite Mission, 44–45 (Übers. Hg.).

[36] Vgl. Roth, A Cloud of Witnesses, 77–78.

Obwohl es verlockend wäre, solche Komplexitäten zu umgehen, zu ignorieren, zu beschönigen oder zu relativieren, indem man betont, wie bedeutsam solche missionarischen Bemühungen bei der Verkündigung der frohen Botschaft und der Schaffung täuferisch-mennonitischer Gemeinschaften in Indonesien waren, oder indem man die bedeutenden Beiträge und guten Absichten der Missionare (zum Beispiel in Bezug auf Bildung und medizinische Dienste) hervorhebt, ist die ernsthafte Erforschung dieser ambivalenten Geschichte und ihres Vermächtnisses von entscheidender Bedeutung für die Auseinandersetzung mit der Schnittstelle zwischen Mission und kolonialem Projekt. Die Herausforderung besteht darin, die Verbindung zwischen der Geschichte der niederländischen Mennoniten in Kontinentaleuropa einerseits *und* der Geschichte des Erbes, der Auswirkungen und der Ambivalenzen der niederländischen mennonitischen Missionstätigkeit in Indonesien andererseits zu sehen – in Zusammenhang mit der kolonialen Rolle der niederländischen Regierung und Wirtschaft. Letztere können und sollten nicht einfach mit einem „notwendigen Widerruf" versehen oder als „schlechte Erfahrungen" in einer ansonsten erfolgreichen Geschichte behandelt werden, sondern vielmehr als Teil der täuferisch-mennonitischen (niederländischen) Geschichtsschreibung berücksichtigt und kritisch aufgearbeitet werden. Diese Art der selbstkritischen Auseinandersetzung mit der eigenen Geschichte ist von größter Bedeutung, wenn das Zeugnis als Friedenskirche auch heute authentisch und überzeugend sein soll.

c. Kontextualisierung

Wie gesehen, betont der Prozess der *Kontextualisierung* eine aktivere Rolle der „Empfänger" – ein Prozess, der Rezeption, Übersetzung und Aneignung der frohen Botschaft aus täuferisch-mennonitischer Perspektive einschließt. Eine solche Beschreibung könnte jedoch so gelesen werden, als ob die frohe Botschaft in neuen Kontexten unabhängig von Machtverhältnissen, kulturellen Vorurteilen oder (neo-)kolonialen Dynamiken geteilt wurde. Dies schränkt die Möglichkeit ein, zu untersuchen, auf welche Art und Weise diese kommuniziert wurde – die Art der theologischen und ethischen Betonung, die mit der Weitergabe der frohen Botschaft verbunden war – und wie dies eine

Entwicklung in Gang gesetzt haben könnte, die bis heute nachverfolgt werden kann.

Da globale Gemeinschaften sich heute mit der Frage befassen, welche Themen als potenziell kirchenspaltend oder kontrovers einzuordnen sind – darunter z. B. Geschlechtervielfalt und sexuelle Orientierung –, ist eine entscheidende Dimension, die genauerer Erörterung bedarf, welches Vermächtnis die theologischen, ethischen und kulturellen Prägungen, die das Teilen / Empfangen der frohen Botschaft in der Vergangenheit kennzeichneten, in solchen Gesprächen haben. Wenn Positionen als „progressiv / liberal" gegen „konservativ / evangelikal" abgegrenzt werden, lohnt es sich einerseits zu untersuchen, wie die Annahme bestimmter Positionen – in Kontexten, in denen Missionare oder Siedlergemeinschaften empfangen wurden – nicht nur theologische und kulturelle Unterschiede offenbart – als ob diese neutral wären –, sowie andererseits auch die Frage, ob die Art und Weise, wie die frohe Botschaft „damals" geteilt und empfangen wurde, für heute noch Bestand hat.

Wenn man Kontextualisierung als Übersetzung und Aneignung betrachtet, ist ein weiteres zu diskutierendes Element die Annahme, dass es scheinbar eine „reine" oder „wesentliche" täuferisch-mennonitische Tradition gibt, die weitergegeben und an neue Kontexte angepasst wurde, ebenso wie die Annahme, dass sich „Niederländischsein" eindeutig bestimmen ließe, was durch den Begriff der „Weißen Unschuld" angeprangert wird. Nach dieser Logik ergeben sich unterschiedliche „Ausdrucksformen" des Täufertums / Mennonitentums, aber die „Essenz" oder der Kern bleibt derselbe. Folgt man dieser Linie, so ist es nicht überraschend, dass bei vielen Gelegenheiten die Vielfalt der täuferisch-mennonitischen Gemeinschaft als Unterschiede im Gottesdienst, im Gesang und in der Liturgie verstanden wird und daher Inklusion als Absicherung dafür angesehen wird, dass einige dieser verschiedenen Ausdrucksformen in unseren verschiedenen Versammlungen vertreten sind. Das Problem mit solchen Annahmen ist, dass sie nicht notwendigerweise betonen oder uns in die Lage versetzen, aufmerksam dafür zu werden, wie nicht nur die Tradition und die Botschaft von Menschen und Gemeinschaften in neuen Kontexten unterschiedlich *zum Ausdruck gebracht werden*, sondern *inhaltlich* grundlegend *neu* sind – und damit die Vorstellungen von dem, was „rein" oder „wesentlich" täuferisch-mennonitisch ist, herausfordern. In diesem Sinne geht es darum, die verschiedenen Formen der Entfaltung von Theologie und Ethik aus einer täuferisch-mennonitischen Perspektive in unterschiedlichen Kontexten zu betrachten und zu sehen, wie diese Vielfalt die täuferisch-mennonitische Tradition hinterfragt, herausfordert und verändert. Und das ist in der Tat entscheidender als die bloße Betrachtung verschiedener Stile im Gottesdienst.

An dieser Stelle bieten Wekkers Überlegungen zum Konzept des kulturellen Archivs wichtige Erkenntnisse. Als kollektiver Gedächtnisspeicher, der die Bilder des „Selbst" und des „Anderen" prägt und der durch Mittel wie Kunst, Literatur, Humor u. a. weitergegeben und verstärkt wird, könnte dieser Begriff des kulturellen Archivs helfen zu erklären, wie täuferisch-mennonitische dominante Darstellungen geformt und fortgeführt wurden. In der täuferisch-mennonitischen Welt sind die Überschneidungen zwischen Kultur und Glaube nicht neu. Das Phänomen der (erzwungenen) Migration und der Gründung täuferisch-mennonitischer Gemeinschaften in „neuen Ländern" hat dazu geführt, dass die Erinnerung an die Heimat, an vertraute Praktiken, an Sprache, Küche, Trachten usw. mit der mennonitischen Identität in Verbindung gebracht oder sogar als „mennonitische Merkmale" eingestuft wurden. Die Existenz von „mennonitischen Kochbüchern" ist ein gutes Beispiel für die Verbindung zwischen Ethnizität, Kultur und Tradition.[37] Während solche Verbindungen als harmlose Identitätsmarker angesehen werden könnten, macht uns die Verwendung der Idee des kulturellen Archivs darauf aufmerksam, dass im kollektiven Gedächtnis und Bewusstsein Bilder über das „Selbst" und „den Anderen" existieren und wie durch diese Bilder Stereotypen oder Vorstellungen von Überlegenheit / Unterlegenheit oder Feindseligkeit / Freundschaftlichkeit kreiert werden. Daraus ergibt sich die Notwendigkeit zu hinterfragen, wie das „Selbst" und der „Andere" konstruiert wurden und welche Funktion u. a. „mennonitische" Kunst, Bücher, usw. bei der Gestaltung und Bekräftigung täuferisch-mennonitischer Selbstdarstellungen haben. Die Fragen, die noch zu beantworten sind, lauten: Wer bleibt von diesem kollektiven

---

[37] Vgl. z. B. Showalter, Mary Emma, Mennonite Community Cookbook: Favorite Family Recipes, Scottdale, PA, 2015 (65 Anniversary Edition).

Gedächtnis ausgeschlossen? Und: Wer darf solche Gedächtnisspeicher gestalten?

IV. Schlussfolgerungen

Ein wesentlicher Teil des Prozesses der Würdigung der Vielfalt, die das Täuferisch-Mennonitische zu einer globalen Tradition ausmacht, besteht darin, sich auf folgenden Weg zu begeben: Es gilt, sich kritisch mit verschiedenen Formen von Ungerechtigkeit und Gewalt auseinanderzusetzen, die diesen Prozess der Globalisierung beeinflusst haben, sowie die Wunden zu heilen, die entstanden sind – jene, die der Glaubensgemeinschaft zugefügt wurden; jene, die anderen von dieser Gemeinschaft zugefügt wurden; und auch jene, die einander innerhalb der Gemeinschaft zugefügt wurden. Nur wenn wir uns auf einen solchen Weg einlassen, wird es möglich sein, voll und ganz zu einer Einheit in versöhnter Verschiedenheit zu werden – nicht zu einer billigen, sondern zu einer teuren Einheit.

Die „Mennonitische Unschuld" als Rahmen zu betrachten, um sich mit den Paradoxien, Diskrepanzen, blinden Flecken und Ambivalenzen im Prozess der Globalisierung der täuferisch-mennonitischen Tradition auseinanderzusetzen, ist nur eine Möglichkeit. Vielleicht gibt es noch andere Analysemöglichkeiten, sich mit ihnen auseinanderzusetzen. In all diesen Fällen ist die zugrundeliegende und entscheidende Prämisse, sich nicht nur mit den „Erfolgen" oder „Verdiensten" des Friedenszeugnisses der täuferisch-mennonitischen Tradition zu befassen, sondern mindestens ebenso sehr mit einer selbstkritischen Aufarbeitung von Fehlverhalten und moralischen und gewalttätigen Verstößen gegen andere und / oder innerhalb der eigenen Gemeinschaft, sei es direkt (zwischenmenschlich) oder systemisch. Die Art und Weise, wie wir uns mit diesen Formen von Gewalt auseinandersetzen, wird entscheidend dafür sein, wie wir versuchen, unsere Berufung zum Frieden zu bekräftigen und ihr gerecht zu werden.

Für die ökumenischen Beziehungen zu Geschwistern und Cousins und Cousinen anderer Traditionen bedeutet dies, dass wir transparenter und ehrlicher sein müssen, wenn wir uns in ökumenischen Räumen präsentieren. Es ist das Vertrauen in die heilende Kraft des Heiligen Geistes, das – nicht nur die Friedenskirche – dazu ermutigt, in der ökumenischen Gemeinschaft verletzlicher zu werden. Letztlich könnte dieser demütige *und* bekräftigende Ansatz die Kirche aller Traditionen dabei unterstützen, in ihrem Friedenszeugnis glaubwürdiger zu werden.

Literatur

Amsterdam Center for Religion and Peace & Justice Studies, Public Lectures: Mennonite Innocence, 2022, www.religionpeacejustice.com/projects-2 [02.05.2023].

DiAngelo, Robin: White Fragility. Why It's so Hard for White People to Talk About Racism, Boston 2019, 1–2 (Dt. Ausgabe: Wir müssen über Rassismus sprechen: Was es bedeutet, in unserer Gesellschaft weiß zu sein, Hamburg 2020).

Dyck, Cornelius J., An Introduction to Mennonite History. A Popular History of the Anabaptists and the Mennonites, Scottdale, PA, ^{3}1993.

Enns, Fernando, Ecumenism and Peace. From Theory and Practice to Pilgrimage and Companionship, Genf 2022.

„Eine Gemeinschaft täuferischer Gemeinden." Gemeinsame Überzeugungen der Mennonitischen Weltkonferenz; in: Enns, Fernando (Hg.), Heilung der Erinnerungen, Frankfurt a. M. / Paderborn 2008, 313 f.

Giraldo, John: Perspectiva histórica y desarrollo organizacional de Justapaz entre 1990 y 2020, in Asociación Cristiana Menonita para Justicia, Paz y Acción Noviolenta (Justapaz) (ed.), Memorias y caminos de construcción de paz y noviolencia, Bogotá, Colombia, 2022, 155–171.

Graber, Anne-Cathy, From Passive Nonresistance to Active Nonviolence. A Change in the Mennonite Tradition in Wijlens, Myriam / Shmaliy, Vladimir / Sinn, Simone (ed.): Churches and Discernment (vol. 2). Learning from History, Genf 2021, 177–189.

Green, Stanley W. / Zaracho, Rafael (ed.): God's People in Mission. An Anabaptist Perspective, Asunción, Paraguay 2018.

Hoekema, Alle, Dutch Mennonite Mission in Indonesia. Historical Essays, Elkhart, IN, 2001.

Loomba, Ania, Colonialism / Postcolonialism, Milton Park ^{3}2015.

Mennonite World Conference, „Assembly to meet in Pennsylvania July 21–26, 2015", https://mwc-cmm.org/en/assembly/stories/mennonite-world-conference-assembly-meet-pennsylvania-july-21-26-2015 [02.05.2023].

–, „Membership, Map and Statistics", https://mwc-cmm.org/en/membership-map-and-statistics [02.05.2023].

–, „6 reasons to attend the MWC Global Assembly in Semarang, Indonesia", https://mwc-cmm.org/en/stories/6-reasons-attend-mwc-global-assembly-semarang-indonesia [02.05.2023].

Pacheco Lozano, Andrés, La intersección de múltiples peregrinajes, in: Asociación Cristiana Menonita para Justicia, Paz y Acción Noviolenta (Justapaz) (ed.), Memorias y caminos de construcción de paz y noviolencia, Bogotá, Colombia, 2022, 29–31.

Ratzlaff, Gerhard: Lexikon der Mennoniten in Paraguay, Asunción 2009.

Roth, John D., A Cloud of Witnesses. Celebrating Indonesian Mennonites, Harrisonburg, VA, 2021.

Snyder, C. Arnold, Anabaptist History and Theology. An Introduction, Kitchener, ON, 1995.

Wekker, Gloria, White Innocence. Paradoxes of Colonialism and Race, Durham 2016.

B. GLAUBEN UND LEBEN

4. Schrift, Nachfolge und Gemeinschaft – Mennonitisches Schriftverständnis

Joel Driedger

Der christliche Glaube ist darauf angewiesen, dass er von den biblischen Schriften her „Nahrung" bekommt. Die kanonischen Schriften sind einzigartig, weil sie Gottes Offenbarung in der Geschichte bezeugen. Sie ermöglichen es, auf die Ursprungsereignisse des christlichen Glaubens – Schöpfung, Berufung, Versöhnung, Vollendung – zu schauen und von daher die Gegenwart neu zu verstehen und zu gestalten. Die Bibel ist zugleich Inspirationsquelle und kritische Instanz für Denken und Handeln der Kirche (in der Gesellschaft). Ihre Autorität muss nicht von kruden Inspirationslehren gestützt werden; sie umfasst authentische Glaubenszeugnisse aus der Anfangszeit, die deshalb autoritativ sind, weil sie nahe am Offenbarungsgeschehen sind und sich als unverzichtbar für die Kirche erwiesen.

Die biblischen Glaubenszeugnisse müssen allerdings für die Gegenwart ausgelegt werden. Als *evangelische* Kirche unterstreichen Mennoniten das reformatorische Schriftprinzip, akzentuieren dieses aber in eigener Weise. Die Auslegung der Schrift ist ein vielstimmiges Gespräch über biblische Texte, in dem der Heilige Geist die Gemeinschaft konstituiert. Auslegung muss als andauernder Prozess verstanden werden, in dem die Kirche als bekennende, hörende, inklusive, politische, schöpferische – und das heißt *heilige* – Versammlung der Glaubenden zu sich selbst kommt.

Im Folgenden wird zuerst eine mennonitische Interpretation des reformatorischen Schriftprinzips beschrieben, dann der hermeneutische Zusammenhang von Handeln und Verstehen und schließlich die Merkmale einer hermeneutischen Gemeinschaft.

I. Schriftprinzip und Vorverständnis

Die Reformation des 16. Jh. hat das Schriftprinzip gegen die Lehrautorität der Kirche gesetzt. Die reformatorischen Bewegungen, zu denen auch die täuferischen Glaubensvorfahren der Mennoniten gehörten, proklamierten „die Schrift allein" (*sola scriptura*) und meinten damit vor allen Dingen: „nicht der Papst".

Nicht die Priester der Kurie sollten bestimmen, was „rechte" Lehre und was Häresie sei, sondern die einfachen Leute als das „Priestertum aller Gläubigen" (1Petr 2,9) interpretieren die Heilige Schrift. Für die Reformatoren und damit auch für die Täufer waren alle getauften Christen und Christinnen unter der Leitung des Heiligen Geistes befugt, die biblischen Texte auszulegen; klerikale Mittler zwischen dem Wort Gottes und den Glaubenden waren nicht erforderlich.

Das Schriftprinzip stand allerdings von Anfang an nicht isoliert. *Sola scriptura* galt nur in Verbindung mit den anderen reformatorischen Exklusivpartikeln. Die Schrift hat insoweit Autorität, als sie auf Jesus Christus als die zentrale Offenbarung Gottes verweist (*solus Christus*), der die überwältigende Gnade Gottes deutlich macht (*sola gratia*), an der die Menschen allein durch Glauben Anteil haben (*sola fide*). Die besondere Stellung der Schrift ist an die gnadenvolle Botschaft von Kreuz und Auferstehung *pro nobis* („für uns") gebunden. Nur für sich selbst genommen eignet der Schrift keine besondere Autorität zu.

Die Anbindung des Schriftprinzips an das *solus Christus* und das Priestertum aller Gläubigen hatte praktische Konsequenzen für den Umgang mit dem biblischen Kanon. Der Wittenberger Reformator Martin Luther fühlte sich ermächtigt, die Reihenfolge der kanonischen Schriften in der Bibel zu verändern und stellte den Jakobus- und den Hebräerbrief zum Judasbrief, an das Ende der neutestamentlichen Briefliteratur.[1] Theologisch rechtfertigte Luther diesen Schritt damit, dass diese Briefe nicht in gleicher Weise auf Christus fokussiert seien wie die „apostolischen" Briefe.[2] Dass die Anordnung verändert werden konnte, illustriert, wie die Bevollmächtigung der Lesenden („Priester") zusammen mit einer bestimmten Leserichtung (*solus Christus*) die Bedeutung einzelner Bücher relativiert, bzw. die kanonischen Texte entsprechend gewichtet.

Dem Schriftprinzip ein Christus-Prinzip beizustellen, lässt sich aus den kanonischen Texten selbst begründen.[3] Beim Umgang

---

[1] Die Luther-Übersetzung der Bibel wird in mennonitischen Gemeinden gleichberechtigt neben anderen Übersetzungen verwendet.
[2] Vgl. Luther, Martin, Vorrede auf die Epistel S. Jacobi und Judae (1522), in: Luthers Vorreden, 215–218, 216.
[3] „[Darin] stimmen alle rechtschaffenen heiligen Bücher überein, daß sie allesamt Christum predigen und treiben." Ebd.

mit der Schrift spielen allerdings auch andere hermeneutische Prinzipien eine Rolle, wie eine weitere Maßnahme der Reformatoren im Hinblick auf den Kanon zeigt. Der humanistischen Losung *ad fontes* („zurück zu den Quellen") folgend machten sie den hebräischen Schriftenkanon zur Übersetzungsvorlage für das Alte Testament, anstelle der bisher gebräuchlichen griechischen Übersetzung, der Septuaginta. Da bestimmte alttestamentliche Bücher, die Apokryphen, nicht Teil dieses ursprünglichen Schriftenkanons waren, wurden sie aus dem Kanon ausgeschieden. Aufgrund von quellengeschichtlichen Überlegungen veränderten die Reformatoren so den Umfang des biblischen Kanons. Die biblischen Schriften wurden also nicht nur unter Verweis auf Jesus Christus neu geordnet, der Kanon selbst wurde entsprechend den wissenschaftlichen Erkenntnissen angepasst.[4]

Diese Maßnahmen untergruben aber keineswegs den autoritativen Anspruch der biblischen Schriftensammlung. Im Gegenteil, die Heilige Schrift wurde in der reformatorischen Tradition zur „normierenden Norm" (*norma normans*) erklärt, an der sich die kirchlichen Bekenntnisschriften als „genormte Norm" (*norma normata*) messen lassen sollten. Mit der Festlegung durch Bekenntnisschriften haben einige Kirchen der Reformation wiederum eine Lesetradition begründet, unter der, bzw. im Gegenüber zu der die biblischen Texte verstanden werden. Durch kirchliche Bekenntnisse wird eine Leserichtung der biblischen Schriften vorgegeben, Bibeltexte werden nicht „vorurteilsfrei" gelesen. Jede kirchliche Tradition, auch die „bekenntnisfreie" Tradition der Mennoniten, bildete Vorverständnisse gegenüber einzelnen Bibeltexten oder dem Kanon als Ganzem heraus.[5] Diese sind unabdingbar – müssen aber transparent gemacht werden. Schon in der Betonung der Schriftautorität wird ein notwendiges Vorverständnis deutlich: Wer die biblischen Schriften nicht unter der Voraussetzung liest, darin (möglicherweise) das Wort Gottes zu finden, entgeht (wahrscheinlich) der verändernden Kraft der Texte. Insofern besteht ein Wechselspiel zwischen Schriftverständnis und Schriftauslegung: Jeder Zugang

---

[4] Vgl. Alkier, Die Bibel ist nicht vom Himmel gefallen, 205.

[5] Auch Täufer und Mennoniten haben vielfältig Bekenntnisse formuliert, diesen aber nicht in gleicher Weise Autorität zuerkannt wie andere Kirchen der Reformation, siehe den Beitrag von Karl Koop in diesem Band.

zur Schrift ist mit einem Vorverständnis behaftet, das sich in der Auseinandersetzung mit den Texten wiederum bewähren muss.

II. Nachfolge als hermeneutisches Prinzip

Die letzten Absätze haben gezeigt, dass das reformatorische Schriftverständnis aus einem hermeneutischen Geflecht besteht, das den biblischen Kanon, das Christusbekenntnis, wissenschaftliche Erkenntnisse und die Lesenden miteinschließt. Die Täuferbewegung und die aus dieser hervorgehenden Mennoniten haben darüber hinaus die Schrifthermeneutik in eigener Weise akzentuiert. Die täuferisch-mennonitische Theologie hat insbesondere das Verhältnis von Schrift und Ethik sowie die Verbindung von Glaubensgemeinschaft und Textauslegung hervorgehoben.

Für die Täufer und Täuferinnen des 16. Jh. bedeutete Glauben, in die Nachfolge Jesu zu treten. Demnach vollzieht sich Glauben nicht zuerst in der Erkenntnis, sondern im Handeln. Auf diese Weise kommt der Ethik eine hermeneutische Funktion zu. Der Täufer Hans Denck (ca. 1495–1527) hat den Zusammenhang von Ethik und Hermeneutik in den Satz gefasst: „Das mittel [des Heils] aber ist Christus, welchen nyemandt mag warlich erkennen, es sey dann, das er im nachvolge mit dem leben."[6] Denck beschreibt einen hermeneutischen Zirkel zwischen Nachfolge und Christuserkenntnis. Erst wer Christus in Wort und Tat nacheifert, beginnt das Wort Gottes (das nicht mit der Bibel gleich zu setzen ist!) zu verstehen.

Die Bibel bildet den Bezugspunkt für Lehrfragen, aber auch für Fragen hinsichtlich der Moral und der kirchlichen Struktur. Dieser bibelzentrierte Ansatz, zusammen mit der kongregationalistischen Gemeindestruktur, führte zu neuen Aufbrüchen und kreativen, handlungsorientierten Textauslegungen – allerdings auch immer wieder zu gesetzlicher Verengung. Traditionelle Gemeindestrukturen wurden und werden zuweilen unkritisch

---

[6] Denck, Hans, Was geredt sei, daß die Schrift sagt (1526), in: Denck, Schriften, 27–47, 45. Vgl. Goertz, Art. „Schriftverständnis, täuferisches". Vgl. auch: „Denn wo die Werke und Liebe nicht herausbricht, da ist … Christus nicht recht erkannt." Luther, Martin, Vorrede auf das Neue Testament, in: Luthers Vorreden, 172; und „Aus Gehorsam kommt Erkenntnis, nicht aus rechter Erkenntnis der Gehorsam." Bonhoeffer, Dietrich, Gesammelte Schriften, Vierter Bd., hg. v. E. Bethge, München 1961, 354.

aufrechterhalten und mit einzelnen Bibelstellen gerechtfertigt. Die Dynamik der „frohen Botschaft" erstickt stellenweise in Moralgesetzen und Gemeindeordnungen. Hierbei wird die biblische Botschaft auf traditionelle Lesarten der Bibel verengt. So steht die Bedeutung des Textes nicht über jeglicher Textauslegung, sondern liegt innerhalb der Grenzen eines eigenen Textverständnisses. Einmal gefasste Überzeugungen werden dann nicht überdacht und es wird übersehen, dass eine sich permanent verändernde Welt nach einer je neu reflektierten Auslegung verlangt – nicht um die Bedeutung des biblischen Textes zu relativieren, sondern um das Evangelium in einer veränderten Situation neu zur Geltung zu bringen.

Tradition muss allerdings nicht zu Gesetzlichkeit führen. Die traditionell starke Hervorhebung der Ethik bei Mennoniten erweist sich als Schlüssel für ein besseres Textverständnis. Als historische Friedenskirchen bringen die täuferisch-mennonitischen Kirchen beispielsweise die Bereitschaft mit, die biblischen Aussagen zur Feindesliebe (Mt 5,43–48; Röm 12,17; 1Petr 3,9) radikal ernst zu nehmen. Das Prinzip der Gewaltfreiheit, das die friedenskirchliche Theologie bestimmt,[7] bringt die biblisch begründete Ablehnung von Gewalt, bzw. den theologisch gebotenen Einsatz für Frieden immer wieder neu ans Licht.

III. Eine hermeneutische Gemeinschaft

Die versammelte Gemeinde, die in der kongregationalistischen Struktur der mennonitischen Kirche besondere Autorität genießt, hat als hermeneutische Gemeinschaft wesentlichen Anteil an der Schriftauslegung.[8] Es sind nicht individuelle Charismatiker:innen oder wissenschaftliche Expert:innen, die die

---

[7] Vgl. Enns, Ökumene und Frieden, 355.
[8] Die Herkunft des Begriffs „hermeneutische Gemeinschaft" ist nicht eindeutig geklärt. Er taucht in den 1960er Jahren recht unvermittelt in den Texten nordamerikanischer, mennonitischer Theologen auf. Beispielsweise setzt John H. Yoder den Begriff als bekannt voraus. Vgl. Yoder, The Hermeneutics of the Anabaptists, 308. Zum Konzept einer hermeneutischen Gemeinschaft vgl. Gerber Koontz, Meeting in the Power of the Spirit; und Yoder, The Hermeneutics of Peoplehood.

Bedeutung eines Textes bestimmen, sondern der Konsens der versammelten Glaubensgemeinschaft.

Eine hermeneutische Gemeinschaft lässt sich am einfachsten als Gruppe von Menschen vorstellen, die vor Ort zusammenkommen. Es kann aber jegliche Gruppe von Menschen sein, die in irgendeiner Weise in kommunikativem Kontakt stehen. Entscheidend ist, dass sie sich zu Jesus Christus bekennen und sich als Teil der weltweiten Kirche Jesu Christi verstehen, denn dadurch wird die hermeneutische Gemeinschaft von anderen Überzeugungsgemeinschaften unterscheidbar. Durch das Christusbekenntnis stellt sich die hermeneutische Gemeinschaft in den christlichen Traditionsstrom, der sich von Anfang an mit den biblischen Schriften auseinandersetzte und aus ihnen Inspiration, Orientierung und Kritik gleichermaßen empfing. Es ist eine hörende Gemeinschaft, die sich der Leitung des Heiligen Geistes anvertraut und bereit ist, alle Vorverständnisse, Prinzipien und Traditionen zugunsten neuer Christus-Erkenntnisse zu hinterfragen.[9]

Charismatische und theologisch gebildete Personen können genauso dazu gehören wie einfache und ungebildete Menschen. An diesem Gespräch dürfen alle Menschen unabhängig ihres sozialen Status, Herkunft, Bildung, Alter, Hautfarbe, Geschlecht oder sexuellen Orientierung gleichberechtigt teilnehmen. Faktische gesellschaftliche Ungleichheiten müssen durch eine ausgewogene Gesprächsstruktur und -moderation überwunden werden, so dass alle Stimmen gehört werden können. Die hörende Bekenntnisgemeinschaft ist eine inklusive Gemeinschaft, die nicht nur vielfältige Stimmen zu Wort kommen lässt, sondern auch Spannungen aushalten kann. Es wird auf die Leitung des Heiligen Geistes vertraut, die auch in schwierigen Fragen auf

---

[9] „Für biblisches Ethos (und ein von diesem imprägnierten Ethikverständnis) wird mithin das Gespräch zum Grundmodus ethischer Verständigung. ... Kirche wird hier theologisch gesehen als Interpretationsgemeinschaft derer, die die Bibel als Heilige Schrift und Urkunde ihres gemeinsam geteilten Glaubens anerkennen und sich aus dieser Verwurzelung in ihrer jeweiligen geschichtlichen Wirklichkeit und auf diese hin identifizieren." Heimbach-Steins, Begründen und / oder Verstehen, 258 f. Vgl. auch Zeindler, Gemeinsam unter dem Wort Gottes.

überraschende Weise konsensuale Antworten bereitstellen kann.[10] Gleichzeitig bedeutet Vertrauen in den Geist auch, dass Spannungen auf der Sachebene durch eine versöhnte Gemeinschaft – eine Gemeinschaft, die sich nicht nur im gemeinsamen Bekenntnis und einer gemeinsamen Berufung ausdrückt, sondern auch in gegenseitigem Respekt – aufgefangen werden können.

Eine hermeneutische Gemeinschaft ist eine politische Gemeinschaft. Die Kirche/Gemeinde setzt sich vor dem Hintergrund ihrer momentanen Situation mit den Texten des biblischen Kanons auseinander. Dabei werden Erkenntnisse der theologischen Wissenschaft genauso einbezogen wie kontextuelle Gegebenheiten vor Ort. Indem die Schriftauslegung lokal verortet wird, können die biblischen Texte in die konkrete Situation hineinwirken. Diese politische Gemeinschaft ist gleichzeitig eine schöpferische Gemeinschaft, denn sie will nicht nur verstehen, sondern auch handeln. Oder andersherum gesagt: Es ist eine Gemeinschaft in der Nachfolge, die das, was sie tut, im Gespräch mit der Bibel reflektiert. Aus dem schöpferischen Handeln vor Ort und seinen Menschen ergeben sich Einsichten, die die Auslegung der Schrift reflektieren.

So schließt sich ein hermeneutischer Zirkel aus Schrift, Nachfolge und Gemeinschaft. Mennonitisches Schriftverständnis kommt in einem hermeneutischen Prozess zum Ausdruck, der fixiert ist durch: Die Heilige Schrift als Grundlage (Erkenntnisse wissenschaftlicher Exegese sollten immer einbezogen werden), das christliche Bekenntnis als Verbindungsband (wobei gerade nicht-christliche Gesprächspartner:innen oft wichtige Impulse liefern), eine Gruppe von Menschen als hörende Gesprächsteilnehmende (das Ergebnis des Gesprächs muss grundsätzlich offen sein), eine inklusive, schöpferische Nachfolge-Gemeinschaft (in der das Prinzip der Gewaltfreiheit als ethischer Prüfstein dient), die aktuelle politische und persönliche Situation als Kontext (Kirche ist nicht mehr und nicht weniger als ein Werkzeug für Gottes Reich). In einer so bestimmten hermeneutischen Gemeinschaft kann das Wort Gottes seine Kraft entfalten, und es kann tatsäch-

---

[10] Vgl. die Formulierung in Apg 15,28: „Denn es gefällt dem Heiligen Geist und uns…" Vgl. auch: „In dem Wahrheitsdiskurs, in dem Christen stehen, wird die produktive Funktion des Diskurses letztlich von der Führung durch den Heiligen Geist wahrgenommen." Goertz, Bruchstücke, 33.

lich eine heilige Gemeinschaft entstehen, in der das Reich Gottes zeichenhaft Gestalt annimmt.

Literatur

Alkier, Stefan, Die Bibel ist nicht vom Himmel gefallen: Sechs bibelwissenschaftliche Argumente gegen den christlichen Fundamentalismus, in: Religiöser Fundamentalismus: Analysen und Kritiken, hg. v. St. Alkier, H. Deuser und G. Linde, Tübingen 2005, 191–223.

Denck, Hans, Schriften, 2.Teil – Religiöse Schriften (Quellen und Forschungen zur Reformationsgeschichte 24; Quellen zur Geschichte der Täufer VI,2), hg. v. W. Fellmann, Gütersloh 1956.

Enns, Fernando, Ökumene und Frieden: Bewährungsfelder ökumenischer Theologie (Theologische Anstöße; 4), Neukirchen-Vluyn 2012.

Gerber Koontz, Gayle, Meeting in the Power of the Spirit: Ecclesiology, Ethics, and the Practice of Discernment, in: The Wisdom of the Cross: Essays in Honor of John Howard Yoder, hg. v. St. Hauerwas u. a., Eugene, OR, 2005, 327–348.

Goertz, Hans-Jürgen, Art. „Schriftverständnis, täuferisches", in: Mennonitisches Lexikon, Band V – Revision und Ergänzung (Teil 1: Personen, Teil 2: Geschichte, Kultur, Theologie, Teil 3: Verbreitung, Gemeinden, Organisationen), im Auftrag des Mennonitischen Geschichtsvereins, hg. von H.-J. Goertz, online 2010–2020, https://www.mennlex.de [31.08.2023].

–, Bruchstücke radikaler Theologie heute: eine Rechenschaft, Göttingen 2010.

Heimbach-Steins, Marianne, Begründen und / oder Verstehen – Vermittlungsgestalten zwischen biblischer Botschaft, sittlichem Subjekt und gerechter Praxis, in: Wie kommt die Bibel in die Ethik? Beiträge zu einer Grundfrage theologischer Ethik, hg. v. M. Hofheinz / F. Mathwig / M. Zeindler, Zürich 2011, 243–261.

Luthers Vorreden zur Bibel (Kleine Vandenhoeck-Reihe 1550), hg. v. H. Bornkamm, Göttingen ³1989.

Yoder, John H., The Hermeneutics of the Anabaptists, in: The Mennonite Quarterly Review 41 (1967), 291–308.

–, The Hermeneutics of Peoplehood: A Protestant Perspective, in: ders., The Priestly Kingdom: Social Ethics as Gospel, Notre Dame, IN, 2001.

Zeindler, Matthias, Gemeinsam unter dem Wort Gottes: Die Kirche als Interpretationsgemeinschaft der Schrift, in: Wie kommt die Bibel in die Ethik? Beiträge zu einer Grundfrage theologischer Ethik, hg. v. M. Hofheinz / F. Mathwig / M. Zeindler, Zürich 2011, 323–351.

5. Christologie, Rechtfertigung und Trinität in mennonitischer Theologie und Praxis

Neal Blough

Bevor zeitgenössische Aspekte mennonitischer Christologie erörtert werden, soll zunächst dargestellt werden, wie wichtig die Debatten zur Christologie und Rechtfertigung für die Entwicklung der täuferischen Theologie des 16. Jh. waren. Da die „Rechtfertigung allein aus Glauben" grundlegend für das Selbstverständnis der Reformation insgesamt war, beginne ich mit der täuferischen Kritik daran.

I. Grundlegungen im 16. Jahrhundert

a. Rechtfertigung aus Glauben als Transformation des Lebens und Eingliederung in die Kirche

Die Theologie Martin Luthers könnte man als „Protestantisierung" Augustins charakterisieren. Der radikale augustinische Pessimismus über die Natur des Menschen und der Glaube an die Prädestination wurden eng mit dem protestantischen Verständnis von der Rechtfertigung durch Glauben verknüpft. Dass und wie sich das Täufertum reformatorische Formulierungen über die Rechtfertigung kritisch aneignete, offenbart nicht nur eine alternative Christologie, sondern auch eine unterschiedliche Auffassung von der menschlichen Natur. Im Gegensatz zu Luther oder Calvin repräsentiert das täuferische Verständnis von der Rechtfertigung eine „Protestantisierung" des Erasmus von Rotterdam und anderer theologischer Traditionen des Mittelalters.

Täuferisches Nachdenken über Christologie und Rechtfertigung hat seinen Ursprung im „hyper-polemischen" Kontext der frühen 1520er Jahre, einer Zeit, die sowohl zu Übertreibungen, als auch zu Missrepräsentationen durch alle Beteiligten neigte. Generell akzeptierten die Täufer mit anderen „radikalen Reformatoren" des 16. Jh. die Prämisse der Reformation: Rechtfertigung aus Glauben allein. Allerdings verstanden sie diese Formulierung anders als Luther, der von seinen augustinischen Voraussetzungen ausging. Hans-Jürgen Goertz hielt fest, Ziel der täuferischen Reformation sei es gewesen, eine „Besserung des Lebens"¹ zu erwirken. Die unter dem Namen „Täufer" bekannt gewordenen Gruppen kritisierten das Ausbleiben von Veränderung im Leben derer, denen die Rechtfertigung allein durch Glauben gepredigt wurde.

Diese Kritik findet sich in der polemischen Beschreibung lutherischer Pastoren und der „Rechtfertigung aus Glauben" (1527) des süddeutschen Täufers Hans Hut:

> Darum ermahne ich alle gottseligen Menschen, die Lust und Liebe zur Gerechtigkeit tragen, sie möchten sich mit Fleiß hüten vor allen wuchersüchtigen, wollüstigen, ehrgeizigen und heuchlerischen Schriftgelehrten, die um Geld predigen. Denn sie meinen nicht Euch, sondern den Bauch. Denn man sieht bei ihnen kein anderes Leben als bei andern weltlichen Menschen, und wer sich auf sie verlässt, der wird betrogen. Denn ihre Lehre, die man hört, ist nichts anderes als: Glaube! und reicht nicht weiter [...]. Oh wie gar jämmerlich betrügen sie jetzt die ganze Welt unter dem Vorwand der Heiligen Schrift mit dem falschen und erdichteten Glauben, aus dem ganz und gar keine Besserung folgt.²

Es fällt auf, wie weitreichend das Täufertum des 16. Jh. darin übereinstimmte, dass der Glaube an Christus, die Nachfolge Jesu und die Inkorporation der Glaubenden in den Leib Christi zusammengehören. Alle täuferischen Strömungen Europas, die das 16. Jh. überlebten, setzten Christologie, Rechtfertigungslehre, Ethik und Ekklesiologie in eine ganz enge Beziehung zueinander.³ Rechtfertigung wurde nicht als Anrechnung von Rechtschaffenheit aufgefasst, sondern als transformativer Prozess.⁴ Die folgenden Beispiele sollen die gemeinsamen Ansichten der täuferischen Christologie des 16. Jh. bezüglich der Rechtfertigungslehre verdeutlichen.

---

[1] Vgl. Goertz, Die Täufer, 67 ff.
[2] Hut, Hans, Von dem Geheimnis der Taufe, in: Fast (Hg.), Der linke Flügel, 80 f.
[3] Etliche Historiker und Theologen interpretieren das theologische Erbe der Täufer für die Gegenwart, vgl. Snyder, Anabaptist History and Theology; Finger, A Contemporary Anabaptist Theology; Weaver, Becoming Anabaptist.
[4] Täuferische Interpretationen sind in der Tat näher am mittelalterlichen, augustinischen Verständnis der Rechtfertigung im Sinne einer Transformation als an der mehr pessimistischen Interpretation Luthers zu Agustin. Vgl. Kennel, De l'Esprit au salut; Blough, Christ in Our Midst.

1525 bezeichnete Balthasar Hubmaier Jesus als „barmherzigen Samariter". Erlösung und Rechtfertigung werden als Heilungsprozess im Gläubigen beschrieben, dem „verwundeten Sünder": „So muss der Samariter kommen, das ist Christus, der bringt mit ihm Arznei, nämlich Wein und Öl, und gießt sie dem Sünder in die Wunden."[5] Der verwundete Patient wird geheilt und beginnt ein verändertes Leben. „Der Sünder ergibt sich fortan dem Arzt, will sich auch in seinen Willen ergeben und ruft ihn an um Gesundmachung, damit was der Verwundete aus eigenem Vermögen nicht vermag, ihm der Arzt rate, helfe und fördere, damit er seinem Wort und Befehl folgen möge".[6] Durch den Glauben kommt der Heilige Geist in das Leben der Gläubigen und transformiert es: „Im Glauben macht sie der Geist Gottes lebendig, dass sie anfangen zu leben, zu grünen und Früchte zu bringen."[7]

Der ehemalige Benediktiner-Prior und Autor der Schleitheimer Artikel, Michael Sattler, entfaltete in einem Abschiedsbrief an die Straßburger Reformatoren (1526 oder 1527) die Grundsätze der täuferischen Christologie und Rechtfertigungslehre. In Übereinstimmung mit den reformatorischen Standpunkten erklärte Sattler, dass Erlösung in Christus zu finden sei und durch den Glauben vermittelt werde. „Christus ist gekommen selig zu machen alle, die an ihn glauben allein."[8] Gleichwohl sei der Glaube etwas Persönliches und abhängig vom Hören des Evangeliums (*fides ex auditu*) und gehe der Taufe voraus: „welcher glaubt und getauft wird, der wird selig".[9] Die Taufe als ein mit dem Glauben verbundener Ritus integriere die Gläubigen

---

[5] „So muss der Samaritan kommen, das ist Christus, der bringt mit im ertzney, nämlich wein vnd öl, vnd geüsts dem sünder in die wunden." Hubmaier, Balthasar, Ain Summ ains gantzen Christenlichen lebens, in: Westin und Bergsten (Hg.), Balthasar Hubmaier, 111.

[6] Ebd. „Der sünder […] ergibt sich furan an den artzt […] will sich auch […] in seinen willen ergeben vnd rufft in an vmb gesundtmachung, darmit was der verwundt auss aygem vermögen nit vermag, das im der artzt radte, hellfe vnd fürdere, darmit er seynem wort vnnd bevelch volgen möge."

[7] Ebd. „[…] im glauben macht sy der gayst Gottes lebendig, das sy anfahen leben, grünen vnd frücht bringen."

[8] „Christus ist kommen selig ze machen alle die jn inn glauben allein." Michael Sattler an Capito und Bucer (Ende 1526–Anfang 1527), in: Krebs u. Rott (Hg.), Elsass, 68.

[9] Ebd. „welcher glaubt vnd taüfft würt, der würt selig."

in den „Leib Christi", und Mitglieder dieses Leibes seien dazu angehalten, im Einklang mit dem „Haupt des Leibes" zu leben:[10] Nachfolge als Konsequenz des Glaubens ist sowohl persönlich als auch ekklesial verstanden.

Pilgram Marpeck vereinte in seiner Diskussion mit Martin Bucer in Straßburg (1531–1532) das Gedankengut der schweizerischen und der süddeutschen Täufer. Dabei zögerte Marpeck nicht, sich der klassischen paulinischen und lutherischen Terminologie zu bedienen, um den objektiven und erlösenden Charakter der Rechtfertigung zu beschreiben: „Was wir nun leben, das leben wir der Gerechtigkeit in Christus, da Christus in seiner Gerechtigkeit und Unschuld für uns ein Opfer geworden ist, das gilt vor dem Angesicht Gottes."[11] Dennoch bleibt für ihn Rechtfertigung ein Prozess, der wahre Veränderung im Leben der Gläubigen hervorbringt:

> „Das Evangelium von Christus und Christus selbst, als der Erlöser … bringt mit ihm dem, der glaubt und getauft wird, Erlösung, Nachlassung und Vergebung der Sünde nimmt alle Furcht und Gefängnis, Sünde, Tod und Hölle hin … und tröstet und stärkt die zerschlagenen Herzens sind, gibt Kraft und Macht den Willen Gottes zu tun."[12]

Gegen Ende derselben Dekade, 1539, schrieb Menno Simons seine weit bekannt gewordene Abhandlung „Das Fundament" (*Dat fundament des christelyken leers*). In offensichtlicher Übereinstimmung mit dem reformatorischen Gedankengut vertrat Menno Simons die Auffassung, dass die Gnade das freie Geschenk Gottes in Christus sei, zur Erlösung der Gläubigen. „Da ist Niemand auf Erden, der aus sich selbst des Glaubens sich

---

[10] Ebd. „Tauff inlybet all glaubig inn den lyb Christi […]. Christus ist das houpt sines lybs, das ist des glaübigen oder gemain […] was das haupt gesinnet ist, sollen in jm ouch die glider sin […]."

[11] „Was wir nun leben, das leben wir der gerechtigkait in Crissto, welher Crisstus in seiner gerechtigkait vnd vnschulld fur vnns ain opffer worden ist, das gillt vor dem angesicht gottes." Pilgram Marbecks Glaubensbekenntnis, in: Krebs/Rott (Hg.), Elsass I, 514.

[12] „Das euangelion von Crissto vnd Crisstus selbs, als der erlöser […] bring mit im dem, der glaubt vnd wirt taufft, erlösung, nachlassung vnd vergebund der sundt, nimpt alle forcht vnd gefanngknus, sundt, tod vnd hell hin vnd abwegkh, trösst vnd sterckht die zerschlagnen hertzen, gibt in craft vnd macht, den willen gottes ze thun." Pilgram Marbecks Glaubensbekenntnis, in: Krebs/Rott (Hg.), Elsass I, 417–418.

freuen und der Seligkeit sich rühmen kann, denn es ist eine Gabe Gottes […]."[13] Gleichwohl besitzt auch für Mennos Simons, wie in den vorangegangenen Beispielen bereits gezeigt, der Glaube eine transformierende Kraft: „Alle die den Glauben von Gott empfangen, die empfangen einen Baum voll allerlei guter und köstlicher Früchte."[14] Solche Früchte wachsen aus einem mit Jesus konformen Leben und fließen aus der Gnade der Rechtfertigung.

> „[…] Glaubt an das Evangelium, das ist, glaubt diese freudenreiche Zeitung und Botschaft der göttlichen Gnaden durch Christum Jesum. Lasst ab von Sünden, beweiset Reue über euer vergangenes Leben. Seid untertänig des Herrn Wort und Willen, so werdet ihr Mitgenossen, Bürger, Kinder und Erben des neuen, himmlischen Jerusalems sein […]. *Qui credit filio Dei, habet vitam aeternam* […]."[15]

Neben den Bewegungen in der Schweiz und in den Niederlanden bildeten die gütergemeinschaftlichen Hutterer die dritte Hauptgruppe der Täufer im 16. Jh. Das apologetische Glaubensbekenntnis Peter Riedemanns (1506–1556), das er während der Gefängnishaft in den 1540er Jahren verfasste, wurde zu einer der wichtigsten Bekenntnisschriften der Hutterer. In ihm findet sich einmal mehr dieser Gedankengang hinsichtlich der Rechtfertigung und der Christologie. Erlösung durch Glaube ist eine Initiative Gottes, so Riedemann: „Ein rechter und wohl gegründeter Glaube aber ist nicht der Menschen, sondern Gottes Gabe […]."[16] Gleichwohl geht Riedemann in seiner „Rechenschaft" so weit, die transformierende Kraft des Glaubens als Teilhabe der Gläubigen am göttlichen Wesen zu deuten. „Darum ist der Glaube eine wirkende Gotteskraft, der den Menschen erneuert und macht ihn nach Gott arten, lebendig in seiner Gerechtigkeit und feurig in der Liebe und Haltung seiner

---

[13] Simons, Menno, Ein Fundament und klare Anweisung von der seligmachenden Lehre unsers Herrn Jesu Christi, in: Ders., Die vollständigen Werke Menno Simon's, 29.
[14] Ebd.
[15] Simons, Menno, Ein Fundament und klare Anweisung von der seligmachenden Lehre unsers Herrn Jesu Christi, in: Ders., Die vollständigen Werke Menno Simon's, 30.
[16] Riedemann, Rechenschaft unsrer Religion, 39.

Gebote."[17] Die Gläubigen werden als Individuen wie auch als Gemeinschaft in das Bild Christi verwandelt. Allein aus diesem Grund bringt der transformative Glaube gleichsam auch die Eingliederung der einzelnen Glaubenden in den Leib Christi mit sich: „[...] dass der Mensch durch den Glauben Christo eingesetzt und eingezweigt werde."[18]

b. Trinitarische Deutungsmuster und Teilhabe an der dreieinigen Gemeinschaft

Die Bestimmung des Verhältnisses von Christologie und Rechtfertigung bei den Täufern des 16. Jh. ist von ihrem Trinitätsverständnis abhängig. Mennonitisch-täuferische Theologie war zwar mehr an der Bibel und der Praxis orientiert als an der klassischen Dogmatik, doch die althergebrachten christologischen Dogmen – einschließlich der Trinitätslehre – wurden keinesfalls abgelehnt. A. James Reimer hat aber festgestellt, dass die Täufer eher an der praktischen Ausarbeitung theologischer „Orthodoxie" interessiert waren, als an Debatten zur Ontologie.[19] Die klassischen christologischen Konzepte wurden im Lichte der täuferischen Schwerpunktsetzungen in der Ethik und Ekklesiologie überarbeitet. Als die ausgereiftere täuferische Theologie der 1540er und 1550er Jahre sich trinitätstheologischer Sprache bediente, geschah dies wiederum zumeist, um die transformierende Kraft des Evangeliums zu bekräftigen und hervorzuheben, dass die Nachfolge Christi ihren Ursprung im Heiligen Geist habe, der in der Kirche am Werk sei, und nicht in menschlichen Bemühungen. Die nachfolgenden drei Beispiele sollen dies belegen.

In einem auf 1547 datierten Brief benutzte Pilgram Marpeck ausdrücklich trinitätstheologische Termini, um die Nachfolge Christi zu beschreiben.[20]

---

[17] Riedemann, Rechenschaft unsrer Religion, 40.
[18] Riedemann, Rechenschaft unsrer Religion, 56.
[19] Vgl. Reimer, Art. „God (Trinity), Doctrine of".
[20] Mehrere Kapitel des hier zitierten Sammelbandes betonen die Bedeutung des trinitarischen Aspekts in Marpecks Theologie: Weaver / Mast / Bechtel (ed.), Anabaptist Political Theology, 2022.

> „Denn der Heilige Geist, der vom Vater und Sohn ausgeht und zeugt vom Vater und Sohn in allen gläubigen Herzen, der eifert und repitiert das vollkommene Gesetz der Freiheit Christi, welches Gesetz der Freiheit die Wahrgläubigen durchschauen, was Christus geredet, geboten und befolgt hat, das selbe mit Herz in Christo zu vollbringen …".[21]

Menno Simons bediente sich gegen Ende seines Aufsatzes „Ein ermahnendes Bekenntnis von dem dreieinigen, ewigen und wahren Gott, Vater, Sohn und heiligen Geist" (1550) zwar eines klassischen und biblischen Sprachgebrauchs, um den dreieinigen Gott zu beschreiben, bestand aber auf der praktischen Relevanz dieser Lehre. Nachfolge machte für Menno Simons ausschließlich im Kontext der Rede vom dreieinigen Gott Sinn, der einzigartigen Quelle der transformierenden Gnade, die im Glauben wirksam ist.

> „Das Eine muss bei dem Andern stehen, oder man muss die ganze Gottheit leugnen; denn Alles, was der Vater wirkt, und von Anbeginn wirkt hat, wirkt Er durch seinen Sohn, in der Kraft seines heiligen und ewigen Geistes."[22]

Riedemann und die Hutterer folgten ebenfalls ausdrücklich einer trinitätstheologischen Logik und lehrten, dass die Gläubigen eben in diese *koinonia* (Gemeinschaft) der göttlichen Personen integriert würden:

> „Also wird der Mensch mit Gott eins und Gott mit ihm, wie ein Vater mit seinem Sohn und wird also in die Gemeine und Kirche Christi gesammelt und gebracht, dass er mit ihr in einem Geist diene und anhange, und des Testaments der Gnaden (durch Christum befestiget) Kind sei […]."[23]

---

[21] „Dann der h[eilig]g geist, der vom vater und sun ausgath und zeuget vom vater und sun inn aller gloubigen hertzen, der äfert und repitiert das volkomen gzatz der freyheit Christi, wölchs gsatz der freyheit die wargloubigen durchschouen, was Christus geredt, gebot und bevolchen hab, das selb mit hertzen inn Christo zu verbringen […]." Pilgram Marpeck an die Gemeinden in Graubünden, Appenzell, St. Gallen und im Elsaß: Von der Tiefe Christi, in: Briefe und Schriften oberdeutscher Täufer, 581.
[22] Simons, Die vollständigen Werke, 263.
[23] Riedemann, Rechenschaft unsrer Religion, 57.

Aus drei verschiedenen Kontexten und mit unterschiedlichen Schwerpunktsetzungen nutzten diese drei Strömungen der Täuferbewegung trinitarische Sprache auf verblüffend ähnliche Art und Weise. Gott wirke in Christus, um die Rechtfertigung der Gläubigen, in denen der Geist wohnt, zu bewerkstelligen und sie somit als Individuen wie als Kirche in das Vorbild des Sohnes zu transformieren.

Trotz dieser Gemeinsamkeiten sollte allerdings nicht unerwähnt bleiben, dass eine wichtige christologische Differenz die Niederländer von den Schweizern und den Hutterern trennte. Über Melchior Hoffman (1495?–1543) nahmen die niederländischen Täufer, auch Menno Simons, eine Christologie vom „himmlischen Fleisch" an, wonach Jesus nicht das „Fleisch" Marias angenommen, sondern einen erneuerten, himmlischen Leib empfangen habe. Mit dieser Vorstellung setzten sich mehrere Täuferversammlungen in den 1550er Jahren in Straßburg auseinander. 1555 verständigten sich die verschiedenen Strömungen in Europa schließlich darauf, dass bezüglich dieser Frage keine Einmütigkeit zu erreichen sei, hielten aber ebenso fest, dass es wichtiger sei, den Geboten Christi Folge zu leisten, als ein bestimmtes Verständnis über dieses Mysterium, wie Christus Mensch geworden sei, zu fordern.[24]

II. Marginalisierung und Assimilierung im 17.–19. Jahrhundert

Wie in den anderen Konfessionen der Reformation des 16. Jh., legte auch bei den Täufern und späteren Mennoniten die theologische Vitalität der ersten Generation das Fundament jener Theologie, die in den nachfolgenden Jahrhunderten von Mennoniten gelehrt wurde. Am Ende des 16. Jh. besaßen Mennoniten nirgends einen legalen Status und wurden allseits als Häretiker angesehen, einzige Ausnahme waren die Niederlande. Aufgrund von Verfolgung, Auswanderung und der sich daraus ergebenden Marginalisierungen gab es ab der Mitte des 16. Jh. nur sehr wenige – wenn überhaupt – gebildete Theolog:innen

---

[24] Vgl. Bender, Harold S., Art. „Strasbourg Conferences", in: Global Anabaptist Mennonite Encyclopedia Online, 1959 [31.08.2023].

und keine Institutionen theologischer Ausbildung.[25] Die erwähnten christologischen Schwerpunktsetzungen wurden durch Predigten, durch Lesen und Auswendiglernen der Heiligen Schrift, durch das Singen hunderter täuferischer Lieder sowie durch die Publikation von Märtyrer-Erzählungen bewahrt und tradiert.

Ohne die Belebung durch theologische und spirituelle Erneuerungen musste der streng ethische Inhalt mennonitischer Christologie allerdings zuweilen in die Gesetzlichkeit führen. Als Reaktion auf die Verengung formaler Religionsausübung und die kulturelle Assimilierung öffneten sich viele Mennoniten gegenüber theologischen Einflüssen anderer protestantischer Traditionen. Gegen Ende des 19. Jh. waren die nordeuropäischen Mennoniten mehr oder weniger zu liberalen Protestanten geworden, die Mennoniten im Elsass, der Schweiz, in Süddeutschland und der Ukraine hingegen wurden stark vom erwecklichen Pietismus beeinflusst.

Eine Neuformulierung der mennonitischen Christologie im 20. Jh. baute zunächst auf einer erneuerten täuferischen Historiographie auf, die sich vor allem im deutschsprachigen Europa des 19. und frühen 20. Jh. entwickelte. Der Anstoß hierzu kam von Nicht-Mennoniten (Carl Cornelius, C. Gerbert, J. Loserth, Ludwig Keller, Ernst Troeltsch, Max Weber) und führte zu einem kleinen Kreis mennonitischer Historiker (J.G. de Hoop Scheffer, Samuel Cramer, Christian Neff, Christian Hege, Pierre Sommer, u. a.), die auf unterschiedliche Weise daran interessiert waren, die täuferische Vergangenheit wieder zu entdecken, um Gegenwart und Zukunft zu beleben.[26]

III. Neue Interpretationen im globalen ökumenischen Kontext des 20. und 21. Jahrhunderts

In der ersten Hälfte des 20. Jh. wurde Harold S. Bender (1897–1962) in Nordamerika zum „Vater" der mennonitischen Historiker:innen und Theolog:innen. Bender wurde an der Universität Tübingen promoviert und war sehr gut in das Netzwerk europäisch-mennonitischer Historiker integriert. Aufgrund der

---

[25] Die erste theologische Hochschule der Mennoniten wurde 1735 in Amsterdam eingerichtet.
[26] Vgl. Friesen, History and Renewal.

wachsenden Vernetzung mennonitischer Institutionen in Nordamerika sowie der auch für die europäischen Mennoniten verheerenden Folgen zweier Weltkriege, waren es die USA und Kanada, in denen historiographische Initiativen erstarkten und aufblühten.

Die Christologie rückte erneut in den Mittelpunkt mennonitischer Theologie, vor allem durch die Arbeiten von John H. Yoder (1927–1997), einem Schüler Benders.[27] Als Yoder in den frühen 1950er Jahren über die Geschichte und Theologie des Täufertums an der Universität Basel promoviert wurde, waren die Verbindungen zwischen Nordamerika und Europa noch stark. Yoder formulierte die mennonitische Christologie in einer neuen Weise, die sowohl innerhalb als auch außerhalb der mennonitischen Welt viel Aufmerksamkeit erreichte und ihn in der Folge zum bedeutendsten mennonitischen Theologen der zweiten Hälfte des 20. Jh. werden ließ.

Ausgehend von seinen historischen Studien zur täuferischen Theologie des 16. Jh. entfaltete Yoder die oben ausgeführten, grundlegenden Lehren bezüglich der Christologie, der Rechtfertigung, der Nachfolge sowie der Ekklesiologie nun unter Zuhilfenahme zeitgenössischer Theologie und Exegese und innerhalb des Kontextes der Nachkriegszeit weiter, in dem auch der ökumenische Dialog zu Gewalt und Gewaltfreiheit seinen Ort fand.[28] Diese Debatten wurden oft entweder in Abwehr oder als Reaktion auf die ethischen Kategorien von Ernst Troeltsch (Kirche und/oder Sekte) und Reinhold Niebuhr (Gesinnungs- vs. Verantwortungsethik) geführt.

---

[27] Die Zitate von John H. Yoder erfolgen in Kenntnis seines sexuellen Missbrauchsverhaltens. Die Zitate bedeuten keineswegs eine Billigung seines Verhaltens, aber sein theologischer Einfluss kann hier nicht außer Acht gelassen werden. Vgl. die Stellungnahme der Professoren des Theologischen Seminars Bienenberg (Liestal Schweiz) https://static1.squarespace.com/static/58930529f7e0aba7b72289b2/t/5bb4600053450a1e7e6fa445/1538547713383/2015.05_JHYoder+Stellungnahme-Communiqu%C3%A9.pdf [31.08.2023].

[28] Zur engen Verbindung zwischen täuferischen Ansichten des 16. Jh. und Yoders Christologie, vgl. Blough, Geschichte und Theologie im Werk John Howard Yoders. Für die Bedeutung des ökumenischen Dialogs für Yoders Theologie vgl. Enns, The Peace Church.

Für Yoder sind alle Aussagen über Jesus unmittelbar mit einer Ethik der Gewaltfreiheit, wie auch mit der Ekklesiologie verknüpft, wie die folgenden Aussagen aus seinem, mittlerweile zum Klassiker gewordenen Hauptwerk „Die Politik Jesu" zeigen:

> „Ein Lebensstil, dessen Charakteristikum die Gründung einer neuen Gemeinschaft und die Ablehnung jeglicher Gewalt ist: Das ist das Thema der neutestamentlichen Verkündigung vom Anfang bis zum Ende, von rechts nach links. Das Kreuz Christi ist das Modell für die soziale Wirksamkeit der Christen. Denen, die daran glauben, ist es die Macht Gottes. *Vicit agnus noster, eum sequamur.*"[29]

Yoders umfangreiche Schriften wurden, mit späterer Unterstützung u. a. durch Stanley Hauerwas,[30] zum Rahmen, in dem sowohl Mennoniten als auch Vertreter:innen anderer Konfessionen den Zusammenhang von Christologie, Ekklesiologie und Nachfolge neu diskutierten. Säkularisierung, nukleare Bedrohung, globale Ungerechtigkeit und Postmoderne bieten den Kontext, in dem Yoders Einsichten auch über die kleine Welt der Mennoniten hinaus an Relevanz gewinnen. Neuere theologische Auseinandersetzungen in mennonitischen Kreisen (meist in Nordamerika) entstehen häufig in Reaktion auf oder im Dialog mit Yoders Vermächtnis. Eine dieser Diskussionen zwischen J. Denny Weaver[31] und A. James Reimer[32] konzentrierten sich auf die Frage, ob mennonitische Christologie mithilfe der traditionellen trinitarischen Termini bzw. den klassischen Bekenntnisformeln ausgedrückt werden könne. In welchem Maße sind die theologischen Kategorien der frühen Kirche mit den Interessen des „Imperiums" verwoben und somit Teil der „konstantinischen Wende"? Würde eine derartige Verbindung die klassische Theologie für mennonitische Perspektiven zwangsläufig unbrauchbar machen?

Immerhin sind Mennoniten, so scheint es, immer stärker bereit, trinitarische Kategorien zu nutzen, um ethische und ekkle-

---

[29] Yoder, Die Politik Jesu, 270.
[30] Vgl. beispielsweise Hauerwas, Selig sind die Friedfertigen.
[31] Vgl. Weaver, Becoming Anabaptist.
[32] Vgl. Reimer, Mennonites and Classical Theology.

siologische Einsichten ihrer eigenen Tradition zu formulieren.[33] Wie bereits im 16. Jh. trägt auch zu Zeiten Yoders eine „Hoch-Christologie" – recht verstanden – dazu bei, die Ansprüche der Nachfolge, der Gewaltfreiheit und der grenzüberschreitenden Ekklesiologie zu begründen.

Eine weitere wichtige, aber ebenso schwierige Debatte wurde darüber geführt, welche Konsequenzen die Gewaltfreiheit auf das Verständnis des Sühnetodes Jesu hat. John Driver[34] und J. Denny Weaver[35] haben dazu aufgefordert, sich von den Anselm'schen oder calvinistischen forensischen Modellen der „Satisfaktion" zu verabschieden und hin zu einem narrativen „*Christus-Victor*"-Modell zu bewegen, um Nachfolge und Gewaltfreiheit in das Zentrum der Erlösung zu integrieren.[36]

Mindestens zwei wichtige Bereiche werden die Zukunft mennonitischer Christologie entscheidend prägen: zum einen die fortwährende Internationalisierung der globalen täuferisch-mennonitischen Konfessionsfamilie, repräsentiert durch die *Mennonitische Weltkonferenz*. Um glaubwürdig zu sein, wird eine mennonitische Christologie gemeinsam mit den Kirchen des globalen Südens formuliert werden müssen. John Driver und C. Norman Kraus[37] haben bereits verschiedene interkulturelle und missiologische Implikationen für die mennonitische Christologie vorhergesehen, während globale Sprachfamilien (Spanisch, Französisch, Deutsch, Englisch) und jüngere internationale Zusammenkünfte zunehmend Räume eröffnen, in denen Mennoniten, Männer und Frauen, neue theologische Wege gehen. Zum Zweiten öffnet sich der wichtige Raum des Dialogs mit der weiteren christlichen Familie, die ebenfalls starken Zuwachs im globalen Süden erlebt und gleichzeitig die Krise der Säkularisierung im Westen.

---

[33] Vgl. Enns, Friedenskirche in der Ökumene, 306–324; Gonzalez, The Gospel of Faith and Justice; Blough, Christ in our Midst; Neufeld Fast, Arnold, Examining the Believers Church within a Trinitarian-Missional Framework, in: Dueck / Harder / Koop (ed.), New Perspectives, 199–222; Rempel, Critically Appropriating Tradition.
[34] Vgl. Driver, Understanding the Atonement.
[35] Vgl. Weaver, Gewaltfreie Erlösung. Obwohl Weaver behauptet, in der Tradition Yoders zu stehen, entfernt er sich stellenweise von der zentralen Bedeutung, die das Kreuz bei Yoder (und im Neuen Testament) einnimmt.
[36] Vgl. hierzu Snyder Belousek, Atonement, Justice and Peace.
[37] Vgl. Kraus, God our Savior.

Die jüngsten Dialoge mit Katholiken und Lutheranern sind nur der Anfang,[38] um die Gespräche wieder aufzunehmen, die in der Vergangenheit oftmals abgebrochen wurden, bevor sie eigentlich begonnen hatten.

Innerhalb des ökumenischen Kontextes haben die Fragen der Christologie und der Rechtfertigung bereits zu wichtigen Diskussionen geführt. Bereits in den 1970er Jahren sah John H. Yoder notwendige Debatten zur sozialen Dimension der Rechtfertigung voraus,[39] und Fernando Enns demonstrierte unlängst die Fruchtbarkeit und Angemessenheit erneuerter Diskussionen zum Thema Rechtfertigung zwischen Mennoniten und anderen Konfessionen.[40] Christ:innen können nicht aussagekräftig von Jesus sprechen, ohne dabei den gebrochenen „Leib Christi" – lokal und global – vor Augen zu haben. Erneuerte Beziehungen unter Christinnen und Christen, eine Überprüfung religiöser Rechtfertigungen von Gewalt und der Beziehungen zu anderen Religionen sowie eine erneuerte Präsenz in der Welt sind gleichsam mögliche Folgen einer neuen und wahrhaft ökumenischen Christologie.

Literatur

Blough, Neal, Christ in Our Midst. Incarnation, Church, and Discipleship in the Theology of Pilgram Marpeck, Kitchener, ON, 2017.

–, Geschichte und Theologie im Werk John Howard Yoders, in: H. Jecker (Hg.), Jesus folgen in einer pluralistischen Welt, Weisenheim am Berg 2001, 23–62.

Briefe und Schriften oberdeutscher Täufer 1527–1555: das „Kunstbuch" des Jörg Probst Rotenfelder gen. Maler (Quellen und Forschungen zur Reformationsgeschichte, 78; Quellen zur Geschichte der Täufer, 17), hg. v. H. Fast / G. Seebaß, Gütersloh 2007.

Driver, John, Understanding the Atonement for the Mission of the Church, Scottdale, PA, 1986.

Dueck, Abe / Harder, Helmut / Koop, Karl (ed.), New Perspectives in Believers Church Ecclesiology, Winnipeg, MN, 2010.

Enns, Fernando, Das Rechtfertigungsgeschehen in der Interpretation der Mennoniten, in: Swarat, Uwe / Oeldemann, Johannes / Heller, Dagmar

---

[38] Vgl. Enns (Hg.), Heilung der Erinnerungen.
[39] The „social nature of justification", Yoder, Die Politik Jesu, 250.
[40] Vgl. Enns, Das Rechtfertigungsgeschehen. Vgl. auch Finger, A Contemporary Anabaptist Theology, 110–156.

(Hg.), Von Gott angenommen – in Christus verwandelt: Die Rechtfertigungslehre im multilateralen ökumenischen Dialog (Beiheft zur Ökumenischen Rundschau, 78), Frankfurt/M 2006, 155–176.

–, Friedenskirche in der Ökumene: Mennonitische Wurzeln einer Ethik der Gewaltfreiheit, Göttingen 2003.

–, The Peace Church: Dialogue and Diversity in the Ecumenical Movement, in: The Conrad Grebel Review, 23/3 (2005), 4–18.

Enns, Fernando (Hg.), Heilung der Erinnerungen – befreit zur gemeinsamen Zukunft. Mennoniten im Dialog. Berichte und Texte ökumenischer Gespräche auf nationaler und internationaler Ebene. Frankfurt/M und Paderborn 2008.

Fast, Heinold (Hg.), Der linke Flügel der Reformation, Bremen 1962.

Finger, Thomas N., A Contemporary Anabaptist Theology: Biblical, Historical, Constructive, Downers Grove, IL, 2004.

Friesen, Abraham, History and Renewal in the Anabaptist/Mennonite Tradition (Cornelius H. Wedel Historical Series, 7), North Newton, KS, 1994.

Global Anabaptist Mennonite Encyclopedia Online, https://gameo.org.

Goertz, Hans-Jürgen, Die Täufer: Geschichte und Deutung, München ²1988.

Gonzalez, Antonio, The Gospel of Faith and Justice, Maryknoll, NY, 2005.

Hauerwas, Stanley, Selig sind die Friedfertigen. Ein Entwurf christlicher Ethik, hg. u. eingeleitet von R. Hüter, Neukirchen-Vluyn 1995.

Jecker, Hanspeter (Hg.), Jesus folgen in einer pluralistischen Welt, Weisenheim am Berg 2001.

Kennel, Denis, De l'Esprit au salut. Une anthropologie anabaptiste, Paris 2017.

Kraus, C. Norman, God our Savior: Theology in a Christological Mode, Scottdale, PA, 1991.

Krebs, Manfred/Rott, Hans Georg (Hg.), Elsass, I. Teil, Stadt Strasburg, 1522–1532 (Quellen zur Geschichte der Täufer, 7), Gütersloh 1959.

Mennonite Encyclopedia, A Comprehensive Reference Work on the Anabaptist-Mennonite Movement, Vol. 5, ed. by C.J. Dyck/D.D. Martin, Scottdale, PA, and Waterloo, ON, 1990.

Reimer, A. James, Art. „God (Trinity), Doctrine of", in: Mennonite Encyclopedia, Vol. 5, 343–344.

–, Mennonites and Classical Theology: Dogmatic Foundations for Christian Ethics, Kitchener, Ontario, 2001.

Rempel, John, Critically Appropriating Tradition: Pilgram Marpeck's Experiments in Corrective Theologizing, in: Mennonite Quarterly Review, 85/1 (2011), 59–75.

Riedemann, Peter, Rechenschaft unsrer Religion, Lehre und Glaubens: Von der Brüdern, die man die Huterischen nennt, Calyley, AB, 1974.

Simons, Menno, Die vollständigen Werke Menno Simon's, LaGrange, IN und Aylmer, ON, 1971.

Snyder, C. Arnold, Anabaptist History and Theology: An Introduction, Kitchener, ON, 1995.

Snyder Belousek, Darrin, Atonement, Justice and Peace: The Message of the Cross and the Mission of the Church, Grand Rapids 2012.

Weaver, J. Denny, Becoming Anabaptist: The Origin and Significance of Sixteenth-Century Anabaptism, Scottdale, PA, ²2005.

–, Gewaltfreie Erlösung. Kreuzestheologie im Ringen mit der Satisfaktionstheorie, Berlin 2016.

Weaver, J. Denny / Mast, Gerald J. / Bechtel, Trevor (ed.), Anabaptist Political Theology after Marpeck, Telford, PA, 2022.

Westin, Gunnar / Bergsten, Torsten (Hg.), Balthasar Hubmaier: Schriften (Quellen und Forschungen zur Reformationsgeschichte, 29; Quellen zur Geschichte der Täufer, 9), Gütersloh: Gütersloher Verlagshaus, 1962.

Yoder, John Howard, Die Politik Jesu: Vicit Agnus Noster, Schwarzenfeld ²2012 (1972).

6. Friedenskirche – Ekklesiologie und Friedensethik

Fernando Enns

Friedenskirchen sind jene Kirchen, „die in ihren Anfängen von den politisch verfassten Gesellschaften, in denen sie lebten, ausgegrenzt und verfolgt wurden, und die später ihrerseits überwiegend auf einer mehr oder weniger klaren Trennung von Kirche und Staat bestanden haben und deren Mitglieder bis heute die Wehrlosigkeit und Gewaltfreiheit als wichtige Merkmale der Nachfolge Christi verstehen und deshalb in der Regel den Militärdienst verweigern".[1] So definiert Wolfgang Lienemann.

Während einer Konferenz in den USA 1935 suchten Vertreter:innen der Mennoniten, der Church of the Brethren[2] und der Quäker (Gesellschaft der Freunde)[3] erstmals gemeinsam ihre „principles of Christian peace and patriotism" zu formulieren. Auf der Grundlage dreier gemeinsamer Merkmale fühlten sie sich verbunden: (1) Jede der Konfessionen ist weltweit in der Hilfe für Kriegsopfer und der Förderung internationaler Verständigung engagiert. (2) Jede betont die nationale Grenzen überschreitende Qualität der christlichen Gemeinschaft. (3) Jede hat in ihrer Geschichte gelehrt, dass Christ:innen nicht dazu berufen sind, sich an Kriegen zu beteiligen, selbst wenn dies von ihren jeweiligen Regierungen verlangt werde. Seither findet der Begriff „historische Friedenskirchen" Verwendung. Als Selbstbezeichnung deutete sich gleichsam eine Distanzierung zu einem Pazifismusbegriff an, der starke Konnotationen einer liberalen Theologie trägt oder ganz dem säkularen Bereich zuzuordnen ist; als Fremdbezeichnung findet er seither Gebrauch (vor allem in der internationalen Ökumene), da diese Traditionen durch das Alleinstellungsmerkmal hinsichtlich ihrer friedensethischen, historisch gewachsenen Haltung charakterisiert sind.

Lienemann beschreibt die historischen Friedenskirchen anhand von drei Kernmerkmalen:[4]

---

[1] Lienemann, Frieden, 123f; Vgl. auch Enns, Friedenskirche, Kap. II.
[2] Vgl. Weinland, Friedensethos; Meier, Schwarzenauer Neutäufer; Durnbaugh, Fruit of the Vine; ders., Die Kirche der Brüder.
[3] Vgl. Quäker Glauben und Wirken (Orig. engl. Quaker Faith and Practice); Punchon, Portrait in Grey; Scott, Die Quäker.
[4] Lienemann, Frieden, 130 f.

(1) Nachfolge-Christologie:
„Grundlage von Glauben und Leben der Mitglieder der Historischen Friedenskirchen ist die Erfahrung der Gegenwart Christi in der versammelten Gemeinde, eine Glaubenserfahrung, welche als unmittelbare Verpflichtung zu einem der Bergpredigt gemäßen Leben in der Nachfolge Christi verstanden wird."
(2) Communio-Ekklesiologie:
„Es ist ein primär gemeinschaftsorientiertes, nicht individualistisches Christentum …"
(3) Verantwortungspazifismus:
„Das politisch-praktische Zeugnis …ist zutiefst von der Praxis der Gewaltfreiheit bestimmt … Dabei geht es … nicht um die Wahrung der Reinheit der eigenen Gesinnung, sondern um die Bewährung … durch konkrete Versöhnungsarbeit …"

Als Friedenskirchen sind also diejenigen evangelischen Freikirchen zu bezeichnen, die Gewaltfreiheit als ein Merkmal ihrer Identität nennen; „historisch", weil es sich hierbei um kirchliche Traditionen handelt, deren Wurzeln weit in die Kirchengeschichte zurückreichen, und die sich selbst in direkter Traditionslinie zur urchristlichen Haltung der Gewaltfreiheit verorten. Gemeinsam haben sie vor allem im Ökumenischen Rat der Kirchen (ÖRK) größeren Einfluss auf die Entwicklung ökumenischer Friedenstheologie und -ethik genommen (des Öfteren gemeinsam mit dem Internationalen Versöhnungsbund).[5] – Selbstverständlich sind viele der hier im Weiteren ausgeführten Überzeugungen und Haltungen inzwischen Teil anderer Denominationen, so dass hier kein Alleinvertretungsanspruch erhoben werden kann (so bezeichnet sich etwa die United Church of Christ in den USA inzwischen als „Just Peace Church").[6]

---

[5] Vgl. meinen Beitrag zu „Mennoniten in ökumenischen Beziehungen" in diesem Band.
[6] Vgl. https://www.ucc.org/just-peace [01.02.2024].

I. Friedenstheologie(n) – eine Typologie

Seit Beginn des 20. Jh. ist die Friedenstheologie unter Mennonit:innen zum entscheidenden, weil am stärksten Identität stiftenden Ausdruck theologischer Reflexion geworden. Sie ist weder einheitlich, noch kann sie Normativität beanspruchen. Standen zu Beginn der Bewegung im 16. Jh. noch die Fragen der Wehrdienstverweigerung – als sichtbarer Ausdruck einer Haltung der (passiven) Wehrlosigkeit, die klare Trennung vom Staat sowie das Selbstverständnis als deutlich abgegrenzte, bekennende Gemeinde im Vordergrund, so lässt sich beobachten, wie dieser zentrale Inhalt der (nun aktiven) Gewaltfreiheit zunehmend im Zusammenhang aller theologischen Zusammenhänge entfaltet wird. Gewaltfreiheit ist somit bedeutend mehr als eine ethische Wahlmöglichkeit, sie wird selbst zum „regulativen Prinzip" theologischer Reflexion, dialogischer Methodik und Erkenntnis.[7] Auch die wachsende Zahl differenzierter eigener exegetischer Beiträge aus dieser Tradition hat hierzu entscheidend beigetragen.[8]

Mindestens drei politische und kirchliche Entwicklungen während des 20. Jh. haben diesen fortwährenden, kreativen und zum Teil selbstkritischen Diskurs vorangetrieben:

(1) die großen gesellschaftlichen Verwerfungen während und nach zwei Weltkriegen, von denen vor allem Mennoniten in Europa, der ehemaligen Sowjetunion und in Nord- und Südamerika unmittelbar betroffen waren, sowie die anschließende Blockkonfrontation in der Zeit des „Kalten Krieges", bis hin zur jüngeren Zeit neuer „Kriege gegen den Terror";

(2) die wachsende Assimilierung von Mennoniten in den entsprechenden Gesellschaften. Ausgehend von der Haltung absoluter Wehrlosigkeit einer „verfolgten Kirche" und einem von außen geduldeten und von innen gewählten Separatismus über eine schleichende Preisgabe gerade dieses Identitätsmerkmals gegen Ende des 19. Jh. bis hin zur differenzierten Auseinandersetzung in den modernen Demokratien, die zur politischen Mit-

---

[7] Vgl. den Entwurf der „regulativen Prinzipien" bei Lindbeck, George, Christliche Lehre als Grammatik des Glaubens, 1994; vgl. auch Enns, Friedenskirche, Kap. II., 3.4.
[8] Vgl. z. B. Swartley, Covenant of Peace; Dietrich / Mayordomo, Gewalt und Gewaltüberwindung; Enns / Myers, Ambassadors of Reconciliation.

gestaltung herausforderten, verändern sich nicht nur die Haltung zu Krieg, Gewalt(freiheit) und gesellschaftlicher Verantwortung. Es verändern sich auch die entsprechenden theologischen Reflexionen, weil sich die Herausforderungen an die „Gemeinschaft der Gläubigen" und entsprechend das Selbstverständnis, insbesondere das Verhältnis zum Staat, wandeln;

(3) die zunehmende Dialogbereitschaft der anderen Kirchen in der ökumenischen Bewegung: Sie hat zur intensiven Auseinandersetzung und zur kritischen Weiterentwicklung bis hin zu eigenständigen Ansätzen in der Friedenstheologie angeregt und herausgefordert, anderen die eigene Position plausibel zu erklären.[9]

Im 20. Jh. waren es noch vorrangig theologische Ansätze aus Nordamerika, die Mennoniten in aller Welt stark beeinflussten und ein nachhaltiges Selbstverständnis als (historische) Friedenskirche hervorbrachten. In einer ausdifferenzierten Beschreibung von 1991 ist die wachsende Zahl mennonitischer Friedenstheologien typologisch beschrieben worden.[10] Gemeinsam sei allen: (a) der Anspruch, in der täuferischen Tradition des 16. Jh. zu stehen, (b) die grundsätzliche Ablehnung tödlicher Gewalt als Handlungsoption für Glaubende dieser Tradition, (c) der Bezug auf die Bibel als oberste Legitimationsautorität (Relativierung aller politischen oder kirchlichen Autoritäten) und (d) die vorrangige Loyalität gegenüber der kirchlichen Gemeinschaft (und nicht der Gesellschaft allgemein). – Da die Diskussion und Reflexion gerade der Friedensethik innerhalb dieser Tradition keinesfalls abgeschlossen ist und zunehmend durch Beiträge aus ganz unterschiedlichen gesellschaftlichen und kulturellen Kontexten bereichert wird,[11] sind solch beschreibende Typologien fortwährend zu modifizieren. Hinzu kommen vermehrt (selbst-)kritische Untersuchungen zu den „klassischen" Ansätzen einer ‚weißen', männlich dominierten, eurozentrischen Friedenstheologie.[12]

Folgende Ausprägungen lassen sich in den unterschiedlichen Strömungen der Mennoniten erkennen:

---

[9] Vgl. Enns, Friedenskirche, Kap. IV.
[10] Burkholder / Gingerich (ed.), Mennonite Peace Theology.
[11] Vgl. z. B. Pacheco Lozano, Theology of Reconciliation.
[12] Vgl. z. B. Thistlethwait, Women's Bodies as Battelfield.

a. Wehrlosigkeit und radikalisierte Zwei-Reiche-Lehre

(a) Die Position der „historischen Wehrlosigkeit" (vgl. Guy F. Hershberger, Harold S. Bender, John C. Wenger) legte den Akzent auf einen nahezu buchstäblichen Gehorsam gegenüber der Bergpredigt: dem Bösen nicht zu widerstehen, die andere Wange hinzuhalten, die Feinde zu lieben, denn „selig sind, die Frieden stiften" (Mt 5–7). In der Kriegsdienstverweigerung findet diese Haltung ihren deutlichsten Ausdruck. Sie erwartet nicht, die gesellschaftliche Ordnung zu verändern, da sie von einem vollständig alternativen Wertekanon der Kirche gegenüber jenem der Mehrheitsgesellschaft ausgeht. Politische Aktion mag für einzelne Christ:innen Aufgabe und Berufung sein, für die Gemeinde als Ganze ist sie es nicht.

(b) Davon abgeleitet wurde der Typus der „apolitischen Wehrlosigkeit", in dem stark auf dualistische Vorstellungen der apokalyptischen Traditionen zurückgegriffen wurde. Insbesondere bei konservativen, zurückgezogen lebenden mennonitischen Gemeinschaften (in den Amerikas) findet sich diese Haltung bis heute.

(c) Der „Neo-Sektiererische Pazifismus" (vgl. Ted Koontz u. a.) kann als eine neuere Variante dieser radikalisierten Zwei-Reiche-Lehre bezeichnet werden, die dem Staat in bestimmten Situationen durchaus das Recht zur Gewaltanwendung zugestehen kann, für Christ:innen aber die Gewaltfreiheit als einzig legitime Option vorsieht und sie daher nicht zu Staatsämtern zulassen kann.

b. Aktive Gewaltfreiheit und Kirche als Kontrastgesellschaft

Hier ist die reine Verweigerungshaltung überwunden zugunsten einer pro-aktiven Gewaltfreiheit, die die Kirche als alternative Gemeinschaft zur herrschenden Kultur und Gesellschaftsform begreift. Dabei treten mehrere Varianten zutage:

(a) Ein „radikaler Pazifismus" findet sich vor allem bei eher evangelikal orientierten Vertretern (vgl. Dale Brown, Ron Sider u. a.). Er verbindet die Gewaltfreiheit in der Nachfolge Jesu mit engagierter gesellschaftspolitischer Aktion, unter Einfluss und Berufung auf Mahatma Gandhi oder Gene Sharp.

(b) Ein „Pazifismus der messianischen Gemeinschaft" ist vor allem von dem prominentesten Repräsentanten der friedenskirchlichen Position im 20. Jh., John Howard Yoder,[13] entwickelt worden und dann von vielen anderen weiterentwickelt. Diese Haltung geht von dem Bekenntnis zu Jesus Christus als dem „Herrn der Welt" aus. Die Nachfolge Jesu ist erst durch das Leben und das (Erlösungs-) Werk Christi, den sich gewaltfrei hingebenden Tod am Kreuz sowie die den Tod und die Gewalt überwindende Auferstehung, ermöglicht. Jesu Tod am Kreuz ist die Antwort der gefallenen Schöpfung auf die voraussetzungslose Liebe Gottes, wie sie sich im Christusgeschehen offenbart. Dieser Leidensweg Jesu ist auch den Glaubenden als Gemeinde vorgegeben, die so am Leben und Sterben Jesu partizipieren. Die Kirche ist die Gemeinschaft derjenigen, die sich zu diesem „Weg des Kreuzes" bekennt und so eine Kontrastgemeinschaft zum *mainstream* der herrschenden Kultur lebt, ausgerichtet an der Realität und den Werten des mit Christus in die Welt gekommenen Reiches Gottes („messianische Gemeinschaft"). Damit ist Kirche von der Welt unterschieden und bleibt gleichzeitig ganz auf sie bezogen, denn sie bezeugt die Wirklichkeit des Reiches Gottes vor allem durch ihren „messianischen" Lebensstil. Insbesondere in der Feindesliebe wird dieses vollständig erneuerte Leben zum glaubwürdigen Zeugnis. Darin erkennt die Kirche ihre soziale Verantwortung: Frieden zu schaffen ist zentraler Inhalt des Lebens in der Nachfolge Jesu.

Yoders Verdienst ist es, diese Überzeugung durch historische, exegetische und theologische Forschungsbeiträge als einer „Politik Jesu" beschrieben zu haben, wie sie mitten in der Welt der „Mächte und Gewalten" zur realisierbaren Alternative werde für die, die sich zu Christus bekennen.[14] Sein mehrere Jahrzehnte währendes Engagement in der Ökumene trug erheblich zur Rezeption des friedenskirchlichen Gedankengutes bei.

Neben John Driver hat später auch J. Denny Weaver – im Kontext dieses Grundansatzes – eine entsprechend alternative Versöhnungslehre und Interpretation des Kreuzestodes Jesu vorgelegt.[15] Von diesem „narrativen Ansatz" gehen viele neuere Ent-

---

[13] Siehe Fußnote 48 zur sexuellen Gewalt durch John Howard Yoder.
[14] Vgl. Yoder, Die Politik Jesu.
[15] Vgl. Weaver, Gewaltfreie Erlösung.

würfe aus, bei weitem nicht allein mennonitische Theolog:innen.[16]

(c) Der „realistische Pazifismus" schließt eng daran an, geht aber in seinem Optimismus sehr viel weiter, gesellschaftliche Veränderungen durch gewaltfreie Aktionen tatsächlich herbeiführen zu können. Duane Friesen nimmt Forschungen und Erkenntnisse aus nicht-theologischen Disziplinen auf und betont die Notwendigkeit, dass Kirche sich mit säkularen Bewegungen zum Zwecke der Friedensbildung verbünden müsse.[17] Wie bereits sein theologischer Lehrer Gordon D. Kaufman plädiert er für ein radikales Ernstnehmen der nachaufklärerischen Kultur, die von einer naturwissenschaftlichen Weltsicht dominiert ist und wichtige epistemologische Verschiebungen mit sich gebracht habe. Der Ansatz eines christlich-universalen Triumphalismus sei in diesem Kontext nicht mehr denkbar, doch bleibe ein dezidiertes christliches Zeugnis in Wort und Tat möglich und geboten. Wenn Kirche durch die Kraft des Heiligen Geistes tatsächlich ermächtigt sei, „Leib Christi" zu sein, dann werde sie ihr Leben auch gegenüber den Mächten einer modernen Kultur, die durch die Ontologie der Gewalt gekennzeichnet sei, nonkonform gestalten. Der Mythos der erlösenden Gewalt sei zu brechen, in der Antizipation des Reiches Gottes. Gerade diese Vorwegnahme führe Christ:innen der Gegenwart zur Verantwortung *für* die Welt.

Damit wendet sich Friesen nun dezidiert gegen jede dualistische Ethik. Nonkonformismus und Gewaltfreiheit treiben hier gerade nicht in die Weltflucht, sondern suchen „der Stadt Bestes" (vgl. Jer 29,7). Friesen hat sich stets für realisierbare Umsetzungsmöglichkeiten dieser gewaltfreien Friedensbildung eingesetzt. Gemeinsam mit Gerald Schlabach und in intensiver Auseinandersetzung mit römisch-katholischen friedenstheologischen Ansätzen ist hieraus das wegweisende Konzept des *„just policing"* entwickelt worden,[18] um sich dem Dilemma zwischen konsequenter Ablehnung jeder militärischen Gewalt (*violence*) einerseits

---

[16] Als einer der prominentesten Vertreter gilt der Methodist Hauerwas, Selig sind die Friedfertigen. Die Baptisten Glen Stassen und David Gushee sehen sich von diesem Ansatz (wie auch von der Theologie Dietrich Bonhoeffers) zu ihrer umfangreichen Werk Kingdom Ethics angeregt.
[17] Vgl. Friesen, Artists.
[18] Vgl. Schlabach, Just Policing.

und der Verantwortung zum Schutz der unmittelbar von Gewalt Bedrohten, zur Not auch mit Zwang (*coercion*) zu stellen.[19]

c. Gerechtigkeit als primäre Verantwortung der Kirche in der pluralistischen Demokratie

(a) Im Konzept der „Sozialen Verantwortung" haben J. Lawrence Burkholder u. a. die Kritik H. Richard Niebuhrs (*Christ and Culture,* 1951) an der Position der historischen Friedenskirchen aufgegriffen. Niebuhr hatte für eine „Verantwortungsethik" plädiert, die zu „ethischen Kompromissen" nach Güterabwägung bereit sein müsse, wenn dies eine gegebene Situation erfordere.

(b) Ein „Befreiungspazifimus" (vgl. C. Arnold Snyder, Perry Yoder u. a.) knüpft an die Befreiungstheologien des globalen Südens an und geht von Gottes primärer „Option für die Armen" und Unterdrückten aus. Hier wird der Suche nach Gerechtigkeit zumindest eine Gleichrangigkeit, wenn nicht gar Vorrangigkeit gegenüber der gewaltfreien Friedensbildung eingeräumt. Gewaltfreiheit als absolut geltende Norm *kann* zugunsten der Gerechtigkeit in Frage gestellt werden.

(c) Eine weitere Variante ist die „gewaltfreie Staatsführung".[20] Hier ist die unbedingte Nächstenliebe – und nicht das Gebot der Gewaltfreiheit an sich – das oberste ethische Prinzip. In der Politik kann dies durchaus zu Entscheidungen und Handlungen führen, die konträr zur persönlichen Überzeugung stehen. Vor allem in seinen späteren Publikationen hat Gordon Kaufman das „implizite Axiom" der Gewaltfreiheit und des Friedenstiftens hin zu einer kreativen, radikal pluralistischen Friedenstheologie entwickelt. So entspricht er dem Vorsatz seiner „konstruktiven Theologie", die althergebrachten christlichen Glaubensüberzeugungen immer wieder aufs Neue zu modifizieren.[21] Gott anzuerkennen heiße vor allem, die eigene, menschliche, biologische und historische Begrenzung anzunehmen. Ziel sei nicht ein Urteilen im Sinne von ‚richtig' oder ‚falsch'. Durch die Befreiung von eigenen Absolutheitsansprüchen könne die selbstherrliche Arroganz gegenüber alternativen Denk- und Glaubensformen überwunden

---

[19] Vgl. Enns, Ökumene und Frieden, 220–237.
[20] Vgl. Kaufman, Nonresistance and Responsibility.
[21] Vgl. Enns, Ökumene und Frieden, 327 f.

und der Weg zu einem echten Dialog erst frei werden. Diese Konsequenz ist seiner Meinung nach selbst Ausdruck einer Ethik, die dem friedenskirchlichen Anspruch inhärent ist. Kaufman fordert dazu auf, die friedenskirchliche Haltung der Gewaltfreiheit um den Aspekt der Bewahrung der Natur als einem integralen Bestandteil mennonitischer Friedenstheologie zu ergänzen.

d. Kirche als „ökumenische Gemeinschaft des Gerechten Friedens" in der Welt

Neuere Ansätze fragen vor allem nach einer umfassenderen theologischen Einbettung im Horizont der weltweiten, interkulturellen Ökumene, weil sie sich davon Ergänzungen bzw. Korrekturen an den eigenen, konfessionellen Positionen erhoffen und die Friedensethologie noch stärker als bisher der Bewährung in konkreten politischen Situationen aussetzen wollen. Die Universalität der Kirche selbst sprengt die Begrenzung der Diskussion auf Grundprobleme der eigenen, friedenskirchlichen Tradition.

Für A. James Reimer bleibt der Glaube – als die existentielle Begegnung mit Gott – Voraussetzung aller Theologie. Die Bibel schlicht als Norm für Glauben und Leben zu benennen, reiche nicht aus. Es müsse vielmehr Rechenschaft darüber abgelegt werden, *wie* die Schrift auszulegen sei, denn die Spannungen und Widersprüche der biblischen Zeugnisse selbst seien ernst zu nehmen, gerade auch hinsichtlich der Gewaltthematik. Hier sei den traditionellen Quellen (Glaubensbekenntnisse, altkirchliche Glaubenssätze) auch in der Friedenstheologie und -ethik Geltung zu verschaffen. Insofern betrachtet Reimer die „konstantinische Wende", also den Übergang von der verfolgten Kirche hin zur Staatskirche im 4./5. Jh., auch nicht als „den Sündenfall" der Kirche (in bewusster Abgrenzung zu John H. Yoder), sondern als Illustration des unauflösbaren Dilemmas, dem Weg gewaltloser Liebe einerseits folgen zu wollen und sich andererseits für allgemeingültige, konsensfähige Werte in der Gesellschaft einzusetzen, die für Gerechtigkeit und den Schutz der Schwachen sorgen.[22] So fordert Reimer die individuelle Gewissensprüfung der Einzelnen – freilich in fortwährender Auseinandersetzung innerhalb der Gemeinschaft der Glaubenden. Am Ende kristal-

---

[22] Vgl. Reimer, Christians and the War.

lisiert sich eine Ekklesiologie heraus, die sich vor allem durch eine alternative Perspektive auszeichnet: das Modell der „freiwilligen Friedenskirche", die in pluralen Formen zeichenhaft zu leben trachtet, wozu sie berufen ist.

Ins Zentrum theologischer Reflexion gehört für Reimer (wie auch für den Verfasser des vorliegenden Beitrages)[23] das trinitarische Gottesverständnis, weil es die entscheidende Gliederungs- und Ordnungsfunktion in der Systematischen Theologie übernehmen kann, die vor Einseitigkeiten und Abblendungen theologischer Grunderkenntnisse schützt. Der Leidensweg Jesu ist erst im größeren Kontext von Schöpfung (Gott), Versöhnung (Christus) und Vollendung (Heiliger Geist) allen Lebens angemessen zu verstehen. Damit wird in Erinnerung gehalten, dass der Gott der Hebräischen Bibel (der „Israel aus dem Sklavenhaus befreit") identisch mit dem Gott des Neuen Testaments ist, der in Jesus Christus Mensch geworden ist, und der fortan durch seinen Geist in dieser gewaltvollen Welt präsent bleibt, um sie von Gewalt zu befreien und zur Vollendung zu führen. So ist hier einem dynamischen Friedensverständnis, das von der großen Liebes-Bewegung der göttlichen, trinitarisch gedachten Gemeinschaft geprägt ist, Rechnung getragen. Die elementare Glaubenserkenntnis ist, dass die Glaubenden „in Christo" an dieser Gottesgemeinschaft teilhaben. Das Reich Gottes wird nicht durch menschliche Anstrengungen errichtet, sondern aufgrund der bereits bestehenden Partizipation am Reich Gottes können Christ:innen erst als von Gewalt Befreite handeln.

Im trinitarischen Gottesverständnis findet die Friedenskirchen-Ekklesiologie eine angemessene Begründung für die Gestaltung eines Lebens zur Überwindung von Gewalt, ein Gemeinschaftsmodell, das andere nicht ausschließt, sondern neue Identität stiftet, nicht durch moralisches Handeln konstituiert ist, sondern zur Verantwortung befreit, nicht legalistisch in die Separation führt, sondern stets von der Gnade der (wieder-) hergestellten Beziehung Gottes zu seiner gesamten Schöpfung ausgeht. Personalität und Sozialität, Unabhängigkeit und Relationalität, Abgrenzung und Offenheit, Identität und Kommunikation können so in ihrer Komplementarität beschrieben werden.

---

[23] Vgl. Enns, Friedenskirche, Kap. IV.

Von hier aus ergibt sich dann auch eine realistische Perspektive auf die Gewalt-Kontexte. Wird Gewalt zunächst als *theologisch-ethischer* Begriff aufgefasst, dann entspricht dies auch der Zentralität der Thematik innerhalb der Botschaft des Evangeliums. Gewalt (im Sinne von *violence,* nicht *force, coercion* oder *power*) umfasst

(a) physische oder psychische Akte der Verleugnung, Verletzung oder Zerstörung der Personhaftigkeit eines Menschen – seines freien Willens, seiner Integrität, seiner Würde (direkte Gewalt) – also seiner Gott-Ebenbildlichkeit wie seiner Rechtfertigung aus Gnade;

(b) die Verleugnung der Relationen, die Gott durch Schöpfung, Versöhnung und Vollendung schafft und die durch gerechte Beziehungen zwischen Menschen möglich werden (indirekte, kulturelle Gewalt); und

(c) die Verletzung oder Zerstörung der Natur, die Weigerung, sie als Gabe Gottes zu respektieren und sich in ihr als ‚Gottes Haushalt' zu verhalten.

Eine solche Gewalt-Definition liefert dann Hinweise auf die korrelierende Anthropologie: Jeder Mensch, unabhängig von Alter, ethnischer Zugehörigkeit oder Hautfarbe, Religionszugehörigkeit oder sexueller Orientierung, ist nach dem Bilde Gottes geschaffen (Gen 1). Hierin liegt die Würde des Menschen begründet, die unverfügbar bleibt. Christ:innen glauben, dass Gott in Christus die Beziehung zwischen sich und der Schöpfung erneuert und zu Recht gebracht hat, ein für allemal. Menschen sind – *coram Deo* – gerechtfertigt und also befreit zu einem Leben in gerechten Beziehungen. Kein Mensch kann demnach auf seine Taten reduziert werden, sondern bleibt, auch wenn seine Gewalt-Taten zu verurteilen sind, vor Gott gerechtfertigt. So sieht der christliche Glaube das Leben selbst als „geheiligt" an, oft noch gebrochen, aber in der Zuversicht, dass Gottes Geist diese Heiligung vollenden kann und wird. – Daher gründet für Christ:innen der unbedingte Einsatz für den Schutz der Menschenrechte auch nicht in einer humanistischen Idee individueller Freiheit, sondern in diesen Glaubensüberzeugungen.[24]

---

[24] Während ich selbst diesen Ansatz vor allem in der internationalen Ökumene zur Diskussion gestellt habe, suchte A. James Reimer die Bewährung auch im direkten interreligiösen Dialog, vgl. Huebner/Legenhausen (ed.), Peace and Justice, 15–20.

II. Friedensethik(en) – Konsens, Dissens und Alternativen

Auch wenn unter den Kirchen der Ökumene inzwischen ein weitreichender Konsens zum Leitbild des „gerechten Friedens" festgestellt werden kann, so treten in den konkreten Herausforderungen die altbekannten Differenzen in der christlichen Friedensethik stets neu hervor. Welcher Konsens ist also erreicht, in welchen Fragen zeigt sich nach wie vor ein Dissens, und wie wird dieser von den Friedenskirchen begründet?

a. Konsens im Verständnis des gerechten Friedens

Innerhalb des weiten Verständnisses vom gerechten Frieden ist die Lehre vom gerechten Krieg obsolet geworden.[25] Diese Überzeugung entbindet freilich nicht von der Verantwortung, auch jene ethischen Herausforderungen zu bedenken, in denen wir an mögliche Grenzen stoßen (extreme Gewaltsituationen, in denen Menschen unmittelbar an Leib und Leben durch Gewalt bedroht sind). Diese setzen die grundsätzlichen, ethisch begründeten Überzeugungen nicht einfach außer Kraft, vielmehr müssen diese sich gerade hier, an den „Rändern", bewähren. Das ethische Dilemma zwischen der Absage der Friedenskirchen an jede militärische Aktion und dem Schutzgebot für unmittelbar Bedrohte stellt eine äußerst zugespitzte Frage dar, die *innerhalb* des Verständnisses vom gerechten Frieden beantwortet werden will.

Das Leitbild des gerechten Friedens hat hier vor allem zu einer Verschiebung der Perspektiven beigetragen, diskutiert anhand des politischen Konzeptes der Verantwortung zum Schutz (*Responsibility to Protect*, R2P):[26] von der unantastbaren Souveränität nationalstaatlicher Regierungen hin zum unbedingten Schutz unmittelbar bedrohter Bevölkerungen, von der Perspektive der potentiell Intervenierenden hin zum Recht auf Unversehrtheit der Menschen in Not, von der Entscheidungsgewalt Einzel-

---

[25] „Der Weg des gerechten Friedens unterscheidet sich grundlegend vom Konzept des ‚gerechten Krieges' und umfasst viel mehr als den Schutz von Menschen vor ungerechtem Einsatz von Gewalt; außer Waffen zum Schweigen zu bringen, schließt er soziale Gerechtigkeit, Rechtsstaatlichkeit, Achtung der Menschenrechte und Sicherheit für alle Menschen ein." ÖRK, Ein Ökumenischer Aufruf zum Gerechten Frieden, § 10, in: Raiser/Schmitthenner (Hg.), Gerechter Friede.
[26] Dies ist ausführlicher diskutiert in: Enns, Ökumene, 220–238.

ner hin zum solidarischen Handeln als internationale Gemeinschaft, von der Fokussierung auf militärische Mittel hin zur weiten Friedensbildung.[27]

Unter den Kirchen der Ökumene, einschließlich der Friedenskirchen, herrscht ein breiter Konsens, was die primären Aufgaben sind:

(a) die Verantwortung zur gewaltfreien Konfliktprävention durch die Ermöglichung eines Lebens in gerechten Beziehungen für alle (Gerechtigkeit als Weg des Friedens);

(b) die Verantwortung zum Eingreifen in einen Konflikt, um diejenigen zu schützen, die das selbst nicht können, sofern diese das wünschen (Frieden als Weg der Gerechtigkeit) – womit noch keine Aussage über die legitimen Mittel zur Intervention getroffen ist;

(c) die Verantwortung zu Versöhnung sowie zur Heilung zerbrochener Beziehungen nach einem Konflikt (restaurative/transformative Gerechtigkeit), aus der erst Sicherheit für alle erwachsen kann.

Es ist auch ökumenischer Konsens, all dies möglichst gewaltfrei zu erreichen und in Gerechtigkeit zu investieren. Gewalt selbst trägt kein Konfliktlösungspotential in sich.

b. Dissens innerhalb des Verständnisses des gerechten Friedens

Ein Dissens bleibt in der Frage, ob eine theologisch begründete Ethik einen auf Gewaltabwehr und Gewaltminderung begrenzten Einsatz von Gewalt legitimieren kann, allein zu dem Zweck, diejenigen zu schützen, die unmittelbar an Leib und Leben bedroht sind und die zu solchem Schutz aufrufen, wenn alle gewaltfreien Mittel ausgeschöpft sind. Die Friedenskirchen würden dies (in ihrer Mehrheit) nach wie vor verneinen,[28] da sie hierin eben auch eine Hybris jener politischen Kräfte erkennen, die

---

[27] Vgl. hierzu „Gefährdete Bevölkerungsgruppen – Erklärung zur Schutzpflicht", Erklärung der ÖRK-Vollversammlung, Porto Alegre 2006, https://www.oikoumene.org/de/resources/documents/2-vulnerable-populations-at-risk-statement-on-the-responsibility-to-protect [01.02.2024].

[28] Vgl. z. B. Mit Gewalt gegen Gewalt. Eine Stellungnahme aus friedenskirchlicher Optik, https://de.bienenberg.ch/medien/2016/12/6/mit-gewalt-gegen-gewalt?rq=R2P [01.02.2024]. Siehe hierzu auch: Enns, Gerechter Frieden, 95–109.

sich der Weisheit Christi verschließen. Vertreter:innen anderer kirchlicher Traditionen plädieren in solchen Fällen nach wie vor für militärische Aktionen (durch Waffenlieferungen, durch Interventionen unter UN-Mandat, als Selbstverteidigung, u. v. m.).[29] – Zu fragen ist aus der Sicht der Friedenskirchen, ob damit der zuvor formulierte Konsens unterlaufen wird, da in den konkreten politischen Auseinandersetzungen die Begründungen zur eigenen Gewaltanwendung immer als „ultima ratio" begründet werden – von allen Seiten des Konflikts. Dies wird sich nicht ändern, solange die Option der Kriegsführung (und damit ihre Vorbereitung) überhaupt als ethisch legitimierbar erwogen wird.

In einer Erklärung zum gerechten Frieden argumentiert die *Vereinigung der Deutschen Mennonitengemeinden* vor allem und zunächst theologisch, um ihre ethische Position zu verdeutlichen.[30] Das überrascht nicht, denn die Friedensethik ist in der Tradition der Friedenskirchen sehr viel direkter von den theologischen Grundüberzeugungen abgeleitet als in anderen Denominationen. Jede ethische Aussage wird hier auf ihre theologische Gründung befragt und jede theologische Aussage auf ihre ethischen Implikationen hin überprüft. So wird die Gewaltfreiheit nicht schlicht als eine Option ethischen Handelns gesehen, sondern ist vielmehr eine einzuübende *Haltung* in allen Beziehungen, auch zur Natur, weil sie den Kern des christlichen Bekenntnisses zu Jesus Christus erst glaubwürdig macht.

Der Grundgedanke der Nachfolge Jesu in der Lebenspraxis der Christ:innen ist hier wiederum leitend.[31] Jesus Christus ist freilich nicht auf ein ethisches Vorbild reduziert, sondern das

---

[29] Vgl. etwa EKD 2007.
[30] „Richte unsere Füße auf den Weg des Friedens". Erklärung der Vereinigung der Deutschen Mennonitengemeinden zum gerechten Frieden, im Rahmen der Dekade zur Überwindung von Gewalt. Kirchen für Frieden und Versöhnung 2001–2010. https://www.menno-friedenszentrum.de/wp-content/uploads/2017/05/Friedenserklaerung.pdf [01.02.2024].
[31] „In Jesu Leben, Sterben und Auferstehen hat Gott seinen Willen zum gerechten Frieden offenbart und das Reich Gottes für uns zur Wirklichkeit werden lassen. Das erkennen wir in Jesu Zuwendung zu den Armen und Leidenden, den Verfolgten und allen, die sich nach Gerechtigkeit sehnen (Mt 5,6), auch zu den mit Schuld Beladenen. Jesu Leben ist Vorbild und Einladung zur Nachfolge auf diesem Weg der Liebe, der Gewaltüberwindung und der Versöhnungsbereitschaft (Mt 5,39 ff., Mk 10,42, Röm 12,17–21, 2Kor 5). Den Sanftmütigen, den

gesamte „Erlösungswerk" Gottes in Christus wird auch im Sinne der Gewaltfreiheit begriffen:

> „In Jesu Weg ans Kreuz und seinem Verzicht auf Gewalt[32] zeigt sich die Feindesliebe Gottes. So offenbart Gott seine Gerechtigkeit, die nicht auf Vergeltung, Rache oder Vernichtung zielt, sondern auf Versöhnung. Im Glauben erfahren wir, dass wir dadurch von Schuld befreit sind.
> In der *Auferstehung* Jesu überwindet Gottes Liebe selbst die Macht des Todes. Alle Gewalt und alle Mächte werden ihrer Vorläufigkeit und Begrenztheit überführt, weil Gottes Zuwendung auch im Tod keine Grenze hat. *Seine* Gerechtigkeit setzt sich als Barmherzigkeit durch.
> So stellt Gott die Beziehung zu den Menschen wieder her, damit wir untereinander und mit seiner ganzen Schöpfung geheilt werden. Durch diese befreiende Rechtfertigung sind wir befähigt, selbst den Weg der Liebe, Gewaltfreiheit und Versöhnung zu gehen – wie schwach und unvollkommen das auch jeweils gelingen mag (2.Petr 2,21)."[33]

Christ:innen leben demnach in dieser neuen Realität der wiederhergestellten, geheilten Beziehung zwischen Gott und Mensch („Reich Gottes"). Aus dieser christologischen Begründung ergibt sich dann eine entsprechende Gestalt der Kirche, über die eigenen konfessionellen, nationalen und kulturellen Grenzen hinaus, sowie ihre besondere Verantwortung in der Gesellschaft – und gegenüber der Mit-Schöpfung.[34]

Barmherzigen, den Friedenstiftenden und denen, die nach Gerechtigkeit hungern und dürsten sagt Gott die Vollendung seines messianischen Friedens zu (Mt 5, Mt 11,28–30)." Ebd., Art. 2.

[32] Hier findet sich eine erklärende Fußnote: „‚Gewalt' (engl. *violence*, nicht *power*) ist in dieser Erklärung als schädigende Einwirkung auf andere verstanden: derartige Gewaltformen werden in physische, psychische, personale (direkte) wie strukturelle (indirekte) oder kulturelle Gewalt unterschieden. Vgl. zur Differenzierung des Gewaltbegriffes auch Galtung, Johan, Cultural Violence, 291–305.

[33] „Richte unsere Füße auf den Weg des Friedens", Art. 2.

[34] „Die Gemeinschaft mit Christen und Christinnen anderer Kulturen und Traditionen dient auch der gemeinsamen Auslegung der Bibel. Dies soll uns vor Selbstüberschätzung, Selbstgefälligkeit und Selbstgerechtigkeit bewahren […] Das schärft unseren Blick für die konkrete Verantwortung gegenüber den Notleidenden und Bedrohten in der je gegebenen Situation. Mit Glaubensgeschwistern aus anderen Kulturen und Traditionen suchen wir nach Möglichkeiten, gemeinsam Gewalt zu überwinden und gerechte Beziehungen zu leben […]" „Richte unsere Füße auf den Weg des Friedens", Art. 4.

Die Erklärung verkennt nicht, dass dadurch noch nicht alle konkreten ethischen Herausforderungen zu einer eindeutigen und raschen Antwort finden.[35] Aber aufgrund der Annahme, dass diese genannten Glaubensüberzeugungen sich gerade auch in den konkreten gesellschaftspolitischen Situationen in ihrer Glaubwürdigkeit bewähren müssen, bleibt die Beteiligung an militärischen Handlungen kategorisch ausgeschlossen (wobei die Gewissensentscheidungen der Einzelnen in jedem Fall respektiert werden):[36] „Es gibt keinen Bereich des Lebens, in dem unser Glaube an Christus nicht die oberste Instanz unserer Entscheidungen und Handlungen sein soll (Mt 6,24)." – Erkennbar wird das Bemühen, diese Position nicht als Verweigerung der politischen Verantwortung zu verstehen, sondern zur verstärkten Suche nach Möglichkeiten der zivilen Konfliktregelungen.

c. Gewaltfreie Konflikt-Intervention: Ein Beispiel

Zivile Konfliktlösungsstrategien gewinnen an Bedeutung, weil ihre Erfolge zunehmend wahr- und ernst genommen werden.[37] Die Friedenskirchen erproben seit vielen Jahren gewaltfreie Möglichkeiten der Konfliktintervention.[38] Dass ein solches Vorgehen mit erheblichen Risiken verbunden ist, muss nicht eigens betont werden, sondern steht in direkter Parallele zu jenem Risiko, dem Soldaten bei militärischen Interventionen ausgesetzt

---

[35] „Wir werden in dieser unvollendeten Welt vor schwerwiegende Entscheidungen gestellt, in denen wir auch durch gewaltfreies Handeln oder durch Nichthandeln schuldig werden können […] In allen Entscheidungen und Handlungen vertrauen wir auf die vergebende Gnade und Barmherzigkeit Gottes." Ebd.

[36] „Wir wissen um die Gewissenskonflikte, die auch in unseren Gemeinden für Menschen entstehen können, wenn sie sich für einen Dienst bei Polizei oder Bundeswehr entscheiden. In dieser Situation wollen wir Hilfe geben für eine Entscheidung, die sich am Evangelium und der Feindesliebe Christi orientiert. Als Gemeinden fühlen wir uns verpflichtet, Menschen zu begleiten und ihre Entscheidung zu respektieren." „Richte unsere Füße auf den Weg des Friedens", Art. 5.

[37] Vgl. hierzu Chenoweth / Stephan, Why Civil Resistance Works; Chenoweth, Civil Resistance.

[38] Vgl. hierzu auch die Arbeiten von Lederach, Building Peace; ders., The Moral Imagination.

werden. Und es braucht eine ebenso sorgfältige Ausbildung und Planung sowie strategisches Geschick.[39]

Als ein Beispiel von vielen seien hier die bereits 1986 ins Leben gerufenen internationalen *Christian Peacemaker Teams* (heute interreligiös *Community Peacemaker Teams* genannt) ins Leben gerufen. Kleine Teams von 5 bis 7 Personen gehen in Konflikte, wenn sie von den Menschen in bedrohten Situationen selbst zu Hilfe gerufen werden und diese selbst gewaltfreie Lösungen anstreben. Es besteht kein Anspruch, den Frieden von außen in die Situation hineinzutragen, sondern allein Menschen gewaltfrei zu schützen und Räume zu eröffnen für die Verständigung zwischen verfeindeten Parteien. Dies geschieht vor allem durch die Präsenz der international zusammengesetzten Teams, deren Anwesenheit die Dynamik eines Konfliktes bereits verändern kann.

„Speaking truth to power" ist eine der wichtigsten Grundsätze, die die Quäker in ihrer Geschichte immer betonten (sie sprachen sich in Europa frühzeitig gegen den Sklavenhandel aus): Gewalt, Motivationen zur Gewaltanwendung und deren (auch staatliche) Träger eindeutig zu benennen ist ein entscheidender Schritt auf dem Weg der Friedensbildung. Durch die gelebte Solidarität mit den bedrohten Menschen vor Ort *kann* der Mut zu neuen Lösungswegen wachsen und den Gegnern deutlich signalisieren: Alles was hier geschieht, bleibt nicht unbeachtet. Entscheidend ist, dass die Weisheit, die Kultur und Mentalität sowie der Glaube der betroffenen Menschen selbst respektiert wird.

Die Effektivität eines solchen Einsatzes wird nicht in kurzfristigen „Erfolgen" gesucht. Gesellschaftliche Transformationen werden allein langfristig als möglich erachtet, unter Beteiligung möglichst vieler Bevölkerungsteile vor Ort,[40] sind es doch diese zivilen Kräfte, die letztlich für die Nachhaltigkeit eines gerechten Friedens sorgen können.

Dieser Ansatz ist vom ÖRK in seinem Programm *Ecumenical Accompaniment Programme in Palestine and Israel* (EAPPI)[41] übernommen worden und wird dort seit vielen Jahren praktiziert. Die Veränderung findet nicht nur bei den Betroffenen

---

[39] Vgl. Gross-Mayr, Der Mensch vor dem Unrecht; Sharp, Politics of Nonviolent Action; ders., Von der Diktatur zur Demokratie.

[40] Vgl. Deats, Active Nonviolence.

[41] https://www.oikoumene.org/what-we-do/eappi [01.02.2024].

selbst statt, sondern in aller Regel auch bei den Menschen, die von außen in das Konfliktgebiet selbst intervenieren, weil diese nach Rückkehr in ihre Heimatländer weiter an der Überwindung der Gewalt arbeiten.

d. Gerechtigkeit oder Frieden? Eine falsche Dichotomie!

Auf diese Weise wird die Frage nach Frieden unmittelbar und untrennbar mit der Frage nach Gerechtigkeit, dem *„gerechten Frieden"* verknüpft.[42] Für lange Zeit schien es, gerade auch in der Friedensethologie aus mennonitischer Perspektive, als sei zwischen gewaltfreier Friedensbildung – auf Kosten der Gerechtigkeit – und dem bedingungslosen Einsatz für die Gerechtigkeit – auf Kosten der Gewaltfreiheit – zu wählen. Gerade hier haben Ansätze der „restaurativen Gerechtigkeit" bzw. transformativen Gerechtigkeit, die aus der praktischen Friedens- und Versöhnungsarbeit erwachsen sind, neue Denkmöglichkeiten eröffnet. Zu den Pionieren in der Entwicklung der restaurativen Gerechtigkeit gehört Howard Zehr.[43]

Mennonit:innen (oder waren es zu der Zeit eher nur Männer?) fragten früh an, inwiefern die Bestrafung von Tätern tatsächlich eine Wiedergutmachung für die Opfer bereithalte und Möglichkeiten zur Versöhnung (im Sinne des gerechten Friedens) eröffne. Um Trauma-Bewältigungen und Versöhnungsprozesse zu initiieren, legen sie ein Gerechtigkeitsverständnis zugrunde, das vorrangig auf die Heilung von zerbrochenen Beziehungen abzielt, anstatt sich auf die Wirkmacht der „Sühneleistung" (Strafe) eines einzelnen „Täters" zu verlassen. In ihren Versuchen einer neuen, theologisch motivierten Durchdringung des Gerechtigkeitsverständnisses haben Jurist:innen, Soziolog:innen und Theolog:innen aus der friedenskirchlichen Tradition bereits seit den 1970er Jahren den Blick erneut auf die Quellen der Hebräischen Bibel und des Neuen Testaments gerichtet. So wurden neue Orientierungen und Begründungen für die (Wieder-)Herstellung

---

[42] Vgl. Enns/Moshe, Just Peace.
[43] Als Direktor des US-Büros für Strafrecht des Mennonite Central Committee entwickelte Zehr hier das erste Täter-Opfer-Ausgleichsprogramm in den Vereinigten Staaten (Victim Offender Reconciliation Program – VORP). Vgl. Zehr, Changing Lenses; Sawatsky, Justpeace Ethics.

von Beziehungen als Voraussetzung sowie als Folge der Versöhnung gewonnen: ein Verständnis der *restaurativen* (wiederherstellenden, heilenden) Gerechtigkeit entstand und findet seither Anwendung – zumindest in Teilen – auch in anerkannten Gerichtsverfahren verschiedener Länder.[44]

Restaurative Gerechtigkeit lässt sich definieren als ein Prozess, in den – so weit wie möglich – jene involviert werden, die von einem Vergehen direkt betroffen sind und in dem die Verletzungen, Bedürfnisse und Verantwortungen gemeinsam benannt und geregelt werden. Ein Verbrechen gilt hier zuerst als

> „eine Verletzung von Menschen und Beziehungen. Es zieht Verpflichtungen nach sich, Dinge zurechtzubringen. Gerechtigkeit bezieht Opfer, Täter und die Gemeinschaft in die Suche nach Lösungen mit ein, die Zurechtbringung, Versöhnung und Vergewisserung befördern."[45]

Diesem Ansatz folgend wird nicht primär nach möglicher Schuld gesucht, im Fokus steht nicht zuerst die Vergangenheit, sondern die Frage nach der Möglichkeit einer gemeinsamen Zukunft angesichts eines geschehenen Unrechtes. Dabei sollen die Bedürfnisse der betroffenen Personen – Opfer, Täter und auch die der betroffenen Gemeinschaft, zu der beide (gemeinsam oder je getrennt voneinander) gehören – im Vordergrund stehen. Dies bedeutet wiederum, dass sich die Aufmerksamkeit eines Prozesses nicht auf die Täter beschränken kann, sondern zunächst die Bedürfnisse der Opfer zentral zu berücksichtigen sind. Dadurch sollen sie zu verantwortlichem Handeln ermutigt werden. Entscheidend ist die gemeinsame Verurteilung der Tat, nicht die Verurteilung eines Täters, denn im Letzten kann es nicht darum gehen, den Täter zu erniedrigen, sondern beide – Opfer wie Täter – wieder aufzurichten, sie aus ihrer Reduktion

---

[44] In Neuseeland wurde das Prinzip der Restorative Justice bereits 1989 dem gesamten Jugendstrafrecht zugrunde gelegt. In Deutschland hat die restaurativ ausgerichtete Gerechtigkeit durch sogenannte „Täter-Opfer-Ausgleiche" und außergerichtliche Verabredungen (zum Beispiel im Scheidungsrecht) Bekanntheit erreicht.

[45] „Crime is a violation of people and relationships. It creates obligations to make things right. Justice involves the victim, the offender, and the community in a search for solutions which promote repair, reconciliation, and reassurance" (Zehr, Changing Lenses, 37).

auf das Opfer- oder Tätersein zu befreien und im besten Falle Versöhnung zu ermöglichen.

Sah man diesen Ansatz anfangs nur bei leichten Straftaten als geeignet an, so wird heute versucht, ihn auch in schwerwiegenden Fällen von Mord oder Vergewaltigung zur Anwendung zu bringen. Und längst reicht er in weite Teile der gewaltfreien Konfliktregelungen gesellschaftlichen Zusammenlebens hinein (durch anerkannte Mediationsverfahren, durch Streitschlichtungsverfahren an Schulen und vieles mehr). International sind die vielen Wahrheits- und Versöhnungskommissionen als Bewährungsfelder zu nennen, durch die Bevölkerungen nach vielen Jahren des Bürgerkriegs oder der ungerechten Rassentrennung nicht nur Vergangenheitsbewältigung, sondern tatsächlich die (Wieder-) Herstellung von gerechten Beziehungen und Zuständen anstreben, weil davon ausgegangen werden kann, dass hiervon der nachhaltige Frieden einer zukünftig zu gestaltenden Gesellschaft abhängt.[46]

Restaurative Gerechtigkeit führt nicht ‚mechanisch' Versöhnung herbei. Vergebung – als elementarer Teil – wie auch Versöhnung selbst sind nicht einklagbar. Dieser Ansatz scheint jedoch einen ‚Raum' zu öffnen, in dem es dazu kommen *kann*. Gerechtigkeit – als Relations- und Solidaritätsbegriff verstanden – ist dann die Bedingung der Möglichkeit zur Wiederherstellung von Gemeinschaft ganz allgemein. Und insofern ist, aus der Perspektive der friedenskirchlichen Tradition, gerade ein restauratives Verständnis von Gerechtigkeit dem Konzept des gerechten Friedens vorauszusetzen.

III. Ausblick: Gewalt innerhalb der Friedenskirche und von der Friedenskirche ausgehend

In ihrer Geschichte haben die Friedenskirchen immer wieder selbst Verfolgung und Gewalt erlitten, nicht nur im 16. Jh. Diese Gewalt ging von staatlichen Autoritäten aus, legitimiert durch die jeweils herrschende Religion. Mennoniten hatten und haben immer eine Minderheitenposition in den betreffenden Gesellschaften inne. Diese Erfahrungen haben ihre Perspektiven und theologisch-ethischen Reflexionen geprägt. Sie haben die

---

[46] Vgl. Chapman, Truth Commissions, 257–277.

Bibel aus einer anderen Perspektive gelesen als die Staats- und Volkskirchen und ein anderes Selbstverständnis von Kirche entwickelt: eine bekennende Gemeinde, die auch gegen Mehrheitsmeinungen an ihren Glaubensüberzeugungen festhält, zur Not dafür auch Flucht, manchmal sogar den Tod in Kauf nimmt. Die Kirche soll sich nicht nur für Frieden und Gerechtigkeit einsetzen, sondern diese vor allem selbst leben. Daraus leiten sie ihre besondere Verantwortung in der Gesellschaft ab: in erster Linie für die Schwächsten, Verwundbarsten und Armen. Stets geht es ihnen hierbei um die Suche nach alternativen, gewaltfreien Handlungsmöglichkeiten, wenn in konkreten Gewaltsituationen scheinbare Alternativlosigkeiten proklamiert werden. Dadurch geraten sie noch immer in Konflikte: mit Regierungen, untereinander, mit anderen. Dies hat aber insbesondere in den letzten Jahrzehnten eine Fülle von kreativen, gewaltfreien Handlungsansätzen freigesetzt. Gemeinsam mit anderen Kirchen haben sie ein Verständnis vom gerechten Frieden entwickelt, das sie selbst im Sinne der Gewaltfreiheit und der restaurativen Gerechtigkeit entfalten. In vielen Ländern sind so Friedensgruppen initiiert worden und – im Vergleich zur Kleinheit der Friedenskirchen – bedeutende Hilfswerke wie das *Mennonite Central Committee,* der *Brethren Volunteer Service,* oder die *Friends Service Committees,* Heute bringen sie ihre Ansichten in politische, ökonomische und militärische Machtzentren ein, mit eigenen Büros am Sitz der Vereinten Nationen (Genf und New York), der US-Regierung oder auch in Brüssel.

Erst in jüngster Zeit kommt es innerhalb der Friedenskirche(n) zu einer kritischen Selbstreflexion und einer allmählichen, schmerzhaften Wahrnehmung der Gewalt in den eigenen Gemeinschaften sowie der Gewalt, die von den Friedenskirchen selbst ausgeht. Dies betrifft sowohl die selbst-kritische Revision der eigenen Geschichte, die deutlich mehr Ambivalenzen zutage treten lässt, als es die dominierende Selbsterzählung bisher zuließ.[47] Voraussetzung ist hierbei auch die Wahrnehmung und Verarbeitung des „kollektiven Traumas" der Mennoniten.[48]

---

[47] Vgl etwa die Studie von Goossen, Chosen Nation; Hoekema / Hoekema, Hardship.
[48] Vgl. Enns / Wiens / Freund, Identitätsfortschreibung durch kollektive Traumata.

Es betrifft des weiteren vor allem die sexualisierte Gewalt von Einzelnen (hier sei das erschütternde Beispiel des Friedenstheologen John Howard Yoder stellvertretend hervorgehoben),[49] wie innerhalb mennonitischer Gemeinschaften.[50] Und auch die (direkten wie strukturellen) Verstrickungen in das „koloniale Projekt" werden mehr und mehr wahrgenommen und kritisch hinterfragt, wie etwa der Profit aus dem ehemaligen Sklavenhandel (z. B. der niederländischen *Doopsgezinden*)[51] wie auch die Aneignung von Land in den klassischen Einwanderungsländern Amerikas, die mit der Diskriminierung und Zerstörung der einheimischen Kulturen einherging und einen bis heute anhaltenden Rassismus nach sich zieht.[52] Die wachsende Wahrnehmung dieser eigenen Schuld- und Gewaltgeschichten ist ein heilsamer Lernprozess, der es den Mennoniten nun nicht mehr erlaubt, eine Friedenstheologie- und -ethik allein aus der Perspektive der Opfer zu entwickeln.

Literatur

Altaras, Cameron / Penner, Carol (ed.), Resistance. Confronting Violence, Power, and Abuse within the Peace Church, Elkhart, IN, 2022.

„Aus Gottes Frieden leben – für gerechten Frieden sorgen". Eine Denkschrift des Rates der Evangelischen Kirche in Deutschland, Gütersloh 2007.

Burkholder, John Richard / Nelson Gingerich, Barbara (ed.), Mennonite Peace Theology, Akron, PA, 1991.

Chapman, Audrey R., Truth Commissions of Forgiveness and Reconciliation, in: Petersen, Rodney L. / Raymond G. Helmick (ed.), Forgiveness and Reconciliation. Religion, Public Policy, and Conflict Transformation, Philadephia 2002, 257–277.

Chenoweth, Erica / Stephan, Maria, Why Civil Resistance Works. The Strategic Logic of Nonviolent Conflict, Columbia 2011.

Chenoweth, Erica, Civil Resistance. What Everyone Needs to Know, Oxford 2021.

Deats, Richard, Active Nonviolence across the World, Nyack, NY, 2010.

---

[49] Vgl. die durch mennonitische Institutionen in Auftrag gegebene Aufarbeitung durch Rachel Waltner Goossen, „Defanging the Beast".
[50] Vgl. hierzu und zum Gesamten die Sammlung von reflektierten Erfahrungsberichten zu den unterschiedlichen Themen in Altaras / Penner, Resistance.
[51] Vgl. *Lambour*, Doopsgezinden in de slavernij.
[52] Vgl. z. B. Enns / Myers', Healing Haunted Histories. Zur Frage des Rassismus, vgl. Shands Stoltzfus / Miller Shearer, Been in the Struggle.

Dietrich, Walter / Mayordomo, Moisés, Gewalt und Gewaltüberwindung in der Bibel, Zürich 2005.

Durnbaugh, Donald F., Die Kirche der Brüder. Vergangenheit und Gegenwart, Stuttgart 1971.

–, Fruit of the Vine. A History of the Brethren, Elgin, IL. 1997.

Enns, Elaine / Myers, Ched, Ambassadors of Reconciliation, Bd. 2, New Testament Reflections on Restorative Justice and Peacemaking, New York 2009.

–, Healing Haunted Histories: A Settler Discipleship of Decolonization, Eugene, OR, 2021.

Enns, Fernando, Friedenskirche in der Ökumene. Mennonitische Wurzeln einer Ethik der Gewaltfreiheit, Göttingen, 2003.

–, Ökumene und Frieden. Bewährungsfelder Ökumenischer Theologie. Neukirchen-Vluyn 2012.

–, Gerechter Frieden zwischen Interventionsverbot und Schutzgebot. Das ethische Dilemma der Gewaltanwendung; in: Werkner, Ines-Jaqueline / Rademacher, Dirk (Hg.), Menschen geschützt – gerechten Frieden verloren? Kontroverse um die internationale Schutzverantwortung in der christlichen Friedensethik, Münster, 2013, 95–109.

Enns, Fernando / Mosher, Annette (Hg.), Just Peace, Eugene, OR, 2013.

Enns, Fernando / Wiens, Heinrich / Freund, Julia, Identitätsfortschreibung durch kollektive Traumata, Gewissensbildung und Wertevermittlung nach Flucht und Deportation. Ein historisch-theologischer Werkstattbericht, in: Mennonitische Geschichtsblätter, 75. Jg., 2018, 131–169.

Friesen, Duane K., Artists, Citizens, Philosophers: Seeking the Peace of the City, Harvey, PA, 2000.

–, Christian Peacemaking & International Conflict: A Realist Pacifist Perspective, Harvey, PA, 1986.

Galtung, Johan, Cultural Violence. Journal of Peace Research 27 (3), 1990, 291–305.

Goossen, Benjamin W., Chosen Nation. Mennonites and Germany in a Global Era. Princeton 2019.

Hoekema, Alle G. / & Hoekema, Gabe G., Hardship, Resistance, Collaboration: Essays on Dutch Mennonites during World, Elkhart, IN, 2021.

Gross-Mayr, Hildegard, Der Mensch vor dem Unrecht: Spiritualität und Praxis – Gewaltlose Befreiung. Wien 1981.

Hauerwas, Stanley, Selig sind die Friedfertigen: Ein Entwurf christlicher Ethik. Neukirchen-Vluyn 1995.

Huebner, Harry / Legenhausen, Hajj Muhammad (ed.), Peace and Justice, Eugene, OR, 2018.

Kaufman, Gordon D., Nonresistance and Responsibility, And Other Mennonite Essays, Newton, KS, 1979.

Lambour, Ruud, Doopsgezinden in de slavernij-economie en slavenhandel van de achttiende eeuw: een verkennende inventarisatie', in: *Doopsgezinde Bijdragen* 48, 2022, 189–209.

Lederach, John Paul, Building Peace. Sustainable Reconciliation in Divided Societies. Washington, D.C., 1999.

–, The Moral Imagination. The Art and Soul of Building Peace. Oxford 2005.

Lienemann, Wolfgang, Frieden. Göttingen 2000.

Meier, Marcus, Die Schwarzenauer Neutäufer. Genese einer Gemeindebildung zwischen Pietismus und Täufertum. Göttingen 2008.

„Mit Gewalt gegen Gewalt". Eine Stellungnahme aus friedenskirchlicher Optik, https://de.bienenberg.ch/medien/2016/12/6/mit-gewalt-gegen-gewalt?rq=R2P [01.02.2024].

Pacheco Lozano, Andrés, Towards a Theology of Reconciliation: A Pilgrimage of Justice and Peace to heal broken Relation in Colombia, PhD-Dissertation Vrije Universiteit Amsterdam 2020.

Rodney L. Petersen / Raymond G. Helmick (ed.), Forgiveness and Reconciliation. Religion, Public Policy, and Conflict Transformation, Philadephia 2002.

Punchon, John, Portrait in Grey. A Short History of the Quakers. London 1984.

Quäker Glauben und Wirken (Orig. engl. Quaker Faith and Practice), 2002.

Raiser, Konrad / Schmitthenner, Ulrich (Hg.): Gerechter Friede. Ein ökumenischer Aufruf zum Gerechten Frieden, Begleitdokument des Ökumenischen Rates der Kirchen, Münster 2012.

Reimer, A. James, Christians and the War. A Brief History of the Church's Teachings and Practices. Minneapolis, MN, 2010.

„Richte unsere Füße auf den Weg des Friedens". Erklärung der Vereinigung der Deutschen Mennonitengemeinden zum gerechten Frieden, im Rahmen der Dekade zur Überwindung von Gewalt. Kirchen für Frieden und Versöhnung 2001–2010. https://www.menno-friedenszentrum.de/wp-content/uploads/2017/05/Friedenserklaerung.pdf [01.02.2024].

Sawatzky, Jarem, Justpeace Ethics: A Guide to Restorative Justice and Peacebuilding. Eugene, OR, 2008.

Schlabach, Gerald W., Just Policing, Not War: An Alternative Response to World Violence, Collegeville 2007.

Scott, Richenda C. (Hg.), Die Quäker. Die Kirchen der Welt, Bd. XIV, Stuttgart 1974.

Shands Stoltzfus, Regina / Miller Shearer, Tobin, Been in the Struggle: Pursuing an Anti-racist Spirituality, Harvey, PA, 2021.

Sharp, Gene, The Politics of Nonviolent Action. 3 vols., Boston, MA, 1973.

–, Von der Diktatur zur Demokratie. Ein Leitfaden für die Befreiung. München: C. H. Beck, 2008.

Stassen, Glenn / Gushee, David, Kingdom Ethics. Following Jesus in Contemporary Context, Grand Rapids 2016.

Swartley, Willard, Covenant of Peace. The Missing Peace in New Testament Theology and Ethics. Grand Rapids, Cambridge, MA, 2006.

Thistlethwait, Susan Brooks, Women's Bodies as Battelfield. Christian Theology and the Global War on Women, New York 2015.
Waltner Goossen, Rachel, „Defanging the Beast". Mennonite Responses to John Howard Yoder's Sexual Abuse, in Mennonite Quarterly Review, January 2015, 7–80.
Weaver, J. Denny, Gewaltfreie Erlösung. Kreuzestheologie im Ringen mit der Satifaktionstheorie. Ökumenische Studien 47, Münster 2016.
Weinland, Markus, Das Friedensethos der Kirche der Brüder im Spannungsfeld von Gewaltlosigkeit und Weltverantwortung. Stuttgart 1996.
Yoder, John H., Die Politik Jesu. Schwarzenfeld 2012.
Zehr, Howard, Changing Lenses. A New Focus for Crime and Justice, Scottdale, PA, ³2005.

7. Das Verhältnis von Kirche und Staat aus täuferisch-mennonitischer Perspektive

Paul Doerksen

Die turbulente frühe Geschichte der Täuferbewegung begann nicht mit entwickelten oder präzise artikulierten theologischen Sichtweisen; das frühe Täufertum zeichnete sich vielmehr durch seine Ambiguität in vielen Bereichen aus, so auch in seinem Verständnis des Verhältnisses zwischen Kirche und säkularer Macht.[1] Ein einflussreicher Versuch, Klarheit in dieser Ambiguität zu schaffen, resultierte in der Veröffentlichung der Schleitheimer Artikel, in denen eine starke Betonung der Trennung von Kirche und richterlicher Macht eng mit der Ablehnung des Schwertes verbunden wurde.[2] Während die säkulare Macht ihre gottgegebenen Verantwortungen, einschließlich der „Anwendung des Schwertes", besitze, seien Christen nicht dazu berufen, solche Pflichten oder irgendeine Rolle zu übernehmen, die den Einsatz solcher Beugemittel voraussetzen würde. In der Frage des Verhältnisses von Kirche und säkularer Macht waren die frühen Täufer, zumindest unter denjenigen, die die Lehren der Schleitheimer Artikel annahmen, geprägt von einem starken Gespür für die Untrennbarkeit zwischen Abwendung von der Welt (also von jenen, die sich „außerhalb der Vollkommenheit Christi" befinden) und der Ablehnung jeglicher Gewaltanwendung.

I. Nicht-sektiererische Trennung von Kirche und Staat:
Eine Theologie des nicht-heiligen Staates (John H. Yoder)

Diskussionen um die Beziehungen von Kirche und Staat in gegenwärtigen Mennonitengemeinden zeigen auch heute noch Spuren jener frühen Einflüsse, die der einflussreiche amerikanische Historiker und Theologe John Howard Yoder (1927–1997) in seinen Arbeiten deutlich macht. Während er auf einer klaren Unterscheidung zwischen Kirche und Staat beharrt, besteht Yo-

---

[1] C. Arnold Snyder verwendet den Begriff der Ambiguität häufig in seinen historischen und theologischen Arbeiten zur Täuferbewegung des 16. Jh. Siehe Snyder, Anabaptist History and Theology, 100 ff.
[2] Brüderliche Vereinigung.

der gleichsam darauf, dass eine solche Trennung nicht notwendig als sektiererisch eingestuft werden müsse. Die Kirche habe jegliche Form des Eingreifens in „das Lenkrad der Geschichte", um den Gang der Geschicke zu kontrollieren, abzulehnen. Während die Herrschaft Christi sichtbare Konsequenzen in der Geschichte trage und die Kirche in der Hoffnung auf die endgültige Vollendung des Sieges Christi lebe, bleibe sie bis zu dieser Zeit gleichermaßen in Spannungen. In dieser Zeit, die man als teilweise realisierte Eschatologie bezeichnen könnte, ruft Yoder die Kirche dazu auf, das Leben im Hinblick auf die zukünftige Vollendung des Reiches Gottes so gut wie möglich nach dem Vorbild Jesu zu verkörpern, gleichzeitig jedoch auch vorsichtig gegenüber jeglichen Ansprüchen zu bleiben, das Reich Gottes in der Kirche oder in der Welt schon zu verwirklichen. Dieser Anspruch würde sich zu sehr in Richtung einer bereits realisierten Eschatologie bewegen.

Die säkulare Regierung müsse in dieser Zeit eine bescheidene Rolle einnehmen, fordert Yoder. Der Staat sei lediglich eine der Mächte, die notwendig für die Ordnung der Gesellschaft ist, er besitze jedoch keine Autorität „an sich". Da das Reich Gottes in Christus vorgebildet sei und in der Kirche gelebt werde, sieht Yoder keinen Anlass für die Einführung einer Lehre des Staates an sich, der Staat sei vielmehr eine vollkommen andere Größe, die versuche, Ordnung durch den Rückgriff auf Gewalt zu schaffen.[3] Nichtsdestotrotz bedeute die Herrschaft Christi für den Staat eine Verpflichtung, zum Guten zu ermutigen und das Böse zu beschränken, also den sozialen Zusammenhalt zu ermöglichen. – Yoder stützte seine Aussagen über den Staat niemals auf eine eigene Staatstheorie, was der Staat an sich sei und sein sollte, noch führte er diese Gedanken um des Staates willen aus.[4] So identifiziert er keinen bestimmten Ort für den Staat, aber „das

---

[3] Yoder sagt, dass es keinen Staat *an sich* gebe; in: Yoder/Koontz/Alexis-Baker, Christian Attitudes, 452. Laut Yoder ist dies eine Position, die aus frühen täuferischen Quellen stammt und deren Ablehnung der kirchlich-staatlichen Bindung eine Widerspiegelung oder Ableitung ihres Verständnisses von der christlichen Jüngerschaft und Gemeinschaft war und kein eigenständiges Thema. Die freie Kirche bestreitet daher, dass der Lauf der säkularen Geschichte und die Strukturen der Gesellschaft die wichtigsten Maßstäbe dafür seien, ob die Menschen den Willen Gottes täten. Vgl. Yoder/Cartwright, The Royal Priesthood, 68.
[4] Vgl. Yoder, The Christian, 5, 77.

Kreuz Christi, gemeinsam mit der Gemeinschaft, die das Kreuz auf sich nimmt, als Gestaltwerdung ihres eigenen Auftrags findet sich somit wieder inmitten des sozialpolitischen Raumes, in dem die Neue Schöpfung im Streit liegt mit der alten."[5] Wo andere möglicherweise einen theologischen Raum ausmachen für die Autorität säkularer Macht, freilich anders autorisiert als die Kirche, da findet Yoder nur Aussagen für die Autorisierung der Kirche.[6]

Wenn ein festgelegtes Verständnis des Staates an sich nicht notwendig ist, so stellt sich die Frage, von welcher Art die säkulare Macht dann ist und ob die Kirche dieser säkularen Macht irgendetwas zu sagen hat. Yoder behauptet, dass der Staat akzeptiert werden müsse, weil er Ordnung in der Gesellschaft schaffen könne. Wir brauchen den Staat, aber er ist ‚gefallen'. Yoder stellt die Idee in Frage, dass es durch die Einsetzung einer heiligen Regierungsinstitution in Gottes guter Schöpfung ein staatliches Mandat gäbe (das ‚Schwert') und folglich eine christliche Gehorsamspflicht, die Christ:innen die moralische Pflicht auferlegt, sich an legalen Tötungen zu beteiligen – die traditionelle Lesart von Röm 13,1–7, laut Yoder. Er kommt zu dem Schluss, dass der Römerbrief (neben anderen neutestamentlichen Texten) zur Unterordnung, jedoch nicht zum Gehorsam gegenüber dem Staat aufruft. Das sei eine Haltung, die auch Leiden mit sich bringen könne, was nur folgerichtig ist, wenn man bedenkt, wie wichtig Yoder der Aufruf zur Nachfolge ist. Yoder sieht keinen Widerspruch zwischen den Ansprüchen der Nachfolge, welche in der Bergpredigt dargelegt werden, und der Diskussion über den Staat in Röm 13:

> *Beide* (sic. Mt 5–7 und Röm 12–13) unterweisen die Christen in all ihren Beziehungen, die zur Gesellschaft eingeschlossen, wehrlos zu sein. *Beide* rufen die Jünger Jesu dazu auf, ihre Verstrickung in das egoistische Wechselspiel, das die Welt „Rache" oder „Gerechtigkeit" nennt, zu lösen. *Beide* fordern die Christen auf, sich dem historischen Prozess zu unterwerfen und ihn zu respektieren. Zwar wird im Laufe der Geschichte das Schwert weiter geführt und es entsteht

---

5 Harink, Paul Among the Postliberals, 110 (Übers. Hg.).
6 Vgl. O'Donovan, The Desire of the Nations, 146.

eine Ordnung im Feuer, doch die Christen sollen nicht im Führen des Schwertes ihren Versöhnungsauftrag sehen.[7]

In seiner Erörterung der christlichen Perspektive auf den Staat ist es Yoder ein Anliegen, Röm 13 im Kontext zu lesen, und vielleicht noch mehr, zu zeigen, dass diese einzelne, kurze Passage nicht das Herzstück der Interpretation des Staates ist. Der Staat selbst sei gar nicht zentral für den christlichen Blick auf die Gesellschaft. Im Zentrum stehe vielmehr die christliche Nachfolge, die ein treues Leben inmitten einer Gemeinschaft leidensbereiter Liebe führe. Yoder zeigt, dass Gläubige häufig dazu neigen, politisches Engagement als Versuch zu sehen, innerhalb gegebener Regierungsstrukturen zu agieren – sie versuchen Wahlen zu beeinflussen, um gute Dinge auf den Weg zu bringen, indem sie politische Macht ausüben, wie sie herkömmlich verstanden wird. Yoder argumentiert dagegen, dass die letzte Rechtfertigung für das Mandat des Staates innerhalb des Mandates der Kirche zu finden sei. Während viele Christ:innen die Kirche als unterstützendes System für den Staat verstehen, besteht Yoder darauf, dass „der christliche Glaube in diese Beziehung eintrat und das weltumspannende Imperium schlicht als ein Unterstützungssystem, dem wahren Werk untertan, das Gott in der Welt vollendet."[8] Der Staat ist für die Kirche da, nicht umgekehrt. Im Gegensatz zu der Vorstellung, dass Christ:innen Maßstäbe annehmen sollten, die ihnen aus ihrer christlichen Perspektive fremd erscheinen müssen, um in dieser Welt wirksam zu sein, betont Yoder die Priorität der Kirche.[9]

---

[7] Yoder, Die Politik Jesu, 210.
[8] „the Christian faith inverted this relationship and viewed the world-embracing empire as merely a support system, subservient to the real work God is accomplishing in the world." Yoder, Discipleship, 23 (Übers. Hg.).
[9] Yoder, Discipleship, 17–47. Nach Harinks Analyse von Yoder wird die soziale und politische Ordnung der neuen *polis* Gottes in Jesus Christus immer inmitten anderer Gesellschaften und Politiken in Kraft gesetzt. Die Logik der Politik Jesu „leads from the politics of Jesus in Israel to the politics of Paul and the Pauline churches. Yoder explicates the way in which Romans 13 is also the good news of Jesus' nonviolent victory over the powers and structures which hold humankind in bondage." Harink, Paul Among the Postliberals, 142. Harink behauptet, dass Yoder nicht daran interessiert sei, eine „Theologie des Staates" bereitzustellen. Freilich existiert der Staat und die Kirche steht in einem Verhältnis zum Staat, wie sie auch zu anderen Autoritäten in Beziehung steht. Die Kirche ist dem Staat

Solch eine Perspektive auf das Verhältnis von Staat und Kirche führt Yoder dazu, gegenüber jeglichen Konzepten vorsichtig zu bleiben, die eine symbiotische Beziehung zwischen Staat und Kirche erkennen lassen. Trotz der Wachsamkeit, die diese besondere Art der Trennung von Kirche und Staat auszeichnet, besteht Yoder dennoch darauf, dass die Kirche der Welt zu dienen habe und dass auch die säkulare Macht eine legitime Rolle besitze. Diese Rolle bestehe insbesondere darin, eine geordnete Struktur bereitzustellen, in welcher die Kirche ihre Mission erfüllen kann. Diese werde gezwungenermaßen kompromittiert, wenn die Kirche den betrügerischen ‚Verschiebungen' unterliege, welche Yoder dem Christentum aufgrund des Konstantinismus unterstellt, jener Versuchung oder Tendenz der Kirche also, eine symbiotische Beziehungen mit jeder sozialen Ordnung einzugehen, in der sie sich gerade befindet.[10] Der fundamentale Punkt, den Yoder in seiner Kritik herausarbeitet, ist, dass der konstantinische Ansatz konstitutionell unfähig sei, die Herrschaft Christi über die Kirche und die Welt sichtbar zu machen,[11] so dass der Konstantinismus, wenn er von der Kirche angenommen werde, eine Reihe von ‚Verschiebungen' für die Kirche einleite, besonders in ihrer Beziehung zur säkularen Welt.[12]

Daher ist das ‚Christentum' nach Yoders Ansicht nicht etwas, das einfach vorsichtig angegangen oder womöglich erneuert wer-

---

in keiner Weise verpflichtet, und sie empfängt ihr Mandat auch nicht von den regierenden Mächten – sie ist den Mächten einfach untergeordnet. Harink, Paul Among the Postliberals, 142–145.

[10] Yoder and Cartwright, The Royal Priesthood, 202.

[11] Yoder, The Royal Priesthood, 61.

[12] Yoder argumentiert, dass eine dieser Verschiebungen die Einführung einer neuen Ekklesiologie sei. Yoder, The Priestly Kingdom, 135–136. Yoder identifiziert eine weitere Verschiebung, die auftritt, wenn beispielsweise Versuche der sog. kontextuellen Theologien zur Kapitulation vor anderen Loyalitäten werden als dem grundlegenden Bekenntnis der Kirche, dass Jesus der Herr ist. Die Errichtung der Kirche unter der Führung Augustins führte beispielsweise zu einer untreuen kontextuellen Theologie, in der, während die Kirche weiterhin Gottesdienste feierte, ihr Versuch, allen – und nicht nur den Gläubigen – eine Form des Gottesdienstes zu ermöglichen, schlicht die religiösen Funktionen der heidnischen Religionen übernahm, die zuvor für die Erfüllung der Bedürfnisse der breiteren römischen Bevölkerung gesorgt hatten. Andere Veränderungen in der Ethik, im christlichen Denken, bei heiligen Feiern u. v. m. waren Teil des größeren Versuchs, alles in einen einheitlichen christlichen Rahmen für die Christenheit zu stellen. Siehe Yoder, Preface to Theology, 231–33.

den müsse, sondern ein Arrangement, das aus tiefstem Grunde ungehorsam ist – eine Haltung, welche durch Konstantin als historische Figur veranschaulicht und im Konstantinismus als Symbol festgehalten wurde. Das Christentum hatte nie die Chance, eine treue Darstellung christlicher politischer Nachfolge zu sein, da es der Konstantinismus war, der das Christen*tum* schuf.[13] In der historischen Ära Konstantins trat eine tiefgreifende Wende ein, in der Konstantin als Architekt, Eusebius als Priester, Augustin als Apologet und die Kreuzzüge und Inquisition als Höhepunkte gelten können.[14] Yoder setzt ‚das Christentum' in jeglicher Hinsicht mit dem Konstantinismus gleich und kritisiert beide gleichermaßen. Aus diesem Grund versteht Yoder das historische Christentum auch nahezu ausschließlich als eine Abwendung der Kirche von der Glaubenstreue.

Yoder erntete viel Kritik hierfür; er erkenne Gottes Werk in der Welt nicht genug an, oder er verstehe die vielen Schnittstellen der Kirche mit der Gesellschaft nicht angemessen zu würdigen.[15] Aber Yoders theopolitischer Gedanke ignoriert die weitere Welt keineswegs. Er behauptet, dass die Welt Gottes Schauplatz für göttliches, zielgerichtetes Handeln sei.[16] Die Anerkennung und Würdigung dieses göttlichen, zielgerichteten Handelns erfordere eine angemessene Wahrnehmung um sicherzustellen, dass die Kirche auf dem Schauplatz der Welt die Treue zu Gott nicht mittels illegitimer weltlicher Mittel verfolge.

Wenn Christentum und Konstantinismus nahezu gleichbedeutend sind und ‚Konstantinismus' als ein code dient, eine Haltung vor und nach der Regierung Konstantins und der historischen Ära des Christentums zu beschreiben, dann geht Yoder freilich das Risiko ein, der gesamten Geschichte eine Schablone aufzulegen, die jede historische Lesart beinträchtigen müsste. Dies bedeutet, dass er die historischen Dimensionen seiner theo-

---

[13] Yoder, John Howard, Cult and Culture in and After Eden. On Generating Alternative Paradigms, in: Human Values and the Environment. Conference Proceedings. Report 140 by the University of Wisconsin Academy of Sciences, Arts, and Letters, University of Wisconsin, 1992, 56.
[14] Yoder, The Royal Priesthood, 89.
[15] Vgl. Reimer, Mennonites, Christ, and Culture, 9–11.
[16] Yoder, Preface to Theology, 256. Ganz ähnlich O'Donovan: „… one public history which is the theatre of God's saving purposes and mankind's social undertakings"; O'Donovan, The Desire of the Nations, 2.

logischen Argumente nicht ausreichend entwickelt hat, um tatsächlich das normative Gewicht zu tragen, das darauf gelegt wird.[17]

II. Eine „ehrlichere" Theologie von Kirche und Staat
(A. James Reimer)

Die Kritik des mennonitischen Theologen A. James Reimer setzte eben an dieser Stelle an und meinte, dass Yoders Sicht so verkürzt sei, dass sie missverständlich werde.

> Man kann die Überzeugungskraft von Yoders Kritik am Konstantinismus und dem ‚Fall der Kirche' nicht leugnen. Es ist eine – nicht nur von Yoder vorgetragene – Botschaft, die jede in einer Zivilreligion gefangene Kirche stets neu zu hören hat. Aber Yoder und andere tun der Geschichte Unrecht, einschließlich der konstantinischer Ära, wenn sie den ‚Konstantinismus' als *schibboleth* benutzen für alles Schlechte. Das dritte und vierte Jahrhundert waren Zeiten größter Umbrüche und Vielfalt. Es gab viele ernsthafte Christen, einschließlich Theologen, Kleriker und Staatsmänner, die versuchten die fundamentalen Anfragen aus ihren verschiedenen Kulturen im Lichte des Evangeliums aufzunehmen. Man sollte das göttliche Wirken in den Bewegungen der Geschichte nicht leugnen, gerade auch an ihren unwahrscheinlichsten Orten und Menschen (wie Konstantin).[18]

In seinem posthum veröffentlichten Buch „Toward an Anabaptist Political Theology", argumentiert Reimer für eine „ehrlichere politische Theologie". Als Reaktion auf Yoders Buch „Being honest in Just War Thinking", erwog Reimer, sein Projekt „When Law and Civil Institutions are Just. Honesty in Paci-

---

[17] Vgl. Sider, J. Alexander Sider, Constantinianism Before and After Nicea. Issues in Restitutionist Historiography, in: Ollenburger / Koontz (ed.), A Mind, 132.

[18] „There is no denying the power of Yoder's critique of Constantinianism and the ‚fall of the church.' It is a message that is not original with Yoder, and one that the church caught in civil religion needs to hear over and over again. But there is an injustice to history, including the Constantinian era that is committed by Yoder and others for whom ‚Constantinianism' is a shibboleth for all that is bad. The third and fourth centuries were a time of great upheaval and diversity. There were many serious Christians, including theologians, clerics, and statesmen, who were attempting to address the profound issues raised by their cultures in the light of the gospel. One cannot dismiss the working of the divine in the movements of history, even in its most unlikely places and persons (like Constantine)." A. James Reimer, Mennonites, Christ, and Culture, 10–11 (Übers. Hg.).

fist Thinking" zu nennen.[19] Reimer beansprucht aus einer theologisch abgeleiteten Politik, dass Mennoniten ehrlicher über ihr Engagement und ihre Einbettung in der breiteren Gesellschaft sein sollten und aus diesem Grund eine positivere Sichtweise zu Gesetz und Zivilgesellschaft annehmen müssten, als es früher der Fall gewesen sei.[20]

Reimers These für diese theologisch abgeleitete Politik fokussiert auf die Notwendigkeit, dass alle in der Täufer / Mennoniten-Tradition Stehenden die biblisch-trinitarischen Grundzüge der gesamten christlichen Sozialethik ernst nehmen müssten, ebenso wie die Wichtigkeit eines klugen und treuen Engagements von Christ:innen im öffentlich-rechtlichen und institutionellen Leben, inklusive des politischen Bereiches.[21] Er selbst verstand sich in seiner Arbeit als Mennonit, indem er die täuferischen Sensibilitäten annahm, sich jedoch nicht von dieser Tradition dahingehend zurückhalten oder begrenzen ließ, allein deren Quellen aufzugreifen. Es ist wichtig festzustellen, dass Reimers Beziehung zu Yoders Arbeiten von einer signifikanten Ambivalenz geprägt ist. Aus meiner Sicht wäre es ein Fehler, Reimers Projekt hauptsächlich als Antwort auf Yoder anzusehen – es ist viel umfassender konzipiert.

Sein Buch behandelt das Thema der Konstantinischen Wende auf eine Weise, die versucht, die Ambiguität von Konstantins Konversion und die daraus folgenden politischen und kirchlichen Implikationen aufzuzeigen. Des Weiteren versucht er, positive Linien aus dem theologischen Werk des Laktanz zu ziehen (ca. 250–320). Reimer ist überzeugt, dass dessen Überlegungen hilfreich sein könnten, da Laktanz eine angeblich christliche Vision von einer zivilen Verfassung und Gesetzen auf der Grundlage von Naturgesetzen hatte, welche wiederum im göttlichen Recht begründet lagen und teilweise im Leben und der Politik Konstantins aktualisiert worden seien. Aber Reimers Gebrauch von Laktanz ist keine einfache, unhinterfragte Annahme. Reimer fragt selbst, ob Laktanz' Vision nach dem gegenwärtigen Zusammenbruch des Christentums noch möglich oder sogar erstrebenswert sei. Des Weiteren äußert Reimer kontinuierlich Bedenken über

---

[19] Reimer, Toward an Anabaptist Political Theology, 3.
[20] Reimer, Toward an Anabaptist Political Theology, 2.
[21] Reimer, An Anabaptist-Mennonite Political Theology, 30.

die Möglichkeit einer friedlichen Koexistenz von religiösen und nicht-religiösen Gemeinschaften mit divergierenden, sich gegenseitig ausschließenden religiösen Weltanschauungen. Er stellt sich die Kirche so vor, dass diese an der Aufgabe arbeitet, zur „friedlichen Ko-Existenz in der Gesellschaft" beizutragen – ein Satz, der in der Beschreibung seines Projektes oft wiederholt wird.[22] Dies ist eben genau jene Art einer positiven Rolle von politischer Theologie, die Reimer in seiner Untersuchung der Verortung der antiken Kirche in der römischen Gesellschaft sucht, sowohl vor als auch nach der Konstantinischen Wende.

Doch selbst wenn Reimer die Gefahren vermeidet, die er bei Yoder entdeckt, ist zu fragen, ob er in der Lage ist, jene Gefahren zu umgehen, die Teil der Matrix von Glauben und Politik des vierten Jahrhunderts sind. Reimer stellt hier seine eigenen Fragen:

> Nach dem Zusammenbruch des Christentums (der konstantinischen Synthese von Staat und Christentum), ist die Vision des Laktanz immer noch eine Möglichkeit oder überhaupt erstrebenswert? Wie können religiöse und nicht-religiöse Gemeinschaften friedlich miteinander leben, mit ihren unterschiedlichen, gegenseitig gar ausschließenden Weltanschauungen, jede mit eigenen Hoffnungen nicht nur auf ein Ausleben ihrer eigenen Vision sondern auf die Transformation ganzer Gesellschaften und Kulturen? Dies sind die Kernfragen meines größeren Projekts.[23]

---

[22] „peaceful co-existence of society". Vgl. meinen Aufsatz „Toward an Anabaptist Political Theology," in: Bergen / Doerksen / Koop (ed.), Creed and Conscience, 300 f. Ich habe dort auf Reimers „Detailed Description of Project" Bezug genommen. Reimer verwendet häufig den Begriff „Mindestvereinbarung" oder eine Variation davon: Mindestanzahl universeller Grundsätze, ein Minimum an sozialethischen Grundsätzen. Oft sind diese Begriffe nicht weit vom Begriff „friedliches Zusammenleben" entfernt. Weder Yoder noch O'Donovan verwenden diese Art von Begriffen. Der Beginn von Reimers Aufsatz (Kapitel 4) enthält eine lange Fußnote, in der er einen interessanten, aber weitgehend unentwickelten Begriff der Kirche hervorhebt, die sich geistlich in der Tradition der Mönchsgemeinschaften versteht. Darüber hinaus werden die Diskussionen über die Natur und die Auswirkungen der Konstantinischen Wende fortgesetzt. Vgl. z. B. Leithart, Defending Constantine.

[23] „After the collapse of Christendom (the Constantinian synthesis of state and Christianity), is the Lactantius vision still a possibility or even desirable? How are religious and non-religious communities with diverse, even mutually exclusive, religious world views, each with hopes not only of living out their own vision

Wenn es zutrifft, wie John Bowlin vorschlägt, dass es Kaiser Konstantin war, der umsetzte, was Laktanz sich vorstellte,[24] dann wäre Reimer vielleicht nicht in der Lage, Laktanz vor den Gefahren des Konstantinismus zu bewahren, vor denen Yoder lange zuvor gewarnt hatte.

III. Versuchungen des Post-Christentums

Welche Schlussfolgerungen wir hier auch immer ziehen mögen, es scheint klar zu sein, dass Christ:innen sich auch in einer post-christlichen Welt weiter mit der Frage des *Christentums* beschäftigen müssen, um herauszufinden, welche Dinge tatsächlich endemisch sind in derartigen Arrangements oder was schlicht Beweise der christlichen Untreue in einer ansonsten vorteilhaften Situation sind. Außerdem sollte die vorherige Frage, ob die christliche Kirche Akzeptanz in der Gesellschaft als ein Gut in sich selbst suchen sollte, immer wieder geklärt werden. Meines Erachtens liegt eine der größten Versuchungen der politischen Theologie in der Annahme, dass die Kontrolle über konventionelle politische Macht erstrebenswert, möglich oder wirksam sei im Hinblick auf treue christliche Verantwortung. Das Gegenmittel für arrogante Versuche der Kontrolle besteht nicht darin, die Verantwortung auf Misstrauen und Kritik zu beschränken. Der Schritt jedoch, mit dem auch täuferisch-mennonitische Denker versuchen, Isolation und Misstrauen zu vermeiden, ähnelt häufig einer Anpassung, der Annahme eines liberalen Pluralismus, oder einer Art Zustimmung zu in einer sogenannten minimalen gemeinsamen Moral. So gewinne ich den Eindruck, dass sich christliche politische Theologie weiterhin bewusst machen sollte, dass die Kirche selten dazu ermutigt werden muss, eine *positivere* Meinung von zivilen Institutionen zu entwickeln, sondern vielmehr noch scharfsinniger darin sein müsste, eine Geschichtstheologie zu entwickeln, die das Werk Gottes dahingehend berücksichtigt, den Leib Christi auf Erden ernst zu nehmen. So

---

but of transforming whole societies and cultures, to live peacefully with each other? These are the questions at the heart of my larger project." Reimer, Detailed Description of Project, 5 (Übers. Hg.).

[24] Bowlin, John, Tolerance Among the Fathers, in: Journal of the Society of Christian Ethics 26, no. 1, Spring/Summer 2006, 28, 29.

ist die Kirche zwar deutlich präsent in der täuferisch-mennonitischen politischen Theologie, es bleibt jedoch unklar, welche Rolle die kirchlichen Praktiken spielen, wenn die Kirche einfach nur ‚ist'.[25] Klarheit bezüglich der politischen Konzeptualisierung der Kirche, insbesondere hinsichtlich Gesetz, Ordnung und öffentliches Leben muss ein wichtiger Bestandteil einer jeglichen christlichen politischen Theologie sein. Um es anders auszudrücken, eine täuferisch-mennonitische politische Theologie muss noch ehrlicher werden, als es Reimers Versuch anstrebt, auch wenn sein Werk bedeutende Fortschritte hin zu einer mennonitischen selbstreflexiven Ehrlichkeit zeigt.[26] Nichtsdestotrotz kamen Fragen zu Reimers Projekt auf; Wissenschaftler fragten sich, wie überzeugend diese Initiative sei, auch wenn es den lobenswerten Schritt in die Richtung vornahm, über Yoders Werk hinauszugehen. Zeitgenössische Mennoniten dehnen den Wunsch nach mehr Ehrlichkeit auf Gebiete aus, in denen unsere politische Theologie unzureichend aufmerksam und/oder unzureichend treu war. Insofern solche Anschuldigungen zutreffen, ist es ermutigend zu sehen, dass Mennonit:innen in unserer theologischen und politischen Arbeit immer mehr und sogar anders ehrlich werden – zum Beispiel ist es nicht schwer, Mennonit:innen zu finden, die als Aktivist:innen und Akademiker:innen in der Kirche tätig sind in Bereichen, die zu oft ignoriert wurden. Obwohl nicht alle diese Themen für Mennoniten so neu sind, wie es einige Praktizierende und Denker:innen vermuten lassen, und auch wenn der politische ‚Zwischenspeicher', auf den wir zurückgreifen, gar nicht so erlahmt und passé ist, wie manchmal vermutet wurde, sehen wir sehr interessante Entwicklungen – Beteiligung an Friedens- und Versöhnungsbemühungen mit indigenen Völkern, die Suche nach einem neuem Verständnis und neuen Praktiken in den Bereichen Sexualpolitik, die Bedeutung von Staatsbürgerschaft, aktive Teilnahme und Reflexion in der feministischen politischen Theorie, die Identifizierung und das Wesen institutioneller Macht, Umweltfragen, Fragen von Rasse, Land und Identität, Kolonialismus, wirtschaftlicher Gerechtigkeit und vieles mehr. Vor allem in den letzten zehn Jah-

---

[25] Reimer, Detailed Description of Project, 1, 3, 5, 8, 10.
[26] Winger, Shaping a More Honest Anabaptist Political Theology, 18.

ren gab es eine willkommene Zunahme solcher Überlegungen.[27] Mir scheint, dass die mennonitische politische Theologie es sich nicht leisten kann, die theologische Reflexion hinter sich zu lassen, da die Komplexität immer größer wird. In einer kürzlich erschienenen wichtigen Veröffentlichung weigert sich P. Travis Kroeker, Theologie überflüssig zu machen, und definiert politische Theologie als

> einen normativen Diskurs, der in der Überzeugung wurzelt, das politische Krisen ... am ehesten verstanden werden durch ihren Bezug auf theologische Terminologie ... Messianische Politische Theologie, nach christlichem Verständnis, ist jenem Anspruch verpflichtet, dass diese Begriffe in der messianischen Salbung und im Gottesdienst Jesu als den Souverän offenbart sind, entsprechend den komplexen theologischen Narrativen der Bibel.[28]

Wenn politische Theologie auf diese Weise verstanden wird, dann setzt sich unsere Wertschätzung und Erforschung der Bibel und des theologischen Erbes so fort, als ob Gott wichtig wäre. Als der Leib Christi gehen wir auf einer Pilgerreise durch diese Welt, in der wir uns selbst vorfinden, nachdem wir unseren grundsätzlich exilischen Status akzeptiert haben, indem wir nach alternativen Vorstellungen zu Besitz und roher Macht suchen und eine kirchliche institutionelle Ordnung anstreben, die sich aktiv und kritisch mit allen Aspekten der göttlichen Regierung befasst, die vorsorglich über ‚allen Dingen' herrscht. Dies könnte es Mennoniten ermöglichen, sich offener und kritischer mit ihren langlebigen internen Beschäftigungen bezüglich Land und Familie auseinanderzusetzen, in der diese Ordnungen in die umfassenderen „Mächte und Gewalten" der gefallenen,

---

[27] Für einige Beispiele vgl. Wiebe, Toward an Anabaptist Political Theology. Bedford, The Feminization of Migration. Klassen / Wiebe, ‚Reconciliation' With Indigenous People. Heinrichs / Shout / Cry (ed.), Conversations on Creation, Land Justice, and Life Together. Enns / Pacheco Lozano, The Pilgrimage of Justice and Peace.

[28] „‚a normative discourse rooted in the conviction that political crises ... may be best accounted for with reference to theological terms ... Messianic Political Theology' in the Christian sense is committed to the claims that these terms are revealed in the messianic anointing and worship of Jesus as sovereign, in keeping with the complex theological narratives of the Bible." Kroeker, Messianic Political Theology, 1 (Übers. Hg.).

geschaffenen Existenz verwickelt sind. Dies würde es der christlichen *mainstream*-Theologie auch erschweren, die täuferisch-mennonitische Perspektive als „a-politisch" oder „sektiererisch" zu marginalisieren.[29] Während ich mir keine Illusionen darüber mache, dass diese Arbeit uns retten wird (und Kroeker ist vorsichtig, keine solche Behauptungen aufzustellen – schließlich ist Enteignung eine wichtige Dimension des gesamten Projekts), drängt uns Kroekers Vision einer messianischen Haltung, die in der Entsagung des Verlangens nach Besitz wurzelt, bezogen auf alle Aspekte des menschlichen Lebens im Haushalt, in der Akademie und in der gesamten Welt, jene Themen zu betrachten, die gegenwärtig unsere Aufmerksamkeit erregen – und dies im Lichte der vorrangigen Behauptung, dass Gott souverän ist, „eine Haltung, die jeden menschlichen Anspruch auf Souveränität und politischer Autorität unterläuft".[30]

Abschließend erscheint es angemessen, uns, die wir uns als Mennoniten mit politischer Theologie befassen, daran zu erinnern, was die christliche Theologie politisch zu sagen hat. Das ist eine andere Frage als die, was Theologie der Politik zu sagen hat. Wir müssen darauf achten, dem politisch Vorgegebenen nicht zu viel Glauben zu schenken und säkularen Vorstellungen nicht einfach nur ein wenig Glauben einzuträufeln.[31] Täuferisch-Mennonitischen Christ:innen steht es gut an, mit Ehrlichkeit alternative Vorstellungen zu kultivieren, die aus einem demütigen Glauben an Gott erwachsen, in dem unsere Hoffnung und unser Vertrauen ruht.

Literatur

Bedford, Nancy Elizabeth, The Feminization of Migration. Opportunities and Challenges for Pastoral Ministry and Theology, in: Apuntes 37, no. 1, 2017, 4–23.

Bergen, Jeremy / Doerksen, Paul / Koop, Karl (Hg.), Creed and Conscience. Essays in Honour of A. James Reimer, Kitchener 2007.

---

[29] Kroeker, Messianic Political Theology, 8.
[30] „A claim that subverts any merely human claim to sovereignty and political authority" Kroeker, Messianic Political Theology, 17 (Übers. Hg.).
[31] Huebner, The Nation, 258.

Brüderliche Vereinigung etlicher Kinder Gottes, sieben Artikel betreffend; in: Bekenntnisse der Kirche, hg. von H. Streubing, Wuppertal 1985, 261–268.

Enns, Fernando Enns/Pacheco Lozano, Andrés, The Pilgrimage of Justice and Peace. A Fresh Ecumenical Approach in the Violent Context of Colombia, in: The Conrad Grebel Review 35, no. 3, 2017, 308–22.

Harink, Douglas, Paul Among the Postliberals. Pauline Theology Beyond Christendom and Modernity, Eugene, OR, 2013.

Heinrichs, Steve/Shout, Buffalo/Cry, Salmon (ed.), Conversations on Creation, Land Justice, and Life Together, Harrisonburg 2013.

Huebner, Harry, The Nation. Beyond Secular Politics, in: Bergen, Jeremy/Doerksen, Paul/Koop, Karl (ed.), Creed and Conscience. Essays in Honour of A. James Reimer, Kitchener, ON, 2007.

Klassen, Pamela/Wiebe, Joseph, ‚Reconciliation' With Indigenous People Is Comforting For Many Canadians, But Is a Christian Concept Up To The Task?, in: Religion Dispatches, 19.03.2018, http://religiondispatches.org/reconciliation-with-indigenous-people-is-comforting-for-many-canadians-but-is-a-christian-concept-up-to-the-task [02.05.2023].

Kroeker, P. Travis, Messianic Political Theology and Diaspora Ethics. Essays in Exile, Eugene, OR, 2017.

Leithart, Peter J., Defending Constantine. The Twilight of an Empire and the Dawn of Christendom, Downers Grove 2010.

O'Donovan, Oliver, The Desire of the Nations, Cambridge 1999.

Ollenburger, Ben C./Gerber Koontz, Gayle (ed.), A Mind Patient and Untamed. Assessing John Howard Yoder's Contribution to Theology, Ethics, and Peacemaking, Scottdale, PA, 2004.

Reimer, A. James, An Anabaptist-Mennonite Political Theology. Theological Presuppostitions, Direction 38, no.1, 2009.

–, Mennonites, Christ, and Culture. The Yoder Legacy, in: The Conrad Grebel Review, vol.16, no.2, Spring 1998, 5–14.

–, „Detailed Description of Project", in: Forum, Canadian Mennonite University, 07.09.2005.

–, Toward an Anabaptist Political Theology. Law, Order, and Civil Society, in: Doerksen, Paul G. (ed.), Theopolitical Visions 17, Eugene, OR, 2014.

Snyder, C. Arnold, Anabaptist History and Theology. A Revised Student Edition, Waterloo, ON, 1995.

Wiebe, Joseph, Toward an Anabaptist Political Theology. Law, Order, and Civil Society, in: Modern Theology 32, no. 4, Oct. 2016, 674–76.

Winger, Darrell, Shaping a More Honest Anabaptist Political Theology. A Consideration of the Work of A. James Reimer, in: Vision. A Journal for Church and Theology 18, no. 1, 2017.

Yoder, John Howard, The Christian Witness to the State, Scottdale, PA, 2002.

–, Die Politik Jesu, Vicit Agnus Noster. Schwarzenfeld 2012 (orig. The Politics of Jesus, Grand Rapids, MI, 1972).

–, Discipleship as Political Responsibility, Scottdale, PA, 2003.
–, Preface to Theology: Christology and Theological Method, ed. St. Hauerwas and A. Sider, Grand Rapids, MI, 2002.
–, The Priestly Kingdom: Social Ethics as Gospel, Notre Dame, IN, 1984.
Yoder, John H. / Cartwright, Michael, The Royal Priesthood: Essays Ecclesiological and Ecumenical, Scottdale, PA, 1998.
Yoder, John H. / Koontz, Ted / Alexis-Baker, Andy, Christian Attitudes to War, Peace, and Revolution, Grand Rapids, MI, 2009.

8. Liturgie des Lebens: Biblische Schlichtheit und Ermutigung im praktischen Glauben

Ciska Stark

Mennonitische Liturgie hat weder ein festes Programm noch autorisierte Rituale. Es entsteht in der gelebten Praxis der Gemeinde. Konstituierend für die täuferisch-mennonitische Liturgie ist weder ein geweihter Ort noch eine heilige Hostie oder eine Abbildung der himmlischen Herrlichkeit, sondern das Zusammenkommen der Gemeinde als solcher. Dieser Nachdruck auf der geschwisterlichen Gemeinschaft in der Gemeinde lässt sich leicht aus der Entstehungsgeschichte der Mennoniten verstehen, die als Dissident:innen inmitten einer dominanten katholischen, lutherischen oder reformierten Glaubenskultur vielfach unterdrückt wurden.

Die Mennoniten wandten sich von der kultischen Gestaltung der römisch-katholischen Messliturgie ab, ihren Ritualen, ihrer Einrichtung, ihrer hierarchischen Struktur und Glaubenslehre. Sie begründeten die Struktur ihrer Zusammenkünfte von der angenommenen Schlichtheit und Lebensweise der ersten Christ:innen, in direktem Bezug auf die biblischen Schriften, insbesondere des Neuen Testaments. Kennzeichnend für mennonitische Zusammenkünfte war stets eine schlichte Liturgie mit einer Hinwendung zur Lebenspraxis und der dazugehörigen Ethik. Für die frühen Täuferinnen und Täufer, die sich in versteckten Kirchen und Scheunen trafen wie auch für die späteren Mennoniten, die durch weltweite Migration oft in einer Art Verbannung lebten, lag es auf der Hand, dass ihre Zusammenkünfte vor allem dazu dienten, einander in Gemeinschaft, im Glauben und in dem damit verbundenen Leben in Lauterkeit zu stärken.

Aufgrund des kongregationalistischen Charakters der Täuferbewegung bzw. der Mennonitischen Kirchenstruktur ist es unmöglich, eine einheitliche Beschreibung der liturgischen Praxis zu geben. Mennonitische Liturgien erwuchsen in lokalen Traditionen und sind daher lokal wie regional sehr unterschiedlich. Die *Mennonitische Weltkonferenz* versucht heute, Begegnungen zu ermöglichen und im Hinblick auf Liturgie und Bekenntnis die kontextuellen Unterschiede in gegenseitiger Bereicherung wahrzunehmen. Eine weltweit einheitliche liturgische Praxis wird nicht angestrebt. Für viele bilden die zahlreichen internationalen Begegnungen zwischen Mennoniten dennoch eine Quelle der Inspiration, da sie sich grundsätzlich als Teil sowohl der örtlichen Gemeinde als auch der weltweiten Geschwisterschaft sehen. „Die ganze Erde ist des Herrn" (Ps 24), und somit eignet sich jeder Ort, um Gott und den Menschen dienstbar zu sein.[1]

Trotz vieler Unterschiede in Teilaspekten soll die liturgische Praxis der Mennoniten im Folgenden anhand einzelner Dimensionen entfaltet werden, die für den rituellen Rahmen einer Glaubensgemeinschaft charakteristisch sind. Außer der schon genannten kongregationalistischen Gemeindestruktur besteht dieser Rahmen aus den folgenden Aspekten, die der Reihe nach behandelt werden: Raum und Ordnung, Musik und Gesang, Wort und Antwort, und schließlich das gemeinsame Mahl.

I. Raum und Ordnung

Mennonitische Orte der Zusammenkunft sind häufig unauffällige Gebäude, oft wie ein Hörsaal eingerichtet. In den Niederlanden, der Heimat von Menno Simons, sind es „verborgene" Kirchen, nicht an öffentlichen Straßen gelegen, eher versteckt hinter der Fassade eines regulären Wohnhauses.[2] Andernorts sind es multifunktionale Gemeinschaftsräume, in denen nicht selten die Küche an zentraler Stelle positioniert ist.[3] Dieser Baustil spiegelt den kommunalen und antiklerikalen Charakter der Mennoniten wider. Die Gestaltung des Gottesdienst-Raumes orientiert sich nicht, wie etwa in einer Kathedrale, am Aufgang zum Altar, zu dem ausschließlich der Priester Zugang hat, sondern ist oft viereckig oder rechteckig, wobei die Teilnehmer:innen in einem Kreis oder Halbkreis Platz nehmen. Die Kreisform ist charakteristisch: Es gibt keine andere Mitte als das Zentrum der Gemeinde als solcher, vereint in der Gemeinschaft um die Bibel als ihr Fundament, in der das Zeugnis von Jesus als dem Lehrer enthalten ist. Werden Kirchengebäude neu gebaut oder

---

[1] Vgl. Weaver (ed.), A Table of Sharing.
[2] In den Niederlanden „Lehrhäuser" oder einfach „Lehre" (*vermaning*) genannt, aufgrund des damals üblichen Wortgottesdienstes.
[3] Vgl. das Liturgie-Konzept von Yoder/Kropf/Slough, Preparing Sunday Dinner.

gestaltet, findet sich häufig ein Tisch in zentraler Position, und die einfache Kanzel hat vielfach einer kleinen Bühne für Pult und Musikgruppe Platz gemacht. Die sakrale Ausstattung des Gebäudes ist schlicht und funktional, oft sind Blumen der einzige Schmuck. Das Kirchengebäude ist das „Wohnzimmer der Gemeinde", kein sakraler Raum.

Mennoniten halten ihre Zusammenkünfte vorzugsweise am Sonntag. Es gibt keine strikte Trennung zwischen der sonntäglichen Liturgie und Begegnungen oder gemeinsamen Aktivitäten im Laufe der Woche. Der Übergang zwischen Liturgie und Leben ist eher fließend. So wird die liturgische Praxis im Wesentlichen nicht vom Charakter des Gottesdienstes bestimmt, sondern durch ihren Bezug auf die Lebenspraxis; sie ist eine Liturgie des Lebens (vgl. Röm 12:1).[4] Obwohl Lobpreis und Anbetung weltweit eine stetig wachsende Bedeutung in mennonitischen Gottesdiensten erhalten, ist die Ausrichtung auf Gott nicht das letzte Ziel der Liturgie. Wo es in den Anfängen um die Einhaltung des Lebens in Reinheit und die ‚unbefleckte' Gemeinschaft der Getauften mit Einhaltung von Zucht und Bann ging, lässt sich heute ein Nachdruck auf das individuelle Engagement beobachten, die persönliche Anteilnahme und die Frage, wie dies in guter Haushalterschaft und globalem miteinander Teilen umgesetzt werden kann. Liturgie rüstet die Gläubigen zum Teilen ihres Glaubens und ihrer Gaben im Dienst der weltweiten Gemeinschaft aus und ermutigt sie, am Glauben festzuhalten, auch wenn das ein nicht-konformes Handeln in Kultur und Gesellschaft erfordert. Der Charakter mennonitischer Liturgien ist stärker auf diakonische ‚Tonarten' ausgerichtet als auf doxologische, eher auf ein tätiges Miteinander als auf die Festlegung von Glaubenssätzen.

Für eine Jahresordnung gottesdienstlicher Feiern werden die örtlich üblichen Perikopenordnungen hinzugezogen, in Entsprechung des liturgischen Jahres. Gemeinden, die an ökumenischen Zusammenhängen teilhaben, finden darin Anschluss an Schwesterkirchen. Andere Gemeinden halten eine solche Ordnung für zu gesetzlich oder, in eher „liberalen" Gemeinden, zu

---

[4] „Ich ermahne euch nun, liebe Brüder, durch die Barmherzigkeit Gottes, dass ihr eure Leiber hingebt als ein Opfer, das lebendig, heilig und Gott wohlgefällig ist. Das sei euer vernünftiger Gottesdienst."

christologisch fixiert. Dort folgt man eher der Freiheit des Geistes und orientiert sich neben den christlichen Feiertagen vor allem an einer eigenen Form der *lectio continua* oder an einer Themenserie, die Glaubensaspekte an aktuelle Lebensumstände anschließt.[5]

Kennzeichnend für eine mennonitische Gottesdienstordnung ist jedoch immer die Schlichtheit. Neben einem Gebet zu Beginn konzentriert sich der Gottesdienst um eine Bibellesung, deren Auslegung und im Folgenden das „Mit-teilen" bzw. „Aneignen" des Appells, der von der Bibel ausgeht, in den jeweiligen Kontext der Gemeinde hinein.

In den meisten Mennonitengemeinden ist das Predigtamt sowohl jenen Mitgliedern anvertraut, die dazu ein theologisches Studium absolviert haben, als auch prinzipiell offen für Gemeindeglieder, von denen es heißt, sie hätten die erforderliche Kompetenz und das Vertrauen der Gemeinde.[6] Dies zeigt einmal mehr, dass es nicht allein die Kenntnis der Glaubenslehre oder die liturgische Performanz ist, sondern die Lebenspraxis im Glauben, und das Vermögen, sich darin mitzuteilen, die die Eignung zum Predigtamt bestimmen.

II. Musik und Gesang

Mennoniten haben weltweit eine große Liebe zur Musik und ganz besonders zur Liedkultur. Bei den informellen Zusammenkünften in Verstecken zu Beginn der Täuferbewegung, an wechselnden Orten, war es nicht möglich, von Instrumenten Gebrauch zu machen. Aber der Gemeindegesang entwickelte sich, und auch nach der Einführung der Orgel in manchen Gemeinden Europas blieb der häufig mehrstimmige Gesang ein wichtiger Aspekt der Liturgie. In vielen Gemeinden entstand eine eigene mennonitische Liedkultur, wobei lokal unterschiedliche Einflüsse aus säkularen oder verwandten kirchlichen Repertoires übernommen wurden. In heutiger Zeit haben Mennonitengemeinden und Gemeindeverbände Teil an interkirchlichen Initiativen zu

---

[5] Vgl. z. B. Allen / Andrews / Ottoni-Wilhelm (ed.), Preaching God‹s Transforming Justice.
[6] Dies können sowohl Männer als auch Frauen sein, obwohl in eher konservativen Gemeinden gilt, dass nur Männer einer Gemeinde vorstehen können.

Liederbänden oder sie haben ein eigenes Gesangbuch.[7] Je nach spiritueller Färbung der Gemeinde leiht sie ihr Liedgut auch aus der evangelikalen und populären Liedkultur, und im Westen aus der ökumenischen Gemeinschaft *Taizé* und auch der *Iona*-Gemeinschaft in Schottland, wo spirituelles Leben und diakonische Arbeit Hand in Hand gehen.

Die weltweite Migration der Mennoniten hat zu einem internationalen Liedgut geführt, das bei Versammlungen der *Mennonitischen Weltkonferenz* in spezielle Liederbücher gefasst wird, in denen sich vor allem viele Friedenslieder finden.

Wird von Mennoniten im Zusammenhang von Musik und Gesang gesprochen, muss auch die Stille als Aspekt der mennonitischen Liturgie erwähnt werden, insbesondere als Gebetspraxis. Bei feierlichen Augenblicken, wie dem Abendmahl, während des stillen Nachsinnens nach der Bibellesung, oder als wortloses Gebet, ist die Stille ein wichtiger Aspekt des Zusammenseins. Auch wenn dieses Element öfter hinterfragt wird, halten Mennoniten – ähnlich wie die Quäker – daran fest, im Vertrauen darauf, dass Gott hierbei durch seinen Geist jedem und jeder Gläubigen einzeln ins Herz sprechen will.

III. Wort und Antwort

Bibellesung und Predigt zielen in der mennonitischen Tradition darauf ab, die Gemeinde zu unterweisen, zuzurüsten und für das Leben im Glauben zu ermutigen. Die Predigten haben vielfach einen Aufruf-Charakter, der Trost ebenso beinhaltet wie Appell, pastorale Ermutigung ebenso wie Warnung. Der Nachdruck in der Predigtpraxis liegt nicht so sehr auf systematischer Exegese und Glaubenslehre, sondern eher auf der Verbindung zur Lebenspraxis in ethischer Zuspitzung. Letzteres ist zentral und schafft Raum für die prophetische Dimension der Predigt in einem konsequenten Nonkonformismus. Mennoniten sehen sich als Nachfolger:innen Christi, und das bedeutet, den Weg einer Minderheit im Widerspruch zu den wirtschaftlichen, politischen und sozialen Mächten der jeweiligen Zeit mutig zu gehen. Die mennonitische Gemeinde identifiziert sich darin mit denjeni-

---

[7] U. a. in Deutschland: Mennonitisches Gesangbuch; in Kanada und USA: Hymnal – A Worship Book.

gen, die in der Bergpredigt von Jesus angesprochen wurden, die sich in all ihrem Tun und Handeln als Kontrastgemeinschaft in der Welt sehen. Heute materialisiert sich diese Haltung in der Betonung des Friedenszeugnisses und dem Nähren eines ökologischen Bewusstseins. Das Bewusstsein für den Zusammenhang zwischen der Klimakrise und globalen Konflikten wächst.[8] Bei der Friedenserziehung geht es nicht nur um Krieg und Gewalt, sondern auch um den Umgang mit der Schöpfung. Einige Gemeinschaften, wie die Amischen, werden wegen ihres begrenzten ökologischen Fußabdrucks, ihrer Zugehörigkeit zum Glauben und ihrer Lebensweise weltweit als Vorbild herangezogen. Andere mennonitische Gemeinschaften, z. B. in Südamerika, werden dagegen für ihre großflächige Landwirtschaft und deren Auswirkungen auf die biologische Vielfalt kritisiert. Dies belastet die interne und externe Kommunikation, aber man sucht weiterhin den Dialog.

Die sonntägliche Predigt bietet demnach idealerweise auch nicht einen Monolog für sich, eine isolierte Auslegung, sondern ist eine Anregung zur geschwisterlichen Beratung und trägt zu einem andauernden Dialog im Leben der Gemeinde bei.

IV. Das gemeinsame Mahl

Das Abendmahl hat in mennonitischen Gemeinden eine besondere Stellung.[9] Diese hängt mit der Einsetzung des letzten Abendmahls durch Jesus zusammen, die sich in der heutigen Feier spiegeln soll. Die Einheit der Jünger am Tisch des Herrn soll sich in der Einheit der Brüder und Schwestern in der Nachfolge Jesu heute widerspiegeln. Das Mahl ist somit eine ernste Angelegenheit und verlangt nach gewissenhafter Teilnahme, wobei die Gemeinschaft der Getauften im Mittelpunkt steht. Der anamnetische Charakter spitzt sich häufig zu auf das Leiden Christi als dem gewaltfreien Gerechten. Neben dem ritualisierten und oftmals nur einmal oder wenige Male im Jahr gefeierten Abendmahl kennen Gemeinden auch die eher informelle *agape*-Feier: ein Gemeinschaftsmahl, zu dem auch Nicht-Gemeindeglieder in einem eher pastoralen, missionarischen oder diakoni-

---

[8] Vgl. z. B. Froese / Hussak / Pastoors / Scheffran, Erhalten, Entfalten, Gestalten.
[9] Vgl. den Beitrag von John Rempel in diesem Band.

schen Zusammenhang an einen „Tisch der Gastfreundschaft" eingeladen werden.[10]

V. Zum Schluss

In Liturgie und Gottesdienstfeier sind bei Mennoniten weltweit seit jeher zwei entgegengesetzte bzw. komplementäre Tendenzen zu beobachten.[11] Einerseits ist man in den eigenen Traditionen und der lokalen Gemeinschaft tief verwurzelt, woraus eine gewisse Geschlossenheit und Exklusivität resultiert. Andererseits zeigt sich eine starke Hilfsbereitschaft und ein vitales Bewusstsein der weltweiten ökumenischen Verbundenheit, so dass die Liturgie eine gewisse Offenheit behält. Dies geschieht im Anschluss an eine Theologie, in der die ganze Erde als Gottes Schöpfung gesehen wird und die Gläubigen sich in ‚Creation Care Networks' vereinen. Die Gläubigen bilden eine alternative Gemeinschaft, die sich von der Vision des Reiches Gottes leiten lässt, jenem Friedensreich, das Jesus verkündet und das nicht mit den „Königreichen" dieser Welt zusammenfällt. Die Ausrichtung auf diese Vision drückt den gottesdienstlichen Feiern direkt oder indirekt ihren Stempel auf, denn am Reich Gottes lässt sich teilhaben, wo immer Gläubige (und Ungläubige) in den Spuren von Jesus Christus lernen, feiern und handeln.

Literatur

Allen, Ronald J. / Andrews, Dale P. / Ottoni-Wilhelm, Dawn (ed.), Preaching God's Transforming Justice: A Lectionary Commentary – Year C, Louisville KY, 2013.

Barnard, Marcel / Cilliers, Johan / Wepener, Cas (ed.), Worship in the Network Culture, Liturgical Ritual Studies – Fields and Methods, Concepts and Metaphors, Leiden 2013.

Froese, Rebecca / Hussak, Melanie / Pastoors, Dani*el*a / Scheffran, Jürgen, Erhalten, Entfalten, Gestalten: Mittel der Konflikttransformation für Wege aus der Klimakrise einsetzen. Wissenscht & Frieden, https://www.researchgate.net/publication/376262096_Erhalten_Entfalten_Gestal-

---

[10] Vgl. die in der *missio Dei* begründete Sichtweise von Kreider / Kreider (ed.), Worship and Mission after Christendom.

[11] Vgl. „Rooted and Connected" in Barnard / Cilliers / Wepener (ed.), Worship in the Network Culture.

ten_Mittel_der_Konflikttransformation_fur_Wege_aus_der_Klimakrise_einsetzen_Wissenschaft_Frieden (Dezember 2023) [02.05.2023].

Kreider, Alan / Kreider, Eleanor (ed.), Worship and Mission after Christendom, Scottdale, PA, 2011.

Mennonitisches Gesangbuch, hg. von der Arbeitsgemeinschaft Mennonitischer Gemeinden, 2004.

Hymnal – A Worship Book, Scottdale, PA, 1992.

Weaver, Alain Epp (ed.), A Table of Sharing, Mennonite Central Committee and the Expanding Networks of Mennonite Identity, Scottdale, PA, 2011.

Yoder, June Alliman / Kropf, Marlene / Slough, Rebecca, Preparing Sunday Dinner: A Collaborative Approach to Worship and Preaching, Scottdale, PA, 2005.

9. Die Taufe auf das Bekenntnis des Glaubens

Rainer W. Burkart

Gemeinsames Kennzeichen der ansonsten vielfältigen Täuferbewegung der Reformationszeit war die Ablehnung der Taufe von Kindern. Eine Heilsnotwendigkeit der Taufe in dem Sinne, dass ungetaufte Kinder im Falle ihres Sterbens heillos von Gott getrennt seien und der ewigen Verdammnis anheimfallen, wie es nicht nur von der spätmittelalterlichen katholischen Kirche sondern auch von weiten Teilen der Reformation vertreten wurde, vermochten die Täufer nicht nachzuvollziehen. Sie konnten in der Taufe keinen Akt erkennen, der allein durch seinen Vollzug diese Heillosigkeit ‚reparieren' und Menschen zu Christ:innen machen kann. Kinder waren nach ihrer Überzeugung auch ohne Taufe in Gottes Heil geborgen. Damit stellten sie aber das mittelalterliche *corpus christianum* und die mit dieser Vorstellung verbundene Übereinstimmung von Kirche und Gesellschaft in Frage. Für ihre Sicht von Kirche war es unabdingbar, dass Kirche und Gesellschaft zu unterscheiden sind. Christlicher Glaube erfordert nach dieser Vorstellung eine persönliche Bejahung und Aneignung durch den einzelnen Menschen. Die neutestamentlichen Berichte über Menschen, die zum Glauben an Jesus Christus kommen und in diesem Zusammenhang getauft werden, ließen für sie keine andere Konsequenz zu.

Die Täufer haben keine umfassende systematisch-theologische Lehrtradition ausgebildet. Es handelt sich bei ihren vielfältigen schriftlichen Äußerungen eher um theologische Fragmente. In der Regel wurden systematisch-theologische Überlegungen als Reaktion auf die Herausforderungen oder gar Verwerfungen der eigenen Position durch die katholischen, lutherischen und zwinglianisch-calvinistischen Gegner entwickelt. Bis heute gibt es keine ausgefeilte gemeinsame täuferisch-mennonitische Tauftheologie, wohl aber viele Abhandlungen des Themas durch einzelne mennonitische Theolog:innen und in Bekenntnissen einzelner mennonitischer Kirchen, vor allem aus dem nordamerikanischen Kontext.[1]

---

[1] Vgl. Confession of Faith in a Mennonite Perspective.

Nicht zuletzt die in der zweiten Hälfte des 20. Jh. begonnenen theologischen Gespräche und ökumenischen Dialoge, vorwiegend mit Reformierten, Lutheranern und Katholiken haben Äußerungen auch zur Taufe hervorgerufen, die immer auch nach innen wirksam wurden.[2] Ähnliches gilt für die Arbeit der Kommission für Glauben und Kirchenverfassung des Ökumenischen Rates der Kirchen (ÖRK), beispielsweise bei den Konvergenzerklärungen von Lima und dem sich daraus ergebenden Fortsetzungsprozess.[3] Bei der Sichtung dieser Äußerungen lassen sich eine Reihe von Grundüberzeugungen festhalten.

I. Grundüberzeugungen

Mennoniten gehen davon aus, dass die Taufe auf das Bekenntnis des Glaubens hin die in den neutestamentlichen Zeugnissen am eindeutigsten belegte Praxis ist. Die vielfältigen Versuche, aus einzelnen biblischen Belegstellen die Möglichkeit herauszulesen, dass zu neutestamentlicher Zeit auch Kleinkinder getauft worden sein könnten, vermögen sie nicht zu überzeugen. Der exegetische Befund lässt nach ihrer Einschätzung keine anderen Schlüsse zu, auch nicht die Aussagen im Blick auf Menschen, die „mit ihrem ganzen Haus" getauft werden.[4] Die Argumentation stützt sich dabei heute auf den allgemein anerkannten, im Neuen Testament feststellbaren inneren Zusammenhang von Zum-Glauben-Kommen und Taufe. Beides ist streng aufeinander bezogen. In der Lima-Erklärung zur Taufe sehen die Mennoniten diese Sicht bestätigt.[5]

Voraussetzung für den Empfang der Taufe ist für Mennoniten eine christliche Unterweisung, das Taufbegehren eines Täuf-

---

[2] Vgl. Enns (Hg.), Heilung der Erinnerungen – befreit zur gemeinsamen Zukunft. Zuletzt erweitert in: Enns / Seiling (ed.), Mennonites in Dialogue.
[3] Vgl. Thurian (ed.), Churches Respond to BEM, vol. III, 289 (Antwort der Niederländischen Mennoniten); vol. VI, 123ff (Antwort der Vereinigung der Deutschen Mennonitengemeinden. Dt.: Arbeitsgemeinschaft Mennonitischer Gemeinden in Deutschland, Brücke 2 / 1986). Die Vereinigung der Deutschen Mennonitengemeinden hat auch auf das Dokument der ÖRK-Kommission für Glauben und Kirchenverfassung, „Wesen und Auftrag der Kirche" (Faith and Order Paper 198), Genf 2005, das den Lima-Prozess weiterführt, eine Antwort formuliert.
[4] Vgl. Aland, Die Säuglingstaufe im Neuen Testament.
[5] Taufe, Eucharistie und Amt, 11 f.

lings, sein / ihr persönliches Bekenntnis zu Christus, die Einsicht, dass er / sie der Vergebung bedarf sowie die Bereitschaft zu einem christlichen Leben („Nachfolge Christi") in Verbindung mit den Schwestern und Brüdern in der Gemeinschaft der Gläubigen. In diesem ganzen Prozess steht das Handeln Gottes an erster Stelle. Er kommt den Einzelnen mit seinem Gnadenhandeln entgegen und bewirkt durch seinen Geist Glauben und letztlich das Taufbegehren.

Das menschliche „Ja" zum Glauben und zur verbindlichen Gliedschaft am Leib Christi in einer konkreten Gemeinde sind von der Taufe nicht zu trennen. So finden mennonitische Tauffeiern immer im Gemeindegottesdienst statt. Hier bekennen die Täuflinge vor und mit der versammelten Gemeinde, nicht selten mit eigenen Worten, ihren Glauben und ihre Bereitschaft zur Nachfolge Christi in und mit der Gemeinde. Die Gemeinde hört ihr Bekenntnis und nimmt sie in ihre Mitte auf. Die Taufe erfolgt mit Wasser – durch Untertauchen, Begießen oder Besprengen, je nach Prägung der Gemeinde – im Namen des dreieinigen Gottes bzw. im Namen Jesu Christi, in der Regel mit der Bitte um den Heiligen Geist und in Verbindung mit einem Segensgebet unter Handauflegung. Die liturgischen Formen und Texte sind dabei jedoch vielfältig und frei gestaltbar. Die Täuflinge erleben im Taufgottesdienst bewusst die Zuwendung Gottes in der Verkündigung, in der Taufhandlung und im Segenszuspruch sowie in der Gemeinschaft mit den Gemeindegliedern. Taufgottesdienste sind Höhepunkte im Leben mennonitischer Gemeinden. Die Taufe gliedert Menschen sichtbar in den Leib Christi ein. Sie nehmen Gottes Vergebung an und antworten auf sein „Ja" zu ihnen mit ihrem „Ja". Gerade wenn Menschen den an ihnen vollzogenen Taufakt persönlich erleben können, wird ihnen deutlich, was hier geschieht. Die Taufe ist ein kommunikativer Akt, in dem Gottes Zusage und menschliche Antwort zueinander kommen.

Die jeweiligen Schwerpunkte täuferisch-mennonitischer Taufauffassung waren von Anfang an vielfältig. Es mag überraschen, dass die Taufauffassung nicht im Zentrum mennonitischer Theologie stand und steht. Ihr geht es vielmehr um die Frage, was Kirche sei und wie Menschen zur Nachfolge Christi in der Gemeinschaft der Gläubigen eingeladen und ermutigt werden können. So kann in der Taufauffassung einmal stärker die Bekehrung eines Menschen zum Glauben betont werden, ein anderes Mal die Aufnahme in den Bund Gottes mit den Menschen, wieder ein anderes Mal eher die Verpflichtung zu einem verbindlichen Leben in der Nachfolge.

II. Praxis

Der Taufe in mennonitischen Gemeinden geht immer eine Unterweisung in der christlichen Lehre voraus, die sehr unterschiedlich gestaltet sein kann. Die Taufbewerber:innen werden mit den biblischen Grundlagen vertraut gemacht, allgemein christlich unterwiesen und in Geschichte und Lehre der Kirche eingeführt. Für Kinder und Jugendliche, die in einer mennonitischen Gemeinde aufwachsen, wird diese Unterweisung oft auch unabhängig von einem bereits vorliegenden Taufbegehren für eine bestimmte Altersgruppe angeboten. Wichtig bleibt immer, dass der Glaube persönlich angeeignet wird und jeder Mensch in Freiheit und größtmöglicher Unabhängigkeit eine Entscheidung zum Glauben treffen und diese Aneignung vollziehen können soll.

Natürlich gab es im Laufe der mennonitischen Geschichte Veränderungen und Weiterentwicklungen im Blick auf das Taufverständnis und die Taufpraxis. Bedingt durch die starke Isolation, in der mennonitische Gemeinden vom 17. bis ins 20. Jh. gelebt haben, kam es in Europa und Nordamerika dazu, dass die Täuflinge im Wesentlichen aus mennonitischen Familien kamen. Die Kinder und Jugendlichen wuchsen in die Gemeinden hinein und wurden zuweilen eher der Tradition entsprechend nach einer Zeit des Unterrichts getauft. Das Alter für den Unterricht richtete sich dabei manchmal nach äußeren gesellschaftlichen Umständen, etwa nach dem Ende der allgemeinen Schulpflicht. Die Taufe wurde bisweilen zu einem Übergangsritus auf dem Weg zum Erwachsenenalter.

Seit den 60er Jahren des 20. Jh. setzte vor allem in den traditionellen mennonitischen Gemeinden Nordamerikas und Europas, aber auch in den europäisch geprägten Auswanderergemeinden Südamerikas ein Umdenken ein. Eine Rückbesinnung auf das täuferische Erbe führte zu einer neuen Wertschätzung der Taufe und zu einer deutlicheren Entkoppelung von Unterweisung und Taufe. Viele Jugendliche durchlaufen heute einen Unterweisungskurs und lassen sich erst viel später oder auch gar nicht taufen. In den Niederlanden sind die Taufzahlen in der zweiten Hälfte des 20. Jh., bedingt durch eine drastische Säkularisierung der gesamten Gesellschaft, dramatisch zurückgegangen. Eine Entscheidung, sich taufen zu lassen und Mitglied der Gemeinde zu werden, ist heute vergleichsweise deutlich bewusster als in früheren Zeiten. Bei einem Taufbegehren die Motivation zu hinterfragen ist schwierig und wird nur in seltenen Fällen vorkommen. Wie alle menschlichen Entscheidungen, so ist natürlich auch die Taufentscheidung von vielerlei Einflüssen geprägt.

In manchen mennonitischen Gruppen, vor allem in Nordamerika, kam es zu Taufen in einem sehr frühen Alter (z. T. jünger als 10 Jahre). Hier waren Einflüsse aus verschiedenen Erweckungsbewegungen maßgeblich, die auf eine möglichst frühe Bekehrung drängten. Eine Bekehrungserfahrung war wichtiger als die Fähigkeit und Bereitschaft, verbindlich in der Nachfolge Christi in einer Gemeinde zu leben und Verantwortung in ihr zu übernehmen. Wo dies vorkam, entwickelte sich dann auch ein anderes Verständnis der Gewichtung des Zusammenhangs von Taufe und Gemeindegliedschaft. So konnte die Taufe als eigener Akt zur Besiegelung und zum Zeichen der Bekehrung vollzogen werden, ohne dass sich daraus eine Gemeindegliedschaft mit Rechten und Pflichten ergab. Diese Entwicklungen sind weit entfernt vom Grundanliegen der Täufer des 16. Jh.

III. Besondere Herausforderungen im ökumenischen Kontext

Mennoniten empfinden sich seit dem Ende des Zweiten Weltkrieges, vor allem in Deutschland und den Niederlanden, zunehmend als Teil der ökumenischen Bewegung, auch wenn manche von ihnen der institutionalisierten Ökumene skeptisch gegenüberstehen. Sie arbeiten vielfach und auf vielen Ebenen mit Christinnen und Christen aus anderen Konfessionen selbstverständlich und in guter Geschwisterschaft zusammen, auch mit solchen, die als Kinder getauft wurden. In vielen mennonitischen Gemeinden weltweit sind Christinnen und Christen aus anderen Konfessionen gastweise zum Abendmahl zugelassen, ohne Rücksicht auf ihr Taufalter. – Die Mennonitengemeinde Krefeld öffnete sich dafür bereits im Jahr 1810 (im Fall von konfessionsverbindenden Ehen).

Diese vielfältigen Verbindungen führen verstärkt zu der Frage, wie denn zu verfahren sei, wenn Menschen, die als Kleinkinder in einer anderen Kirche getauft wurden, in eine mennonitische Gemeinde eintreten möchten, sich aber nicht noch einmal taufen lassen wollen. Grundsätzlich gehen Mennoniten selbstverständlich von der Einmaligkeit und Unwiederholbarkeit der Taufe aus. Das Problem wird aus ihrer Sicht durch diejenigen Kirchen hervorgerufen, die die Kindertaufe praktizieren.

Aus der Zeit der ersten Duldungen der Täufer und Mennoniten durch tolerante Landesherren waren Mennoniten vorsichtig mit Übertritten aus anderen Kirchen. Vielfach war es ihnen verboten, Menschen aus anderen Kirchen zu ihren Gottesdiensten zuzulassen oder sogar bei sich aufzunehmen, ganz zu schweigen vom Vollzug einer Wiedertaufe. Wo es doch zu Übertritten kann, führte dies im Laufe der Jahrhunderte zu einer sehr unterschiedlichen Praxis. Oft wurden die Menschen auf das Bekenntnis ihres Glaubens hin erneut getauft. Einflüsse wie aus dem europäischen Pietismus jedoch, die zu einer stärkeren Betonung der Innerlichkeit über die äußere Form führten, erlaubten es vielen Mennoniten, auf eine erneute Taufe bei Übertritten zu verzichten. Außerhalb Europas sah das jedoch anders aus. Hier war und ist vielfach bis heute die erneute Taufe beim Übertritt der Regelfall. Dies hängt oft von der jeweiligen Prägung der einzelnen mennonitischen Gruppierung oder Gemeinde ab. Häufig steht hinter der Praxis einer Aufnahme ohne „Taufwiederholung" auch lediglich ein pragmatischer Ansatz, der sich auf die Achtung der Gewissensentscheidung der Übertretenden beschränkt bzw. Verletzungen in der jeweils anderen Konfession vermeiden möchte. Es gibt allerdings in neuerer Zeit auch eine ganze Reihe von systematisch-theologischen Überlegungen zu dieser Frage.[6] Ausgehend von dem, im Neuen Testament belegten, engen Zusammenhang zwischen der Aneignung des Glaubens und der Taufe wird argumentiert, dass durch die „erneute" Taufe eines Menschen, der schon seit langer Zeit im christlichen Glauben lebt und nun lediglich in die mennonitische Konfession wechselt, dieser enge Zusammenhang in ähnlicher Weise auseinander gerissen würde wie bei der an ihm geschehenen Kindertaufe.

---

[6] Vgl. Burkart, Die Taufe beim Konfessionswechsel. Vgl. auch Enns, Die gegenseitige Anerkennung der Taufe.

Die „erneute" Taufe würde dann lediglich eine Art ‚Reparatur' eines Defizits darstellen oder gar zum bloßen Gemeindeeintrittsritual degenerieren. Von dieser Argumentation her können mehr und mehr mennonitische Gruppierungen und Gemeinden sich dazu verstehen, im Falle eines Übertritts auf eine erneute Taufe zu verzichten.

Dies bedeutet allerdings nicht eine grundsätzliche Anerkennung der Kindertaufe *per se,* sondern lediglich ein Verzicht in besonderen Fällen, wo eine Taufe nach mennonitischer Überzeugung zu früh vollzogen wurde und dadurch ein Problem im Blick auf die Einmaligkeit der Taufe entsteht. In einer wachsenden Zahl mennonitischer Gemeinden wird mittlerweile bei Übertritten diese Thematik mit ihren besonderen ökumenischen Fragen ausführlich mit den Übertrittswilligen besprochen. Die weitaus meisten mennonitischen Gruppierungen und Gemeinden werden jedoch bis auf wenige Ausnahmen in der Regel niemandem die Taufe verweigern, der / die diese beim Übertritt ausdrücklich wünscht.

Als Resultat aus den Gesprächen zwischen Lutheranern und Mennoniten auf nationaler und internationaler Ebene sowie zwischen Katholiken und Mennoniten auf internationaler Ebene kam es von 2012–2017 zu trilateralen Gesprächen zwischen der Mennonitischen Weltkonferenz, dem Lutherischen Weltbund und dem Päpstlichen Rat zur Förderung der Christlichen Einheit über die Taufe. Ziel war es, das gegenseitige Verständnis zwischen den Tauftraditionen zu fördern und zu verbessern. Die mennonitischen Gesprächspartner:innen der Dialoggruppe, die unterschiedliche mennonitische Gruppierungen repräsentierten, bekräftigen darin die mennonitischen Taufüberzeugungen, schlagen jedoch den mennonitischen Kirchen vor, bei Übertritten auf eine Taufwiederholung zu verzichten – „auf der Grundlage des gemeinsamen Glaubens und aus Respekt für die Intentionen jener, die Kinder und Säuglinge taufen – und sie damit auf den Weg hin zu einem Leben mit Christus führen."[7]

Die ökumenischen Gespräche über die Taufe sind nicht abgeschlossen. Mennoniten und andere täuferische Kirchen, vor

---

[7] Vgl. Enns (Hg.), Die Taufe und die Eingliederung in die Kirche, Nr. 130–132.

allem Baptisten, beteiligen sich konstruktiv daran auf verschiedenen Ebenen.[8]

Auch Mennoniten mussten im Laufe ihrer Geschichte die Erfahrung machen, dass die Taufe von Erwachsenen oder Jugendlichen auf das Bekenntnis ihres Glaubens hin nicht automatisch davor schützt, dass Glaubensüberzeugungen schwinden können. Gemeinsam mit allen christlichen Traditionen stehen sie heute vor allem in den säkularisierten Gesellschaften des globalen Nordens vor zwei Fragen mit ähnlichem Gewicht: „Wie *wird* ein Mensch Christ?" und „Wie *bleibt* ein Mensch Christ?"

Literatur

Aland, Kurt, Die Säuglingstaufe im Neuen Testament und in der Alten Kirche. Eine Antwort an Joachim Jeremias; in: Theologische Existenz Heute, Neue Folge Nr. 86, München 1961.

Arbeitsgemeinschaft Mennonitischer Gemeinden in Deutschland (Hg.), Taufe und Taufpraxis, Menonitisches Jahrbuch 2010, 109. Jg., Lahr 2010.

Bender, Ross T., Sell, Alan P.F. (ed.), Baptism, Peace and the State in the Reformed and Mennonite Tradition, Waterloo, ON, 1991.

Burkart, Rainer W., Ökumene des Vertrauens ist gefragt. Wie steht es mit der Taufanerkennung durch täuferische Kirchen?, in: Metzger, Paul / Rummel, Andreas / Schumacher, Wolfgang (Hg.), Neige dein Ohr ... Beiträge zur ökumenischen Theologie. Festschrift für Christian Schad, Leipzig 2021, 27–34.

–, Die Taufe beim Konfessionswechsel als ökumenisches Problem, in: Mennonitische Geschichtsblätter, 66. Jg., 2009, 31 ff.

Confession of Faith in a Mennonite Perspective, Scottdale, PA, 1995. (Dt.: Ein Mennonitisches Glaubensbekenntnis, übers. von Julia Hildebrandt. Winnipeg, MA, 1996).

Enns, Fernando, Die gegenseitige Anerkennung der Taufe. Mennoniten vor einer ökumenischen Herausforderung; in: Mennonitische Geschichtsblätter, 66. Jg., 2009, 49–70.

Enns, Fernando (Hg.), Heilung der Erinnerungen – befreit zur gemeinsamen Zukunft. Mennoniten im Dialog. Berichte und Texte ökumenischer Gespräche auf nationaler und internationaler Ebene. Frankfurt / Paderborn 2008.

–, Die Taufe und die Eingliederung in die Kirche. Lutherisch / mennonitisch / römisch-katholische trilaterale Gespräche 2021–2017, Leipzig / Paderborn 2022.

---

[8] Vgl. Taufverständnisse – kirchentrennend?

Enns, Fernando / Jaschke, Hans-Jochen (Hg.), Gemeinsam berufen, Friedensstifter zu sein. Zum Dialog zwischen Katholiken und Mennoniten, Schwarzenfeld / Paderborn 2008.

Enns, Fernando / Seiling, Jonathan (ed.), Mennonites in Dialogue. Official Reports from International and National Ecumenical Encounters 1975–2012. Eugene, OR, 2015.

Jeschke, Marlin, Believers Baptism for Children of the Church, Scottdale PA / Kitchener ON 1983.

Miller, Marlin, Baptism in the Mennonite Tradition, in: Mennonite Quarterly Review, vol. LXIV, no. 3, July 1990, 230–258.

Taufe, Eucharistie und Amt – Konvergenzerklärungen der Kommission für Glaube und Kirchenverfassung des Ökumenischen Rates der Kirchen, Frankfurt / Paderborn 1982.

Taufverständnisse – kirchentrennend? Ökumenische Rundschau 4 / 2019, Leipzig 2019.

Thurian, Max (ed.), Churches Respond to BEM – Official Responses to the „Baptism Eucharist and Ministry" Text, vol. III (Faith and Order Paper 135), Genf 1987, vol. VI (Faith and Order Paper 144), Genf 1988.

10. Abendmahl und Fußwaschung in der mennonitischen Tradition

John D. Rempel

I. Ursprünge

Die Täuferbewegung wurde zur Kirche, als im Januar 1525 in Zürich das Abendmahl unabhängig von kirchlicher und weltlicher Obrigkeit gefeiert wurde.[1] Die Bewegung wurde nicht durch eine politische oder theologische Erklärung zur Kirche, sondern durch einen liturgischen Akt. Obwohl die Täufer Inhalt und Form der Eucharistie neu interpretierten, blieb diese für sie das primäre Merkmal Christi und der Kirche. Die frühe Täuferbewegung war ein charismatischer Typ Kirche und wenig institutionalisiert. Obwohl Zürich als der Entstehungsort der Täuferbewegung gilt, war sie vielerorts im Deutsch, bzw. Niederländisch sprechenden Europa präsent. In diesen unterschiedlichen Kontexten hatte das Abendmahl übereinstimmende, aber auch divergierende Charakteristika.

Im Folgenden beginne ich mit einer generellen Beschreibung der Abendmahlspraxis in der Täuferbewegung und weise dann auf signifikante Besonderheiten bei einzelnen Denkern oder Regionen hin.

Es gibt fünf Merkmale und drei Tendenzen, die in unterschiedlichem Ausmaß in den täuferischen Überlegungen zur Mahlgemeinschaft eine Rolle spielen. Diese entstammen einerseits dem patristischen und mittelalterlichen Erbe, andererseits der Re-Lektüre der Schrift, aus einer neuen ekklesiologischen Perspektive. Die gemeinsamen Charakteristika sind: (1) Mit der Metapher „Leib Christi" ist nicht nur die historische Person Jesu gemeint, auch nicht nur Brot und Wein, sondern ebenso die Kirche. Sie ist der Leib Christi, denn sie wird geformt aus jenen, die in der Taufe mit Christus und den anderen Gläubigen einen Bund eingegangen sind. (2) Das Abendmahl ist ein Akt dankbarer Erinnerung an Jesu erlösenden Tod. (3) Im Brechen des Brotes wird der Leib Christi neu erschaffen; in dieser Handlung wird Christi Fleischwerdung sichtbar verlängert. (4) Teilhabe an Christi rettender Präsenz: Die Täuferbewegung diskutierte vehe-

---

[1] Vgl. Blanke, Brothers, 21–27.

ment die katholischen Sakramentsprinzipien des *ex opera operato* und der Realpräsenz Christi im Mahl, blieb aber geteilter Meinung darüber, ob sie die Realpräsenz in der Eucharistie bekennen könne. Auf der einen Seite standen einfache Gläubige, die sich – desillusioniert von der kirchlichen Lehre – über die katholische Ansicht, dass die Hostie tatsächlich der Leib Christi sei, lustig machten.[2] Auf der anderen Seite findet sich Pilgram Marpeck, ein Täuferführer in Süddeutschland, dessen strikte Inkarnationslehre es gestattet, beim Teilen der Gaben von der Einheit Christi mit den Glaubensgeschwistern zu sprechen.[3] (5) Schließlich das Ritual selbst: In der Praxis der Zürcher Täuferbewegung, die als typisch gelten kann, wurden schlicht die Einsetzungsworte proklamiert (ohne Gebet zur Einsetzung), Brot und Wein wurden geteilt (in gemeinsamen Gefäßen),[4] vorbereitet durch Rituale nach Mt 18 und oftmals abgeschlossen durch eine Fußwaschung. Die Abendmahlsgemeinschaft wurde regelmäßig gefeiert.

Des Weiteren tauchen drei Tendenzen innerhalb der meisten Strömungen der Täuferbewegung auf:
(1) Die Beziehung zwischen Gott und Mensch wird ausschließlich durch den Heiligen Geist vermittelt. Gnade kann nicht durch materielle Dinge vermittelt werden, nicht einmal als mittelbare Ursache. Allein das Wirken des Geistes durch die Antwort des Glaubens vereinigt uns mit Christus. Somit bleiben Brot und Wein äußerliche Zeichen einer innerlichen Beziehung.[5]
(2) Entsprechend der täuferischen Ekklesiologie macht eher die Person Christi verständlich, was beim Abendmahl geschieht, nicht die Einsetzungsworte an sich. Seit der Himmelfahrt ist der physische Leib Christi (oft mit seinem Menschsein

---

[2] Vgl. Schornbaum, Quellen zur Geschichte der Wiedertäufer, 131–147; Declaration of the Needle Merchant Hans, 144–149.
[3] Vgl. Fomme, Pilgram Marbecks Antwort, 126–139, 432–467, 559–563; Marpeck, Later Writings, 80–87, 99–110, 131–135.
[4] „… weil das Brot nichts anderes als Brot ist, im Glauben jedoch der Leib Christi und das Ein-Leib-werden mit Christus und den Brüdern." Fast, Der linke Flügel der Reformation, 15f; Vgl. Grebel's Programmatic Letters, 21.
[5] Diese Aussage ist nicht im Einklang mit jener täuferischen Ekklesiologie, in der die sichtbare Kirche der Leib Christi ist: „Welchen ihr die Sünden erlasst, denen sind sie erlassen; welchen ihr sie behaltet, denen sind sie behalten" (Joh 20,23).

zusammengedacht) auf den Himmel begrenzt. In seiner Göttlichkeit ist er den Gläubigen im johanneischen Sinn mystisch präsent.
(1) In der Täuferbewegung wird hauptsächlich das Johannesevangelium als Textzeuge für die Eucharistie herangezogen. Daraus leitet sich die Vorstellung von Christi Himmelfahrt und der Ausschüttung des Geistes ab, der mystischen Einheit, vom Abendmahl als Liebesmahl und der Fußwaschung als paradigmatischer Praxis dieser Liebe.

Diese Merkmale und Tendenzen zeigen sich in den Schriften der führenden Denker der Täuferbewegung. Balthasar Hubmaier, den Schweizer Brüdern nahestehend, war ein katholischer Theologe mit liturgischem Fachwissen. Er brachte die oben genannten Thesen in seinem täuferischen Dienst zum Tragen, insbesondere in Liturgien, die er zur Taufe, zum Abendmahl und zum Bann entwarf. Ein „Versprechen der Liebe", bestehend aus vier Fragen, geht bei ihm den Abendmahlsgebeten und Einsetzungsworten aus dem ersten Korintherbrief unmittelbar voraus. Die zweite Frage lautet beispielsweise, ob der Kommunikant dazu bereit ist, sein Leben für die Nächsten hinzugeben, so wie Christus sein Leben für die Welt hingab.[6]

Pilgram Marpeck hingegen, der äußerst kreative Leiter des süddeutschen, urbanen Täufertums, reagierte auf die spiritualistischen Tendenzen in der radikalen Reformation, indem er die göttliche Initiative und die sakramentale Natur der Abendmahlsfeier betonte. Für ihn war das Abendmahl kein statisches Gebilde, sondern ein dynamisches Ereignis. Wenn in der Kraft des Geistes Brot und Wein geteilt werden mit jenen, die sich in Glauben und Liebe versammeln, dann werden sie eins mit Christus und untereinander.[7] Anderenorts kommentiert Marpeck 1Kor 10,16 folgendermaßen: „Das Brot, das wir beim Abendmahl essen, und der Kelch, aus dem wir trinken, ist Teilhabe an Fleisch und Blut Jesu Christ."[8] Wenn die Kirche dazu angehalten ist, das kor-

---

[6] Vgl. Fast, Der linke Flügel, 44; Westin / Bergsten, Balthasar Hubmaier Schriften, 358; Hubmaier, Theologian of Anabaptism, 403.

[7] Vgl. Fast / Seebaß, Briefe und Schriften oberdeutscher Täufer, 159; Marpeck, The Writings, 194–196.

[8] „The bread we break and the cup we drink in the Lord's Supper is a sharing in the flesh and blood of Jesus Christ." Marpeck, The Writings, 267.

rekte Brechen des Brotes zu überwachen, so muss sie auch dem Beispiel der Fußwaschung folgen, das durch ihren ‚Lehrmeister' selbst gegeben ist. Es ist ein „Modell der Liebe" und eine „leibliche Begegnung".[9]

Menno Simons, der unbarmherzig verfolgte Hirte der niederländischen und norddeutschen Gemeinden, nennt vier Grundzüge einer fruchtbringenden Abendmahlsgemeinschaft: Zunächst muss der Unterschied zwischen dem Zeichen und dessen Bedeutung klar sein. Zweitens ist an Jesu Tod zur Vergebung unserer Sünden dankbar zu erinnern und jene Liebe zu leben, die ihn ans Kreuz brachte. Drittens muss die Einheit, die das Abendmahl symbolisiert, erlebt werden wie „viele Körner, pulverisiert durch den Mahlstein, geknetet mit Wasser und gebacken in der Hitze des Feuers". Der letzte Grundzug schließlich ist: "... daß das heilige Nachtmahl eine Gemeinschaft des Leibes und Blutes Christi ist".[10]

II. Traditionslinien

Anfang des 17. Jh. hatte sich das Täufertum größtenteils von einer Protestbewegung hin zu einer sesshaften Glaubensgemeinschaft entwickelt, insbesondere in den Niederlanden, wo die Religionsfreiheit garantiert wurde. Diese Sesshaftigkeit zeigte sich auch in der Liturgie: von der freien Improvisation um einen festen Kern hin zu einem festgelegten Ablauf des Gottesdienstes, samt vorformulierten Gebeten. Sie illustrieren, dass die Spannung zwischen spiritualistischen und sakramentalen Impulsen im Täufertum und den daraus abgeleiteten Bewegungen weiterhin präsent war.

Hans de Ries war die herausragende Führungsfigur der „Waterlander", die in den 1550er Jahren eine Alternative zur ethischen Strenge der niederländischen Täuferbewegung unternahm. Sie versuchten die althergebrachte niederländische Mystik mit dem Täufertum zu kombinieren. Diese Verbindung ist umfassend dokumentiert in einer Predigtsammlung von Jan Gerrits

---

[9] Fast / Seebaß, Briefe und Schriften oberdeutscher Täufer, 264.
[10] Simons, Die vollständigen Werke, 63; Vgl. Simons, The Complete Writings, 143–146.

aus Danzig, in der Predigten und eine detaillierte Abendmahlsordnung von de Ries zu finden sind.[11]

Noch weitergehenden Einfluss auf die Abendmahlspraxis hatten die Gebete Leenaerdt Clocks,[12] eines deutschen Pastors, der besonderes Ansehen in den flämischen Gemeinden der Niederlande genoss. Seine Gebete haben weniger spiritualistische Tendenzen als die von de Ries. Clock betet, dass die Gläubigen durch die Gabe des Geistes mit Leib und Blut Christi gefüttert werden und dass sie sich der Teilnahme Jesu am Brotbrechen sicher sein mögen.[13] Es gibt sowohl ein allgemeines Gebet vor dem Abendmahl, als auch jeweils ein Dankgebet für Brot und Kelch, das sich an Jesu Handeln beim letzten Abendmahl orientiert, sowie ein den Gottesdienst abschließendes Dankgebet. Dieses vierfältige Gebetsmodell setzte sich über die Jahrhunderte sowohl in den nördlichen als auch den südlichen Strömungen des Mennonitentums durch.[14] Noch weniger sakramental zurückhaltend formuliert der Kürzere Katechismus von 1690, der in den mennonitischen Gemeinden ebenfalls eine breite Wirkungsgeschichte entfaltete: „[Das Abendmahl] sichert uns durch den Glauben die Gemeinschaft mit dem Leib und dem Blut Christi zu."[15]

Aus dieser und übereinstimmenden Quellen gehen die am häufigsten vorfindlichen Verhaltensweisen hervor. Zu jener Zeit hatten sich die Mennoniten von der regelmäßigen Ausübung des Abendmahls abgekehrt und sich dem gängigen katholischen und protestantischen Modell angeschlossen, das Abendmahl nur ein- bis dreimal im Jahr zu feiern. Karfreitag war normalerweise ein solcher Anlass, insbesondere bei den nördlicheren Gruppierun-

---

[11] Gerrits, Vief Stichelijche Predikaten. Es besteht Konsens in der Forschung, dass diese Sammlung den Predigtdienst zu Beginn des 17. Jh. widerspiegelt. De Ries' Abendmahlsgottesdienst erscheint in einem zeitgenössischen Gottesdienstbuch als „Form 2 of the Lord's Supper", in Rempel, Minister's Manual, 82–87.
[12] Im niederländischen Original 1625 veröffentlicht, wurde es jedoch über die Jahrhunderte vom Elsass bis nach Russland vor allem in seiner deutschen Version benutzt: „Formulier Ethlichen Christlichen Gebaethe", in: van Sittert, Christliche Glaubensbekenntnis, 60 ff.
[13] Vgl. van Sittert, Christliche Glaubensbekenntnis, 60–61.
[14] Zum Beispiel in der mehrfach veröffentlichten Schrift des deutsch-holländischen Pastors Reinhard Rahusen, vgl. Rahusen, Sammlung einiger Predigten, 84–89.
[15] „[The Supper] secures unto us through faith the communion of the body and blood of Christ." Coffman/Funk, Confession of Faith, 44.

gen. Vor der eigentlichen Abendmahlsfeier gab es immer eine Zeit der Vorbereitung auf das Brotbrechen, so dass Gemeindemitglieder, die untereinander oder mit Gott nicht im Frieden waren, vor dem Abendmahl die Möglichkeit zur Versöhnung hatten. Die Predigten beschäftigten sich für gewöhnlich mit dem Opfer Jesu und der Einheit seines Leibes. Auf Brot und Wein folgte oft eine Fußwaschung.[16] Eine gut belegte Praxis ist auch, dass die Fußwaschung Teil des vorbereitenden Gottesdienstes war.[17]

III. Zeiten der Erneuerung

Zu Beginn des 19. Jh. publizierte ein süddeutscher Pastor, Valentine Dahlem, eine außerordentliche Anweisung für das Abhalten von Gottesdiensten. Sie enthielt zwei Abschnitte zum Abendmahl. Der erste Abschnitt umfasst ausgearbeitete Dank- und Einsetzungsgebete für den Gottesdienstleiter und darüber hinaus auch Andachtsgebete für Laien. Dieser Abschnitt wurde zweifellos mit wenigen Veränderungen von lutherischen Formulierungen übernommen, da die Mennoniten sich der dominanten Kultur anpassten.[18] Daneben war aber auch ein Abschnitt für die traditionellen Gemeinden in der Neckar-Region enthalten, die die oben genannten Praktiken bewahrt hatten.[19] Dieses Buch vollzieht keinen radikalen Bruch, sondern bildet eine neue Stufe liturgischer Formulierungsmöglichkeiten. Auffallend ist, dass das Abendmahl im neuen Abschnitt auch als „Gnadenmittel" bezeichnet wird, während es im alten Abschnitt „Mahl des Friedens" heißt.[20]

Eine Entwicklung in eine andere Richtung geschah, als die Mennoniten-Brüdergemeinden sich in Russland 1860 von den traditionellen Mennoniten trennten. Sie protestierten gegen fest-

---

[16] Diese Praxis wurde unter den Schweizer Brüdern durch den Konflikt zwischen Hans Reist und Jakob Amman (in den 1690er Jahren) normativ. Ammans Argumentation basierte auf dem Dordrechter Bekenntnis von 1632 (Confessie van Dordrecht).

[17] Zum Beispiel in der Gnadenfelder Gemeinde in Russland; vgl. Handbuch zum Gebrauch, 49.

[18] Vgl. Allgemeines und Vollständiges Formularbuch, 34–63.

[19] Vgl. Allgemeines und Vollständiges Formularbuch, 298–307.

[20] Vgl. Allgemeines und Vollständiges Formularbuch, 34, 300.

gelegte und ausgearbeitete Formen[21] ebenso wie gegen die Aufnahme aller Getauften an den Tisch des Herrn, ungeachtet, ob sie ihr Leben heiligten oder nicht. Aufgrund ihrer missionarischen Vision vereinfachten die Brüdergemeinden den Gottesdienstablauf, ließen gewöhnliche Gemeindemitglieder die Elemente durch die Reihen reichen, feierten monatlich das Abendmahl und legten ein größeres Gewicht auf die Gnade und die Zusicherung der Erlösung.

In diese Richtung veränderte sich die Abendmahlsfeier in vielen großen mennonitischen Gruppierungen während des 20. Jh., insbesondere in Nordamerika. Doch diese Verschiebung fand nicht überall Anklang; Gruppierungen wie die „Old Order Mennonites", die standhaft an den traditionellen Praktiken und Lehren festhielten, folgten ihr nicht. Mennonitische Strömungen, die sich mehr an der Erweckungsbewegung orientierten, neigten dazu, Abendmahlspraktiken von Baptisten und später aus der Charismatischen Bewegung zu übernehmen. Jene mit Sympathien zu hochkirchlichen, protestantischen Strömungen tendierten wiederum zu presbyterianischen Formen und später zu denen der angelsächsischen liturgischen Bewegung. Bei beiden Tendenzen gab es ‚Gewinn' und ‚Verlust': Als Gewinn kann verbucht werden, dass die Eucharistie nun zweimonatlich oder monatlich stattfand, mancherorts sogar wöchentlich. Ein Verlust hingegen ist, dass nur noch eine Minderheit der Gemeinden den Vorbereitungsprozess und -gottesdienst auf das Abendmahl bewahrte, genauso wie die anschließende Fußwaschung, und damit das Verständnis des Abendmahls als Vereinigung von Christus mit seinem Leib.

Weltweit sind weitere Entwicklungen zu beobachten. In Äthiopien zum Beispiel kombiniert man eine feierliche Vorbereitungszeit mit dem ausdrucksstarken charismatischen Brechen des Brotes.[22] Eine Abfolge des „Herrenmahls" bietet hingegen die neuere Agende für Mennoniten in den Niederlanden.

---

[21] Dazu gehörte unter anderem, dass das Brot auf einem kleinen Leinentuch entgegengenommen wurde und dass vor dem Trinken aus dem Kelch, der durch die Reihen gereicht wurde, auf die Zustimmung der Glaubensgeschwister, die unmittelbar zur Rechten und Linken saßen, durch Zunicken gewartet wurde.

[22] Aus Gesprächen mit äthiopischen mennonitischen Studierenden, die über die Jahre am Anabaptist Mennonite Biblical Seminary in Elkhart, USA, geführt wurden.

Eine kurze Einleitung fasst die niederländische Auffassung von Gebet und Ordnung zusammen. Die Abendmahlsgemeinschaft wird mit den Einsetzungsworten eröffnet, es folgt eine Interpretation des Mahls, eine Einladung, Gebet, Distribution und eine Danksagung.[23] Prinzipiell sind darin keine Gebete enthalten (die Stellen, an denen ein Gebet vorgesehen ist, sind vermerkt), so dass die Gottesdienstleitenden frei sind, zu beten, wie es ihnen eingegeben wird. In allen Ländern der Erde wird das Abendmahl in mennonitischen Gottesdiensten im breiten Spektrum zwischen diesen beiden Polen gefeiert.

Eine der lebhaftesten Debatten unter den Hauptströmungen der Mennoniten in Nordamerika ist seit den 1990er Jahren die Frage nach der Zulassung zum Abendmahl.[24] Widerstreitende Forderungen bilden den Kern des Konflikts: Gnade und Heiligkeit einerseits, Abgrenzung und Eingliederung andererseits – wie können diese Dinge zusammengehalten werden? Die eindeutige Stimme der Tradition besagt, dass die Taufe der Ritus der Initiation ist, durch den die Glaubenden Eintritt in den Bund erhalten, und dass das Abendmahl die Erneuerung dieses Bundes ist. Aber sowohl evangelikale als auch liberale Stimmen folgen gleichwohl der These, dass Gottes Annahme der Menschen bedingungslos ist und dass Suchende in der Gemeinschaft Jesu und seiner Freund:innen – so wie es die Mahlgeschichten in den Evangelien darstellen – zum Glauben finden können. Jene mit einer starken ‚täuferischen Tendenz' behaupten nun, dass die gemeinschaftsstiftende Dimension von Umkehr und Nachfolge verloren gehe, wenn die Taufe getrennt werde von der Zulassung zum Tisch des Herrn.

---

[23] Vgl. De gemeente komt samen, 39–42.
[24] Aus Einzelgesprächen folgere ich, dass die Zulassung zum Abendmahl auch in anderen Ländern zur Diskussion steht. Die Pastoren Patricia Uruena und Cesar Moya aus Quito, Ecuador beispielsweise berichteten, dass im missionarischen Kontext die ‚Suchenden' zum Abendmahl eingeladen werden, als eine Möglichkeit der Begegnung mit Christus, bevor sie als Gläubige schließlich getauft würden (Bericht am Anabaptist Mennonite Biblical Seminary in Elkhart, USA, am 14. Februar 2011).

Literatur

Allgemeines und Vollständiges Formularbuch, Neuwied 1807.
Blanke, Fritz, Brothers in Christ, Scottdale, PA, 1966.
Coffman, John / Funk, John (ed.), Confession of Faith and Minister's Manual, Scottdale, PA, 1974.
Confessie van Dordrecht 1632, hg. von J. Brüsewitz and M. A. Krebber. Doperse Stemmen 5, Amsterdam 1982.
Conrad Grebel's Programmatic Letters of 1524, transkr. u. übers. v. John C. Wenger, Scottdale, PA, 1970.
De gemeente komt samen, Dienstboek ten behoeve van doopsgezinde gemeenten. Zoetermeer 1998.
Declaration of the Needle Merchant Hans at Erlangen, in: Snyder, C. Arnold (ed.), Sources of South German-Austrian Anabaptism, Kitchener, ON, 2001.
Fast, Heinold (Hg.), Der linke Flügel der Reformation: Glaubenszeugnisse der Täufer, Spiritualisten, Schwärmer und Antitrinitarier (Klassiker des Protestantismus; 4), Bremen 1962.
Fast, Heinold / Seebaß, Gottfried, Briefe und Schriften oberdeutscher Täufer 1527–1555: das „Kunstbuch" des Jörg Probst Rotenfelder gen. Maler (Quellen und Forschungen zur Reformationsgeschichte; 78; Quellen zur Geschichte der Täufer; 17), Gütersloh 2007.
Fromme, Carl, Pilgram Marbecks Antwort auf Kaspar Schwenckfelds Beurteilung des Buches der Bundesbezeugung von 1542 (Quellen und Forschungen zur Geschichte der oberdeutschen Taufgesinnten im 16. Jh.; 1), Wien 1929.
Gerrits, Jan, Vief Stichelijche Predikaten, Amsterdam 1650.
Handbuch zum Gebrauch bei gottesdienstlichen Handlungen, Berdyansk 1911.
Hubmaier, Balthasar, Theologian of Anabaptism (Classics of the Radical Reformation; 5), übers. v. H. Wayne Pipkin und John H. Yoder, Scottdale, PA 1989.
Marpeck, Pilgram, Later Writings by Pilgram Marpeck and His Circle: The Expose, a Dialogue, and Marpeck's Response to Caspar Schwenckfeld, übers. und hg. von W. Klaassen, W. Packull, J. Rempel, Kitchener, ON, 1999.
–, The Writings of Pilgram Marpeck, übers. u. hg. v. William Klassen und Walter Klaassen, Scottdale, PA 1978.
Mennonite Minister's Manual, hg. von John D. Rempel, Harrisonburg,VA 1998.
Rahusen, Reinhard, Sammlung einiger Predigten und Reden bey Gelegenheiten als Taufe, Abendmahl, Hochzeit u.s.w. in der Mennoniten-Gemeine, hg. von Georg Ludwig Foerster, Bremen 1784.
Schornbaum, Karl, Quellen zur Geschichte der Wiedertäufer, Bd. 2: Markgraftum Brandenburg, Bayern (Quellen und Forschungen zur Reformationsgeschichte; 16), Leipzig 1934.

Simons, Menno, Die vollständigen Werke von Menno Simons, Aylmer, ON/La Grange, IN, 1971.
–, The Complete Writings of Menno Simons, hg. v. John C. Wenger, Scottdale, PA, 1984.
van Sittert, T.T., Christliche Glaubensbekenntnis, Amsterdam 1664.
Westin, Gunnar/Bergsten Torsten (Hg.), Balthasar Hubmaier Schriften (Quellen und Forschungen zur Reformationsgeschichte; 29; Quellen zur Geschichte der Täufer; 9), Gütersloh 1962.

11. Eidesverweigerung

Jonathan Seiling

Menno Simons saß vorne auf dem Wagen neben dem Kutscher, als eine Wache sie anhielt und fragte, ob Menno Simons in dem Wagen sei. Menno drehte sich um und rief in den Wagen: „Ist Menno Simons bei euch im Wagen?", worauf die Insassen antworteten: „Nein, er ist nicht hier drin!" Daraufhin erklärte Menno der Wachmannschaft: „Sie sagen, Menno ist nicht im Wagen."[1]

Ob diese Begebenheit nun historisch ist oder nicht, Mennos eigenes Verständnis von „die Wahrheit sagen" scheint hier eine gewisse Doppelmoral von Glauben und Praxis zu zeigen, obwohl er sonst so eindeutig dafür plädiert, das Gebot Jesu zu befolgen, keine Eide zu schwören (vgl. Mt 5,33–37), und schlicht die Wahrheit zu sagen, im Sinne eines Zeugnisses von Gottes Wahrheit. Dies ist Täufern wie Mennoniten Grundlage für die Verweigerung des Eides. Menno selbst riet in seinen Schriften etwa:

> „[…] bleibe bei deines Herrn Wort, welches dir das Schwören so offenbar verbietet und lasse, wie er geboten hat, dein Ja und Nein deinen Eid sein, es gereiche dir denn zum Leben oder zum Sterben, damit du die unnütze, unfruchtbare, eitle Welt, die nichts geringer achtet als Gottes Wort durch solche christliche Tapferkeit und beständige Wahrheit in ihrer Untreue und Falschheit mit deinem wahrhaftigen Ja und Nein zur Gerechtigkeit ermahnen und strafen mögest […]."[2]

Das Dilemma, ob und in welchem Fall geschworen werden darf, ob entsprechende Äußerungen zu bestätigen oder grundsätzlich zu vermeiden sind, zeigt sich auf verschiedene Weise in unterschiedlichen Kontexten. Ziel war es zunächst, Selbstbeschuldigungen zu vermeiden, wie wir im oben genannten Beispiel gesehen haben, das typisch ist für die frühe Verfolgungsge-

---

[1] Als Volkslegende zitiert in: Beck, Mennonite Trickster Tales, 67–68.
[2] Simons, Die Schriften, 672. Der Eid ist das Thema eines Kapitels in „Ein gründliches und klares Bekenntnis der armen und elenden Christen" (1552). An anderen Stellen seiner Schriften ist er weniger kategorisch in der Ablehnung des Eides.

schichte der Täufer:innen. Da dieser Grundsatz mennonitischen Glaubens und Handelns im Laufe der Zeit immer wieder neu interpretiert wurde, gab es entsprechend unterschiedliche Begründungen, um der Schrift, dem Gewissen, aber auch gesellschaftlichen Normen gerecht zu werden.

Im Laufe der mennonitischen Geschichte wurde immer wieder der Versuch unternommen, in gerichtlichen Angelegenheiten statt des Eides „versichern" zu dürfen, um das eigentliche Schwören zu umgehen. Auf diese Weise hätte man im strengen Sinne nicht geschworen und wäre dennoch in der Lage, am Rechtssystem teilzuhaben. Darüber hinaus war es stets hilfreich, zwischen zwei Arten von Eiden zu unterscheiden: dem assertorischen Eid, bei dem die Wahrheit einer Aussage bestätigt wird, und dem promissorischen Eid, der eine Treueverpflichtung in einem eher verwaltungstechnischen oder behördlichen Kontext bekundet.[3]

I. Ursprünge bei den Täufern

Mennonitische Positionen zum Eid wurzeln in den frühesten Anfängen der Täuferbewegung, wobei sich der Entstehungsprozess recht komplex darstellt. Edmund Pries etwa verortete die Entstehung der Praxis der Eidesverweigerung im urbanen Kontext von Zürich, Basel, Bern und Straßburg.[4] Während die ältere Forschung davon ausging, dass diese Praxis zeitgleich und einheitlich im gesamten Schweizer separatistischen Täufertum 1525 aufkam, muss nun festgestellt werden, dass selbst innerhalb der Täuferbewegung in Zürich bis (mindestens) 1527 keine einheitliche Position vertreten wurde. Und noch in den 1530er Jahren waren die Schweizer Täufer bezüglich der Verweigerung des Eides uneins. Außerhalb von Zürich gab es Einflüsse, die eine separatistische Position wie in Basel oder Bern rechtfertigten, in der die Eidesverweigerung als notwendige Folge jener Auffassung gedeutet wurde, wonach ein Christ ohnehin kein öffentliches Amt bekleiden solle.

---

[3] Vgl. Fast, Die Eidesverweigerung, 148–151.
[4] Vgl. Pries, Anabaptist Oath Refusal, 65–84. Zu den vorangehenden, zusammenfassenden Artikeln über Mennoniten und die Frage des Eides vgl. Hertzler, Die Verweigerung des Eides, 100–108; Neff/Bender/William, „Oath".

Für gefangengenommene Täufer:innen war es in vielen Fällen gleichbedeutend, einen Eid zu schwören wie einen Widerruf zu leisten, zumal sie durch bestimmte Eide explizit dazu genötigt wurden, die Rechtmäßigkeit ihrer Kindertaufe zu bekunden und der Erwachsenentaufe abzuschwören. Dies zog – als Meineid oder gar Blasphemie – nicht selten die Todesstrafe nach sich, da alle Gelübde religiöser Natur waren. Einige Täufer:innen schworen in der Tat unter bestimmten Voraussetzungen Eide, was zu der Annahme führte, dass bestimmte Eide für sie akzeptabel seien, andere aber nicht. Eine solche These ist aufgrund der Quellenlage jedoch nicht haltbar. Vielmehr gibt es Belege, dass unterschiedliche Handhabungen allein der Zweckdienlichkeit geschuldet waren. Einen ausformulierten theologischen oder ethischen Grundsatz, der das Leisten eines Eides erlaubt hätte, gab es schlechterdings nicht. Beispielsweise lässt sich die Tatsache, dass einige frühe Täufer:innen Eide leisteten, nicht dadurch erklären, sie hätten allein Treueeide wie den Schwörtagseid (kommunaler Eid) oder den Huldigungseid (Eid der Gefolgschaft) verboten. Allerdings wurden wohl jene Täufer:innen entschuldigt, die gezwungen wurden, die „Urfehde" zu schwören (beeideter Fehdeverzicht auf Rache und auf weitere Kampfhandlungen), um aus dem Gefängnis freigelassen zu werden. Die Urfehde wurde von den Täufern scheinbar wie jeder andere Eid angesehen, als einer, der oft gewichtige Folgen für die Übertretung des Gesetzes nach sich zog.[5]

Da man für das Brechen eines Eides mit dem Tode bestraft wurde, führte dies vermutlich dazu, das Leisten von Eiden auf biblischer Grundlage generell abzulehnen – auch als Strategie, den Folgen eines möglicherweise notwendig werdenden Eidbrechens vorzubeugen.[6] Die Rechtfertigung zum Brechen eines Eides fand ihre Begründung in dem Glauben, dass Gehorsam gegenüber Gott stets Vorrang habe vor der Einhaltung der Gesetze des Staates. Die Eidesverweigerung unter den frühesten Täufern geschah also nicht notwendigerweise in der Absicht, sich von der Gesellschaft abzugrenzen, sondern vor allem aus Protest oder aus einem defensiven Reflex heraus, gegen den spürbar wachsenden religiösen und sozialen Zwang. Die Hal-

---

[5] Vgl. Pries, Oath Refusal in Zurich, 65–84.
[6] Vgl. Pries, Anabaptist Oath Refusal (1995), 109.

tung der Eidesverweigerung erwuchs vielmehr aus den konkreten Umständen als aus stringenten theologischen Überlegungen heraus.[7]

Die Schleitheimer Artikel von 1527, in denen die Täufer zum ersten Mal schriftlich einen Leitsatz in Bezug auf das Verbot des Eides formulierten, stellen demnach noch keine einheitliche Position der frühen Täufer in dieser Frage dar. Michael Sattler, der vermutlich der Autor jener Artikel ist, hatte selbst am 18. November 1525 den Schwur geleistet, es zu unterlassen, täuferische Gedanken weiter zu verbreiten.[8] An diesem Beispiel zeigt sich, wie ein Eid den Geboten Gottes schlechterdings entgegenstehen kann, denn sich daran zu binden – sei es durch Schwören oder „Versichern" – ist gläubigen Christ:innen unmöglich. So heißt es in den Schleitheimer Artikeln bezüglich des Eides:

> Zum siebten haben wir uns über den Eid folgendermaßen geeinigt:
> Der Eid ist eine Bekräftigung unter denen, die zanken oder Versprechungen machen, und es ist im Gesetz befohlen, daß er im Namen Gottes allein wahrhaftig und nicht falsch geleistet werden soll. Christus, der die Erfüllung des Gesetzes lehrt, der verbietet den Seinen alles Schwören, sowohl recht als auch falsch, sowohl beim Himmel als auch beim Erdreich, bei Jerusalem oder bei unserm Haupt, und das aus dem Grund, den er gleich darauf ausspricht: *„Denn ihr könnt nicht ein Haar weiß oder schwarz machen"* (Mt 5,33–37). Sehet zu! Darum ist alles Schwören verboten ...
> Denn wir können nichts von dem garantieren, was beim Schwören versprochen wird, weil wir an uns nicht das Geringste ändern können ...
> Petrus und Paulus bezeugen allein das, was von Gott Abraham durch den Eid verheißen war, und sie selbst verheißen nichts, wie die Beispiele klar zeigen. Aber Zeugen und Schwören ist zweierlei.[9]

Hier wird deutlich, dass diese Täufer es nicht vorzogen, etwa (an Eides statt) zu „versichern", denn sie lehnten ja grundsätzlich ab, sich an jedweden Eid zu binden, der ihnen möglicherweise abgenötigt hätte, die Forderungen des Staates über diejenigen Gottes zu stellen.

---

[7] Vgl. Pries, The Historical Context, 125.
[8] Vgl. Stayer, Swiss-South German Anabaptism, 95.
[9] Leu, Das Schleitheimer Bekenntnis, 70–71.

Da die Eidesverweigerung in den 1530er Jahren allmählich ein festes, charakteristisches Wesensmerkmal der Täuferbewegung wurde, darf man annehmen, dass diese eher zufälligerweise einherging mit der separatistischen Entwicklung.[10] Während die Eidesverweigerung zunächst ein pragmatischer, strategischer Ausweg war, um den unvermeidlichen tödlichen Konsequenzen eines gebrochenen Eides zu entgehen, so scheint sich darin – unabhängig von einer separatistischen Ekklesiologie – den Befürwortern des Separatismus eine schlüssige und zweckdienliche Rechtfertigung geboten zu haben, sich nicht länger der Staatskirche, sondern allein der Täufer-Gemeinde zu verpflichten.

Die Schleitheimer Artikel wurden von den folgenden Generationen der Täufer:innen übernommen; dennoch teilten nicht alle frühen Täufer die biblisch-theologischen Argumente der Eidesverweigerung. Es ist bemerkenswert, dass die Ansichten von Hans Denck, Balthasar Hubmaier und Pilgram Marpeck – allesamt einflussreiche Wortführer mit großem regionalen Einfluss – von Schleitheim (und damit von Michael Sattler) in verschiedenen Punkten abwichen, nicht zuletzt auch in der Frage des Schwörens.[11] Melchior Hoffman hingegen, der das täuferische Gedankengut in Norddeutschland und in den Niederlanden verbreitete, war einer der ersten Täufer der 1530er Jahre, der das Schwören eines Eides sehr entschieden ablehnte.[12]

Obwohl also die Eidesverweigerung unter ganz bestimmten Voraussetzungen und in besonderen Kontexten entstand, wurde sie rasch zu einem übergeordneten Thema mit weitreichenden Folgen. Aus der Befürchtung heraus, die Eidesverweigerung resultiere letztlich in Anarchie, sahen sich sowohl Katholiken als auch Protestanten seit 1527 und während des gesamten 16. Jh. genötigt, polemische Schriften gegen die biblisch begründete Argumentation der Täufer zu verfassen.[13]

---

[10] Vgl. Haas, Der Weg der Täufer, 50–78.
[11] Vgl. Snyder, Anabaptist History and Theology, 185–216.
[12] Vgl. Pries, Anabaptist Oath Refusal (1995), 213.
[13] Vgl. Farmer, Reformation-Era Polemics, 221–226.

II. Zugeständnisse in Europa und in Nord- und Südamerika

Ab Mitte des 16. Jh. und darauf folgend auch im frühen 17. Jh. gab es formelle wie auch informelle Regelungen in Nordeuropa, die es Mennoniten ermöglichten, ihren Glauben auszuüben, wobei mitunter auch Praktiken wie die Eidesverweigerung geduldet wurden.[14] Das Zivilrecht der Stadt Hamburg etwa beinhaltete seit Mitte des 17. Jh. besondere Bestimmungen für Mennoniten, die es in den meisten Fällen ermöglichten, Zeugnis vor Gericht abzulegen, indem die anerkannte alternative Formulierung „bei Mannen Wahrheit" gebraucht wurde. Diese war vermutlich in den Niederlanden in den späten 1570er Jahren entstanden.[15] 1632 wurde dann in Groningen und Ommelanden ein Beschluss verabschiedet, der Mennoniten einräumte, anstatt des Schwörens eines Eides schlicht ihr Versprechen durch Handschlag zu bekräftigen. Auf Bitten mennonitischer Kaufleute in Hamburg wurde dieses Verfahren 1692 auch in Stade eingeräumt.[16] 1768 schlug das Reichskammergericht in Wetzlar vor, das Versprechen eines Mennoniten juristisch gleichrangig zu einem gesetzlichen Eid anzuerkennen.[17] Anschließend gab es offizielle Ausnahmeregelungen in Württemberg (1807), Bayern (1811), Nassau (1822) sowie in den älteren Preußischen Provinzen (1827). – Mennonitische Auswanderer verschafften sich in der „Neuen Welt" ähnliche Ausnahmeregelungen: In Pennsylvania in den 1700er Jahren und in der kanadischen Provinz Upper Canada (1809).[18]

Auch im 19. Jh. hielten niederländische Mennoniten, obgleich sie sich nunmehr weitgehend der weiteren Gesellschaft assimiliert hatten, weiterhin an der Eides- bzw. Schwurverweigerung fest und bestanden auf schlichter mündlicher Versicherung.[19] Und auch deutsche Mennoniten teilten während dieser Zeit gemein-

---

[14] Vgl. Driedger, Obedient Heretics, 129.
[15] Vgl. Driedger, Obedient Heretics, 143–146.
[16] Vgl. Driedger, Obedient Heretics, 146.
[17] Vgl. Bender/Lichdi/Thiessen, „Germany", vol. 2, 483–501 und Bender/Lichdi/Thiessen, „Germany", vol. 5, 108–110, 227–228.
[18] Vgl. Ruth, The Earth is the Lord's, 103.
[19] Vgl. Jecker/Hoekema, Glaube und Tradition, 102.

hin die Ablehnung des Eides.[20] In der Schweiz wurde es als ein besonderes Charakteristikum mit Nachdruck durchgesetzt.[21]

In Deutschland verstärkte sich dann mit der Herrschaft der Nationalsozialisten der Druck, sich dem Staat per Eid zu verpflichten. Mennoniten versuchten ihr althergebrachtes Recht zu bewahren, ihre Loyalität gegenüber dem Staat durch ein Versprechen bekunden zu dürfen, selbst wenn sich dieses Versprechen nun direkt auf Adolf Hitler beziehen sollte. So geschah es beispielsweise in der Hitlerjugend, der sich manche Mennoniten zwar nicht mit einem Eid, wohl aber mit einem Versprechen verbanden.[22] Teilweise gelang es, entsprechende Ausnahmeregelungen durch Einfluss in der Nationalsozialistischen Partei (NSDAP) zu erwirken: Viele Mennoniten waren Mitglieder der Partei – in Krefeld gehörten ca. 500 der 800 Gemeindemitglieder der NSDAP an – und verbanden ihre Treue zum Staat mit der Forderung nach Freistellung vom Eid. Jetzt wurde unter den Mennoniten allerdings auch darüber diskutiert, ob man die Eidesverweigerung nicht als überholt abschaffen sollte; einige meinten, es gehe dabei lediglich um „Buchstabenarbeit".[23]

Das Erwägen von Alternativen zum Schwören eines Eides ist bis heute aktuell geblieben. So etwa in Paraguay, wo seit 1992 die Staatsverfassung das Recht einräumt, Eide zu verweigern und 2005 zwei prominente mennonitische Politiker mit den Worten „Ja, ich verspreche es" in ihr Amt eingesetzt wurden, anstatt den offiziellen Amtseid zu leisten.[24]

III. Ablehnung des Eides als Teil
des mennonitischen Glaubensbekenntnisses

Während die Eidesverweigerung ursprünglich eher für juristisch verbindliche Aussagen bedeutsam war, beziehen einige Mennoniten diese Haltung auch auf andere Fälle, etwa den Beitritt zu einer Gewerkschaft oder das Mitwirken in einem Schöffengericht. Jüngst berichtete ein *Old Order*-Mennonit in Kentucky

---

[20] Vgl. Jecker / Hoekema, Glaube und Tradition, 101.
[21] Vgl. Jecker / Hoekema, Glaube und Tradition, 155.
[22] Vgl. Lichti, Houses on the Sand?, 35.
[23] Vgl. Lichti, Houses on the Sand?, 36.
[24] Vgl. Ratzlaff, „Eid", 119–120.

von seiner Erfahrung, sich dem Dienst in einem Schöffengericht zu verweigern.[25] In solchen Fällen zwinge die Zugehörigkeit zu einer dieser säkularen Gruppierungen (Gewerkschaft, Schöffengericht oder gar geheime Gesellschaften) möglicherweise dazu, etwas zu tun, was dem Gesetz Christi widerspräche (vgl. Mt 5,33–37; Jak 5,12). Als biblischer Beleg wird hier auch 2Kor 6,14f. angeführt: „Zieht nicht am fremden Joch mit den Ungläubigen!" In vielen Fällen führte die Verweigerung des Schwörens zu beruflichen Konsequenzen, insbesondere wenn sie direkt zum Ausschluss von öffentlichen Ämtern führte und die Verweigerung des Dienstes im Militär noch bestätigte.

Mit wenigen Ausnahmen enthalten bis in die Gegenwart fast alle mennonitischen Glaubensbekenntnisse eine generelle, pauschale Ablehnung jeglicher Art von Eid oder Schwur. In einigen Fällen finden sich Einschränkungen, die es erlauben, ein rechtlich bindendes Versprechen vor einer staatlichen Autorität zu tätigen, statt zu schwören. Eine interessante Ausnahme stellt das *Waterlander Bekenntnis* von 1577 dar, das eine abweichende Tradition bei nordholländischen Mennoniten aufzeigt, die auf gesellschaftliche Assimilierung drängten und bei denen nicht dieselben strikten Regeln herrschten wie bei anderen Mennoniten.[26] Der einzige Artikel des *Waterlander Bekenntnisses,* der die Beziehung zum Staat, bzw. die Gewaltfreiheit betrifft, ist die Aussage über den Eid. Darin werden nur „leichtsinnig gesprochene Eide", „falsche Eide" und solche, die „im Namen Gottes und der Heiligen" geleistet werden, ausdrücklich untersagt. Erlaubt sei hingegen, bei einer Aussage Gottes Namen als Zeuge der Wahrheit anzurufen. Verwiesen wird dabei auf das Beispiel von Paulus in 2Kor 1,23 („Ich rufe aber Gott zum Zeugen an bei meinem Leben …").[27] Und doch hält selbst diese Entschärfung prinzipiell an der Eidesverweigerung fest und gibt dieses Kennzeichen der Mennoniten nicht preis.

Unter den meisten Mennonit:innen herrscht heute die Meinung, einen Eid zu schwören zeuge lediglich von allgemeiner Zusammenarbeit mit dem Staat und stelle nicht mehr dieselbe Problematik dar wie zur Zeit jener Täufer:innen des 16. Jh., die

---

[25] Vgl. Leinbach, „Report for Jury Duty", 8–9.
[26] Confession of Faith (Waterlander, 1577).
[27] Vgl. Koop, Confessions of Faith, 134.

den Eid einst so strikt verweigerten. Doch auch gegenwärtig behält diese frühe Überzeugung zum Teil noch hohe Wertschätzung, besonders in jenen mennonitischen Traditionsströmen, die sich strikt von „der Welt" absondern. So kam es beispielsweise 2010 im Landkreis Waterloo in Ontario/Kanada zu einer Auseinandersetzung, als die konservativen *Altmennoniten* (*Old Order*) beim örtlichen Gericht beantragten, vollständig von der Pflicht freigestellt zu werden, sich am Schöffengericht zu beteiligen. Auch einige eher progressive Mennoniten lehnen es ab, sich dem Staat derartig zu verbinden. Hervorzuheben ist hier der Fall nordamerikanischer Mennoniten, die nicht gewillt waren, den *Pledge of Allegiance* (Fahnen- und Treueid, der u. a. allmorgendlich in vielen öffentlichen Schulen gesprochen wird) mitzusprechen, oder die jüngst geführte Diskussion am *Goshen College* (Indiana/USA), ob die Nationalhymne – wie an anderen Colleges üblich – vor Football-Spielen anzustimmen sei oder nicht.

Obwohl die Praxis der Eidesverweigerung sich zu bestimmten Zeiten und in verschiedenen Regionen also verändert hat, sind die offiziellen Bekenntnisaussagen zu dieser Frage recht beständig geblieben. So heißt es in einer aktuellen Bekenntnisschrift der österreichischen Mennoniten-Brüdergemeinden: „Da Christen immer die Wahrheit sagen sollten, bedarf es keiner besonderen Beteuerungsformeln – weder vor Behörden noch untereinander."[28] Der Begriff „Eid" wird zwar an dieser Stelle nicht explizit erwähnt, doch in der Kernaussage deckt sich die Begründung mit früheren Bekenntnisaussagen. Auch im Mennonitischen Glaubensbekenntnis von 1990, das für die meisten nordamerikanischen Mennoniten derzeit gültig ist, wird besonders hervorgehoben, stets die Wahrheit zu sagen – gleichsam als Zufügung zu der Aussage, das Schwören eines Eides zu vermeiden. Erklärend heißt es, ein Eid „wird häufig deshalb geschworen, um zu garantieren, daß eine Aussage auf der Wahrheit beruht".[29] Über das alltägliche Sprechen der Wahrheit hinaus wird in Bezug auf rechtliche Aussagen empfohlen, diese alternativ mit einem Versprechen verbindlich zu machen, statt einen Eid zu schören.

---

[28] Unser Fundament, Artikel 13: Gesellschaft und Staat.
[29] Ein Mennonitisches Glaubensbekenntnis, 98.

Obwohl es ein vergleichbares Bekenntnis, das die Mehrzahl der Mennoniten vereinigt, in Deutschland nicht gibt, liegt schon in der Gestalt der Kirche ein wichtiger Hinweis zum Thema Eidesverweigerung. Fernando Enns merkt hierzu an:

> „Auch die traditionelle Eidesverweigerung (um nicht Bindungen einzugehen, die in Konkurrenz zum Bekenntnis stehen und zum Zeichen der Wahrhaftigkeit in jeder Situation) ist in diesem Kontext zu verstehen."[30]

Erste Untersuchungen zu der Frage, ob sich die aktuelle Praxis mennonitischer Gemeinden in Afrika, Asien und Lateinamerika mit dem Befund aus Europa und Nordamerika deckt, weisen auf keine signifikante Abweichung von diesen Bekenntnissen hin.

Das frühe täuferische Ideal bedenkend stellen aktuelle Wortlaute des Artikels zur Eidesverweigerung immer noch implizit in Frage, ob eine Regierung überhaupt eidesstattliche Verpflichtungen der Treue beanspruchen darf, die im Einzelfall zum Konflikt führen können, Gott oder „dem Kaiser" gehorsam zu sein. Die Glaubenden werden ermuntert, vor allem ihre uneingeschränkte Verbundenheit zu Gott zu bekennen: in der Taufe. Auf diese Weise ersetzen Mennoniten die politische ‚Eidgenossenschaft' durch die ekklesiologische Vorstellung der Bundesgenossenschaft einer freiwilligen Nachfolge-Gemeinschaft. Diese Idee geht zurück auf den ersten „Apostel" der Täuferbewegung in Süddeutschland, Hans Hut, der von Thomas Müntzer die Auffassung übernahm, dass die Taufe einen Ersatz für den Eid darstelle.[31] Aus theologischer Perspektive betrachtet entwickelte sich die Vorstellung, in der Taufe einen echten Ersatz für die durch Schwur erzwungene Bindung an staatskirchliche Autoritäten zu sehen. In der Taufe verpflichte sich die einzelne Person mit ihrem freiwilligen Bekenntnis zu einer Versammlung von Gläubigen, deren grundlegende Autorität allein Christus ist.

Viele Mennoniten, die heute in freiheitlich-demokratischen Staaten leben und die Möglichkeit haben, ihre Aussagen und Loyalitäten an Eides statt zu bekräftigen, sehen in der strikten Ablehnung des Eides eher eine legalistische Haltung. Für sie ist das eben jene „Buchstabenarbeit", die bereits vor Jahrzehnten

---

[30] Enns, Was glauben Mennoniten?
[31] Vgl. Pries, The Historical Context, 63.

auch innermennonitisch kritisch hinterfragt wurde – eine Sichtweise also, die jener der Waterländer von vor über 400 Jahren nicht unähnlich ist. Viele Mennoniten üben zunehmend Berufe aus, die den Gebrauch „weltlicher" Machtstrukturen erforderlich machen. Und doch greifen sie nicht auf eine Zwei-Reiche-Lehre geteilter Verantwortungsbereiche zurück, mit der sich ihnen gewissermaßen eine Entschuldigung böte, dem Gebot Christi zugunsten des eigenen beruflichen oder bürgerlichen Amtes zuwider zu handeln. Diese Mennoniten ziehen sich heute aber auch nicht mehr notwendig aus Positionen zurück, die ggf. zu ethischen Dilemmata führen könnten, sondern entdecken und beschreiten neue, kreative Wege, fördern gewaltlose Mittel, um politische Ziele durchzusetzen.

Da es aber die Absicht Menno Simons' und anderer war, vor allem die unverbrüchliche Wahrhaftigkeit gläubiger Christenmenschen zu betonen, für die sie dann gemeinhin bekannt wurden, gibt es auch heute gute Gründe, das Gebot Christi „Euer Ja sei ein Ja, euer Nein ein Nein; alles andere stammt vom Bösen" (Mt 5:37), weiterhin hervorzuheben.

Literatur

Beck, Ervin, Mennonite Trickster Tales: True to be Good, in Mennonite Quarterly Review 61/1, 1987, 67–68

Bender, Harold S./Lichdi, Diether Götz/Thiessen, John, Art. „Germany", in: Mennonite Encyclopedia, vol. 2, 483–501 und vol. 5, 108–110, 227–228; www.gameo.org/encyclopedia/contents/G477.html [01.02.2024].

Confession of Faith (Waterlander, 1577), Global Anabaptist Mennonite Encyclopedia Online, https://gameo.org/index.php?title=Confession_of_Faith_(Waterlander,_1577) [01.02.2024]

Driedger, Michael D., Obedient Heretics: Mennonite Identities in Lutheran Hamburg and Altona During the Confessional Age, Burlington, VT, 2002.

Ein Mennonitisches Glaubensbekenntnis, übers. von Julia Hildebrandt, Winnipeg/Kanada 1996.

Enns, Fernando, Was glauben Mennoniten?, https://www.mennoniten.de/mennoniten/was-glauben-mennoniten [01.02.2024].

Farmer, Craig S., Reformation-Era Polemics Against Anabaptist Oath Refusal, in: Mennonite Quarterly Review 81/2, 2007.

Fast, Heinold, Die Eidesverweigerung bei den Mennoniten, in: Hildburg Bethke, (Hg.), Eid Gewissen, Treuepflicht, Frankfurt/M 1965, 136–151.

Haas, Martin, Der Weg der Täufer in die Absonderung, in: Hans-Jürgen Goertz (Hg.), Umstrittenes Täufertum 1525–1975: Neue Forschungen, Göttingen 1975.

Hertzler, Hans Adolf, Die Verweigerung des Eides, in: Hans-Jürgen Goertz, (Hg.), Die Mennoniten, Stuttgart 1971.

Jecker, Hanspeter / Hoekema, Alle G. (Hg.), Glaube und Tradition in der Bewährungsprobe. Weltweite täuferisch-mennonitische Geschichte, Bd. 2: Europa, Schwarzenfeld 2014.

Koop, Karl (Hg.), Confessions of Faith in the Anabaptist Tradition: 1527–1660, Kitchener, ON, 2006.

Leinbach, Stephen, „Report for Jury Duty", in Family Life, Oktober 2010.

Leu, Urs B., Das Schleitheimer Bekenntnis 1527. Einleitung, Faksimile, Übersetzung und Kommentar, Zug 2004.

Lichti, James Irvin, Houses on the Sand? Pacifist Denominations in Nazi Germany, New York 2008.

Neff, Christian / Bender, Harold S. / Klassen, William, Art. „Oath.", in: Global Anabaptist Mennonite Encyclopedia Online, www.gameo.org/encyclopedia/contents/O358.html [01.02.2024].

Pries, Edmund Anabaptist Oath Refusal: Basel, Bern and Strasbourg, 1525–1538, Thunder Bay, ON, 2023.

–, Anabaptist Oath Refusal: Basel, Bern and Strasbourg, 1525–1538, Dissertation, University of Waterloo 1995.

–, Oath Refusal in Zurich from 1525 to 1527: The Erratic Emergence of Anabaptist Practice, in: Klaassen, Walter (Hg.), Anabaptism Revisited: Essays on Anabaptist / Mennonite Studies in Honor of C.J. Dyck, Waterloo, ON, 1992.

–, The Historical Context of Anabaptist Oath Refusal in Zurich, 1525–1532, unveröffentlichte Masterarbeit, University of Waterloo, 1988.

Ratzlaff, Gerhard, Art. „Eid", Lexikon der Mennoniten in Paraguay, hg. v. Gerhard Ratzlaff u. a., Asunción, Paraguay, 2009.

Ruth, John L., The Earth is the Lord's: A Narrative History of the Lancaster Mennonite Conference, Waterloo, ON, 2001.

Simons, Menno, Die Schriften des Menno Simons: Gesamtausgabe, hg. von der Mennonitischen Forschungsstelle Bolanden-Weierhof, Steinhagen 2013.

Snyder, Arnold C., Anabaptist History and Theology: An Introduction, Kitchener, ON, 1995.

Stayer, James, Swiss-South German Anabaptism, in: Stayer, James M. / Roth, John D., A Companion to Anabaptism and Spiritualism, 1521–1700, Leiden 2006.

Unser Fundament, Mennonitische Freikirche Österreich, März 2006, https://www.mennoniten.at/neu/unser-fundament [01.02.2024].

12. Mission und Diakonie: Salz der Erde, Licht der Welt – und „die Stillen im Lande"

Arli Klassen

> *Denn der rechte evangelische Glaube ist von solcher Natur,*
> *dass er nicht ruhen oder feiern kann,*
> *sondern er baut sich stets auf in allerlei Gerechtigkeit und*
> *Früchten der Liebe;*
> *er unterdrückt Fleisch und Blut,*
> *rottet alle verbotenen Lüste und Begierden aus,*
> *sucht und fürchtet Gott und dient ihm aus dem Innersten seiner Seele.*
> *Er kleidet die Nackten,*
> *speist die Hungrigen,*
> *tröstet die Betrübten,*
> *beherbergt die Elenden,*
> *hilft und gibt Trost allen, die betrübten Herzens sind,*
> *tut Wohl denen, die die ihm Böses tun,*
> *dient denjenigen, die ihm Leid zufügen,*
> *bittet für die, die ihn verfolgen,*
> *lehrt, ermahnt und straft uns mit des Herrn Wort,*
> *sucht das Verlorene,*
> *verbindet das Verwundete,*
> *heilt das Kranke*
> *und behütet das Starke,*
> *alles ist er allen geworden.*

(Menno Simons, 1539)[1]

Ein zentraler Teil des Glaubens der Täufer und Täuferinnen der ersten Stunde war das öffentliche Bekennen dieses Glaubens. Die frühen Täufer des 16. Jh. waren sehr bekenntnisfreudig, in Worten und Taten, und erfuhren dafür viel Verfolgung. Der *Märtyrerspiegel,* erstmals 1660 veröffentlicht,[2] erzählt Geschichten wie die von Maeyken Wens, die mit einer Schraube in ihrer Zunge verbrannt wurde, so dass sie ihren Glauben nicht mehr öffentlich bekennen konnte, wie andere Märtyrer:innen der Täuferbewegung es vor ihr mehrfach getan hatten,

---

[1] Simons, Die Schriften, 231.
[2] Vgl. Van Braght, Der blutige Schauplatz.

während sie starben. Die Geschichte von Dirk Willems, ebenfalls im Märtyrerspiegel festgehalten, erinnert die Leser an die Bedeutung der Feindesliebe, auch unter hohem, persönlichem Einsatz: Im Jahr 1569 floh der Täufer Dirk Willems aus dem Gefängnis. Während er von seinen Häschern über das dünne Eis gejagt wurde, brach einer seiner Verfolger in das Eis ein. Willems wandte sich um und rettete ihn, wurde dadurch natürlich gefasst und kam so wieder ins Gefängnis. Vermutlich wurde er dann am Pfahl verbrannt. – Dies sind die frühesten Geschichten eines täuferischen Zeugnisses und Dienstes, Geschichten, die Hunderte von Jahren gewissenhaft bewahrt und tradiert wurden.

Ein täuferisches Missionsverständnis entwickelte sich um die Zentralität der Verkündigung des Reiches Gottes, das durch Akte der Liebe, der Gerechtigkeit, der Heilung, der Friedensstiftung und des Gottesdienstes in die Welt kommt: „Dein Reich komme. Dein Wille geschehe, wie im Himmel so auf Erden" (Mt 6,10).

Mission beinhaltete sowohl Wort als auch Tat, mit einem täuferischen Fokus auf die Nachfolge, die diese beiden Aspekte eng zusammenhält:

> „Der Geist des Herrn ist auf mir, weil er mich gesalbt hat, zu verkündigen das Evangelium den Armen; er hat mich gesandt, zu predigen den Gefangenen, dass sie frei sein sollen, und den Blinden, dass sie sehen sollen, und den Zerschlagenen, dass sie frei und ledig sein sollen, zu verkündigen das Gnadenjahr des Herrn" (Lk 4,18–19).

Mission fokussierte sich auf die Kirche als Gottes erste Beauftragte für Versöhnung in der Welt: „Und alles hat er unter seine Füße getan und hat ihn gesetzt der Gemeinde zum Haupt über alles, welche sein Leib ist, nämlich die Fülle dessen, der alles in allem erfüllt" (Eph 1,22–23).

Diese Ideen werden in zwei der „Gemeinsame(n) Überzeugungen" der Mennonitischen Weltkonferenz zusammengefasst.[3] Die erste besagt, dass Gott sich uns mitteilt „als Vater, Sohn und Heiliger Geist, als Schöpfer, der die gefallene Menschheit wiederherstellen will, indem er ein Volk beruft, das treu sein soll in der Gemeinschaft, im Gottesdienst, in Dienst und Zeugnis". Und die siebente gemeinsame Überzeugung lautet: „… Wir wollen in dieser Welt leben, ohne uns von den Mäch-

---

[3] Gemeinsame Überzeugungen.

ten des Bösen bestimmen zu lassen. Wir bezeugen Gottes Gnade, indem wir anderen dienen, Sorge für die Schöpfung tragen und alle Menschen dazu einladen, Jesus Christus als Heiland und Herrn kennen zu lernen."

Einzelpersonen und Gemeinden der täuferischen Tradition praktizierten diese Missionsverpflichtungen von Anfang an, obwohl sie erst spät konfessionelle Missionsorganisationen bildeten, dem Modell anderer Konfessionen folgend. Die Mennoniten in den Niederlanden waren die ersten, die bereits 1655 offiziell einen „Auslandshilfe-Fonds" und später (1847) auch eine Missionsgesellschaft gründeten. Nordamerikanische Mennoniten gründeten in den 1870er Jahren ein Hilfskommittee und ihre erste Missionsgesellschaft in den neunziger Jahren des 19 Jh. Das *Mennonite Central Committee,* die Hilfs-, Entwicklungs- und Friedensorganisation der Nordamerikanischen Mennoniten, heute die größte mennonitische Institution weltweit, wurde 1920 gegründet. In jüngerer Zeit kamen weitere Missionsorganisationen hinzu, beispielsweise die der Mennoniten-Brüdergemeinden 1957, während die der Mennonitischen Kirche in Indonesien 1960 begann und die der *Meserete Kristos Church* in Äthiopien 1970. Gleichzeitig gründeten viele mennonitische Kirchen Diakonie-Organisationen, wie beispielsweise die *Mennonite Christian Services Fellowship of India* (MCSFI) 1963 oder den *Indonesian Mennonite Diakonial Service* 2006.[4]

Im Laufe der Entstehung dieser vielen Missions- und Diakonie-Einrichtungen traten zwei Veränderungen auf. Unterschiede wurden sichtbar zwischen Gemeindegründungs-Initiativen und reinen Diakonie-Einrichtungen. Und für einzelne Gemeindeglieder und Gemeinden wurde es immer schwieriger, sich selbst als integralen Teil dieser Mission zu verstehen. Beide Entwicklungen entfernten sich von dem zentralen täuferischen Missionsverständnis, das Wort und Tat so eng zusammengehalten hatte, als Teil der Berufung jedes Einzelnen und jeder Gemeinde.

Das Ergebnis dieser bemerkenswerten transkulturellen Missions- und Diakonieaktivitäten (verstärkt durch Migration) ist, dass

---

[4] Das Deutsche Mennonitische Missionskomitee wurde 1951 von Mennonitengemeinden in Deutschland gegründet, das Mennonitische Hilfswerk entstand im Jahr 2000 aus dem Zusammenschluss verschiedener älterer, regionaler Hilfswerke (Anm. d. Übers.)

es heute eine täuferisch-mennonitische Präsenz in 82 Ländern gibt, wobei die größten nationalen Kirchen die *Meserete Kristos Church* in Äthiopien, die *Mennonite Bretheren Church* in Indien, die *Mennonite Church* in den USA und die *Mennonite Bretheren Church* in der Demokratischen Republik Kongo sind. Die Autoren der „Global Mennonite History: North America" benutzen ein dreiteiliges Modell, um die Gruppierungen der heutigen Täufer:innen/Mennonit:innen zu beschreiben, wobei es durchaus Überschneidungen der drei Typen gibt.[5] Jede dieser Gruppierungen geht von einem unterschiedlichen Engagement ‚in der Welt' aus, angefangen bei einer Position, die getrennt von der Welt bleiben will, bis hin zu einer Haltung aktiver Friedensbildung und dem Eintreten für die Marginalisierten in der jeweiligen Gesellschaft:

(a) Am ‚seperatistischen' Ende dieses Spektrums sind täuferische Gruppen zu finden, die so weit wie möglich getrennt von der sie umgebenden Gesellschaft leben, oftmals in Kolonien oder eigenen Gemeinschaften, gewöhnlich mit unverwechselbarer Kleidung, einige sogar dazu entschlossen, ohne jegliche Mechanisierung oder Elektrizität auszukommen. Diese Gruppen legen großen Wert auf Nonkonformität gegenüber ‚dem Rest der Welt', Vergebungsbereitschaft, Wehrlosigkeit und Gehorsam gegenüber der Gemeinde. Die meisten praktizieren keine aktive Glaubensverkündigung außerhalb ihrer eigenen Gemeinschaften, sondern vertrauen darauf, dass ihr Leben selbst Zeugnis ihres Glaubens ist, an einer alten Bezeichnung festhaltend, „die Stillen im Lande" zu sein. – Als im Jahr 2007 zehn Amish-Mädchen in Pennsylvania in einem kleinen Schulgebäude angeschossen wurden, die Hälfte von ihnen mit tödlichem Ausgang, war ‚die Welt' erstaunt über die bedingungslose Vergebungsbereitschaft der Amishen und deren Teilnahme an der Beerdigung jenes Mörders. Ihr Glaubensbekenntnis, in Liebe zu vergeben, war eindrücklich und öffentlich.[6] Verschiedene dieser täuferischen Gruppierungen leben sowohl in Nord- als auch in Südamerika und gehören momentan zu den am schnellsten wachsenden täuferischen Gruppen in Nordamerika.

(b) Das mittlere Spektrum umfasst die „evangelikalen" Gruppen, die sich aktiv für eine ganzheitliche Mission einsetzen, ver-

---

[5] Vgl. Loewen/Nolt, A Global Mennonite History. North America.
[6] Vgl. Kraybill/Nolt/Weaver-Zercher, Amish Grace.

bunden mit der primären Absicht zur ‚Bekehrung' Einzelner und zur Gründung neuer Gemeinden. In den ersten Missionsjahren enthielt ihre Aktivität immer auch Bildungsarbeit, medizinische Versorgung oder berufsbezogene Ausbildung neben den Gemeindegründungen. In jüngeren Jahren wurde ihre Missionsaktivität zielgerichteter, indem sie Medien wie Radio, Film und Fernsehen nutzten, mit geringerer Aufmerksamkeit für die sozialen Bedürfnisse. Diese Gruppen nahmen oft sehr bewusst eine „neutrale Haltung" gegenüber der Politik ein, als Ausdruck ihrer theologischen Verpflichtung zur Wehrlosigkeit. In internationalen Diensten blieben sie oft Fremde.

Der Autor des lateinamerikanischen Teils der „Global Mennonite History" kritisiert diese vermeintlich unpolitische Haltung.[7] Diese Missionare seien sich im Allgemeinen ihrer Teilhabe an größeren politischen Entwicklungen wie der Demokratisierung oder antikommunistischen Aktivitäten gar nicht bewusst gewesen. Ihre apolitische Haltung bedeutete letztlich eine Unterstützung des *status quo,* anstatt sich für die Unterdrückten einzusetzen. Und die Autoren des afrikanischen Teils der „Global Mennonite History"[8] kritisieren diese Haltung sogar als Teil des Kolonialisierungsprozesses. Neue Gemeinden seien gegründet worden, mit Schulen und Krankenhäusern als Teil der Kirche, aber ohne ausreichend Möglichkeiten zur nachhaltigen Erhaltung in der Zukunft zu entwickeln.

Trotz dieser Tendenzen, in denen evangelikale Gruppen die mennonitische Welt in eine Trennung zwischen Glauben und kultureller Tradition führten, fanden sie Wege, Kulturen miteinander zu verbinden und eine multikulturelle und multinationale täuferische Kirche entstehen zu lassen. Die Kirchen, die aus diesen Missionen hervorgingen, wurden zum Teil größer als ihre Mutterkirchen. Und sie fahren nun ihrerseits fort, das Teilen des ‚Lichtes Christi' zu betonen, durch Evangelisation und Gemeindegründungen. Sie trachten beständig nach Glaubwürdigkeit in ihrer Einladung zum Glauben an Jesus Christus und versuchen gleichzeitig sorgsam, die Fallen einer transkulturellen Mission zu vermeiden. Sie sind die am schnellsten wachsenden mennonitischen Kirchen weltweit.

---

[7] Vgl. Valladares, A Global Mennonite History. Latin America.
[8] Checole/Asefa et al., A Global Mennonite History. Africa.

(c) Täufer:innen / Mennonit:innen am anderen Ende des Spektrums werden manchmal auch als „Neo-Anabaptists" bezeichnet. Sie sind diejenigen, die sich am aktivsten ‚in der Welt' engagieren, indem sie eine Rückbesinnung auf die Themen der radikalen Reformation des 16. Jh. fordern. Anstrengungen, das radikale Täufertum wiederherzustellen, begannen in Europa im 19. Jh. Dem schlossen sich nordamerikanische Führungspersönlichkeiten wie Harold S. Bender und John Howard Yoder im 20. Jh. an. Heute gehören viele indigene mennonitische Kirchen in der ganzen Welt zu dieser Gruppierung. *Neo-Anabaptists* gehen über die Haltung der Wehrlosigkeit hinaus und praktizieren aktive Friedensbildung. Als Kirchen gehen sie mitten hinein in die Ungerechtigkeiten und Konflikte dieser Welt, sowohl in lokalen Gemeinschaften wie auch auf globaler Ebene. Viele Menschen weltweit, die sich der mennonitischen Art des Glaubens angeschlossen haben und die nicht jene Privilegien teilen, die man als weißer Mensch des Nordens genießt, rufen nach prophetischen Antworten auf die Ungerechtigkeiten, die sie erfahren. Sie fordern jene Privilegierten zur solidarischen Begleitung auf. In den Niederlanden ist dieser Ansatz in einem der vier Sätze eines bekannten Mottos zusammengefasst: „Taten gehen über Worte!"[9] Andere nennen es einfach „Salz der Erde" sein. Aktivitäten dieser Gruppen gehören zu den weltweit bekanntesten Einsätzen durch Mennoniten.

Seit dem Beginn formal ausgeprägter Strukturen vor 150 Jahren, als Mission von Europäer:innen und Nordamerikaner:innen zu anderen Völkern in anderen Ländern ausging, hat sich das Missionsverständnis durch mehrere Paradigmenwechsel fortentwickelt. Mit den Befreiungsbewegungen von den einstigen Kolonialherren in der ganzen Welt während des 20. Jh.s kam es auch zur Bildung von unabhängigen, national organisierten Kirchen. In den folgenden Dekaden kam es auf verschiedenen Ebenen zu einer Indigenisierung, mit eigenen Leitungen, regionalen Finanzierungen und inkulturierten Theologien, die sich

---

[9] Das gesamte ‚Bekenntnis' lautet: *„Dopen wat (wie) mondig is, spreken dat bondig is, vrij in het christelijk geloven, Daden gaan woorden te boven"* und gilt bis heute allgemein als angemessene Identität beschreibende Zusammenfassung unter den Mennoniten in den Niederlanden.

in den Kirchen jeweils anders entwickelten. Die allermeisten mennonitischen Kirchen in der Welt haben heute ihre eigenen Strukturen für die lokale Mission ausgebildet, einige auch für die internationale Mission.

Eine wachsende Zahl mennonitischer Kirchen schaffen ebenso ihre eigenen, indigenen Strukturen für die Diakonie, manche mit integrierter Missionstätigkeit, manche mit kirchlicher Hilfsarbeit, getrennt von der Evangelisation. Aber diese neueren und kleineren Diakonie-Organisationen hinken in ihrer Unabhängigkeit sowohl den Missionsgesellschaften als auch den Kirchenstrukturen hinterher. Gleichzeitig mit der Entstehung der Missions- und Diakonie-Gesellschaften in der ganzen Welt ist ein Wiederaufleben der lokalen Gemeinden und ihrer Mitglieder als integraler Teil einer ‚Graswurzel-Mission' zu beobachten.

Ein gegenwärtig stattfindender Paradigmenwechsel in den Beziehungen ist die Entstehung von unabhängigen, internationalen Partnerschaften. Diese Entwicklung anzunehmen, fällt manchen Nordamerikaner:innen noch schwer, da sie immerhin länger als ein ganzes Jahrhundert die größten Akteure in Mission und Diakonie waren, die großzügig auf die flehenden Rufe nach dem Teilen des Evangeliums und nach Widerstand gegen soziale Ungerechtigkeiten antworteten. Aber unter Mennoniten entstehen neue Strukturen, um diese unabhängigen internationalen Partnerschaften in Zeugnis und Dienst zu fördern – die *Global Mission Fellowship* (2003) sowie das *Global Anabaptist Service Network* (2012). Diese beiden globalen Partnerschafts-Netzwerke finden sich unter dem Schirm der Weltkirche – der Mennonitischen Weltkonferenz, da es ein wachsendes Bedürfnis gibt, diese Dienste innerhalb der Kirche zu platzieren. Alle sind mit der gleichen Frage konfrontiert: Was bedeutet es, „gleichberechtigte Partner am globalen Tisch" zu sein, während die finanziellen Ressourcen so ungleich verteilt sind? Viele fühlen sich herausgefordert, Partnerschaften unter mennonitischen Gruppierungen einzugehen, in denen völlig andere Verständnisse vorherrschen, anstatt nur mit jenen zu kooperieren, die zur eigenen mennonitischen Gruppierung gehören.

Neue Ansätze und Wege werden erforscht. Viele der mennonitischen Kirchen nutzen heute sehr zielgerichtet friedenstiftende Einsätze, als den entscheidend täuferischen Ansatz in der Mission. In einigen Ländern entstehen „Anabaptist Networks" (wie

z. B. im Vereinigten Königreich), die Beziehungen zu Menschen anderer oder gar keiner Denomination pflegen, ein täuferisch-mennonitisches Verständnis vermittelnd, ohne notwendigerweise auch eine mennonitische Gemeinde zu gründen. Und gleichzeitig ringen viele mennonitische Gemeinden in der ganzen Welt mit der Frage, was es heute bedeutet, eine täuferische oder mennonitische Identität in ihrem eigenen kulturellen und gesellschaftlichen Kontext zu leben.

Literatur

Checole, Alemu / Asefa, Samual et al., A Global Mennonite History: Africa, Intercourse, PA, und Kitchener, ON, 2003.

Gemeinsame Überzeugungen der Mennonitischen Weltkonferenz. Eine Gemeinschaft täuferischer Gemeinden (2006), in: Enns, Fernando (Hg.), Heilung der Erinnerungen – befreit zur gemeinsamen Zukunft. Mennoniten im Dialog. Berichte und Texte ökumenischer Gespräche auf nationaler und internationaler Ebene. Frankfurt a. M. / Paderborn 2008, 313 f.

Kraybill, Donald B. / Nolt, Steven M. / Weaver-Zercher, David L. (ed.), Amish Grace: How Forgiveness Transcended Tragedy, San Francisco /, CA, 2007.

Loewen, Royden / Nolt, Steven M., A Global Mennonite History. North America: Seeking Places of Peace, Intercourse, PA, und Kitchener, ON, 2012.

Prieto Valladares, Jaime, A Global Mennonite History. Latin America: Mission and Migration, Intercourse, PA, und Kitchener, ON, 2010.

Simons, Menno, Die Schriften des Menno Simons. Gesamtausgabe, hg. von der Mennonitischen Forschungsstelle Bolanden-Weierhof, Steinhagen 2013.

Van Braght, Thielem J., Der blutige Schauplatz oder Märtyrer-Spiegel der Taufgesinnten oder Wehrlosen Christen, die um des Zeugnisses Jesu, ihres Seligmachers, willen gelitten haben und getötet worden sind, von Christi Zeit an bis auf das Jahr 1600 (Dordrecht 1659), Berne, IN, 1950.

13. Mennoniten in ökumenischen Beziehungen

Fernando Enns

Ökumene ist kein Selbstzweck. Alle Bemühungen zielen letztlich auf die Glaubwürdigkeit des christlichen Zeugnisses von der Wahrheit in Jesus Christus. Dass eine getrennte und sich gegenseitig abgrenzende Kirche verschiedener Konfessionen der Glaubwürdigkeit dieses Zeugnisses im Wege steht, war die Erfahrung der frühen Missionsbewegung, aus der die ersten, entscheidenden Impulse zur neuzeitlichen ökumenischen Bewegung erwuchsen.[1] Freilich ist der ökumenische Gedanke selbst viel älter als diese Bewegung. Die frühen „ökumenischen Konzilien" der Alten Kirche[2] gehen letztlich zurück auf die Apostelversammlung in Jerusalem (Apg 15, auch Gal 2), die vermutlich im Jahr 49 oder 50 stattfand.[3] Stets wurde auf diesen Konzilien der Versuch unternommen, dem ekklesiologischen Verständnis von der *einen* Kirche Ausdruck zu verleihen, basierend auf der theologischen Einsicht in die geschenkte Einheit (vgl. Joh 17, Eph 4). Alle ökumenischen Bemühungen, von den Anfängen bis heute, lassen sich letztlich auf diese Erkenntnis zurückführen.

Eine missionarische Ökumene drängt immer zum Handeln *als* Ökumene, weil sie an der *missio Dei* partizipiert und gerade so die Glaubwürdigkeit ihres Zeugnisses auf die Probe gestellt sieht. Dies kam in der neueren ökumenischen Bewegung immer stärker in den Blick, da zunehmend auch die „jungen Kirchen" durch eigene theologische Entwürfe hervortraten, zahlenmäßig die historischen Kirchentümer Europas und Nordamerikas inzwischen bei Weitem übertreffend. So wuchs auch das Bewusstsein für die Kontextualität von Theologie schlechthin und die sich daraus ergebende Notwendigkeit zu einer Verständigung im interkulturellen Dialog, sowie die Erkenntnis eines Ökumene-

---

[1] Siehe hierzu die Beiträge in: Müller/Sundermeier, Lexikon missionstheologischer Grundbegriffe, darin vor allem: Ritschl, Dietrich, Art. „Ökumene", 340–346 und Lehmann-Habeck, Martin, Art. „Ökumenischer Rat der Kirchen", 346–351.
[2] Zu den sieben altkirchlichen ökumenischen Konzilien werden im Allgemeinen gerechnet: Nizäa 325, Konstantinopel 381, Ephesus 431, Chalcedon 451, Konstantinopel 553 und 680 und Nizäa 787. Vgl. Andresen/Ritter, Handbuch.
[3] Vgl. Pesch, Evangelisch-Katholischer Kommentar.

Begriffs, der tatsächlich die „ganze von Menschen bewohnte Welt" (oikoumene)[4] als „den einen Haushalt Gottes" in den Blick nimmt. Letztlich sind diese Erkenntnisse nicht einer akademischen Denkschule erwachsen, sondern vielmehr der kirchlich erfahrenen Wirklichkeit, die nach einem evangeliumsgemäßen Sein und Wirken der Kirche als Ökumene fragt, weil die konkreten und zum Teil lebensbedrohenden Herausforderungen in den verschiedenen Teilen der Welt als gemeinsames Aktionsfeld des Heiligen Geistes erkannt und benannt werden. Die wachsende Einsicht in die Interdependenz allen Lebens lässt auch das Bewusstsein für die Dringlichkeit einer gemeinsamen ökologischen Theologie erkennbar werden.

In einer so verstandenen Ökumene können Mennoniten sich theologisch wie praktisch – zumal als Friedenskirche – gut wiederfinden, und dies motiviert sie zu eigenen Beiträgen. Wenn Friedenstheologie die Antizipation und Feier des Friedens Gottes reflektiert (*leiturgia*), sowie das Zeugnis (*martyria*) und den Einsatz für den Frieden (*diakonia*) der gesamten Gemeinschaft der Kirche (*koinonia*), dann ist Ökumene hier bei ihrem Kern: dem Amt der Versöhnung (2Kor 5). Hieraus ergibt sich die Erkenntnis, dass in dieser Bewährung nicht allein die Formulierung gemeinsamer Positionen oder Handlungsoptionen angestrebt wird – die freilich immer multiperspektivisch zu entwickeln sein werden[5] – sondern es geht stets auch um das Wesen der Kirche selbst. Will Ökumene danach trachten zu erfüllen, wozu sie berufen ist,[6] „Botschafterin der Versöhnung" zu sein, dann wird sie stets die relational angelegte Sozialgestalt der Kirche selbst mit zu bedenken haben. Als die in Christus bereits versöhnte und so erst ins Leben gerufene Gemeinschaft kann sie beanspruchen, an der *missio Dei* in der Welt teilzuhaben.

---

[4] Vgl. Neuner, Ökumenische Theologie, 1–5.
[5] Vgl. Körtner, In der Lehre getrennt, 271–294, 276.
[6] Vgl. die „Basisformel" des Weltrates der Kirchen: „Der Ökumenische Rat der Kirchen ist eine Gemeinschaft von Kirchen, die unseren Herrn Jesus Christus gemäß der Heiligen Schrift als Gott und Heiland bekennen und darum gemeinsam zu erfüllen trachten, wozu sie berufen sind, zur Ehre Gottes, des Vaters, des Sohnes und des Heiligen Geistes." Verfassung und Satzung des ÖRK; in: Wilkens, In deiner Gnade, I. Basis, 449.

I. Mennoniten in bilateralen Dialogen

Theologische Lehrgespräche sind für die älteste evangelische Freikirche[7] und „historische Friedenskirche",[8] die Mennoniten,[9] nicht der primäre Ausdruck ihres ökumenischen Profils. Die Dokumente aus bilateralen Dialogtexten belegen, dass theologische Überzeugungen dieser Tradition zuerst als gelebte Glaubenszeugnisse in einem konkreten Kontext zum Ausdruck gebracht werden wollen.[10] Die versammelte Gemeinde im Gottesdienst und der Dienst an Anderen gilt Mennoniten als primäre Wirklichkeit der Kirche Jesu Christi, die rechte Glaubenspraxis (Orthopraxie) war ihnen stets mindestens so wichtig wie die rechte Lehre (Orthodoxie). Dies führt zu nicht unerheblichen Herausforderungen in der gängigen ökumenischen Methodik interkonfessioneller Lehrgespräche, in denen sich offizielle Repräsentant:innen der Kirchen, meist auf der Basis ihrer konfessionellen Bekenntnistexte, zu den ihnen eigenen Lehrmeinungen äußern und im Gespräch (auch kirchenrechtlich) verbindliche Formulierungen suchen.

Die erste Herausforderung ergibt sich aus der kongregationalistischen Verfassung der Mennoniten. Die Ortsgemeinde ist in allen Fragen der Lehre und Verwaltung weitestgehend autonom, wenn auch nicht isoliert von größeren, institutionalisierten Gemeindezusammenhängen. Dadurch entwickelte sich innerhalb der mennonitischen Gemeinschaft von Kirchen eine große Vielfalt, die sich dennoch als Einheit versteht. Das Fehlen von Kirchenhierarchien oder mit Autorität ausgestatteten Lehrämtern kommt als zweite Herausforderung hinzu. Und da Mennoniten zudem einer schriftlichen Fixierung von Bekenntnissen eher skeptisch gegenüberstehen und gemeinsame Bekenntnistexte stets in den Grenzen ihres räumlichen und zeitlichen Kon-

---

[7] Vgl. zum Begriff und zu den einzelnen Konfessionen unter den Freikirchen Geldbach, Freikirchen.
[8] Vgl. Enns, Friedenskirche in der Ökumene, 99–154.
[9] Vgl. zu Mennoniten die allgemeinen Einführungen von Lichdi, Die Mennoniten; Snyder, Anabaptist History.
[10] Alle bis 2012 abgeschlossenen, bilateralen Dialoge der Mennoniten auf nationaler und internationaler Ebene sind dokumentiert in Enns / Seiling, Mennonites in Dialogue; in deutscher Sprache alle Dialoge bis 2008 in Enns, Heilung der Erinnerungen.

textes auslegen, kann auch diese Gesprächsgrundlage nicht als letztgültige Aussage über eine dogmatisch verfasste „Lehre der Mennoniten" dienen.

Diese alternative Gestaltung der Kirche hält stets Herausforderungen für beide Dialogseiten bereit: für die anderen Gesprächspartner, weil sie legitimer Weise nach Verbindlichkeit fragen; für Mennoniten, weil sie sich der Forderung ausgesetzt sehen, einer Methodik zu folgen, die ihrer Kirchenwirklichkeit und Gemeindementalität gerade nicht entspricht.[11] Diese beiderseitige Herausforderung birgt allerdings ebenso eine Chance: Ausgangspunkt der Dialoge mit Mennoniten sind nämlich in aller Regel nicht historisch fixierte Lehrdifferenzen, sondern die Beschreibung der gegenwärtigen Gemeindewirklichkeiten. Dadurch eröffnet sich zunächst die Möglichkeit eines gegenseitigen Kennenlernens, das nicht bei den Lehrdifferenzen der Vergangenheit einsetzt oder womöglich alle Energie darauf verwendet, überkommene Differenzen so weit wie möglich aufzulösen, sondern das bei der Situation der Glaubenden selbst und ihren Fragen nach Bewährung des Glaubens in aktuellen Kontexten und zukünftigen Herausforderungen beginnt.

Die eigene, bewusste Verortung in der entsprechenden Tradition lässt dann zurückfragen, wie und warum bestimmte Glaubensinhalte und theologische Lehren entstanden sind, wie sie in der Traditionsbildung fortgeschrieben wurden und welche Argumentationen und Begründungen sich heute bewähren. So entsteht die Möglichkeit eines gemeinsamen Lernprozesses durch die Begegnung mit Anderen, weil sich der Dialog niemals auf eine Wiederholung bereits fixierter Lehr-Systeme beschränken lassen wird, sondern in eine gemeinsame Erforschung der Geschichte und eine gemeinsame Überprüfung theologischer Einsichten münden. Nicht selten wird dadurch auch erkannt, dass erahnte Differenzen nicht immer zwingend entlang der Konfessionsgrenzen verlaufen, sondern oftmals quer dazu stehen. Eine Infragestellung oder gar Korrektur bisheriger Traditionselemente ist dann nicht ausgeschlossen.

---

[11] Vgl. die Vorschläge zu einer Dialog-Methodik aus freikirchlicher Perspektive: Yoder, The Free Church, 232–241. (Zu Yoder's sexueller Gewalt vgl. Fn. 190 in meinem Beitrag „Friedenskirche" in diesem Band).

Ökumenische Dialoge mit Mennoniten stellen zumeist auch eine Begegnung der *mainstream* Konfessionen mit ihrer eigenen Schuldgeschichte dar. Immerhin wurde durch die theologischen Legitimationen führender lutherischer, reformierter oder katholischer Theologen eine erhebliche Zahl von Täufer:innen im 16. Jh. durch die jeweiligen Obrigkeiten gefoltert und hingerichtet.[12] Das Schuldbekenntnis, die offizielle Bitte um Vergebung und die anschließende Versöhnungsfeier zwischen Vertreterinnen und Vertretern des Lutherischen Weltbundes (LWB) und der Mennonitischen Weltkonferenz (MWK) während der LWB-Vollversammlung 2010 in Stuttgart hat eine breite Öffentlichkeit auch emotional tief bewegt und somit die täuferische Tradition neu ins Bewusstsein gehoben.[13] Die in der Folge gefeierten Versöhnungsgottesdienste in den unterschiedlichsten Ländern haben zu einer weiteren gegenseitigen Wahrnehmung und Vertiefung der Beziehungen erheblich beigetragen.[14]

Im Folgenden sollen die bereits erfolgten nationalen und internationalen Dialogprozesse zusammengefasst analysiert werden, um einerseits das bisher Erreichte festzuhalten und andererseits die bleibenden Divergenzen und Differenzen herauszustellen. Durch die klare Benennung der Unterschiede konnte erst die entscheidende Prüfung erfolgen, welche der überkommenen Divergenzen heute noch Bestand haben, bzw. welche Konvergenzen sich feststellen lassen, weil die notwendige Komplementarität theologischer Argumente erkannt wird. So kann letztlich festgestellt werden, ob bleibenden Differenzen tatsächlich ein kirchentrennender Charakter zueignet (also eine volle Kirchengemeinschaft verhindert) oder ob sie als Ausdruck einer legitimen Pluralität und Interpretationsfreiheit innerhalb der einen Kirche Jesu Christi zu werten sind. – Hierzu ist freilich notwendig, dass der Rezeptionsprozess eines ökumenischen

---

[12] Vgl. die entsprechenden Bekenntnisse des 16. Jh., in die die einzelnen Verwerfungen der Täufer Eingang fanden, siehe Enns, Friedenskirche und Ökumene, Kap. V.2–4.
[13] Vgl. Heilung der Erinnerungen – Versöhnung in Christus.
[14] Z. B. wurde 2011 im Rahmen eines Symposions ein Baum im Luthergarten in Wittenberg gepflanzt und ein ökumenischer Abendmahlsgottesdienst gefeiert, 2012 eine entsprechende Feier bei der Mennokate / Bad Oldesloe. Vgl. Enns, Heilung der Erinnerungen, Versöhnung in Christus.

Gesprächs als integraler Teil des Dialogs selbst bedacht und gestaltet wird.

a. Mennoniten und Baptisten – ungleiche Freikirchen mit gemeinsamen Wurzeln

Mennoniten und Baptisten zählen in Deutschland zu den evangelischen Freikirchen (beide sind Mitglieder der 1926 gegründeten Vereinigung evangelischer Freikirchen, VEF). Unter Ablehnung des Territorialprinzips und der Einheit von „Thron und Altar" entstanden in Europa in Folge der Reformation neue „Kirchen". Der neuere Begriff der *free church*[15] taucht zuerst im 19. Jh. in Schottland bei den Presbyterianern auf.[16] „Diese neuen Gruppierungen entwickelten in der Regel ein Kirchenbild, das von der Einzelgemeinde, der *congregatio,* ausging und das man deshalb als *kongregationalistisches* Verfassungsprinzip im Gegensatz etwa zu einer monarchisch-papalen oder bischöflichen Verfassung bezeichnet."[17] Dennoch bleibt der Blick für die Universalkirche erhalten, weshalb zu Recht auch von *Denominationen* (Benennungen) innerhalb der einen Kirche Jesu Christi zu sprechen ist.

Zu Beginn der bilateralen Gespräche zwischen dem Baptistischen Weltbund (BWB, 1905 gegründet) und der Mennonitischen Weltkonferenz (MWK, 1925 gegründet) stand die Entdeckung, dass die ursprünglichen theologischen Gespräche zwischen Baptisten und Mennoniten im Jahre 1630 zu einem Ende gekommen waren.[18] Ziel des neuen Dialogs (1989–1992) war es, die jeweilige Geschichte und Theologie zum Ziele eines besseren gegenseitigen Verständnisses darzustellen. Konvergenzen oder gar Konsense sollten bei diesen beiden Kirchenverbänden, die sich auf gemeinsame Wurzeln in der Täuferbewegung berufen, nicht überraschen: Baptisten und Mennoniten prakti-

---

[15] Vgl. zum Gesamten Williams, The Religious Background, 55–89.
[16] Unter der Führung von Thomas Chalmers (1780–1847). Mit der Gründung eines Free Church Federal Council 1896 in England etablierte sich der Begriff schließlich zur offiziellen Bezeichnung. Vgl. Davies, The English Free Churches, 1.
[17] Geldbach, Freikirchen, 24.
[18] Baptistischer Weltbund und Mennonitische Weltkonferenz. Theologische Gespräche 1989–1992. Abschlussbericht; in: Enns, Heiling der Erinnerungen, 241–282.

zieren ausschließlich die Glaubenstaufe (Erwachsenentaufe) als Zeichen der freien Antwort des Menschen auf Gottes vorauslaufende Gnade in Christus. Die Taufe wird als Übernahme der Kirchenmitgliedschaft und Verpflichtung zu einem Leben in der Nachfolge angesehen. Das Abendmahl ist in beiden Traditionen in erster Linie Zeichen und Symbol des Leidens und Sterbens Jesu, sodann Ausdruck der Vereinigung (*unio*) mit Christus und unter den Glaubenden (*communio*). Für beide ist Kirche folglich zunächst und vor allem die Versammlung der Glaubenden, eine freiwillige Gemeinschaft in klarer Unterscheidung zur Gesamtgesellschaft und unabhängig von der Staatsregierung.

Ausgehend von diesen Gemeinsamkeiten werden Divergenzen und Konvergenzen dann nicht durch Erforschung historischer Quellen hergeleitet. Ausgangspunkt ist vielmehr die gegenwärtige Gestalt der beiden Konfessionen. Hierfür spricht nicht nur die Betonung der versammelten Gemeinschaft als der entscheidenden hermeneutischen Größe überhaupt (radikal verstandenes „Priestertum aller Gläubigen"), sondern auch das Selbstverständnis als *non-credal-churches*,[19] theologische Aussagen je und je in Auseinandersetzung mit der gegebenen Situation herauszubilden und veränderbar zu halten. Glaubensbekenntnisse stehen hier immer unter einem historischen und kulturellen Vorbehalt und bleiben gleichsam relativiert durch das *sola Scriptura*-Prinzip.

Unterschiedliche ekklesiologische Aspekte kommen aber aufgrund der verschiedenen Schwerpunktsetzung in der Christologie zustande: Baptisten tendierten dazu, den Tod Christi primär als *„vicarious, substitutionary atonement for sin"* zu interpretieren, während Mennoniten im Kreuzesgeschehen vor allem die Demonstration der mitleidenden Liebe Gottes erkennen, durch die Gott die Welt mit sich selbst versöhnt.[20] Dies korrespondiert mit der Betonung der individuellen, persönlichen Bekehrung bei Baptisten, während bei Mennoniten die Perspek-

---

[19] Diese Kirchen bilden in ihrer Geschichte zwar auch Glaubensbekenntnisse heraus, verzichten aber auf ein Credo im Sinne der Lehre. Vgl. zum Differenzkriterium *credal/non-credal-church:* Durnbaugh, The Believers' Church, 5 ff. Zur Bekenntnisbildung bei Mennoniten vgl. Koop, Anabaptist-Mennonite Confessions.
[20] Vgl. hierzu Weaver, Versöhnung durch einen Akt der Gewalt?

tive der Selbstverpflichtung zur Nachfolge Jesu in Gemeinschaft verständlich wird.

In einem ersten Treffen sollten von den jeweiligen Denominationen die wichtigsten „Werte" benannt werden. Während Mennoniten als erstes die Gemeinschaft der Glaubenden und die Nachfolge Jesu nennen sowie die Dimension der weltweiten Kirche, heben Baptisten zunächst die Religions- und Gewissensfreiheit und Glaubenstaufe hervor. Diese Aufzählungen lassen Schlüsse zu: in der Auflistung der Mennoniten wird systematisch vom zentralen Gemeinschaftsaspekt hin zur Lebensgestaltung der Einzelnen vorgegangen.[21] Die Auflistung der baptistischen Seite zeigt: Die Freiheit (der Einzelnen) ist hier das entscheidende Axiom und findet ihre Korrelation in der Bekenntnistaufe.

Baptisten und Mennoniten bekräftigen gemeinsam die Königsherrschaft Christi über die ganze Schöpfung und das menschliche Leben. Von Jesus Christus Zeugnis zu geben in Wort und Tat ist daher essentiell. Während das baptistische Zeugnis aber stark durch Verkündigung und Evangelisation geprägt ist, mit dem Ziel der Bekehrung der Einzelnen, wird das Missionsverständnis der Mennoniten stärker als Dienst an den Nächsten charakterisiert. Der „Missionsauftrag" (Mt 28) ist zuerst im Liebesdienst und der Diakonie erfüllt. Bedeutende Differenzen lassen sich in der (Friedens-)Ethik feststellen: Während Baptisten in der Regel die Lehre vom gerechten Krieg vertreten können, die den Gebrauch von Gewalt in Kauf nimmt, um eine „Ordnung" in der sündigen Welt zu erhalten, erkennen Mennoniten in Gewaltfreiheit, Leidensbereitschaft und Wehrlosigkeit fundamentale Aspekte des Kirche-Seins. Aus dem Verständnis der Königsherrschaft Christi ergebe sich die Notwendigkeit des christlichen Zeugnisses auch gegenüber der Regierung sowie die Bereitschaft zur Übernahme sozialer Verantwortung. Geblieben ist die skeptische Haltung gegenüber allem Nationalistischen (hier ist allerdings zu betonen, dass auch Mennoniten in Deutschland der

---

[21] Hier berufen sich Mennoniten auf die von Menno Simons genannten Kennzeichen der „wahren Kirche":

1. Die unverfälschte, reine Lehre, 2. Schriftgemäßer Gebrauch von Taufe und Abendmahl, 3. Gehorsam gegenüber dem Wort Gottes, 4. Ungeheuchelte brüderliche Liebe, 5. Öffentliches Bekenntnis zu Gott und Christus, 6. Erduldung von Verfolgung um des Wortes Gottes willen. Vgl. Simons, Klare Beantwortung einer Schrift.

Ideologie des 3. Reiches verfielen[22]), während Baptisten oft mit patriotischen Positionen sympathisieren konnten, was in Teilen auch zur Akzeptanz eines theokratischen Modells führte.

Gemeinsame Beiträge zur Gesamtökumene haben Mennoniten und Baptisten in einer langen Reihe von *Believers' Church Conferences* geliefert, in denen sie die unterschiedlichsten theologischen Themen so miteinander diskutierten, dass deutlich werden konnte, inwiefern sie als Kirchen der täuferischen Tradition sehr viel Gemeinsames teilen.[23]

b. Mennoniten und Reformierte – Christus ist unser Friede!

Aus der Erinnerung an die Verdammungen der Täufer in den reformierten Bekenntnisschriften wurden die Diskussionen im Laufe mehrerer Begegnungen anhand der traditionellen Differenzen vertieft: Taufe, Friedensethik, das Verhältnis von Kirche und Staat. 1983 kam es in der Schweiz zu einem gemeinsamen Abendmahlsgottesdienst mit Vertreter:innen der Evangelisch-Reformierten Kirche des Kantons Zürich, der Baptisten und der Mennoniten, in dem die Reformierten ein Schuldbekenntnis in Form eines Gebetes formulierten. Dieser Schritt eröffnete die Möglichkeit zum Dialog auf internationaler Ebene zwischen dem Reformierten Weltbund (RWB, heute: Weltgemeinschaft Reformierter Kirchen) und der MWK. Aufgrund des gemeinsamen reformatorischen Erbes konnten zunächst weitreichende theologische Konvergenzen festgestellt werden: Die Exklusivpartikel *solus Christus, sola Scriptura, sola gratia* und *sola fide* gelten als gemeinsame Grundlegung aller theologischen Reflexion. Gleichsam ist für beide Traditionen die Betonung der Heiligung des Lebens (Mennoniten sprechen eher von „Nachfolge") – in Abhängigkeit von der Rechtfertigung aus Gnade – charakteristisch. Die Dimension der Gemeinschaft wird in beiden Konfessionen betont.

Beide Kirchen sahen sich aufgrund veränderter gesellschaftlicher Bedingungen zu einem Dialog ermutigt, denn im Gegensatz zum Europa der Reformationszeit, das durch das *corpus christianum* eine relative Einheit bildete, fänden sich heute beide

---

[22] Vgl. Kobelt-Groch/von Schlachta, Mennoniten in der NS-Zeit.
[23] Vgl. Van der Leer, Looking in the Other Direction.

als Minderheiten in pluralen Gesellschaften wieder. So rückte die Auseinandersetzung über das Wesen der Kirche in den Mittelpunkt, vor allem im Blick auf ihre ethischen Implikationen: das Verhältnis zu den „Mächten und Gewalten" (politisch, sozial, ökonomisch), Fragen nach Krieg und Frieden, Gewalt und Gewaltfreiheit, die Gestalt christlicher Nachfolge und in diesem Kontext dann auch die Bedeutung und Gestaltung der Taufe, schließlich die Eschatologie. Eine gemeinsam wahrgenommene gesellschaftliche Verantwortung wird hier angestrebt. – Am Ende des Klärungsprozesses konnte von reformierter Seite erklärt werden, dass „die Verwerfungen den heutigen mennonitischen Partner nicht treffen und der Gemeinschaft nicht im Wege stehen dürfen." Divergenzen seien nicht allein zwischen den Konfessionen, sondern auch innerhalb der jeweiligen Tradition festzustellen.

Vor allem in der Schweiz ist das Interesse aneinander weiter gewachsen, so dass der Schweizerische Evangelische Kirchenbund und die Konferenz der Mennoniten in der Schweiz 2006–2009 einen Dialog führten.[24] Begleitet wurde dieser Dialog durch vielfältige Veranstaltungen zur Erinnerung an die Ursprünge der Täuferbewegung in der Schweiz[25] sowie zur Aufarbeitung des Bruchs zwischen der zwinglischen und der radikalen Reformation.[26] – Im Jahr 2025 veranstaltet die MWK ihre zentrale Erinnerungsfeier an die erste Erwachsenentaufe vor 500 Jahren als Beginn der Täuferbewegung in Zürich, in guter ökumenischer Geschwisterschaft. Auch ist ein erneuerter Dialog zwischen MWK und der Weltgemeinschaft Reformierter Kirchen (WCRC) angelaufen.

c. Mennoniten und Lutheraner – Heilung der Erinnerungen!

Von 2005 bis 2008 erfolgte ein internationaler Dialog zwischen dem LWB und der MWK, der schließlich in jener eindrucksvollen Versöhnungsfeier (Stuttgart 2010) seinen Höhe-

---

[24] Cgl. Christus ist unser Friede.
[25] Vgl. hierzu vor allem Baumann, Gemeinsames Erbe.
[26] „Unter Christen begangene Fehler wurden eingestanden: Gewaltanwendung und Verfolgung auf der einen Seite, überhebliche und von Verachtung und Ablehnung geprägte Haltung auf der anderen Seite". Christus ist unser Friede, 3.

punkt fand.[27] „Für ein halbes Jahrtausend waren wir nicht nur durch theologische Meinungsverschiedenheiten aus dem 16. Jh. getrennt, sondern auch durch das Erbe der Gewalt aus jener prägenden Zeit", stellten die Generalsekretäre der beiden Weltbünde gemeinsam fest.[28] In dieser Erklärung wird dann auch die Bitte um Vergebung vorgetragen:

> Im Vertrauen auf Gott, der in Jesus Christus die Welt mit sich versöhnte, bitten wir deshalb Gott und unsere mennonitischen Schwestern und Brüder um Vergebung für das Leiden, das unsere Vorfahren im 16. Jahrhundert den Täufern zugefügt haben, für das Vergessen oder Ignorieren dieser Verfolgung in den folgenden Jahrhunderten und für alle unzutreffenden, irreführenden und verletzenden Darstellungen der Täufer und Mennoniten, die lutherische AutorInnen bis heute in wissenschaftlicher oder nichtwissenschaftlicher Form verbreitet haben.[29]

Für die MWK nahm Präsident Danisa Ndlovu (Zimbabwe) das Schuldbekenntnis und die Vergebungsbitte mit wertschätzender Anerkennung und Dank an – nicht ohne Verfehlungen innerhalb der eigenen Tradition zu bekennen. Vergebung könne daher nur gemeinsam von Gott erbeten werden: „Wir glauben, dass Gott heute Ihr Bekenntnis gehört hat und Ihrer Bitte um Vergebung entsprochen hat."[30] – Dies ist ein bisher einmaliger Vorgang zwischen zwei christlichen Denominationen.

In Stuttgart 2010 gingen Lutheraner und Mennoniten dann auch gegenseitige Verpflichtungen ein. Lutheraner haben unter anderem versprochen, in Zukunft „die lutherischen Bekenntnisschriften im Lichte der gemeinsam beschriebenen Geschichte … zu interpretieren" und „dafür Sorge zu tragen, dass diese Entscheidung des LWB Einfluss darauf hat, wie die lutherischen Bekenntnisse an den Hochschulen und in anderen Bereichen des kirchlichen Unterrichts gelehrt werden".[31] Bleibende Differenzen sollen „im Geist wechselseitiger Offenheit und Lernbereitschaft" weiter diskutiert werden. Gemeinsam wollen sich Mennoniten

---

[27] Heilung der Erinnerungen – Versöhnung in Christus.
[28] Heilung der Erinnerungen, 11.
[29] Heilung der Erinnerungen, 147 f.
[30] Heilung der Erinnerungen, 150.
[31] Heilung der Erinnerungen, 151.

und Lutheraner für Religions- und Gewissensfreiheit einsetzen und ihr Engagement für den Frieden verstärken.

Dieser internationale Dialog konnte auf die Ergebnisse mehrerer nationaler Dialoge zurückgreifen: in Frankreich 1981–1984, in Deutschland 1989–1992 und in den USA 2002–2004.[32] Motiviert waren die Dialoge durchgängig von dem Willen, die harschen Verwerfungen der Täufer durch die Confessio Augustana (CA, 1530) zu überprüfen. Der mennonitisch-lutherische Dialog in Deutschland formulierte, dass diese Verwerfungen die heutigen mennonitischen Gesprächspartner nicht träfen (im Falle von CA, Art. 16 „nicht mehr in demselben Maße").[33] Neben der Tauffrage kommt also hier die Friedensethik als bleibende Differenz in den Blick. Allerdings wird auch festgehalten, dass den weiterhin bestehenden Unterschieden keine kirchentrennende Bedeutung mehr zugemessen werde.

Eindeutig festgestellt wird, dass die Autorität der Glaubensbekenntnisse in beiden Traditionen dem *sola Scriptura* nachgeordnet ist. Dass es legitim sei, sich gegen Irrlehren abzugrenzen, wird von lutherischer Seite in Frankreich mit Mt 10,32 begründet und im Sinne der Intention zur Einheit der Kirche interpretiert. Nicht im Blick ist, dass mit eben dieser Argumentation auch Täufer/Mennoniten die ‚Gemeinderegel' nach Mt 18 begründet haben. Schließlich ging es auch hier um den Erhalt der inneren Einheit der Gemeinde. Der Unterschied ergibt sich in der Kriterienwahl: hier ist es wieder die Orthopraxie, dort die Orthodoxie; hier kommt der versammelten Gemeinde oberste Autorität zu, dort der Kirchen(amts)leitung.

Die Gemeinsame Erklärung der lutherisch-mennonitischen Gesprächskommission in Deutschland gliedert sich thematisch weitgehend entsprechend jener in Frankreich: Heilige Schrift – Wort Gottes und Heiliger Geist, Jesus Christus, Rechtfertigung und Heiligung (Nachfolge), Kirche/Gemeinde, Kirche/Gemeinde und Staat, Wort und Zeichen (Sakramente). Eindeutiger als in Dialogen mit anderen Kirchen wird herausgearbeitet, wie sich aus der mennonitischen Tradition allmählich eine Ekklesiologie der missionarischen Kirche (was im Dialog mit den Baptisten gerade

---

[32] Alle Dialogtexte in: Enns, Heilung der Erinnerungen.
[33] Confessio Augustana, Art. 16: „Von der Polizei (Staatsordnung) und dem weltlichen Regiment."

bestritten worden war) herausbildet, obwohl sie im Laufe des 20. Jh.s in Teilen „volkskirchlichen Charakter" hinsichtlich ihrer Adaption der herrschenden Kultur angenommen habe. Umgekehrt findet sich in der lutherischen Tradition die Ekklesiologie einer Volkskirche, obwohl sie im säkularisierten Kontext gegenwärtiger Gesellschaftsformen wieder mehr und mehr den „missionarischen Charakter" annimmt. Aufgrund dieser „soziologischen Konvergenz" lassen sich mehrere divergierende, früher kirchentrennende Aussagen als perspektivisch komplementär beschreiben: Das *recte credere* und das *recte vivere* stehen nicht im Widerspruch zueinander, sondern verhindern erst in ihrer Komplementarität die Gefahren der Werkgerechtigkeit einerseits und der „billigen Gnade" andererseits. In den unterschiedlichen Auffassungen zu Taufe und Abendmahl kommt diese Komplementarität nochmals zum Ausdruck: die nicht voneinander zu trennenden Aspekte von vorauslaufender Gnade, Glaube und Bekenntnis.

Das gleiche gilt wohl auch für die theologischen Begründungen, die erst in den ethischen Explikationen ihren unterscheidenden Charakter offenbaren, im Falle der Mennoniten bei der Frage der Gewaltfreiheit. Eine Volkskirche neigt zu Erklärungen, die aufzeigen, in welchen Fällen (militärische) Gewalt – freilich als *ultima ratio* – legitim erscheint. Und eine „Bekenntniskirche", ihrem Selbstverständnis entsprechend nachfolgende und prophetische Gemeinde wird performatives Modell sein wollen für eine alternative Gemeinschaft, in der die Ausübung von Gewalt (*violence*) keine Option ist. Der dem Modell der Volkskirche korrespondierenden Säuglingstaufe wird entsprechend als Notwendigkeit das freie, individuelle Glaubensbekenntnis des mündigen Menschen gegenübergestellt, das auf die Sichtbarkeit der Nachfolge ausgerichtet ist. Insofern sind die Tauffrage und das Friedenszeugnis eng miteinander verbunden und deuten schließlich auf die grundsätzlicheren, bleibenden Divergenzen innerhalb der Ekklesiologie.

Aufgrund der Inkompatibilität von synodal / episkopaler Verfassung einerseits und kongregationalistisch / synodaler Struktur andererseits sowie aufgrund bleibender Differenzen in Bezug auf die gegenseitige Anerkennung der Taufe bzw. des nicht vollständig erklärten Verzichts der nochmaligen Taufe von mennonitischer Seite, konnte in Deutschland statt der vollen Kanzel- und Abendmahlsgemeinschaft immerhin eine „eucharistische Gastfreundschaft" erklärt werden.

d. Mennoniten und Katholiken –
Gemeinsam berufen Friedensstifter zu sein!

Erst die durch das Zweite Vatikanische Konzil (1962–65) vollzogene Neuorientierung des Verhältnisses zu anderen Konfessionen befreite die römisch-katholische Kirche allmählich zu einer Erneuerung ihrer Beziehungen zu anderen Kirchen. Auf täuferischer Seite trug stets ein latenter Antiklerikalismus, der sich mehr oder minder explizit im Antikatholizismus äußerte, zur eigenen Identitätsbildung bei.

„Im Geist der Freundschaft und der Versöhnung" fanden 1998–2003 Gespräche zwischen dem Päpstlichen Rat zur Förderung der Einheit der Christen (heute: Dikasterium zur Förderung der Einheit der Christen) und der MWK statt.[34] Neben der Diskussion der einschlägigen trennenden wie verbindenden Themen (Ekklesiologie, Taufe und Abendmahl) fällt die Deutung der gemeinsamen Geschichte als vielversprechender Schritt ins Gewicht. Zeitgenössische historische Studien weisen auf mittelalterliche Quellen einer Spiritualität hin, die Katholiken und Täufern gemeinsam ist. Dahinter mag die elementare Erkenntnis sichtbar werden, dass viele schmerzhafte Trennungen nicht allein aus unterschiedlichen theologischen Einsichten erwuchsen, sondern unterschiedliche Geschichtsinterpretationen ein angemessenes Verständnis der jeweils anderen verhinderten. Konfessionen entwickeln ihre eigene Deutung der Geschichte, heben naturgemäß die für sie prägenden Epochen besonders hervor und zeigen vor allem an den Bruchstellen zu anderen eine eigene Lesart der Ereignisse, die ihre – in diesen Konfliktsituationen gewonnenen theologischen Erkenntnisse – plausibel machen. Auf diese Weise erklären sich Geschichtsdeutung und zu Bekenntnistexten geronnene Überzeugungen oft gegenseitig. Dadurch festigen sich dann negative Perspektiven auf die jeweils anderen, und verengende Stereotypen bilden sich heraus, die in Zeiten großer theologischer Polemik geprägt wurden. Der Dialog bringt dagegen die Hoffnung zum Ausdruck, dass eine *gemeinsame* Erinnerung der Geschichte schließlich „aus dem Gefängnis der Vergangenheit befreien" kann und zur „Heilung der Erinnerungen" führt. – Von diesem Ziel ist die Gliederung

---

[34] Enns, Heilung der Erinnerungen, 29–132.

der einzelnen Gesprächsgänge bestimmt. Zu den jeweils ausgesuchten theologischen Themen wurden parallel entsprechende Interpretationen historischer Ereignisse oder Epochen diskutiert, die die Trennungen verursacht bzw. sichtbar gemacht haben: Konstantinische Ära, Mittelalter, 16. Jh.

Der Titel des Abschlussdokumentes deutet an, dass im Besonderen die gemeinsame Berufung zum Friedensstifter-Sein motivierte und interessierte, die gemeinsame Überzeugung, dass „der Friede die Mitte des Evangeliums ist". Mit erstaunlich weitreichenden Konvergenzen hinsichtlich der Friedenstheologie ist eine umfangreiche, theologisch begründete Berufung und Verpflichtung der Kirche zur Friedensstiftung gemeinsam formuliert, die sich der eschatologischen Dimension bewusst bleibt. Hier wird das veränderte Verhältnis zwischen Katholiken und Mennoniten am sichtbarsten. – In der Folgezeit wurde das in einem aus dem Dialog hervorgegangenen Anschlussdokument weiter konkretisiert, das sich als gemeinsamer Beitrag der römisch-katholischen Kirche und der MWK zur „Dekade zur Überwindung von Gewalt" (2001–2010) des ÖRK versteht.[35]

Trotz der erheblichen theologischen Differenzen, erlaubt es der „substantielle Gehalt des apostolischen Glaubens", den man sich nun gegenseitig bescheinigt und gemeinsam feststellt, dass sich die Mitglieder der katholischen und die der mennonitischen Delegation gegenseitig „als Brüder und Schwestern in Christus" bezeichnen. In Nordamerika bildete sich ein fester Arbeitskreis von mennonitischen und katholischen Theolog:innen („Bridgefolk"), die das Verhältnis zueinander – ohne offiziellen Auftrag – weiter klärten, indem sie gemeinsam Theologie trieben.[36] In Deutschland pflegt die Deutsche Bischofskonferenz seit 2002 in regelmäßigen Fachtagungen den theologischen Austausch mit den Freikirchen, an denen auch mennonitische Theolog:innen beteiligt sind.[37]

---

[35] Die Dekade zur Überwindung von Gewalt.
[36] Vgl. www.bridgefolk.net [01.02.2024].
[37] Vgl. die gemeinsamen Veröffentlichungen des Johan-Adam-Möhler-Instituts und der VEF: Klaiber, Walter/Thönissen, Wolfgang (Hg.), Rechtfertigung in freikirchlicher und römisch-katholischer Sicht (2003). Dies., Glaube und Taufe (2005). Dies., Die Bibel im Leben der Kirche (2007). Neumann, Burkhard/Stolze, Jürgen (Hg.), Kirche und Gemeinde (2010). Dies., Ursprung und Sendung der Kirche. Apostolizität und Katholizität (2011). Dies., Aus dem Glauben leben (2013).

e. Mennoniten und Adventisten – Das christliche Leben in der gegenwärtigen Welt

Im Juli 2011 startete die MWK die erste Gesprächsrunde mit der Generalkonferenz der Siebenten-Tags-Adventisten. Obwohl die historischen Entstehungskontexte grundlegend verschieden sind (Adventisten finden ihren Ursprung in der *„Second Great Awakening"* des 19. Jh. in den U.S.A.), haben beide Minderheitskirchen doch mehr gemeinsam, als auf den ersten Blick erwartet wurde:

> They share a desire to recover the authenticity and passion of the New Testament church, a similar understanding of Christian history, and a strong commitment to be followers of Jesus in their personal lives and in their corporate witness to the world.[38]

Entsprechend praktizieren beide Gemeinschaften ausschließlich die Taufe von Gläubigen. Gemeinsam verstehen sie ihren Auftrag zur Gestaltung des christlichen Lebens „in der Welt", wenn sie selbst auch nicht „von der Welt" seien. Hier spielen also weder die sonst so dominanten Fragen der Verdammungen der Täufer im 16. Jh. eine Rolle, noch die Differenzen in der Tauffrage. In der ersten Gesprächsrunde konzentrierte man sich unvermittelt auf ethische Fragen, wie Gewaltfreiheit und Militärdienst, Jüngerschaft und Nonkonformität, Gesundheit und Heilung, Ökologie – im Kontext des Wesens und Auftrags der Kirche. In einer zweiten Runde kamen Fragen zur Schriftinterpretation, Eschatologie, dem Sabbat und Gottesdienst zur Sprache.

Das Abschlussdokument erklärt hinsichtlich der bereits bestehenden Einheit:

> While organizational and structural unity was not the goal of these conversations, we have achieved a deeper sense of the unity of the Body of Christ, woven together with „sinews" of peace (Ephesians 4:3, 16). This unity is not something we are called to create: God has already done that for us. But it is something we are called to „maintain," to guard, and to preserve ...[39]

---

[38] Joint Statement.
[39] Living the Christian Life in Today's World, 5.

II. Mennoniten in multilateralen Dialogen

Neben den zahlreichen bilateralen Dialogen finden sich zahlreiche nationale oder internationale ökumenische Studienprozesse mit mehreren anderen Konfessionen. Zu den bedeutendsten zählen auch für Mennoniten sicherlich die Konvergenzerklärungen der ÖRK-Kommission für Glauben und Kirchenverfassung zu Taufe, Eucharistie, Amt („Lima-Dokument", 1982).[40] Im Folgenden sollen zwei weitere multilaterale Prozesse exemplarisch hervorgehoben werden.

a. Kirchen der Reformation – Auf dem Weg
zu einer ökumenischen Sozialethik?

Eine besondere, allerdings wenig rezipierte mulilaterale Begegnungsebene bildete der in den 1980er Jahren begonnene internationale Dialogprozess zwischen verschiedenen Kirchen der Reformation. Die multilateralen Gespräche zum gemeinsamen Erbe der Reformation(en) führte zunächst eine Gruppe zusammen, die in der Kirchengeschichtsschreibung oftmals in einer gemeinsamen Traditionslinie verortet wurden, bis dahin aber keine direkten Gespräche miteinander geführt hatten: die Waldenser und die Hussitische Kirche, die Evangelische Kirche der Böhmischen Brüder, Mennoniten, Hutterer, die Kirche der Brüder, die Herrnhuter Brüdergemeine und die Gesellschaft der Freunde (Quäker).[41] Diese Begegnungen waren zunächst durch die Frage motiviert, ob es aus der Perspektive dieser Kirchen einen gemeinsamen Beitrag zur neueren ökumenischen Bewegung gebe. Als aktuelle Herausforderung wurden Situationen von Gewalt und Ungerechtigkeit genannt, insbesondere im Blick auf die damit verbundenen ökonomischen Fragestellungen. Gerade diese Traditionen trügen eine ausgeprägte Hoffnung auf die transformierenden Kräfte des Evangeliums in sich: Die „Erste Reformation", die sich in den waldensischen (12. bis 13. Jh.) und den hussitischen Bewegungen (15. Jh.) gezeigt hatte, setzte Glaubenspers-

---

[40] Vgl. die entsprechenden Stellungnahmen in: Thurian, Churches Respond to BEM.
[41] Vgl. die Dokumentation dieser Gespräche („Prag I-IV"); in: Enns, Heilung der Erinnerungen, 285–310.

pektiven frei, die spätere Kräfte inspirierte. Sie waren getragen „von dem Glauben, dass Jesus Christus der Herr der Welt sei und dass die Sozialordnung von seiner Herrschaft geprägt sein solle".[42] – Dies charakterisiert auch die Erben der „radikalen Reformation"[43] des 16. Jh.

Nach drei Treffen sahen sich die Dialogpartner herausgefordert, Vertreter der „Zweiten Reformation" (*magisterial reformation*) lutherischer, calvinistischer und zwinglischer Prägung mit aufzunehmen, da zunehmend erkennbar wurde, dass deren Einsichten als elementare Ergänzung zur je eigenen Tradition hinzukommen müssten. Auch die *magisterial reformation* knüpfe ja an frühere Reformbestrebungen an, hebe aber stärker die individuelle Rechtfertigung allein aus Gnaden durch den Glauben sowie die Freiheit durch das Evangelium hervor. Diese Konsultation in Genf (Prag IV) wurde vom Reformierten Weltbund in Kooperation mit dem LWB und der MWK organisiert. Selbst Vertreter:innen der methodistischen, baptistischen und auch der römisch-katholischen Kirche waren anwesend. Könnten die Kirchen heute – durch ein gemeinsames Verständnis und eine gemeinsame Interpretation ihres Erbes der Reformation(en) – einen gemeinsamen Beitrag zur ökumenischen Sozialethik leisten? – Die anschließenden Gespräche beschäftigten sich mit Fragen nach dem Verhältnis von Rechtfertigung und Heiligung (Prag V, 1998),[44] dem „Leben in Christus" (Prag VI, 2000) und der Bedeutung reformerischer und prophetischer Bewegungen für Kirche und Gesellschaft (Prag VII, 2003).[45]

b. Die *eine* Taufe? – Katholiken, Lutheraner und Mennoniten im Gespräch

Alle vorhergehenden Dialoge mit Kirchen, die die Säuglingstaufe praktizieren, benannten am Ende die unterschiedlichen Interpretationen und Praktiken der Taufe als bleibende Differenz – und als Desiderat. Gemeinsam mit dem LWB und

---

[42] Enns, Heilung der Erinnerungen, 285.
[43] Zum Begriff „Radikale Reformation" vgl. Williams, The Radical Reformation. Vgl. dazu kritisch: Goertz/Stayer (Hg.), Radikalität und Dissent.
[44] Opočenský/Réamonn, Justification and Sanctification.
[45] Sawatsky, The Prague Consultations.

dem Vatikan wurde hierfür eigens ein internationaler Dialogprozess gestaltet, von 2012–2017.[46] Nachdem im ersten Kapitel des Berichts die jeweilige Verhältnisbestimmung von Taufe zu Sünde/Gnade in allen drei Traditionen untersucht wird, geht es im zweiten Teil um den ekklesiologischen Rahmen: die Eingliederung in die Kirche durch die Taufe. Der dritte Teil widmet sich der gestalteten Lebenspraxis als Nachfolge Christi.

Die in früheren Dialogen bereits festgehaltene gemeinsame Erkenntnis, dass die Taufe in allen christlichen Traditionen nicht losgelöst von ihrer Einbettung in die umfassendere Vorstellung vom Leben eines/r Christ:in verstanden werden kann, das viele weitere Elemente voraussetzt oder folgen lässt, öffnet gleich mehrere Möglichkeiten der Verständigung und verhindert hier althergebrachte Missverständnisse sowie simplifizierende Stereotypisierungen der jeweils anderen Tradition.

„Unsere drei Kirchen erkennen die Vorrangstellung der von Liebe und Gnade geprägten Initiative Gottes in diesem Prozess an."[47] Für Mennoniten galt es, diese Bedingung erneut zu bestätigen, um den altbekannten Vorwurf zu entkräften, durch ein persönliches Bekenntnis vor der Taufe trete die Entscheidung des Menschen in Konkurrenz zur vorauslaufenden Wirksamkeit dieser Gnade. Für Mennoniten war es dann aber ebenso wichtig, den hohen Stellenwert anzuerkennen, die die anderen Traditionen dem persönlichen (!) Glaubensbekenntnis im späteren Leben der als Säuglinge Getauften beimessen. Das persönliche Bekenntnis antwortet auf die bedingungslos geschenkte Gnade Gottes. Dies kommt als *eine* Bewegung in der Taufe zum Ausdruck.

Hierzu war eine gemeinsame Entfaltung all der verschiedenen Aspekte der Taufe äußerst hilfreich, um jeweils zu erkennen, wie und an welcher Stelle im Leben der anderen Glaubenstradition die gemeinsam für wichtig erachteten Elemente aufscheinen und zur Geltung gebracht werden: die Bereitschaft zur Buße, die Unterweisung im Glauben, der Wasserritus der Taufe in der Gottesdienst feiernden Gemeinde, das Bekenntnis des Glaubens sowie die Willensbekundung, ein Leben in der Nachfolge Jesu zu führen. – Im Dialog erläuterten die Partnerinnen dann gegenseitig, welche Reihenfolge dieser Elemente im Leben

---

[46] Enns, Die Taufe.
[47] Enns, Die Taufe, § 57. Vgl. hierzu auch § 62.

eines / r jeden Glaubenden als – aus ihrer Sicht – evangeliumsgemäß angesehen werden. Mennoniten betonen, warum Verkündigung und Buße dem Taufritus vorausgehen sollten, damit nach dem Bekenntnis in der Taufe tatsächlich auch ein Leben als „Frucht der Taufe" erkennbar werde. Lutheraner betonen wiederum die Zusage Gottes in der Taufe, „einen Menschen als sein Kind in die Gemeinschaft mit ihm aufzunehmen und dem Getauften alle seine Sünden zu vergeben." Das Vertrauen in diese Zusage sei „die erste und grundlegende Antwort auf die Taufe".[48] Diese verschiedenen Zuordnungen der gemeinsam für wichtig erachteten Elemente (die in den jeweiligen Traditionen unterschiedlich bezeichnet werden) sind nicht etwa zufällig, sondern basieren auf unterschiedlichen theologischen Verhältnisbestimmungen. Zum einen geht es also nicht einfach um eine willkürlich wählbare Reihenfolge in der Gestaltung der Aspekte, zum anderen wird aber anerkannt, dass alle Aspekte, die in der je eigenen Tauftheologie eine wichtige Rolle spielen, auch in den Tauftheologien der anderen eine niemals zu unterschätzende Rolle spielen.

Auch im Taufritus werden die verschiedenen Elemente wiederentdeckt, etwa „die Verkündigung des Wortes Gottes, die Abkehr von der Sünde und das öffentliche Bekenntnis zum Glauben sowie die Taufe mit Wasser im Namen des Vaters, des Sohnes und des Heiligen Geistes".[49] Freilich werden diese Elemente wieder deutlich erkennbar unterschiedlich ausgestaltet. Kristallisationspunkt der Diskussionen ist wiederum der angemessene Zeitpunkt des Taufritus. Die Traditionen berufen sich auf je unterschiedliche Zeugnisse des Neuen Testaments, was erkennbar werden lässt, dass frühere Vorwürfe der Leugnung der vermeintlichen Eindeutigkeit der Schrift weder angemessen noch weiterführend sind.

Solche wachsenden Einsichten sind auch durch die weiteren multilateralen ökumenischen Prozesse möglich geworden. Der Bericht greift mehrfach auf die wichtige Studie zur Taufe der ÖRK-Kommission für Glauben und Kirchenverfassung zurück:[50]

---

[48] Enns (Hg.), Die Taufe, § 59.
[49] Enns (Hg.), Die Taufe, § 63.
[50] One Baptism (Übers. Hg.).

> Die meisten Traditionen bekräftigen jedoch – unabhängig davon, ob sie den Begriff ‚Sakrament' oder den Begriff ‚Anordnung' verwenden –, dass das Ereignis sowohl ‚instrumentell' (in dem Sinne, dass Gott es nutzt, um eine neue Wirklichkeit zu schaffen) wie auch ‚expressiv' (über eine bereits existierende Wirklichkeit) ist. Einige Traditionen betonen den instrumentellen Aspekt ... Andere betonen den ‚expressiven' Aspekt.

Es fällt Mennoniten immer noch schwer zu verstehen, inwiefern der Glaube der Täuflinge auch bei einem instrumentellen Verständnis – das mit der Säuglingstaufe korreliert – dennoch als wichtig angesehen wird. Aber die Inblicknahme des weiteren, ekklesiologischen Kontextes eröffnet hier Verstehensmöglichkeiten. Die Überlegung, dass der Glaube eines jeden und einer jeden Einzelnen immer als Teilhabe an dem gemeinsam geteilten Glauben der Kirche verstanden werden kann, wenn es denn ein Ausdruck des Glaubens an Jesus Christus ist, dessen „Leib" die Gemeinschaft aller Getauften verkörpern, überzeugt auch Mennoniten.

Die Ablehnung der Praxis der Kindertaufe in der mennonitischen Tradition bleibt weiterhin ein kirchentrennender Aspekt. Da diese Praxis aber theologische Grundüberzeugungen zum Ausdruck bringt, von denen durchaus gesagt werden kann, dass diese zumindest konvergieren, in Teilen auch die der Anderen ergänzen, aber dann auch wieder unterschiedliche theologische Verhältnisbestimmungen verdeutlichen, bleibt es eine vielversprechende Aufgabe, hierüber weiter im Gespräch zu bleiben. – Das mag in manchen Kontexten mittlerweile als „Glasperlenspiel" von Theolog:innen abgetan werden, von dem sich niemand eine tatsächliche Änderung der Beziehungen untereinander verspricht. In anderen Kontexten wiederum beginnen Christ:innen gerade erst, sich gegenseitig als in Christus Getaufte wahrzunehmen. – Dieser trilaterale Dialog empfiehlt nicht die gegenseitige Anerkennung der Taufe, ebnet aber den Weg zur gemeinsamen Anerkennung des großartigen Geschenks der *einen* Taufe, die von Christus selbst ausgeht.

III. Mennoniten im Weltrat der Kirchen (ÖRK)

Nach dem Zweiten Weltkrieg wurden Mennoniten (und Quäker) in Europa zunächst durch ihre umfangreiche Hilfstätigkeit an den Opfern des Krieges bekannt. Nachdem die anderen kirchlichen Traditionen der ökumenischen Bewegung ihr Versagen in der Verhinderung der Weltkriege erkannt hatten, bekannten alle gemeinsam, dass „Krieg nach Gottes Willen nicht sein solle" und erklärten während der ÖRK-Gründungsversammlung 1948 in Amsterdam: „Krieg als eine Methode, Konflikte zu lösen, ist mit der Lehre und dem Vorbild unseres Herrn Jesus Christus unvereinbar. Die Rolle, die der Krieg im heutigen internationalen Leben spielt, ist Sünde wider Gott und eine Entwürdigung des Menschen." Die Mennoniten aus den Niederlanden (Algemene Doopsgezinde Societeit) und aus Deutschland (Vereinigung der Deutschen Mennonitengemeinden) gehörten zu den Gründungsmitgliedern.

Nun richtete sich das Augenmerk erstmals verstärkt auf die historischen Friedenskirchen.[51] Gemeinsam mit dem bereits 1914 (am Vorabend des Ersten Weltkrieges) gegründeten Internationalen Versöhnungsbund reagierten sie auf die direkte Anfrage des ersten Generalsekretärs des ÖRK, Willem A. Visser 't Hooft, mit den Stellungnahmen: *War is contrary to the Will of God* (1951) und *Peace is the Will of God* (1953).[52] Diese Erklärungen zur Gewaltfreiheit waren zum einen christologisch begründet, zum anderen ekklesiologisch aufgreifend, was die frühere ökumenische Weltkonferenz für Praktisches Christentum (Oxford 1937) bereits festgestellt hatte: Die universale Kirche müsse die Verdammung des Krieges verkünden, bedingungslos und uneingeschränkt, da die christliche Gemeinschaft jedwede soziale Trennung transzendiere. Krieg – auch wenn er in den besten Absichten geführt werde – zerstöre nicht nur menschliches Leben, sondern immer auch die geistigen und moralischen Werte, die er eigentlich verteidigen wolle. Die Kirche solle daher gegen jeden Versuch der Legitimierung von Gewalt zeugnis- und zeichenhaft gewaltfreie Beziehungen leben. Darin liege die eigentliche Verantwortung der Kirche für die Welt. Die augustinisch-thomistische Lehre vom gerechten Krieg vertraue letztlich der menschlichen Vernunft mehr als der offenbarten Wahrheit in Christus. Und die reformatorische Lehre von der Rechtfertigung *sola fide* (allein aus Glauben) dürfe nicht dazu führen, ethische Normen zu relativieren. Vielmehr sei die refor-

---
[51] vgl. Enns, Friedenskirche in der Ökumene, 201 ff.
[52] vgl. Enns, Friedenskirche in der Ökumene, 207–222.

matorische Erkenntnis der Rechtfertigung *sola gratia* (allein aus Gnade) als „Tür zur Nachfolge Jesu" zu verstehen, die auch die eigene Leidensbereitschaft mit einschließe. – Eine lange Reihe von ökumenischen Konferenzen („Puidoux-Konferenzen", 1955– 1973) schloss sich an.[53]

Seither sind immer wieder wichtige Impulse von Mennoniten (oft gemeinsam mit den anderen Friedenskirchen) in die internationale Ökumene erfolgt, die sich dann in ökumenischen Stellungnahmen oder Konferenzen niederschlugen: 1955 „Kirche und nukleare Bedrohung", die Beteiligung an den „Prager Christlichen Friedenskonferenzen" in der Zeit der scharfen Blockkonfrontation zwischen Ost und West, 1973 „Violence, Nonviolence and the Struggle for Social Justice", oder 1975 das „Program to Combat Militarism". 1991 wandten sich die Friedenskirchen aus Nordamerika wieder gemeinsam mit dem Internationalen Versöhnungsbund erneut an die anderen Kirchen mit der grundlegenden Erklärung „In God's People the World's Renewal Has Begun".

Der „Konziliare Prozess für Gerechtigkeit, Frieden und Bewahrung der Schöpfung" (seit 1983) bot schließlich Gelegenheit, die traditionellen Positionen in der Kriegsfrage im größeren Zusammenhang des Strebens nach Gerechtigkeit sowie der Bewahrung der Natur zu stellen. Und schließlich beschloss der ÖRK während seiner 8. Vollversammlung in Harare / Zimbabwe 1998 auf Antrag der Mennoniten eine „Dekade zur Überwindung von Gewalt 2001–2010",[54] an deren Ende ein ökumenischer Konsens zum gerechten Frieden festgestellt werden konnte (erarbeitet während der Internationalen Ökumenischen Friedenskonvokation, die ebenfalls auf die Initiative von Mennoniten zurückgeht).[55] Dieser ökumenische Konsens mündete wiederum während der 10. Vollversammlung des ÖRK in Busan / Südkorea 2013 in einen neuen, umfassenden programmatischen Ansatz, zu dem sich die Kirchen der Ökumene verpflichteten: einen „Pilgerweg der Gerechtigkeit und des Friedens".[56] In der Folgezeit wurde immer deutlicher herausgearbeitet, dass der gerechte Frie-

---

[53] vgl. Enns, Friedenskirche in der Ökumene, 223–235.
[54] vgl. Enns, Ökumene und Frieden, 167 ff.
[55] Vgl. Raiser / Schmitthenner, Gerechter Friede.
[56] Vgl. Durber / Enns (Hg.), Gemeinsam Unterwegs.

den in einer Lebenshaltung der Einzelnen zum Ausdruck kommen müsse, wie auch in der Qualität der Beziehungen untereinander sowie mit der gesamten Schöpfung, getragen von einer transformativen Spiritualität. Im Ergebnis wurde eine entsprechende ökumenische *„theology of companionship"* der 11. ÖRK Vollversmmlung in Karlsruhe vorgestellt, unter maßgeblicher Leitung durch Mennoniten.[57]

Die heute selbstverständliche Eingebundenheit von Mennoniten in die weltweite ökumenische Gemeinschaft der Kirchen ist Ergebnis eines langen, über Jahrhunderte währenden Veränderungsprozesses in allen Kirchen, von der schroffen Verurteilung durch die mittelalterliche Kirche wie durch die *magistrale* Reformation, über Zeiten der schlichten Duldung einerseits, Anpassung oder Rückzug in gesellschaftliche Nischen andererseits, bis hin zur gegenseitigen Anerkennung und Wertschätzung, nicht ohne zum Teil schmerzhafte Versöhnungsprozesse hindurch.

Literatur

Andresen, Carl / Ritter, Adolf Martin (Hg.), Handbuch der Dogmen- und Theologiegeschichte, Bd. 1: Die Lehrentwicklung im Rahmen der Katholizität, Göttingen ²1999.

Baumann, Michael (Hg.), Gemeinsames Erbe. Reformierte und Täufer im Dialog, Zürich 2007.

„Christus ist unser Friede". Schweizer Dialog zwischen Reformierten und Mennoniten 2006–2009, hg. von der Gesprächskommission Schweizerischer Evangelischer Kirchenbund SEK und der Konferenz der Mennoniten der Schweiz KMS, Bern 2009.

Confessio Augustana, https://www.ekd.de/Augsburger-Bekenntnis-Confessio-Augustana-13450.htm [01.02.2024].

Davies, Horton, The English Free Churches. London 1952.

Die Dekade zur Überwindung von Gewalt des Ökumenischen Rates der Kirchen. Ein mennonitischer und katholischer Beitrag, in Ökumenische Rundschau 2 / 2008, 222–232.

Durber, Susan / Enns, Fernando (Hg.), Gemeinsam Unterwegs. Auf dem Ökumenischen Pilgerweg der Gerechtigkeit und des Friedens. Theologische Beiträge, Beihefte zur Ökumenischen Rundschau 123, Leipzig 2019.

Durnbaugh, Donald F., The Believers' Church. The History and Character of the Radical Protestantism, Scottdale, PA, ²1985.

---

[57] Towards an Ecumenical Theology of Companionship.

Enns, Fernando, Friedenskirche in der Ökumene. Mennonitische Wurzeln einer Ethik der Gewaltfreiheit, Göttingen 2003.

–, Ökumene und Frieden. Bewährungsfelder ökumenischer Theologie. Theologische Anstöße Bd. 4, Neukirchen-Vluyn 2012.

Enns, Fernando (Hg.), Die Taufe und die Eingliederung in die Kirche. Lutherisch / mennonitisch / römisch-katholische trilaterale Gespräche 2012–2017. Leipzig / Paderborn 2022.

–, Heilung der Erinnerungen – befreit zur gemeinsamen Zukunft. Mennoniten im Dialog. Berichte und Texte ökumenischer Gespräche auf nationaler und internationaler Ebene. Frankfurt a. M. / Paderborn 2008.

–, Heilung der Erinnerungen, Versöhnung in Christus. Lutheraner und Mennoniten auf dem Weg der Versöhnung. Texte aus der VELKD 163, 2012.

Enns, Fernando / Seiling, Jonathan (ed.), Mennonites in Dialogue. Official Reports from International and National Ecumenical Encounters 1975– 2012. Eugene, OR, 2015.

Geldbach, Erich, Freikirchen – Erbe, Gestalt und Wirkung. Bensheimer Hefte 70. Göttingen 1989.

Goertz, Hans-Jürgen / Stayer, James M. (Hg.), Radikalität und Dissent im 16. Jahrhundert. Zeitschrift für Historische Forschung, Beihefte. Berlin 2002.

„Heilung der Erinnerungen. Die Bedeutung der lutherisch-mennonitischen Versöhnung", hg. vom Lutherischen Weltbund, LWB-Studien 2016 / 02, Leipzig 2017.

„Heilung der Erinnerungen – Versöhnung in Christus". Bericht der Internationalen lutherisch-mennonitischen Studienkommission. Genf / Straßburg 2010.

„Joint Statement", Mennonite World Conference and General Conference of Seventh-day Adventists 2011; in: www.mwc-cmm.org/index.php/news-releases/104-seventh-day-adventists-and-mennonite-world-conference-begin-conversation [01.02.2024].

Kobelt-Groch, Marion / von Schlachta, Astrid (Hg.), Mennoniten in der NS-Zeit. Stimmen, Lebenssituationen, Erfahrungen, Bolanden-Weierhof 2017.

Koop Karl, Anabaptist-Mennonite Confessions of Faith: The Development of a Tradition, Kitchener, ON, 2003.

Körtner, Ulrich, In der Lehre getrennt, im Handeln geeint? Chancen und Grenzen ökumenischer Sozialethik; in: Nüssel, Friederike (Hg.), Theologische Ethik der Gegenwart. Ein Überblick über zentrale Ansätze und Themen, Tübingen 2009.

Lichdi, Diether G., Die Mennoniten in Geschichte und Gegenwart. Von der Täuferbewegung zur weltweiten Freikirche, Weisenheim am Berg 2004.

„Living the Christian Life in Today's World:" Adventists and Mennonites in Conversation, 2011–2012. https://mwc-cmm.org/sites/default/files/mwc-sda_en_final.pdf [01.02.2024].

Müller, Karl / Sundermeier, Theo (Hg.), Lexikon missionstheologischer Grundbegriffe, Berlin 1987.
Neuner, Peter, Ökumenische Theologie. Die Suche nach der Einheit der christlichen Kirchen, Freiburg i.B. 2009.
„One Baptism": Towards Mutual Recognition. Studie der Kommission für Glauben und Kirchenverfassung 210, Genf 2011.
Opočenský, Milan / Réamonn, Páraic (ed.), Justification and Sanctification in the Traditions of the Reformation. Prague V, the fifth Consultation on the First and Second Reformations, Geneva, 13–17 February 1998, Studies from the World Alliance of Reformed Churches 42, Geneva 1999.
Pesch, Rudolf, Apostelgeschichte, Evangelisch-Katholischer Kommentar zum Neuen Testament, Bd. V/2 (Apg. 13–28), Zürich / Einsiedeln / Köln 1986.
Raiser, Konrad / Schmitthenner, Ulrich (Hg.): Gerechter Friede. Ein ökumenischer Aufruf zum Gerechten Frieden, Begleitdokument des Ökumenischen Rates der Kirchen, Münster 2012.
Sawatsky, Walter (ed.), The Prague Consultations: Prophetic and Renewal Movements. Proceedings of the Prague VI and Prague VII Multilateral Ecumenical Consultations (2000 & 2003), Studies from the WARC, Geneva 2009.
Simons, Menno, Klare Beantwortung einer Schrift des Gelius Faber; in ders., Die vollständigen Werke, übers. aus dem Holländischen, Funk-Ausgabe 1876, Aylmer, ON, 1982.
Snyder, C. Arnold, Anabaptist History and Theology. An Introduction, Kitchener, ON, 1995.
Thurian, Max (ed.), Churches Respond to BEM. Official Responses to the „Baptism, Eucharist and Ministry" Text, Vol. I–VI, Geneva: WCC 1986–1988.
„Towards an Ecumenical Theology of Companionship". A Study Document for the Ecumenical Pilgrimage of Justice and Peace, PJP Series 3, Geneva 2022.
van der Leer, Teun, Looking in the Other Direction. The Story of the Believers Church Conferences. Amsterdam Series in Baptist and Mennonite Theologies 1, London / New York 2023.
Wilkens, Klaus (Hg.), In deiner Gnade, Gott, verwandle die Welt. Offizieller Bericht der Neunten Vollversammlung des Ökumenischen Rates der Kirchen, Porto Alegre 2006, Frankfurt / M. 2007.
Williams, George H., The Radical Reformation, Kirksville ³1992.
–, The Religious Background of the Idea of a Loyal Opposition; in: Robertson, D. B., Voluntary Associations. A Study of Groups in Free Societies, Richmond, VA, 1966.
Weaver, L. Denny, Versöhnung durch einen Akt der Gewalt? Der Kreuzestod Jesu Christi – aus der Perspektive der Friedenskirche, Berlin 2016.
Yoder, John Howard, The Free Church Ecumenical Style (1968), in ders., The Royal Priesthood. Essays Ecclesiological and Ecumenical, ed. by Michael G. Cartwright, Grand Rapids, MI, 1994.

14. Mennoniten in interreligiösen Beziehungen

Jonas Widmer

Interreligiöse Beziehungen sind in der mennonitischen Gemeinschaft bis heute sehr divers. Von exklusiven Ansprüchen über missionarische Anliegen bis zu dialogischen Beziehungen ist die gesamte Breite an Begegnungen gegeben. Dialogische Ansätze mussten sich in den mennonitischen Gemeinden (wie im sonstigen religiösen Umfeld) erst allmählich entwickeln und etablieren. Für diese Entwicklung war der Zugang zu anderen Religionen und Kulturen über die missionarische und karitative Sendung im 20. Jh. grundlegend.

Mit Beginn der 1990er Jahre etablierten sich dialogische Ansätze bei den Mennoniten, vermehrt auch in schriftlicher Form.[1] Durch den interkulturellen Kontakt kamen offenbar Fragen auf, wie die der Problematik der westlichen Dominanz oder der Gefahr eines wenig hilfreichen Relativismus. Da die mennonitische Mission tendenziell eher praktisch ausgerichtet und ethisch geprägt war – und bis heute noch ist, führte dies zu entsprechenden Begegnungen vor allem auf dieser Ebene. Die Bereitschaft zur Beziehung über den eigenen Glauben hinaus war vorhanden, auch wenn in Jesus Christus ein endgültig normativer Anspruch gesehen wurde.[2] Folglich wurde zwischen mennonitischer Identität und Missionsauftrag eine dialektische Spannung empfunden: Ist eine „versteckte" Missionsintention bei einer friedensstiftenden, karitativen Präsenz im Sinne der mennonitischen Identität legitim?

I. Die „nicht-defensive Offenheit" der Friedenskirche

Von vielen wurde der Wunsch nach Toleranz (gegen einen destruktiven Relativismus) und einer „Gemeinschaft der Versöhnung" (gegen eine westliche Dominanz bzw. einen Kolonialismus) verspürt und kommuniziert. Die Fragen nach einem Wandel hin zum Theozentrismus und der Erweiterung der Ökumene hin zu einem interreligiösen Dialog gewannen folglich an Ge-

---

[1] Vgl. z. B. Mission Focus; oder Friesen, MCC's Encounter with Islam.
[2] Vgl. Finger, A Mennonite Theology for Interfaith Relations.

wicht und bleiben bis heute aktuell. Dabei sind auch Ängste präsent, dass das „Symbol Christus" sowie die innerkirchliche Ökumene an Stellenwert verlieren und sich der Relativismus breit machen könnte. Der mennonitische Philosoph Gordon D. Kaufman hat die nötige Öffnung aus methodologischer Perspektive beschrieben. Ihm zufolge soll sich das beharrende Vertrauen in einen „orthodoxen" Glauben zu einer epistemologischen bzw. holistischen Alternative weiterentwickeln.[3] Erst aus dieser Perspektive wird es möglich anzuerkennen, dass Gott allein im Besitz *der einen* Wahrheit ist und der Mensch in seiner Endlichkeit nie den vollständigen Anspruch darauf haben kann. Dabei kann eine „nicht-defensive Offenheit" (*non-defensive openness*) zur Koexistenz in versöhnter Verschiedenheit führen. Bei Uneinigkeiten mit dem Gegenüber, gerade in zentralen ethischen und religiösen Belangen, muss demnach die Bereitschaft zum Reflektieren der verschiedenen Argumente vorhanden sein. Erst dann kann entschieden werden, wo weiterhin Verschiedenheit besteht und wo Einheit möglich ist, ohne dem Relativismus zu verfallen. Der friedenstheologische Ansatz kann beabsichtigen, dem Gegenüber aus Barmherzigkeit mit dem „einzigen Heilsweg" zu dienen (exklusiv), die vorhandenen Heilsansprüche des Gegenübers partikulär zu würdigen (inklusiv) oder das Gegenüber mit seinem/ihrem anderen Heilsweg in Versöhnung zu tolerieren (pluralistisch). In dieser Vielfalt ist zur Förderung eines gerechten Friedens im interreligiösen Kontext aus mennonitischer Perspektive dem Anliegen einer *versöhnten* Verschiedenheit Gewicht zu verleihen, also – wo möglich – die „nicht-defensive Offenheit" umzusetzen.

Vor dem Hintergrund dieses Bewusstwerdungsprozesses im missionarischen Umfeld sollen im Folgenden konkrete Ansätze der dialogischen Öffnung und interreligiösen Begegnung aufgeführt werden. Die exemplarische Betrachtung geschieht anhand muslimisch-mennonitischer Beziehungen, da die Mehrheit interreligiöser Beziehungen im mennonitischen Umfeld zu Muslimen gelebt wird. Dabei soll die Sensibilität für missionarische Prägungen erhalten bleiben, um die Spannung zwischen Missionsauftrag und karitativer Identität zu erhalten und nicht vorschnell zu relativieren.

---

[3] Vgl. Kaufman, Mennonite Peace Theology, 33–47, 34 f.

*II. Ein mennonitischer Christ und
ein sunnitischer Muslim im Dialog*

Das im Jahr 2011 erschienene Buch *Islam and Christianity: A Muslim and a Christian in Dialogue* (zuerst 1980 erschienen),[4] dient als frühes und wertvolles Beispiel für eine tiefgehende muslimisch-mennonitische Beziehung. Die Freundschaft der beiden Autoren Badru D. Kateregga und David W. Shenk legt die Grundlage für einen kompromisslosen Dialog. Dabei wird der Versuch gewagt, während des Bekennens des eigenen Glaubens doch auf das Gegenüber zu hören. Dies geschieht, indem die Autoren jeweils zwölf Zeugnisse zu Themen ihrer Religion ablegen und das Gegenüber mit einer jeweils kurzen Antwort darauf reagiert. In diesem Prozess wird die Intention unterstrichen: trotz des empfundenen Schmerzes aufgrund der grundlegenden Unterschiede, Enttäuschungen und dem Erkennen eigener Schwächen – mit Liebe, Respekt, Vergebung und guter Nachbarschaft die Beziehung weiterzuleben. Gott wird dabei von beiden Seiten um Hilfe gebeten.

Die Autoren haben beide an der Kenyatta Universität in Nairobi, Kenia gelehrt und dabei mehrmals gemeinsame Veranstaltungen zu „Studien der Weltreligionen" angeboten. Die im Buch wahrnehmbare interreligiöse Beziehung geschieht primär auf der akademischen Ebene. Sie wird aber von befreundeten Menschen gelebt und die Verantwortung für das jeweils Gesagte wird spürbar. Es fällt auf, dass Kateregga und Shenk eine Form *komparativer Theologie* praktizieren, ohne gegenseitige Verurteilungen und Befangenheit. Offensichtlich nutzen beide Autoren in ihren Antworten die Möglichkeit, aus dem Zeugnis des Anderen neue Erkenntnisse für sich selbst zu gewinnen – sei dies durch Erlangen neuer Sichtweisen, Begreifen von Unterschieden oder sogar Selbstkritik. Sicherlich ist dabei gelebte Ehrlichkeit, Freundlichkeit und Sensibilität eine wichtige Voraussetzung, wie von beiden Autoren im Vorwort bezeugt wird.

Aufgrund des Charakters dieser interreligiösen Beziehung entsteht eine Sprache, welche die Theologien der beiden Gesprächspartner greifbar und verständlich macht – auch wenn sie sich charakteristisch unterscheiden. Natürlich kann nicht der gesamte

---

[4] In dt. Übersetzung: Kateregga / Shenk, Woran ich glaube.

Prozess dieser Begegnung und Freundschaft schriftlich festgehalten werden, dennoch ist dieses Buch aus friedenstheologischer Perspektive ein wichtiges interreligiöses Zeugnis. Shenk – als „evangelical protestant" beschrieben – vertritt erkennbare Züge mennonitisch-friedenstheologischer Ansätze. Ebenso gibt sich Kateregga eindeutig als friedenstheologischer Sunnit zu erkennen. So zeigt sich in dieser interreligiösen Beziehung die Möglichkeit, die dialektische Spannung auszuhalten: Während das eigene religiöse Zeugnis vertreten wird, kann eine Freundschaft zum anders glaubenden Gegenüber gelebt werden.

III. Ein mennonitisches Memorandum zur Überwindung von Stereotypen und Intensivierung der Beziehung zu Muslimen

Im *Mennonite Central Committe Memorandum* 1994 von Ed Epp und Ed Martin – vor der ersten mennonitischen Konferenz zu religiösem Pluralismus (Sommer 1994) entstanden – wird auf institutioneller Ebene hervorgehoben, dass eine allgemein tiefere Beziehung zum Islam notwendig sei. Der Titel des Memorandum lautet: *Strengthening the Program and Placement of People within Islamic Contexts.*[5] Darin wird wahrgenommen, dass der Islam eine stark wachsende, für Christ:innen sichtbarer werdende Religion ist. Und es wird bereits bemerkt, dass der Islam, aber auch die westliche Welt, von der je anderen Seite leider zu oft als „Feind" der eigenen Kultur beschrieben wird. So sind sich Epp und Martin offenbar bewusst, dass aktive Beziehungen und Zusammenarbeit mit Muslimen nötig sind, um diese negativen Stereotypen zu überwinden. Spannend ist hier die Erkenntnis, dass das *Mennonite Central Committe* (MCC) jahrzehntelang im islamischen Kontext gearbeitet hatte (im Nahen Osten, Asien und Afrika), Partnerschaften und Zusammenarbeit vor allem aber mit christlichen Gemeinschaften vor Ort bestehen. Bei den angestrebten Intensivierungen der Beziehungen zur muslimischen Gemeinschaft wolle man als Zeuge für den mennonitisch geprägten christlichen Glauben agieren.

Die Spannung zwischen mennonitischer Identität und Missionsauftrag wird thematisiert, indem einerseits Respekt und

---

[5] Epp, Ed / Martin, Ed, Strengthening the Program and Placement of People within Islamic Contexts, MCC Memorandum, Mai 1994.

Wertschätzung für die muslimischen Nachbarn gefordert wird, andererseits die „Verkörperung Christi" gegenüber diesen Menschen. Das klar formulierte Ziel ist nicht „Mission", sondern das Fördern gegenseitigen Verstehens. Inmitten erkennbarer Feindschaft sollen zwischen Muslimen und Mennoniten Beziehungen von Freundschaft und Vergebung aufgebaut werden. Hilfreich ist hier die Beschreibung von Muslimen, die bereits eine erste Identifikation ermöglicht: Diese Menschen hätten ebenso Familien, Jobs, finanzielle Sorgen, Liebe für die Nächsten und ein tiefes Bekenntnis zum eigenen Glauben.

Das angestrebte Programm des MCC im islamischen Kontext wird im *Memorandum* so definiert, dass die Arbeit als *service agency* (diakonische Organisation) weiterhin an der Basis geschehen solle, wobei neue Zusammenarbeit und Partnerschaft mit muslimischen Nachbarn entstehen könnten. Dafür müssten die vom MCC beauftragten Menschen mehr über den Islam wissen. Dementsprechend bemühe man sich, Leute in Arabisch, christlicher Theologie und Islamwissenschaften auszubilden. Gleichzeitig sei es das Ziel, in Nordamerika die Beziehungen zwischen Mennoniten und Muslimen zu intensivieren. – Daraus sind vielfältige Partnerschaften und Kooperationen zwischen dem MCC und islamischen Gemeinschaften entstanden.

IV. Ein schiitisch-muslimisch –
mennonitisch-christlicher Dialog

Eine der gewichtigsten mennonitisch-interreligiösen Beziehungen ist der bis heute fortgesetzte schiitisch-muslimisch – mennonitisch-christliche Dialog. Dieser kam aufgrund von Verbindungen zwischen nordamerikanischen Mennoniten und dem Iran zustande. Hilfsaktionen des MCC nach einem gewaltigen Erdbeben im Iran in den frühen 1990er Jahren, das gegenseitige Austauschprogramm (durch das *Imam Khomeini Education and Research Institute, IKERI* und dem MCC finanziert) und „MCC-Lerntouren" in den Iran bildeten die Grundlage dafür. Hier zeigte sich bereits das im MCC-Memorandum vertretene Anliegen: Unterstützung, Begegnung und Lernen in Bezug auf das Gegenüber, trotz religiöser Verschiedenheit. In den späten 1990er Jahren wurden dann im Rahmen eines Dissertationsstudiums zweier iranischer Forscher (*Yousef Daneshvar* und *Mo*-

hammad Farimani Mutahhari) an der *Toronto School of Theology* (TST) die konkreten Grundsteine für den akademischen Kontakt und Austausch gelegt. Aus diesen Begegnungen wuchs die Idee, akademische Konferenzen zur Diskussion wichtiger theologischer und philosophischer Themen beider Traditionen durchzuführen.[6]

Bis 2018 wurden sieben Konferenzen zum schiitisch-mennonitischen Dialog durchgeführt, abwechselnd in Kanada und im Iran.[7] In der Regel waren diese Konferenzen einem kleinen Kreis referierender Gelehrter und teilweise auch einzelnen, fortgeschrittenen Studierenden sowie geladenen Beobachtern zugänglich.[8] Die Themenwahl der einzelnen Begegnungen erfolgte nach gegenseitiger Absprache. Es scheint, dass die Partner sich mit zunehmend freundschaftlicher, tiefergehender Beziehungen in diffizilere Gebiete der Theologie vorwagen konnten, auch wenn dabei größere Differenzen zu erwarten waren. Ebenso profitierte man jeweils von der bereits gewonnenen Erfahrung. So war im Vergleich zum weiten Feld der „Herausforderungen der

---

[6] Vgl. Reimer, A. James, Preface: Ten Years of Shi'ah Muslim Mennonite Christian Dialogue, in: Huebner/Legenhausen, Peace and Justice, 15–20, hier: 15.
[7] Dialog I: „The Challenges of Modernity" (Die Herausforderungen der Moderne), 24.–27. Oktober 2002 am TST (mit dem Toronto Mennonite Theological Center als Gastgeber). Dazu: Conrad Grebel Review, Fall 2003.
Dialog II: „Revelation and Authority" (Offenbarung und Autorität), 15. und 16. Februar 2004 am IKERI in Qom, Iran. Dazu: Conrad Grebel Review, Winter 2006.
Dialog III: „Spirituality" (Spiritualität), 27.–31. Mai 2007 am Conrad Grebel University College (CGUC) in Waterloo/ON, Kanada. Dazu: Bryant/Harrison/Reimer, On Spirituality.
Dialog IV: „Peace and Social Justice" (Frieden und soziale Gerechtigkeit), 24.–27. Mai 2009 am IKERI in Qom, Iran. Dazu: Huebner/Legenhausen, Peace and Justice.
Dialog V: „Theological Anthropology" (Theologische Anthropologie), 2.–4. Juni 2011 an der Canadian Mennonite University (CMU).
Dialog VI war für den Frühling 2013 in Qom, Iran zum Thema „Religious Ethics" (Religiöse Ethik) geplant, wurde aber wegen der Wahlen im Iran um ein Jahr verschoben. Vgl. https://mccottawaoffice.wordpress.com/tag/shia-muslim-mennonite-christian-dialogue-vi [01.02.2024].
Dialog VII: https://media.cmu.ca/dialogue7release [01.02.2024].
[8] Die dritte Konferenz im Jahr 2007 in Waterloo, Kanada, die erstmals öffentlich zugänglich war, wurde offenbar durch eine aggressive Protestgruppe von Exiliraner*innen und deren Sympathisant*innen gestört und musste abgebrochen werden. Vgl. Reimer, A. James, Preface, in: Bryant/Harrison/Reimer, On Spirituality, 7–10, 9.

Moderne" (Dialog I) bei den Diskussionen zum „Friedens- und Gerechtigkeitsverständnis" (Dialog IV) mehr gegenseitige Toleranz und Vertrauen gefordert.

Darrol Bryant, ein nichtmennonitischer Beobachter der dritten Konferenz, beschreibt die von ihm wahrgenommene Freundschaft und das gegenseitige Vertrauen als entscheidende Möglichkeit für die Teilnehmenden, inhaltliche Differenzen wie auch Konvergenzen zu erforschen.[9] So war nicht nur der akademische Dialog im bisherigen Kontext der Konferenzen von Bedeutung. Ebenso wichtig war das gegenseitige Kennenlernen in einem informellen Rahmen, der Einblick in die Lebensumstände der Gastgebenden, die Teilnahme an sakralen Anlässen der anderen Tradition sowie eine grundsätzliche Offenheit.[10]

V. Die Pluralisierung der Dialog-Ebenen

Diverse weitere mennonitische Bemühungen, einerseits um die eigenen Grundlagen für interreligiöse Beziehungen zu erarbeiten bzw. weiter zu entwickeln und andererseits konkrete Beziehungen einzugehen, sind in den vergangenen Jahren wahrzunehmen. Dabei wird die gesamte Breite an Beziehungen und Dialogen gefördert: Vom akademischen Diskurs bis hin zur praktischen Begegnung. So konnte beispielsweise als Ergebnis der nordamerikanischen Tagung *An Anabaptist Consultation on Islam: the Church Meets the Muslim Community* (2003) an der Eastern Mennonite University (Harrisonburg, Virginia) das Buch *Anabaptists Meeting Muslims* herausgegeben werden. Daneben gibt es vom Kaplan des *House of Friendship* in Waterloo (Ontario), Brice H. Balmer, den spirituellen und pastoralen Ansatz im Buch *Meeting Our Multifaith Neighbors*.

Freilich bleibt die Mehrheit der interreligiösen Freundschaften und Beziehungen schriftlich gar nicht festgehalten. Stellvertretend sei hier als konkretes Beispiel die Initiative des Mennonitischen Friedenszentrums Berlin genannt. Seit Jahren wird im *Café Abraham-Ibrahim* die Begegnung von Religionen und Kul-

---

[9] Bryant, M. Darrol, A View from Outside, in Bryant / Harrison / Reimer, On Spirituality, 223–228, 225.
[10] Vgl. Reimer, A. James, Preface, in Huebner / Legenhausen, Peace and Justice, 15–20.

turen als wichtige Bereicherung für den Berliner Stadtteil Neukölln und die weitere Gesellschaft gepflegt:

> „Das Treffen interessierter Muslime, Muslimas, Christen, Christinnen, Atheisten, Atheistinnen soll helfen, den anderen und die andere begreifen zu lernen, Unterschiede zu akzeptieren und nach gemeinsamen Werten zu fragen ... Wer die religiöse Dimension aus der Frage nach einer gemeinsamen gesellschaftlichen Wertebildung herauslösen will, verkennt die integrierende Kraft von Religion und Glauben in der Geschichte der Menschheit."[11]

Das Umdenken hin zu einer „nicht-defensiven Offenheit" zeigt sich in erster Linie im Kontext der westlichen Dominanz. Entsprechend sind hier vorwiegend nordamerikanische Beispiele zu finden. Doch ebenso wichtig sind grenzüberschreitende, interreligiöse Beziehungen in Kontexten, wo die lokale Koexistenz Potenzial zum Konflikt, wie auch zur Partnerschaft hat. In Ländern wie Indonesien,[12] Nigeria, Somalia, Südosteuropa oder Nepal ist dies eine große Herausforderung für lokale mennonitische Gemeinschaften. Oft finden sich diese Mennoniten tagtäglich herausgefordert Toleranz und Frieden aktiv zu leben, während sie dabei auf defensive bzw. destruktive Gegenüber treffen können.[13]

Wie sich in den unterschiedlichen interreligiösen Beziehungen und Projekten mit mennonitischer Beteiligung zeigt, ist eine Breite von Zugängen und Ansätzen vorhanden. Ob nun aus friedenskirchlicher Perspektive eine exklusive, inklusive oder pluralistische Position vertreten wird, das Ziel der praktizierten, „nicht-defensiven Offenheit" wird angestrebt. Interreligiöse Beziehungen haben keinesfalls die Absicht, gelebten Glauben und vertretene Positionen zu vereinheitlichen oder zu relativieren. Vielmehr besteht aus mennonitischer Perspektive offensichtlich die Hoffnung auf die Förderung eines weltweiten, gerechten Friedens, der durch die versöhnte Verschiedenheit der unterschiedlich Glaubenden, wie auch Nicht-Glaubenden, möglich wird.

---

[11] https://www.menno-friedenszentrum.de/projekte/stadtteilarbeit [22.08.2020].
[12] Vgl. Agus Suyanto, Paulus Hartono, Agnes Chen, The radical Muslim and Mennonite: a Muslim-Christian encounter for peace in Indonesia, Semarang: Pustaka Muria, 2015.
[13] Einen guten Einblick in entsprechende mennonitische Zeugnisse weltweit gibt das Buch von Dula / Epp Weaver, Borders & Bridges.

Frieden kann keinesfalls nachhaltig sein ohne Gerechtigkeit. Die Entwicklung von Gerechtigkeit und Versöhnung ist in den heute vorhandenen mennonitischen Bemühungen klar zu erkennen. In Politik, sozialen Strukturen, Wirtschaft, Kultur und vielen weiteren Lebensbereichen können bestehende Grenzen unterschiedlichen Glaubens überwunden und die Verschiedenheit akzeptiert werden. Dabei ist, wie in den genannten Beispielen zu sehen war, keinesfalls nur ein einfacher und schmerzloser Prozess zu erwarten; Enttäuschungen können dazu gehören. Und dennoch steht die historische Friedenskirche der Mennoniten für eine solche Hoffnung auf gerechten Frieden unter allen Menschen ein – motiviert, inspiriert und getragen durch den eigenen Glauben.

Literatur

Balmer, Brice H., Meeting Our Multifaith Neighbors, Scottdale, PA, 2006.

Bryant, M. Darrol / Harrison, Susan Kennel / Reimer, A. James (ed.), On Spirituality. Essays from the third Shi'i Muslim Mennonite Christian Dialogue, Kitchener, ON, 2010.

Dula, Peter / Epp Weaver, Alain, Borders & Bridges. Mennonite Witness in a Religiously Diverse World, Telford, PA, 2007.

Finger, Thomas N., What are Mennonites Saying about Religious Pluralism?, in: Mission Focus, vol. 1, 1993, 33–37.

–, A Mennonite Theology for Interfaith Relations, in: Heim, S. Mark (ed.), Grounds for Understanding Ecumenical Resources for Responses to Religious Pluralism, Grand Rapids 1998, 69–92.

Friesen, LeRoy, MCC's Encounter with Islam in the Middle East. Case Study Presented to the Council of International Ministries, Chicago 1991 (11 Seiten).

Groff, Weyburn W, Satyagraha and Nonresistance. A Comparative Study of Gandhian and Mennonite Nonviolence, Elkhart, IN, 2009.

Huebner, Harry J., Legenhausen, Hajj Muhammad (Hgg.), Peace and Justice. Essays from the Fourth Shi'i Muslim Mennonite Christian Dialogue, Winnipeg, MA, 2011.

Kateregga, Badru D. / Shenk, David W., Islam and Christianity A Muslim and a Christian in Dialogue, Nairobi, Kenia, 1980 (dt. Übersetzung: Woran ich glaube. Ein Muslim und ein Christ im Gespräch, Schwarzenfeld 2005.)

Kaufman, Gordon D., Mennonite Peace Theology in a Religiously Plural World, in: The Conrad Grebel Review, Peace Theology in a Pluralistic World, vol. 14 / 1, Winter 1996, 33–47.

Krabill, James R. / Shenk, David W. / Stutzman, Linford (ed.), Anabaptists Meeting Muslims. A Calling for Presence in the Way of Christ, Scottdale, PA, 2005.

MCC Peace Office Newsletter, Christians and Muslims Reflecting Together, vol. 36/1, 2006.

Shenk, David W., Christian, Muslim, Friend: Twelve Paths to Real Relationship, Harrisonburg, VA, 2014.

Suyanto, Agus/Hartono, Paulus/Chen, Agnes, The Radical Muslim and Mennonite: a Muslim-Christian Encounter for Peace in Indonesia, Semarang, Indonesia, 2015.

The Conrad Grebel Review, Peace Theology in a Pluralistic World, vol. 14/1, Winter 1996.

Yoder Nyce, Dorothy, Mennonites encounter Hinduism: An Annotated Bibliography, Gosheen, IN, 2015.

–, Multifaith Musing: Essays and Exchanges, Nappanee, IN, 2010.

C. MENNONITISCHE GEMEINDEN IN FÜNF KONTINENTEN – EINE GLOBALE GEMEINSCHAFT

15. Die Mennonitische Welt (-konferenz): eine wachsende Glaubensgemeinschaft

Larry Miller

Das vorige Jahrhundert war vor allem von Krieg und Schmerz geprägt. Auch unser Zeitgefühl und das Verständnis für unseren Lebensraum wurden radikal neu definiert. Revolutionen im Transport- und Kommunikationswesen pressten die Welt zu einer Einheit zusammen und führten dazu, dass sie zunehmend als ein einziger Ort wahrgenommen wird. Das „globale Dorf" ist zum primären Ort vieler Bereiche menschlichen Lebens geworden, was unseren Alltag in einer Weise verändert hat, die wir nur allmählich nachvollziehen.

Auch in der Kirche fand eine Art Globalisierung statt. 1910 wurde die erste große Weltmissionskonferenz in Edinburgh / Schottland ausgerichtet, deren Teilnehmer:innen fast ausschließlich aus Europa und Nordamerika kamen. Es war nur eine Handvoll Asiaten und Lateinamerikaner – nicht ein einziger Afrikaner – vertreten. In ihren Diskussionen unterschieden die Delegierten den Globus in zwei Teilen: den christianisierten Westen und den nicht-christianisierten Rest. In der Tat lebten zu jener Zeit mehr als achtzig Prozent aller Christ:innen in Europa und Nordamerika. Doch innerhalb der folgenden Dekaden veränderte sich die Situation rasant: westliche Mission, unabhängige einheimische Bewegungen und ein beschleunigtes Bevölkerungswachstum führten zu einer raschen Expansion der Kirche im globalen Süden. Einhundert Jahre später lebten mehr als 71 Prozent aller Christ:innen in Afrika, Asien, Lateinamerika und Ozeanien; weniger als 29 Prozent der auf der Welt lebenden 2,5 Milliarden Christ:innen waren noch Europäer oder Nordamerikaner.[1]

I. Global werden, südwärts gehen

Die demographischen und kulturellen Veränderungen in der mennonitischen Familie des 20. Jahrhunderts waren sogar noch weitreichender. Im Jahr 1900 lebten Christ:innen mit mennonitischem Hintergrund zu 99 Prozent in Europa (inkl. Russ-

---

[1] Vgl. „Status of Global Christianity".

land) und Nordamerika – und viele von ihnen konnten sich auf Deutsch oder „Plattdeutsch" unterhalten. Heute sind ca. 80 Prozent (oder 67 % aller Mitglieder der Mennonitischen Weltkonferenz, MWK) in Lateinamerika, Asien oder Afrika beheimatet.[2]

Die Globalisierung der Mennoniten begann Ende des 19. Jahrhunderts. Im Jahr 1850 lebten Mennoniten in nur acht Ländern, allesamt im globalen Norden. Doch von 1890 bis 1917 wurden sie explosionsartig aktiv und Mennoniten und Brethren in Christ[3] („Brüder in Christo") missionierten in Indien, Zimbabwe, China, Nigeria, Zambia, Kongo und Argentinien (in Indonesien gab es bereits seit 1850 eine mennonitische Mission). 1978 gab es bereits organisierte Kirchen von Mennoniten oder Brethren in Christ in vierundvierzig Nationen Asiens, Afrikas, Lateinamerikas, Europas und Nordamerikas. Mittlerweile finden sich Mennoniten in mindestens 86 Ländern weltweit.

Aus den Wurzeln in verschiedenen, europäischen Gruppierungen im frühen 16. Jahrhundert sprossen demnach Ableger in über 100 Kulturen. Die globale Mitgliederzahl erreicht jetzt (2023) 2,11 Millionen getaufte (!) Gläubige, die wahrscheinlich eine Gruppe von über 3 Millionen Menschen repräsentieren, welche wiederum mindestens achtzig verschiedene Sprachen sprechen, in 17.615 Gemeinden über 371 nationale Kirchenkonferenzen organisiert. Entscheidend für die Zukunft ist, dass die Mehrzahl nun aus dem globalen Süden stammt. Vor allem diese Menschen werden definieren, wie mennonitische Christ:innen im 21. Jahrhundert leben.

Leider gehen mit der globalen Transformation auch wirtschaftliche Disparitäten verstärkt einher. Der Großteil des zahlen-

---

[2] Vgl. Mennonite World Conference, „Statistiken der Mennonitischen Weltkonferenz."
[3] Die Brüder in Christo (Brethren in Christ) sind als täuferische Kirche international in der Mennonitischen Weltkonferenz vertreten. Ihre Geschichte beginnt 1778 in den mennonitischen Siedlungen in Pennsylvania, wo die aus Deutschland und der Schweiz stammenden Mennoniten auf die Ideen der ebenfalls aus Deutschland kommenden Schwarzenauer Brüder trafen. Mit ihnen kam der pietistische Einfluss in die Gemeinden, weshalb sich die River Mennonites mehr und mehr von den übrigen mennonitischen Gemeinden entfernten. Mit dem Namen wurde an die ersten Täufergemeinden in der Schweiz angeknüpft, die sich ebenfalls „Brüder in Christo" nannten.

mäßigen Wachstums in der mennonitischen Welt – wie in der Christenheit allgemein – findet unter finanziell armen Menschen statt. Der Wohlstand, mit der damit einhergehenden Bildung, Gesundheit und hoher Lebenserwartung, konzentriert sich weiterhin in den Reihen der nordamerikanischen und – in einem geringeren Maße – europäischen Mennoniten.

Auch wenn man ökonomische Gesichtspunkte nicht mit einbezieht, unterscheiden sich die typischen Kirchen des globalen Südens und die des Nordens in ihrem äußeren Erscheinungsbild, ihrer Denkweise und nicht zuletzt in ihren Ausdrucksweisen. Nicht nur, dass sie „rot, braun, gelb, schwarz und weiß" sind, auch die Ausdrucksweisen ihres Glaubens sind sehr bunt. Zum Beispiel dauern Gottesdienste in Afrika, Asien oder auch Lateinamerika länger, sind enthusiastischer und enthalten mehr Musik; sie scheinen unmittelbarer in Beziehung zu stehen mit dem Übernatürlichen, durch Heilungen und Gebete. Tanzen oder andere physische Bewegungselemente sind in den Kirchen des globalen Südens ebenfalls gebräuchlicher als in typisch europäischen oder nordamerikanischen Mennonitengemeinden.

Der signifikanteste Unterschied ist aber womöglich, wie vollkommen die neueren Mitglieder dieser Kirchenfamilie in der kulturellen Welt der Bibel zuhause sind. Kirchen des globalen Südens sind wie selbstverständlich vertraut mit biblischen Beschreibungen von spirituellem Segen und Kämpfen, Prophetie und geistlichen Visionen. Für viele sind Themen wie Armut, Leid, Unterdrückung und Exil unmittelbar relevant (was auch bei vielen Täufer:innen des 16. Jahrhunderts der Fall war). Sie erkennen in ihrem alltäglichen Leben unwillkürlich jene Menschen wieder, die Jesus in den Seligpreisungen als „gesegnet" bezeichnet.

Haben Mennoniten im Süden und Norden heute überhaupt noch etwas gemeinsam? Können sich ältere und neuere Familienmitglieder verbinden und verbunden bleiben oder entstehen bereits zwei (oder mehr) fragmentarische Familien? Diese Fragen liegen dem Leben und Arbeiten der Mennonitischen Weltkonferenz (MWK) zu Grunde, die den globalen Leib der mennonitischen Kirchen bildet.

II. Von der „Konferenz" zur weltweiten Gemeinschaft

Über den längsten Zeitraum ihrer Geschichte war die *Mennonite World Conference* (MWK) als gelegentliche Versammlung bekannt, die alle fünf bis sechs Jahre einberufen wurde. Die erste fand im Juni 1925 in Basel / Schweiz statt, die jüngsten in Kalkutta / Indien (1997), in Bulawayo / Zimbabwe (2003), in Asunción / Paraguay (2009), und zuletzt die 17. Versammlung in Indonesien (Juli 2022). Zwischen den Konferenzen war die MWK nur zu einem sehr geringen Teil für das inter-mennonitische Leben verantwortlich. Als sich jedoch das ekklesiologische Gravitationszentrum in den 1990er Jahren in den globalen Süden verlagerte, veränderten sich auch Identität und Aktivitäten der MWK.

Als Reaktion auf die veränderte Weltsituation befragte eine internationale Planungskommission die Mitgliedskirchen aus aller Welt zu der Zukunft der MWK (2001–2003). Welchen Prinzipien sollen Struktur und Programminhalt der MWK in der Zukunft folgen? Einer der zehn wichtigsten Punkte war der Wunsch eines Großteils der MWK-Mitglieder, autonome, nationale Kirchen zu bleiben. Dennoch erhoffte man sich mehr inter-kirchliche Beziehungen und eine gemeinsame Identität auf kontinentaler und globaler Ebene. Darüber hinaus wurde internationale Solidarität als essentiell für die Bezeugung und Weiterentwicklung der mennonitischen Gemeinschaft genannt. Mennonitische Kirchen aus aller Welt erkannten, dass ihre Zusammengehörigkeit auf Gleichheit und Reziprozität beruht und nicht mehr auf einem „Eltern-Kind"-Verhältnis. Die Aussagen der Mitglieder lässt sich in einer zweifachen Botschaft zusammenfassen: Einerseits soll auch zukünftig die Autonomie der nationalen Kirchen respektiert werden, andererseits sollen die global-ekklesiologischen Beziehungen gestärkt werden.

a. Über die Autonomie der lokalen und regionalen Identität hinauswachsen

Mit der Verabschiedung einer neuen Stellungnahme zur Zukunft der MWK im August 2003,[4] interpretierte die MWK diese Botschaft der Mitgliedskirchen nicht nur als einen Auf-

---

[4] Vgl. Courier 2003 / 3–4, 24.

ruf zu besseren Beziehungen, sondern theologisch formuliert, als einen Aufruf zur Gemeinschaft: „Die Mennonitische Weltkonferenz ist berufen, eine Gemeinschaft (koinonia) täuferisch geprägter Kirchen zu sein, miteinander verbunden in einer weltweiten Glaubensgemeinschaft des Glaubens zu Geschwisterschaft, Gottesdienst, Diakonie und Zeugnis."[5]

Die gleichzeitig verabschiedete Stellungnahme zu den Aufgaben der MWK erweiterte diese Vision: „Die Mennonitische Weltkonferenz hat den Zweck,
(1) eine weltweite Glaubensgemeinschaft in täuferischer Tradition zu sein,
(2) Gemeinschaft zwischen täuferisch geprägten Kirchen weltweit zu fördern, und
(3) Beziehungen zu anderen christlichen Weltbünden und Organisationen zu unterhalten."[6]

Der Aufruf, eine weltweite *communio* und globale Glaubensgemeinschaft zu werden, musste im Kontext von autonomen Gemeinden und nationalen Kirchen realisiert werden. Die MWK respektiert, dass Verschiedenheit und Autorität innerhalb der mennonitischen Familie in nationalen und sogar lokalen Strukturen kirchlicher Autonomie verankert sind. In der Formulierung der gegenwärtigen MWK-Verfassung (Artikel 1), inspiriert durch jene 2003 formulierte Vision und im Juli 2009 (Asunción / Paraguay) verabschiedet, klingt dies so: Mitgliedskirchen der MWK sind „autonome nationale oder länderübergreifende, mennonitische, Brüder-in-Christo oder anderen täuferischen Strömungen zugehörige Kirchen".[7] Derselbe Artikel führt allerdings auch die Annahme der Gemeinschaftsvision und des damit einhergehenden Leitbildes als Kriterium für die MWK-Mitgliedschaft ein. Autonome Gemeinden und Kirchen verpflichten sich demnach mit

---

[5] „Mennonite World Conference is called to be a communion (Koinonia) of Anabaptist-related churches linked to one another in a worldwide community of faith for fellowship, worship, service, and witness." Mennonite World Conference, „Vision and Mission".

[6] „MWC exists to (1) be a global community of faith in the Anabaptist-tradition, (2) facilitate relationships between Anabaptist-related churches worldwide, and (3) relate to other Christian world communions and organizations." Mennonite World Conference, „Vision and Mission".

[7] Mennonite World Conference, „Constitution".

der Mitgliedschaft in der MWK, über ihre Autonomie hinaus zu gehen und in Gemeinschaft mit anderen Mitgliedern zu treten.

Wie kann die MWK eine tiefere Verbundenheit zwischen so verschiedenartigen – manchmal gar divergierenden – Mitgliedern ermöglichen, die zudem autonom bleiben wollen? Wie können unterschiedliche Mitglieder eines Leibes von einer Autonomie zur Autonomie-in-Gemeinschaft gelangen? Mit drei Schlüsselpraktiken versucht die MWK, diese Gemeinschaft weiterzuentwickeln und gleichzeitig die Autonomie ihrer Mitglieder zu respektieren: Gaben teilen, gemeinsame Überzeugungen herausarbeiten und Konsens herstellen.

b. Gaben teilen

Vielerlei Arten von Verschiedenheit zeichnen die MWK-Gemeinschaft heute aus: Verschiedenheit in Nationalität, Ethnie, Kultur, Sprache, Geschlecht, ökonomischen Verhältnissen, Gottesdienst, Theologie und vieles mehr. Diese mannigfaltige Verschiedenheit begreift die MWK grundsätzlich als Vielfalt der Gaben und entscheidend für das Wachen in der Einheit. Mit dem Eintritt in die MWK versprechen die jeweiligen Kirchen, diese „Gaben in der MWK-Gemeinschaft und dem größeren Leib Christi zu teilen", so Artikel 1.2.3. der MWK-Verfassung.[8]

Wenn alle Gaben von Gott kommen und für das allgemeine Wohl des Leibes Sorge tragen, dann verkörpert das Erkennen und Teilen von Gaben die Einheit (*communion*). Wenn jedes Mitglied des Leibes eine Gabe erhalten hat, die vom ganzen Leib benötigt wird, so muss auch jedes Mitglied zwangsläufig in den Prozess des Teilens eingebunden werden, damit vollkommene *communio* entsteht. Inklusivität in dieser Perspektive lässt eine Einheit entstehen, in der die Gaben eines jeden Mitglieds wahrgenommen, empfangen und weitergegeben werden, um das gemeinsame Leben und die Mission des Leibes zu gestalten.

Die Vorstellung, dass alle Mitgliedskirchen der globalen Gemeinschaft gleichermaßen in das Teilen der Gaben eingebunden sind, ist freilich nahezu utopisch. Es gibt viele Hürden, warum Gaben nicht vollständig geteilt werden: ökonomische Unterschiede; fehlende administrative Kapazitäten; das Fehlen einer

---

[8] Ebd.

umfassenden Vision; die Angst vor kulturellen, ethnischen, geschlechtsspezifischen, theologischen und anderen Unterschieden; die Feststellung, dass einige Gaben mehr wert sind als andere; Gier. Unzählige Initiativen sind notwendig, um auch nur kleine Schritte in die richtige Richtung zu tun. Doch die Vision einer vollkommenen *communio* durch das Teilen von Gaben inspirierte nahezu alle MWK-Programme, die seit Mitte der 1990er Jahre aufgelegt wurden – manche wurden nur für eine kurze Zeit unterhalten, einige für einen längeren Zeitraum.

c. Gemeinsame Überzeugungen herausarbeiten

Wie der Austausch von Gaben eine gewisse Eigendynamik innerhalb der MWK-Gemeinschaft hervorbrachte, so entwickelte sich auch die Formulierung gemeinsamer Überzeugungen. Werden Beziehungen durch das Teilen von Gaben vertieft, dann sucht man auch nach einer gemeinsamen Grundlage durch das Teilen von Überzeugungen. Während die Kirchen einander besser kennen lernten, öffneten sie sich für gegenseitige Ratschläge und Rückfragen – das Artikulieren gemeinsamer Überzeugungen wurde nicht nur wichtiger, sondern dadurch auch erst möglich.

In diesem Kontext unternahm die MWK einen längeren Gesprächsprozess, um „Gemeinsame Überzeugungen"[9] zu erarbeiten. Der erste Schritt (Juli 2000) war eine Studie der MWK-Mitgliederversammlung zu den „Kernüberzeugungen", die die mennonitischen Täufer:innen des 16. Jahrhunderts über ihre theologischen Divergenzen hinaus zusammenhielt.

Innerhalb der nächsten Jahre schrieben Mitgliedskirchen kurze Stellungnahmen, in denen sie ihre eigenen Kernüberzeugungen zusammenfassten. Eine von der MWK einberufene internationale Arbeitsgruppe sammelte diese Aussagen und fasste in einem kurzen und einfach formulierten Entwurf zusammen, welche Kernüberzeugungen die Mitgliedskirchen ihrer Meinung nach teilten. Der „Rat" (*council*) der MWK diskutierte dieses Dokument und entwickelte es weiter (bis August 2003). Dieser zweite Entwurf der „Gemeinsamen Überzeugungen" wurde den

---

[9] „Eine Gemeinschaft täuferischer Gemeinden." Gemeinsame Überzeugungen der Mennonitischen Weltkonferenz, in Enns, Heilung der Erinnerungen, 313 f. Siehe auch Anhang in diesem Band.

Mitgliedskirchen zwei Jahre lang zur Kommentierung zugänglich gemacht. Ausgehend von den Reaktionen der Kirchen bereitete die internationale Arbeitsgruppe einen dritten Entwurf vor, den die kirchlichen Delegierten während eines Treffens im März 2006 erneut diskutierten, um schließlich eine Entscheidung zu treffen. Am Ende dieser Versammlung hatten alle Delegierte der repräsentierten Mitgliedskirchen durch inspirierte und inspirierende Momente zu einem freudigen Konsens gefunden, einer Erklärung von weltweiten gemeinsamen Überzeugungen.

Obwohl diese Erklärung für keine der MWK-Mitgliedskirchen bindende Autorität beansprucht, wurde sie doch in relativ kurzer Zeit auf unerwartet breiter Basis rezipiert. Nationale und lokale Kirchen auf allen Kontinenten haben sich dazu entschlossen, die „Gemeinsamen Überzeugungen" in ihrem Leben und Zeugnis zu verwenden.

d. Konsens bilden

Als die MWK-Mitgliedskirchen eine gemeinsame „Vision" annahmen (s. o.), änderten sie auch das Verfahren, mit dem Entscheidungen getroffen werden. Sie verzichten seither auf das Mehrheitsprinzip – den konfrontativen Ansatz zur Entscheidungsfindung, der sich in westlichen, demokratischen Gesellschaften durchgesetzt hat. Die gemeinsame Absicht der Gemeinschaft wird seither auf dem Weg der Suche nach einem Konsens erschlossen. Eine klar definierte und sensibel geleitete Konsens-Methode der Entscheidungsfindung, so waren sich die Mitglieder einig, verbessert die Teilhabe aller Mitglieder an den Sitzungen, schafft einen kooperativen und harmonischen Rahmen für Entscheidungsfindungen und befähigt die Repräsentanten dazu, gemeinsam den Willen Gottes (Eph. 5,17) für die Kirche und die MWK zu ergründen.

Die „Richtlinien zur Entscheidungsfindung durch Konsens"[10] der MWK nenne sechs Gründe, die für diesen Ansatz in einer vielgestaltigen kirchlichen Gemeinschaft, in der eine vollkommenere Verbundenheit der Mitglieder angestrebt wird, sprechen:
- Eine Einigung durch ehrliche und respektvolle Diskussion zu erlangen, ist überall auf der Welt, auch in traditionellen

---

[10] Mennonite World Conference, „Making Decisions by Consensus Guidelines".

und indigenen Kulturen, ein nachvollziehbarer und akzeptierter Prozess.
- Im Gegensatz zu einer konfrontativen Debatte werden Austausch, Verständnis, Rückfragen und andächtige Reflexion gefördert.
- Die Erfahrungen und Perspektiven aller Mitglieder werden wertgeschätzt und nach Möglichkeit eingebracht.
- Es wird versucht, alle Bedenken und Ansichten zu hören, zu verstehen und zu respektieren.
- Alle Kirchen werden dazu ermutigt, die Entscheidung mit zu gestalten.
- Die Kirchen lernen unmittelbar voneinander und vertiefen die Gemeinschaft (*communion*) miteinander.

Weitet man die theologische Vorstellungskraft noch ein wenig, dann wird erkennbar, dass die Konsensfindung in der weltweiten MWK-Gemeinschaft nicht nur die Verbundenheit zwischen diesen Mitgliedern vertieft, sondern auch eine bescheidene Teilhabe an der Katholizität der universalen Kirche eröffnet.

III. Von der Weltgemeinschaft zur universalen Kirche

Die weltweite Gemeinschaft der Mennoniten ist nur ein kleiner globaler Verbund von Kirchen, ein einzelnes Glied des Leibes Christi. Eine weitergehende Teilhabe an der universalen Kirche ist nur möglich, wenn sich diese Mennoniten an Initiativen beteiligen, die die Verbundenheit mit anderen Kirchen weiterentwickeln. Die mennonitische Gemeinschaft kann nur an der Katholizität der Kirche teilhaben, wenn sie ihre Gaben auch mit anderen christlichen Weltgemeinschaften teilt, gemeinsame Überzeugungen mit diesen herausarbeitet und zu Konsensen kommt.

Katholizität realisiert sich zum Teil „wann immer und wo immer alle Beteiligten über alles reden, was sie tun, und was sie glauben und tun sollten, als Antwort auf den Herrn, der sie zu allen Völkern sandte, zu lehren, was er geboten hatte."[11] In die-

---

[11] „... whenever and wherever everyone concerned converses about everything they do, and should believe and do, as they respond to the Lord who sent them to all nations with all that he had taught them." Yoder, Catholicity in Search of Location, 319.

sem Geist beteiligt sich die MWK am Global Christian Forum und ist bereits in Dialog getreten mit dem Baptistischen Weltbund, der Weltgemeinschaft Reformierter Kirchen, der Katholischen Kirche, dem Lutherischen Weltbund und der Weltkonferenz der Siebenten-Tags-Adventisten.[12]

Jeder dieser Dialoge wirft die Frage der Rezeption auf: Alle Ergebnisse aus jedem dieser Gespräche müssen den Mitgliedskirchen zur weiteren Einsicht und Zustimmung offengelegt werden. Der Prozess der Konsenserweiterung mit anderen Kirchen darf nicht nur die Einsicht der leitenden Personen aus den Mitgliedskirchen erreichen, sondern muss das ganze Kirchenvolk einbinden, das für den Glauben und das Wirken der Kirchen verantwortlich ist, an allen Orten. So wie der Konsens – in Übereinstimmung mit dem Willen Gottes – in alle Richtungen zunimmt, wächst die Teilhabe der weltweiten mennonitischen Glaubensgemeinschaft – wie auch die aller anderen christlichen Weltgemeinschaften – an der universalen Kirche, sowohl in ihrer geographischen Ausdehnung, als auch in der Fülle des Glaubens.

Literatur

Courier 2003/3–4, hg. von der Mennonitischen Weltkonferenz, Scottdale, PA.
Enns, Fernando (Hg.), Heilung der Erinnerungen – befreit zur gemeinsamen Zukunft. Mennoniten im Dialog. Berichte und Texte ökumenischer Gespräche auf nationaler und internationaler Ebene. Frankfurt a. M. / Paderborn 2008.
Enns, Fernando / Seiling, Jonathan (ed.), Mennonites in Dialogue. Official Reports from International and National Ecumenical Encounters 1975–2012. Eugene, OR, 2015.
„Eine Gemeinschaft täuferischer Gemeinden." Gemeinsame Überzeugungen der Mennonitischen Weltkonferenz, in Enns, Heilung der Erinnerungen, 313f.
Mennonite World Conference, „Constitution", https://mwc-cmm.org/sites/default/files/resource-uploads/constitution_final_2009_eng.pdf [01.02.2024].
–, „Making Decisions by Consensus Guidelines", https://mwc-cmm.org/en/resources/making-decisions-consensus-guidelines [01.02.2024].

---

[12] Alle Dialoge auf internationaler Ebene in Enns / Seiling (Hg.), Mennonites in Dialogue.

–, „Statistiken der Mennonitischen Weltkonferenz", https://mwc-cmm.org/sites/default/files/resource-uploads/directory2018statistics.pdf [01.08.2020].

–, „Vision and Mission", Mennonitische Weltkonferenz", https://mwc-cmm.org/vision-and-mission [01.02.2024].

„Status of Global Christianity", https://www.gordonconwell.edu/wp-content/uploads/sites/13/2023/01/Status-of-Global-Christianity-2023.pdf [01.02.2024].

Yoder, John Howard, Catholicity in Search of Location, in ders., The Royal Priesthood, Essays Ecclesiological and Ecumenical, Grand Rapids, MI, 1994, 300–320.

16. Afrikanische Täuferinnen und Täufer

Teil der weltweiten mennonitischen Familie
im 21. Jahrhundert – eine persönliche Reflexion

Pakisa K. Tshimika

Unter der Schirmherrschaft der Mennonitischen Weltkonferenz (MWK) wurde im Jahr 2003 der erste Band des internationalen Projekts zur mennonitischen Geschichte veröffentlicht, über die Mennoniten des afrikanischen Kontinents.[1] Dies war in vielerlei Hinsicht ein Novum: zum ersten Mal wurde ein solches Buch von afrikanischen Autor:innen selbst geschrieben, in den USA und in Kanada editiert, auf wundersame Weise durch eine sehr langsame Telefonleitung per Email verschickt, in Bulawayo / Zimbabwe gedruckt, um es dann während der einzigartigen Vollversammlung der MWK ebendort vorzustellen. Am Ende dieser Versammlung war ich vor Freude überwältigt, weil sowohl das Buchprojekt als auch die Zusammenkunft in Zimbabwe so erfolgreich verlaufen waren. Ich dankte meinem Kollegen, dem internationalen Koordinator der Versammlung, und sagte ihm, wie sehr er uns Afrikaner:innen geholfen habe, stolz darauf zu sein, „afrikanische Täufer" zu sein. Wir waren in der Lage, der weltweiten mennonitischen Familie zu zeigen, dass wir in der Tat in der Lage sind, etwas Großartiges auf die Beine zu stellen, gegen alle Widerständigkeiten.

In diesem Band der *Global Mennonite History Series* wird berichtet, wie Freude, Schmerz und Hoffnung im Leben von Afrikaner:innen Hand in Hand gehen. Beim Lesen des Buches kommt man unweigerlich in Berührung mit der Hoffnung, die inmitten großer Nöte umso heller erstrahlt. Bis heute sind die afrikanischen Täufer und Täuferinnen voller Hoffnung und Zuversicht geblieben – ganz gleich, welche Situationen sie in ihren jeweiligen Ländern durchlebten, während der Kolonialzeit, während der Missionierung, manchmal auch Rebellionen, in Zeiten des unabhängig Werdens von kolonialen Mächten oder von „missionarischer Dominanz", wie manche es nennen würden. Was macht man mit Institutionen, die der Kirche einst, als die Missionare noch das Sagen hatten, als Geschenk galten,

---

[1] Lapp / Snyder, Anabaptist Songs in African Hearts.

nun aber fast zu einem Fluch geworden sind? Während manche schreien „Wie lange, Herr, wie lange noch?" – sind die afrikanischen Täuferinnen und Täufer nie hoffnungslos geworden, träumen bis heute von besseren Zeiten, die noch kommen werden.

Im Gegensatz zu dem oben genannten Buch, in dem viele Autoren und Autorinnen umfassend und ausführlich berichten, ist der vorliegende Beitrag eher eine persönliche Perspektive auf die afrikanischen Täuferkirchen – auch wenn mir das zunächst etwas zu selbstbezogen erschien. Ich werde hier auch nicht jene Geschichten von unseren Liedern und unseren Tänzen als Teil unserer afrikanischen Identität wiederholen, auch wenn es noch viel zu sagen gäbe von diesen Ausdrucksformen der Freude und des Leids, die wir als Gaben an den Tisch der weltweiten Familie bringen.[2] Durch meine bisherige Mitarbeit in der MWK habe ich den Großteil der afrikanischen, kirchenleitenden Persönlichkeiten selbst treffen können, trank viel Kaffee mit ihnen und teilte Mahlzeiten mit ihnen. Außerdem kam ich mit vielen Kirchenvorständen in Kontakt, als ich das *Global Gift Sharing Project*[3] der MWK koordinierte. Bei diesen Zusammenkünften kam es oftmals zu heißen Debatten über die Kirche, das Versagen der Kirchenleitungen und unseren jeweiligen Gesellschaften, die Rolle der Frauen und der Jugend, Homosexualität, das Engagement junger Erwachsener in Politik und Militär, und vieles mehr. Mit einigen von ihnen bin ich weiterhin über die sozialen Netzwerke in Kontakt. – Vor dem Hintergrund dieser Diskussionen schreibe ich also den folgenden Beitrag.

Eine weitere Vorbemerkung: Dieser Aufsatz spiegelt allein meine eigene Sichtweise wider, er repräsentiert in keiner Weise die Meinung irgendeines gegenwärtigen oder früheren Kirchenoberhauptes afrikanischer Mennoniten oder der *Brethren in Christ* (Brüder in Christo).[4] Und ich schreibe diesen Beitrag schlicht

---

[2] Vgl. dazu Tshimika, Pakisa K. / Dube, Doris, Introduction to Mennonite and Brethren in Christ Churches in Africa, in: Lapp / Snyder, Anabaptist Songs in African Hearts, 1–13.
[3] Vgl. Lind, Sharing Gifts.
[4] Die „Brüder in Christo" (*Brethren in Christ*) sind als täuferische Kirche international in der Mennonitischen Weltkonferenz vertreten. Ihre Geschichte beginnt 1778 in den mennonitischen Siedlungen in Pennsylvania, wo die aus Deutschland und der Schweiz stammenden Mennoniten auf die Ideen der ebenfalls aus Deutschland kommenden Schwarzenauer Brüder trafen. Mit ihnen kam der

so, als säße ich mit meinen verstorbenen Eltern am Tisch, nach einem wunderbaren Essen, und wir redeten miteinander. Ich lade meine Leserinnen und Leser ein, kreativ und hingebungsvoll über die Täuferkirchen in Afrika zu diskutieren. Aufmerksame Leser:innen werden bemerken, dass ich den Begriff „afrikanische Täufer" (*African Anabaptists*) lieber gebrauche als „Mennoniten" oder „Brüder in Christo". Nach meiner Beobachtung würden sich fast alle afrikanischen Kirchen selbst als „täuferisch" bezeichnen.

In diesem Beitrag beschreibe ich die Wirklichkeiten und Verästelungen der afrikanischen Täuferkirchen, die innerhalb der MWK ihrer Mitgliederstärke nach ganz oben stehen, sich ökonomisch gesehen allerdings ganz unten, am Boden wiederfinden. Was ich hier darstellen kann ist allerdings allein die schmale Spitze eines Eisberges. Ich möchte glauben, dass Geld und materielle Güter nicht die einzigen Gaben sind, die man zu einem ‚potluck dinner' bringt. Afrika hat mehr als Geld zu geben. Afrikaner und Afrikanerinnen können so viel mehr beitragen zu dem gemeinsamen Gabentisch, wenn wir kreativ bleiben und aufmerksam auf das Wirken des Heiligen Geistes achten, der uns in gleicher Weise leitet wie er unsere Cousinen und Cousins im Norden leitet.

I. Das schnelle Wachstum der afrikanischen Täuferkirchen

Der römisch-katholische Missionswissenschaftler Walbert Bühlmann sagte einmal, das Gravitationszentrum des neuen kirchlichen Zeitalters werde der globale Süden sein.[5] Er prognostizierte aber, dass der globale Süden – trotz seines numerisch explosiven Wachstums – auch weiterhin in finanzieller und materieller Hinsicht vom Norden abhängig bleiben werde. Er meinte zugleich, dass der globale Norden den globalen Süden brauchen werde, um erneuert zu werden. Wenn ich dies lese, gewinne ich den Eindruck, dass er über meine eigene Glaubensfamilie

---

pietistische Einfluss in die Gemeinden, weshalb sich die *River Mennonites* mehr und mehr von den übrigen mennonitischen Gemeinden entfernten. Mit dem Namen wurde an die ersten Täufergemeinden in der Schweiz angeknüpft, die sich ebenfalls „Brüder in Christo" nannten (Anm. der Übers.).

[5] Vgl. Bühlmann, Wo der Glaube lebt.

spricht, die weltweite mennonitische Kirche. Damit hat er die Verhältnisse meiner Brüder und Schwestern in Afrika in ihren Beziehungen zu unseren Cousins in Asien, Europa, Latein- und Nordamerika genau getroffen.

Ich gebe zu, dass sich mein Körper jedes Mal anspannt, wenn ich mir die Verhältnisse unserer Kirchen vor Augen führe. Einerseits macht es mich glücklich, dass es in Afrika mehr Täufer:innen gibt als auf anderen Kontinenten, allen voran in meinem Heimatland, der Demokratischen Republik Kongo. Andererseits macht mich der zweite Teil der Projektion Bühlmanns wütend. Die Wahrheit schmerzt. Es klingt so, als könne der globale Süden schlicht so weiter machen wie bisher und sich über die steigenden Mitgliederzahlen freuen, aber am Ende des Tages werde doch die Frage zu stellen sein, wer „die Zeche" bezahlt. Ich weiß, so hat Bühlmann es nicht gemeint. Aber so fühlt es sich an. Vermutlich muss ich einfach meinen Stolz herunterschlucken.

Vor einigen Wochen erhielt ich die neuesten Statistiken der MWK.[6] Wie gewöhnlich, erstellte ich daraus mein eigenes Verzeichnis für Afrika, in dem ich verschiedene Spalten anlegte, für die Mitgliederzahlen pro Land, die Zahlen der organisierten Gemeindeverbände und der Mitgliedsgemeinden, den prozentualen Anteil innerhalb Afrikas und weltweit. Und dann füge ich noch eine weitere Spalte hinzu: die Kaufkraftparität (*Purchasing Power Parity,* PPP) eines jeden dieser Länder. Und dann erwache ich aus meinen Tagträumen. Nach diesem Mitgliederverzeichnis der MWK für das Jahr 2018 gibt es auf dem afrikanischen Kontinent mit 776.562 die meisten getauften Mitglieder, insgesamt 36 % aller getauften Mennoniten und Brüder in Christo weltweit. Im Vergleich dazu: Nordamerika beheimatet 649.903 (30,5 %) und Europa 63.360 getaufte Mitglieder (3 %). In Afrika sind Mennoniten und Brüder in Christo in 25 Nationen vertreten. Die Mehrzahl der getauften Gläubigen findet sich allerdings in nur acht Ländern. Diese sind die Demokratische Republik Kongo (35 %), Äthiopien (33 %), Tansania (9,5 %), Kenia (5 %), Nigeria (3 %), Angola (3 %), Sambia (2,5 %) und Zimbabwe (2 %).

Vergleiche ich diese Zahlen mit denen der vergangenen zehn Jahre, dann wird rasch deutlich, dass dieses Wachstum weiter

---

[6] Mennonite World Conference, „Statistics".

voranschreiten wird, wenn nicht eine unvorhersehbare, größere Katastrophe über Afrika hereinbricht. Und nichts wird uns aufhalten, nicht einmal die Konflikte unserer Führungspersönlichkeiten, die viel zu oft unsere Gemeinden in Mitleidenschaft ziehen. Manche dieser Konflikte werden freilich auch überschätzt.

Was also sind die Ursachen für dieses rapide Wachstum? Sicherlich spielen mehrere Faktoren zusammen. Hier möchte ich mich auf sechs konzentrieren:

a. Afrikanische Spiritualität und Kirchenwachstum

Wir Afrikaner:innen sind außerordentlich spirituelle Menschen. In der Vergangenheit wurden Geschichtsbücher so geschrieben – und zum Teil wird das heute noch so dargestellt – als hätten die weißen Männer aus Europa und Amerika Gott nach Afrika gebracht. Aber Gott war in Afrika schon immer präsent, ist es noch und wird es immer sein, wie es von Anbeginn der Zeit war, bis in alle Ewigkeit. Für Afrikaner:innen ist es daher nahezu unmöglich, Atheist:in zu sein. Manche geben vor, atheistisch zu denken, nachdem sie in Amerika oder Europa studiert haben. Sie berufen sich auf Jean Paul Sartre und andere europäische Philosophen, um ihre „neue Identität" zu rechtfertigen. Doch tief im Inneren ihrer selbst wissen sie, dass sie nur etwas kopieren, ohne tiefere kulturelle Verankerung. Von Zeit zu Zeit erinnern sie dann Filme wie „König der Löwen" daran, wer sie sind. Ich bin der festen Überzeugung, dass die Annahme, afrikanischer Atheist zu sein, so ist, als ob ich mich selbst nicht mehr als *Chokwe*[7] wahrnehmen würde, weil ich in Nordamerika gelebt habe und Europa und Asien bereist habe. An Gott zu glauben ist nicht etwas, was wir tun, sondern Teil dessen, wer wir sind.

Geschichten über Gott wurden in Afrika auf unterschiedliche Weisen weitererzählt. Unsere Großeltern, die nichts von der Bibel wussten, sprachen ausnahmslos von Gott als dem Schöpfer des Universums, der unter uns Menschen gelebt hat. Es gab auch verschiedene Erzählungen darüber, dass Gott die Erde verlassen habe um an einen Ort zu gelangen, an dem wir Menschen nicht mehr in direkten Kontakt mit ihm treten könnten. Es wurde

---

[7] Die *Chokwe* sind eine Bantu-Ethnie, die vorwiegend in Angola, der Demokratischen Republik Kongo und in Sambia leben (Anm. der Übers.).

berichtet, dass Menschen, die ein gutes Leben auf Erden führen, nach ihrem Tod zu den Ahnen aufsteigen und dort für uns vor Gott bitten. – Für Afrikaner:innen ist die Botschaft des Evangeliums, dass Jesus Christus gekommen ist, um für uns zu sterben und so zum Mediator zwischen uns und Gott zu werden, nicht schwer zu verstehen, da das Paradigma des Mediators in unseren Gesellschaften bereits lange präsent war.

Die Mehrheit unserer Gemeinden leben in ländlichen Dorfgemeinschaften, da die meisten mennonitischen Missionare hier ihre Arbeit aufnahmen, um unter den Ärmsten der Armen tätig zu werden. Erst viel später zogen Mennoniten und Brüder in Christo in die Städte. Die Erfahrung zeigt, dass überall dort, wo der *chief* des Dorfes den Glauben an Christus annahm, fortan auch die Tür für das gesamte Dorf weit offen stand, an Jesus zu glauben. Ein Grund dafür ist, dass wir an ein Leben in Gemeinschaft glauben, im Gegensatz zu einem individuellen Lebensstil.

Wir selbst haben in einigen benachbarten Ländern ebenfalls Gemeinden gegründet, entsprechend dem Modell, das uns die Missionare vorgaben. Wenn in einem Land drei Täufergemeinden existierten, dann wurden unter unseren Nachbarn ebenfalls drei Täufergemeinden etabliert. Hinzu kommt, dass unsere jungen Leute mehr und mehr reisen und überall dort, wo sie hingelangen, wiederum Täufergemeinden gründen. Daneben gibt es einige Täufergemeinden, die aus Leiderfahrungen – entweder durch eine Naturkatastrophe verursacht oder von Menschen hervorgerufen – geboren wurden. In diesem Zusammenhang spielte die diakonische Katastrophenhilfe des *Mennonite Central Committee* (MCC) eine entscheidende Rolle. Oft wird gesagt, das MCC sei keine Organisation, die Gemeinden gründe, sondern eine humanitäre Hilfsorganisation. Das mag das Verständnis aus der Perspektive des globalen Nordens sein, doch uns im Süden hat das MCC schon unzählige Male geholfen, unserer mennonitischen Art des Mitgefühls unter jenen in Not Ausdruck zu verleihen. So können sie Jesus „begegnen", in einem Becher kalten Trinkwassers, einem Sack Reis, Milch, Fleisch, oder einer Decke, die ihnen „im Namen Christi" gereicht wird. In der Folge erkennen diese Menschen dann in unserer Hilfe oft mehr als nur Nahrung oder materielle Hilfe. Unsere Hilfe weckt in ihnen den „Hunger" mehr zu erfahren. So laden sie uns dann ein, mit ihnen Gemeinden zu entwickeln, die auf den Werten und der Ethik der Täufer basieren.

Des Weiteren entschieden sich bereits existierende Kirchen, unserer Glaubensfamilie beizutreten, nachdem sie von diesen täuferischen Werten, dieser Theologie und Lebensweise gehört haben. Diese Gemeinden sind womöglich die interessantesten, denn sie bringen viele Gaben in die Kirche ein, aber eben auch gewisse Praktiken, die für uns Täuferinnen und Täufer in Afrika eine ernsthafte Herausforderung darstellen. Beispielsweise erhielten wir schon Anfragen von Glaubensgemeinschaften, die sich frei dazu entschieden, unserer Kirche beizutreten, weil sie unsere Werte, unsere Ethik und unsere Theologie studiert und für kompatibel zu dem befunden hatten, was sie bisher auch schon glaubten. Allerdings war ihr Kirchen-Oberhaupt ein aktives Mitglied der nationalen Armee oder der Polizei. – Wie würde Menno Simons auf diese Anfrage reagieren? Und was würde Jesus tun?

Ich erwähnte bereits, dass, sobald ein Dorfoberhaupt Jesus als den Erlöser angenommen hat, auch alle anderen Dorfbewohner:innen frei sind, das Gleiche zu tun. Außerdem habe ich gezeigt, dass Afrikaner:innen sich in mancherlei Hinsicht nicht so sehr als Individuen, sondern als Gemeinschaft begreifen. Jesus als Gemeinschaft zu erfahren und zu glauben, ist sinnvoller als die individualistische Glaubensweise des Westens. Ich bin zu der Überzeugung gelangt, dass, obwohl wir gelernt haben, Jesus als den persönlichen Erlöser zu verstehen, dieses Verständnis mit unserem Ethos des gemeinschaftlichen Lebens im Grunde nicht übereinstimmt. Wenn Gott gewollt hätte, dass sein Sohn von uns nur individuell erfahren wird, warum hat er dann Abraham samt seiner ganzen Familie berufen und nicht Abraham allein? Warum erwählte Gott das ganze Volk Israel und nicht Jakob allein? Und woher rühren die urchristlichen Geschichten, in denen ganze Hausgemeinschaften auf das Evangelium antworten?

Der Boden in Afrika wird immer fruchtbar bleiben. Wenn der Samen gesät wird, dann sollte der Blick nicht allein auf die einzelne Person gerichtet sein, sondern auf die jeweilige Gemeinschaft. Wir Afrikaner:innen werden auch weiterhin mit der individuellen Art des Glaubens der Europäer und Nordamerikaner zu kämpfen haben, den sie zu uns nach Afrika brachten. – Wie sollen wir mit einem individualisierten Jesus umgehen, der von außen zu uns gebracht wurde und der nicht der kommunalen Lebensweise in Afrika entspricht?

b. Der Beitrag der Frauen zum Kirchenwachstum

Die Rolle der Frauen innerhalb der rasch wachsenden afrikanischen Täufer-Gemeinden ist nur spärlich dokumentiert und oft verkannt worden. Neben der Tatsache, dass die Mehrheit der Mitglieder in afrikanischen Täuferkirchen Frauen sind, sind sie auch noch hervorragende Evangelistinnen. In manchen Gemeinden repräsentieren Frauen mehr als 60 % der Mitglieder. Alle männlichen afrikanischen Kirchenführer würden darin übereinstimmen, dass sie selbst zwar sehr gut darin sind, zu taufen, Gottesdienste zu leiten und als juristische Vertreter oder Präsidenten ihrer Kirchen und Gemeinden zu fungieren, doch die Frauen den größten Anteil daran haben, nach außen zu wirken und dafür zu sorgen, dass Menschen zu Christus und in unsere Gemeinden kommen. Frauen arbeiten in Gefängnissen, in Hospitälern und unter Flüchtlingen, sie trösten die Trauernden. Frauen tragen die schwere Last der Pflege von Langzeitkranken, HIV- und AIDS-Kranken. Es ist ihrer christlichen Fürsorge zu verdanken, dass so viele Menschen den Weg in unsere Gemeinden finden. Ihre Zeugnisse sprechen eine vernehmbare Sprache in unseren Gemeinden. Obwohl die Männer die meiste Anerkennung bekommen, sind es doch die Frauen, die durch Bildungsarbeit, medizinische Pflege und soziale Aktivitäten das Evangelium in einer Weise teilen, dass es das Leben von Menschen verändert. Sie sind für die gewöhnlichen Gemeindeglieder leichter ansprechbar als es die Männer sind.

c. Der Einfluss und die Paradoxie afrikanischer Lieder

Mittlerweile komponieren junge Menschen in unseren Gemeinden die Mehrzahl der gesungenen Lieder. Das zeigt die Lebendigkeit und Reife unserer Kirchen. Hin und wieder überkommt uns der nostalgische Wunsch, die alten Lieder der Missionare zu singen, doch unsere eigenen Lieder sind wahrhaftiger Ausdruck dessen, was Gott in unseren Gesellschaften durch diese jungen Menschen und ihre Lieder bewirkt.

Als die Trommeln in unseren Kirchen eingeführt wurden, spalteten sich die Gemeinden beinahe darüber, denn mit den Trommeln wurden stets böse Bräuche assoziiert. Aber es ergab schlicht keinen Sinn, Klaviere und Synthesizer zu erlauben und zu ihrem

Gebrauch gar zu ermuntern, während afrikanische Trommeln verpönt waren. Heute bedient sich die Mehrheit unserer Gemeinden der traditionellen afrikanischen Instrumente, ohne dadurch Konflikte hervorzurufen. Gemeinden, in denen immer mehr afrikanische Lieder gesungen werden, verzeichnen gar einen höheren Zulauf im Gottesdienst als jene, die an den althergebrachten Kirchenliedern der Europäer und Nordamerikaner festhalten.

Gegenwärtig stellt der Gebrauch der elektronischen Instrumente im Gottesdienst eine Herausforderung dar, durch den Jugendliche und junge Erwachsene in unsere Kirchen gelockt werden. Paradoxerweise ist es ausgerechnet der Wunsch der jungen Leute nach elektronischen Instrumenten, der die Gemeinden spaltet und sie mancherorts ihrer gesamten Jugend beraubt. In der Folge stellt sich die Frage nach der Ernsthaftigkeit des Glaubens der Jugend. In dieser Hinsicht schließen sich die afrikanischen Kirchen denen in Europa und Nordamerika an, die teilweise ausschließlich aufgrund der unterschiedlichen Musikstile, die den jeweiligen sonntäglichen Gottesdienst beherrschen, voneinander getrennt sind. So banal es auch erscheinen mag: Viele Leute werden zunehmend intolerant gegenüber anderen Gemeindemitgliedern, weil sie ein anderes musikalisches Genre bevorzugen. Es ist traurig, dass viele Gemeinden in Afrika ihre ganze Energie darauf konzentrieren, elektrische Instrumente zu benutzen, obwohl sie selbst gar nicht die Mittel haben, diese zu erwerben. Oft bitten sie dann Besucher:innen aus Europa oder Nordamerika um Geld für den Kauf von Instrumenten, da sie ansonsten viele Gemeindemitglieder verlieren würden.

d. Die Bedeutung von Bildung und der jungen Generation

Die Mehrheit der täuferischen Kirchen in Afrika unterhält Grund- und Mittelschulen. In manchen Fällen haben sie sogar Bibelschulen oder Hochschulen, oft in Kooperation mit anderen evangelikalen Kirchen. Solche Schulen sind exzellente Werkzeuge der Evangelisation. Durch Sonntagsschulen und wöchentliche oder zweiwöchentliche Gottesdienste werden Schülerinnen und Schüler an das Evangelium in täuferischer Perspektive herangeführt. Nach einer gewissen Zeit beginnen die Schüler:innen, Christus anzunehmen – Dank der Freiheit, die die Kirchen genießen, eigene Schulen und Bibelkurse zu unterhalten.

Ähnlich den Dorfgemeinschaften, in denen die Bewohner:innen zum Glauben finden, nachdem das Dorfoberhaupt Christus angenommen hat, scheint es auch in den Schulen zu funktionieren. Zunächst mögen die Eltern schlicht ein Interesse an der Qualität der angebotenen Bildung in einer kirchlichen Schule haben, doch nach einiger Zeit, wenn die Kinder Christen geworden sind, tendieren diese Kinder selbst dazu, auch ihre Eltern zu den Gottesdiensten einzuladen. Wenn das geschieht, dann verbreitet sich die Botschaft oft wie ein Lauffeuer in der Gemeinschaft.

Daneben spielen die Schulen auch eine wichtige Rolle in der Kooperation der Kirchengemeinden, die sonst nicht zusammenarbeiten würden. Vielerorts schweißte der Einsatz für die Errichtung einer Schule verschiedene Gemeinden zusammen, um zukünftige Führungskräfte für die Gemeinden und die Gesellschaft auszubilden. In der Mission oder der Evangelisation war diese Zusammenarbeit oft nicht möglich.

Ein neueres zu beobachtendes Phänomen in Afrika ist, dass viele junge Menschen die Grenzen ihrer eigenen Länder verlassen, aus ökonomischen Gründen, auf der Suche nach einem besseren Leben, manchmal auch aufgrund von Bürgerkriegen und anderen Konflikten in ihren Heimatländern. Sobald die Zahl der Einwandernden an einem bestimmten Ort steigt, bilden diese jungen Menschen Bibellesegruppen, die später zu Gemeinden werden. Das gleiche Phänomen lässt sich auch bei den Immigrant:innen in Europa, Asien und Nordamerika beobachten. Angesichts so vieler Konflikte und Kriege in afrikanischen Ländern wird dieses Phänomen wohl noch eine lange Zeit anhalten und für die Geburt neuer Täufergemeinden in Afrika und weit darüber hinaus sorgen.

Viele dieser jungen Gruppen bitten bereits um die Hilfe ihrer Heimatgemeinden, insbesondere wenn es um kirchliche Sakramente wie die Ehe oder das Abendmahl geht. In ihren afrikanischen Heimatgemeinden haben sie gelernt, dass solche Sakramente nur von ordinierten Pastoren verwaltet werden dürfen. Afrikanische Mennoniten und Brüder in Christo müssen dringend nach Wegen suchen, diese Gemeinden zu registrieren, ihnen bei der Ausbildung administrativer Strukturen zu helfen und sie in die Verbände ihrer Heimatkirchen zu integrieren. Zudem müssen die internationalen Partnerkirchen auf die Aktivitäten dieser jungen Leute aufmerksam gemacht werden, damit sie als Teil der Tätigkeiten ihrer Heimatkirchen anerkannt werden.

e. Der Einfluss medizinischer Dienstleistungen

Der Beitrag medizinischer Betreuung für Gemeindeneugründungen und das generelle Wachstum kann nicht überschätzt werden. Regelmäßig werden in den von Mennoniten und Brüder in Christo geleiteten Krankenhäusern und Gesundheitszentren Gottesdienste und Gebetszeiten organisiert. In vielen Fällen betet das medizinische Personal gemeinsam mit den Patienten vor einer Operation. In der Folge gründen viele Patient:innen, die während ihrer Behandlung zum Glauben gefunden haben, später in ihren Heimatdörfern eigene Mennonitengemeinden. – Ich erinnere mich an eine Diskussion mit dem Leiter einer Missionsgesellschaft. Ich argumentierte, dass Entwicklungszusammenarbeit und medizinische Hilfe ebenso wichtig seien wie Evangelisation. Er war nicht meiner Meinung und meinte, dass allein die Evangelisation zu Gemeindegründungen führe, nicht die Hilfsprojekte. Anhand des Beispiels eines afrikanischen Hospitals, das viele Patient:innen aus benachbarten Regionen aufnahm, konnte ich meine Position belegen: Über die Jahre sind hunderte von Migrant:innen in ihre Heimat zurückgekehrt und gründeten dann kleine Gemeinden. „Haben Sie *mennonitische* Gemeinden gegründet?", lautete die Frage dieses Freundes aus dem Westen wiederholt. Wieder erklärte ich ihm, wie sie durch die Arbeit von Frauen, Krankenschwestern, Ärzten oder Krankenhausseelsorgern mit Christus in Berührung kamen. Manche gründeten dann Gemeinden mit mennonitischen Namen, andere ohne. Trotz all meiner Erklärungsversuche blieb er dabei zu behaupten, dass nichts gewonnen sei, worüber sich zu reden lohne, wenn diese Aktivitäten nicht zu sich *selbst* versorgende, *selbst* verwaltete und sich *selbst* ausbreitende mennonitische Gemeinden führe. – Zum einen glaube ich nicht an diese drei „selbst" kirchlicher Dienste. Ich habe bis heute deren biblische oder theologische Fundierung nicht ausmachen können, außer bei jenen, die nicht glauben, dass sie ihre eigenen Gaben von Gott erhalten haben. Gott hat uns geschaffen, um gesund und kreativ zu sein, unabhängig voneinander. Traurig musste ich zur Kenntnis nehmen, dass dieser Freund nicht erkennen konnte, dass Gott in Afrika auch anders als in massenhaften Evangelisationen wirkt.

f. Die Auswirkungen von Gewalt, Konflikten und Leid

Von den acht oben genannten Ländern, die mehr als 93 % der Mennoniten und Brüder in Christo Afrikas beheimaten, kann einzig Sambia als politisch stabil bezeichnet werden. Die übrigen sieben Länder erlebten in jüngerer Vergangenheit militärische Konflikte, innenpolitische Unruhen oder Kriege mit ihren Nachbarn – im Falle der Demokratischen Republik Kongo sogar den nun sogenannten „Afrikanischen Weltkrieg", der sieben Länder in Mitleidenschaft zieht. Ob in dem Krieg zwischen den Nachbarstaaten Äthiopien und Eritrea, dem dreißigjährigen Krieg Angolas, den Unruhen in Kenia entlang ethnischer Zugehörigkeiten oder dem Krieg in der Demokratischen Republik Kongo, der bereits fünf Millionen Tote forderte und der vor allem ökonomische Ursachen hat – immer leiden die einfachen Menschen, die doch nach dem Ebenbild Gottes geschaffen sind. Immer wieder habe ich während meiner vielen Reisen gehört: „Wie lange noch, Herr, wie lange?" Doch trotz dieser Klage ist nicht zu übersehen, wie Gebete und das anhaltende Vertrauen in Gott zum Lebensstil dieser Gemeinden geworden sind.

Leid wird nicht als Segen, sondern als eine gewisse Realität des Lebens wahrgenommen. Manche erachten Afrikaner:innen als Fatalisten. Während unsere Cousins in Europa und Nordamerika Leid in apokalyptischer Perspektive deuten, gehört es für afrikanische Täuferinnen und Täufer zum alltäglichen Leben. Das Leid, das in der Offenbarung des Johannes beschrieben wird, erfahren wir in unserem Alltag. Folglich muss auch die Botschaft des Evangeliums diese Realität im Blick haben. Jede Beziehung oder Partnerschaft, die dieses Leid nicht sieht, wird einen maßgeblichen Teil des Lebens seiner afrikanischen Cousins und Cousinen verkennen. Man mag das „Fatalismus" oder sonst wie nennen – es ist unsere tägliche Realität.

Warum erfahren wir in Afrika trotz dieser Schmerzen, die einem chronischen Leid gleichen, stetiges Wachstum, Freude und Gesang? Aufgrund meiner persönlichen Erfahrung chronischer Schmerzen und als Afrikaner bin ich zu dem Schluss gelangt, dass es sich hierbei um ein dreifaches Zusammenspiel handelt: Leid, das Schmerz und Unglück hervorruft, Freude, die aus dem inneren Vertrauen in Gott herrührt, und Lieder des Trostes, die so lange erklingen, bis unsere Stimmen wund werden. Kein Afrikaner wird sagen, er sei glücklich aufgrund der Armut oder des chronischen Leids seines Umfeldes, in dem er oder seine Gemeinde leben müssen. Aber er wird davon erzählen, wie er vergeblich darauf hoffte, dass ein Staat oder eine kirchliche Organisation zur Rettung käme. Die sichere Schlussfolgerung afrikanischer Täuferinnen und Täufer ist, dass Gott dennoch präsent bleibt. Gott schenkt Freude trotz des Leids. Immer findet sich ein Lied des Trostes und der Freude auf den Lippen afrikanischer Täuferinnen und Täufer, in Zeiten des Leids oder der chronischen Schmerzen ebenso wie in Zeiten des Wohlbefindens. Und in diesem Singen erfahren sie Gott, in ihren Familien wie in ihren Gemeinden.

Ich meine, dass wir afrikanische Täufer:innen jetzt ernsthaft beginnen müssen, uns kreativ mit der Erwartung eines „neuen Himmels und einer neuen Erde" und eines „Lebens in Fülle" auseinanderzusetzen. Wenn Leid einen Teil des gegenwärtigen Lebens ausmacht, dann muss auch ein erfülltes Leben Teil dieser Gegenwart sein. Wenn die Erfahrung des Leids uns wachsen lässt, dann müssen wir Gott auch darum bitten, dass Er uns in diesem Kontext Seinen Segen erfahren lässt, in mehr Freude und weniger Schmerz. Wir dürfen das chronische Leid nicht als Ausdruck des Willens Gottes akzeptieren, auch wenn es uns Gott näher bringt und viele erst dadurch zu Ihm finden.

II. Die Realität wirtschaftlicher Armut –
und eine Fülle alternativer Möglichkeiten

Nun komme ich zum zweiten Teil der These Bühlmanns, die mich zwingt, meinen Stolz herunterzuschlucken: Warum wird der Süden vom Norden finanziell und materiell abhängig bleiben, um seine Aufgaben zu erfüllen, ja um überhaupt anwesend sein zu können bei verschiedenen internationalen Versammlungen?

Die Kaufkraftparität-Spalte, die ich der Statistik über Mennoniten und Brüder in Christo in Afrika hinzugefügt habe, ist sehr erhellend: Die durchschnittliche Kaufkraft der acht Länder, in denen 93,2 % der afrikanischen Täufer:innen leben, beträgt

U$ 1.600 pro Jahr.[8] Das numerische Wachstum in Afrika steht in keinem Verhältnis zur nationalen Kaufkraft. Zum Beispiel befindet sich die Demokratische Republik Kongo, die in der Liste der Mitgliederzahlen weit oben steht, im Hinblick auf die Kaufkraft weit unten, mit U$ 500 pro Jahr, ähnlich wie Äthiopien mit 850 U$/Jahr, Tansania mit 1.040 U$/Jahr, Simbabwe mit 1.430 U$/Jahr und Kenia mit U$ 1.830/Jahr. Vergleicht man diese Zahlen mit jenen der westlichen Länder, dann wird verständlich, warum Afrika auch weiterhin auf Europa und Nordamerika angewiesen bleiben wird: in den U.S.A. haben die Täufer-Kirchen 500.481 Mitglieder, bei einer Kaufkraft von 62.869 U$/Jahr, in Kanada gibt es 149.422 Mitglieder bei einer Kaufkraft von 46.290 U$/Jahr, in Deutschland gibt es 47.492 Mitglieder täuferischer Kirchen bei einer Kaufkraft von 47.662 U$/Jahr, und in den Niederlanden 5.755 Mitglieder und eine Kaufkraft von 53.228 U$/Jahr.

Afrika hat noch viel aufzuholen. Eine Seite, die die nackten Zahlen der Kaufkraft nicht zeigen, ist all jenes Einkommen, das durch den informellen Sektor erwirtschaftet wird, und das doch die Mehrheit der Familien dieser Länder ernährt. Eine weitere, traurige Realität ist das Einkommen, das durch beschämende Tätigkeiten zustande kommt, wie die Prostitution von Ehefrauen und Töchtern, insbesondere in den Städten. Diese werden wohl niemals in irgend einer Wirtschaftsstatistik auftauchen.

Bedauerlicher Weise werden jene westlichen Länder, die sich wirtschaftlich an der Spitze befinden, sicherstellen, dass die Länder am unteren Ende auch dort bleiben, wo sie sind, damit diese sie weiterhin mit Rohstoffen versorgen, um ihr Einkommen und ihr Wirtschaftswachstum – und damit auch ihren gehobenen Lebensstandard – zu erhalten. Diese Tatsache muss gar nichts zu tun haben mit Mennoniten und Brüder in Christo in jenen weltlichen Ländern. Auch für Europäer und Nordamerikaner gilt wie für Afrikaner, dass es nicht ihr Fehler ist, in diesen Ländern geboren zu sein. Und dennoch meine ich, dass wir gemeinsam die Frage stellen müssen, was es für die afrikanischen Täuferinnen und Täufer bedeutet, in den Mitgliederstatistiken ganz oben

---

[8] Alle Zahlen sind Schätzungen des Internationalen Währungsfonds (IWF) für 2018, Stand Oktober 2019; siehe: https://de.wikipedia.org/wiki/Liste_der_L%C3%A4nder_nach_Bruttoinlandsprodukt_pro_Kopf [01.02.2024].

zu stehen, ökonomisch gesehen aber ganz unten, sogar in den Statistiken ihrer eigenen Ländern.

Im Folgenden möchte ich mehrere Möglichkeiten skizzieren, wie Täufer:innen gemeinsam die Zukunft ihrer Kirche und die globalen Beziehungen ihrer Mitglieder gestalten können.

a. Die Transformation unserer kirchlichen Institutionen zu Zentren kritischen Reflektierens aus afrikanischer, täuferischer Perspektive

Lange Zeit bestimmten die Missionare, die das Evangelium nach Afrika brachten, unser theologisches, biblisches, soziologisches und anthropologisches Denken. Wenn theologische Seminare und Bibelschulen gegründet wurden, kamen die Lehrer aus Europa und Nordamerika. Sie benutzten Lehrbücher, die von täuferischen und mennonitischen Theologen aus ihren heimischen Hochschulen verfasst waren, in Elkhart, Winnipeg, Straßburg, Vaux Sur Seine, Omaha, Fresno, Hillsboro, Kitchener usw. Einige Bücher kamen auch aus Orten wie *Biola University, Moody Bible Institute* u. a. m. Lehrer unserer theologischen Schulen arbeiten bis heute mit diesen Aufzeichnungen und denselben Büchern – zumindest diejenigen, die das Glück haben, auf Bücher zugreifen zu können. Es gibt nur ganz wenige täuferische Lehrbücher, die von afrikanischen Täufer:innen verfasst sind. Oft höre ich den Satz, dass Afrikaner eine mündliche Tradition leben. Wenn das auch heute noch so wäre, wo sind dann unsere afrikanischen, täuferischen Geschichtenerzähler, die unsere Theologie und unsere biblischen Interpretationen oder Kontextualisierungen des Evangeliums tradieren, am weltweiten Tisch und an die nächsten Generationen weitergebend?

Afrika wird geradezu bombardiert mit brennenden Fragen, wie den Umgang mit HIV/AIDS, Homosexualität, Ehe, Scheidung und Wiederverheiratung, Frauen in leitenden Ämtern, den Rückgang kirchlicher Trauungen zugunsten ungebundenen Zusammenlebens u. v. m. Aus welcher Perspektive analysieren wir diese Fragen, wenn wir sie überhaupt analysieren? Während eines Treffens der Kirchenleitungen meinte jemand, afrikanische Kirchen sollten keine Zeit mit der Frage der Homosexualität verschwenden, da dieses Phänomen in unseren afrikanischen Kulturen gar nicht existiere. Daraufhin meinte ein anderer, sein

Vorredner solle sich in seinen Aussagen besser auf sein eigenes Dorf beschränken und nicht für das ganze Land sprechen. Die sich daran anschließende Diskussion war sehr heftig. Wir können unsere Köpfe nicht einfach in den Sand stecken.

Was wäre nötig, um Zentren kritischen Reflektierens in Nairobi, Bulawayo, Kinshasa, Addis Abeba oder Luanda zu gründen? Ein erster Schritt wurde während der Versammlung der Mennonitischen Weltkonferenz in Bulawayo (Zimbabwe) getan, indem wir unsere *stories* dem Rest der täuferischen Familie näherbrachten. Als nächsten Schritt müssten wir unser eigenes kritisches Nachdenken mit der weltweiten Familie teilen und uns nicht mehr allein darauf beschränken, was wir von den Missionaren europäischer und nordamerikanischer Institutionen gelernt haben, an denen viele von uns auch studiert haben. Die Zeit ist reif, dass unsere Bildungseinrichtungen in den verschiedenen Ländern reflektieren, was uns mit dem Rest der weltweiten Familie verbindet und welche genuinen Beiträge aus unserem eigenen kritischen Denken hervorgebracht werden können.

b. Afrikanische Täufer:innen weisen den Weg in der Heilung der Wunden aus der Vergangenheit

Wir leben mit vielen Wunden der Vergangenheit, die Heilung nötig haben. Einige Verletzungen gehen zurück in die Zeit, in der verschiedene Stammesgruppen gegeneinander kämpften und die Mehrheit von uns noch nicht einmal geboren war. Während dieser Kriege wurden viele versklavt, und ihre Geschichten werden weitererzählt, von Generation zu Generation. Es gibt immer noch Fälle, in denen wir Kinder ehemaliger Sklaven nicht als kirchliche Leiter anerkennen wollen, entgegen unseres starken Glaubens, dass in Christus „weder Mann noch Frau, weder Sklaven noch Freie" sind (vgl. Gal 3,28). Diese kulturellen Konflikte wurden teilweise noch verschärft durch die Evangelisation der Missionare sowie die Art und Weise, wie die Kolonialmächte ihre Regierung ausübten.

Die Missionare errichteten ihre Missionsstationen unter bestimmten Volksgruppen. In den allermeisten Fällen waren sie in der Lage, die Einheit der Kirche durch diese Missionsstationen zu erhalten, denn es war immer klar, dass diese Stationen zuerst der Denomination gehörten, die sie errichtet hatten. Auch alle kirchlichen Einrichtungen wie Schulen und medizinische Zentren gehörten nicht einer bestimmten Stammesgruppe der jeweiligen Region, sie dienten überregional allen Mitgliedern der Konfession eines ganzen Landes. Haben die nationalen Kirchenleitenden dies aber in gleicher Weise verstanden? Sobald die Missionare die Organisation den lokalen Kräften überließen, kamen die Grenzen ethnischer Gruppen wieder zum Vorschein und führten zu Konflikten, die zum Teil bis heute nicht gelöst werden konnten. Manche Konflikte entflammen sich an der Frage, welches die erste Station war, mit der die Missionare ihren Dienst in einem gegebenen Land begannen. Kirchenmitglieder solcher Stationen tendieren dann dazu, sich selbst als die Privilegierten für die kirchenleitenden Ämter zu betrachten. Hinzu kommt, dass in einigen afrikanischen Ländern die Verwaltungsgrenzen entlang der verschiedenen protestantischen Konfessionen gezogen wurden, um Konflikte unter diesen zu vermeiden. In der Folge sind schon Fälle vor Gericht ausgetragen worden, in denen eine protestantische Denomination solche Grenzen überschritten hat, um in anderen Regionen Evangelisation zu betreiben, die doch nicht als ihr Stammland gelten.

Andererseits gab es koloniale Autoritäten, die Regierungsstellen, Schulen und Gesundheitszentren für ganz bestimmte Bevölkerungen einrichteten, die überwiegend zur gleichen Stammesgruppe gehörten. In vielen Fällen bedeutete dies, dass diese Einrichtungen allein für diese Volksgruppen zugänglich waren. Auf diese Weise gelten diese Einrichtungen bis heute als „gesichert", sie können nicht an andere Orte verlagert werden, auch wenn die Kirchen nun mit der Organisation dieser Einrichtungen betraut sind. Diese beiden Faktoren, angestammte Missionsstationen und ehemalige Regierungsposten, behindern jegliche Motivation, diese Institutionen weiterzuentwickeln. Nationale Kirchenführer und regionale Regierungsvertreter teilten das gemeinsame Verständnis, dass jede Institution innerhalb ihrer Region als Eigentum der Stammesgruppe anzusehen ist, die in dieser Region lebt.

Als afrikanische Täufer:innen haben wir auch die Schismen unserer eigenen Glaubensfamilie geerbt, die Europäer und Nordamerikaner zu uns brachten. Würde man afrikanische Mennoniten oder Brüder in Christo, die niemals über die Bildung einer Mittelschule hinaus gegangen sind, fragen, warum sie Mennoniten, Brüder in Christo oder Mennoniten-Brüdergemeinden sind, so könnten sie in den allermeisten Fällen die wahren Gründe dafür nicht angeben, außer dass eben die Missionare, die sie evangelisierten, aus diesen Traditionen stammten. In Ländern wie der Demokratischen Republik Kongo oder Angola, in denen es mehr als eine Täuferkirche gibt, ist es sogar zu Gerichtsverfahren gekommen, weil eine Denomination im Gebiet der anderen missionierte. Dabei haben doch alle diese Kirchen dieselben täuferischen Wurzeln! In mancherlei Hinsicht kann man den Konflikt mit Baptisten, Adventisten, Presbyterianern oder Lutheranern noch eher verstehen als innerhalb der eigenen Glaubensfamilie. Oh ja, wir haben die Sünden unserer Väter geerbt und in einigen Fällen haben wir diese zu unseren eigenen gemacht, vermischt mit dem Stolz von einhundert Jahren, und wir schämen uns dessen noch nicht einmal. Dabei haben wir doch wahrlich genügend eigene sozio-kulturelle Konflikte!

Ist denn noch nicht genug Zeit vergangen, dass wir einen veränderten Blick auf diese internen Konflikte werfen könnten? Wir leben doch nicht in der Schweiz, Frankreich, Deutschland, USA, Kanada oder der Ukraine, wo diese Trennungen entstanden. Warum können wir nicht gerade in dieser Hinsicht Botschafter der Überwindung von Konflikten sein? Ich weiß, dass der finanzielle Druck gerade aus den USA groß ist, aber sollte das wirklich der Grund sein für die Fortführung von Trennungen, die jene Einheit verhindern, die Christus von seiner Kirche erwartet? – Möglicherweise könnte gerade dies der *„wind of change"* sein, den Afrika an den globalen Tisch bringt, beginnend in Afrika selbst.

c. Ökonomen einer afrikanischen täuferischen Mission

Wir haben Fachärzt:innen, Missiolog:innen, Gemeindegründer:innen, Evangelist:innen und vieles mehr, aber in jenen Bereichen, die uns am meisten trennen – extrem hohes und extrem niedriges Einkommen und die schwerwiegenden Folgen dieser Schere – fehlen uns die Fachkräfte, die uns helfen könnten, mit diesen Fragen angemessen umzugehen. Ich habe noch kein offizielles internationales Treffen erlebt, bei dem die Frage erörtert wurde, warum Mennoniten und Brüder in Christo in ihren eigenen Ländern zu den Ärmsten gehören, neben Europäern, deutsch-stämmigen Paraguayern, chinesischen Indonesiern und weißen Nordamerikanern.

Auch wenn sich einige unserer Cousins und Cousinen bei dieser Frage unwohl fühlen, sollten wir afrikanischen Täufer:innen uns mit dieser Frage beschäftigen, wenn wir nun unsere eigenen missiologischen Ansätze entwickeln. Nur indem unsere Cousins aus dem Norden auch weiterhin ihren Reichtum mit uns teilen, wird das Problem noch nicht gelöst. In der Tat scheinen die Geldspenden aus dem Norden sogar eher rückläufig zu sein. Hinzu kommt, dass die Mitglieder im Norden immer älter werden, ihre Anzahl schrumpft und es gleichzeitig immer mehr Mitglieder in Afrika gibt. Die Erträge aus dem Norden werden auf Dauer nicht reichen, um die finanzielle Last des Südens zu tragen. Das ist eine einfache mathematische Realität.

Ich bin davon überzeugt, dass eine nachhaltige wirtschaftliche Entwicklung der afrikanischen Kirchen nicht von den kirchlichen Institutionen des Nordens kommen wird. Diese traurige Realität will niemand wahrhaben, aber wie sollen die Organisationen, die selbst um ihr Überleben kämpfen, die afrikanischen Kirchen retten? Die Europäer und Nordamerikaner müssen diesen Missstand anerkennen und die Afrikaner müssen andere Möglichkeiten der nachhaltigen Entwicklung finden. Die Cousins aus dem Norden haben die Tür weit geöffnet, indem sie die Bibel in viele unserer Sprachen übersetzten. Dadurch haben sie aber auch die Kontrolle über die Evangelisation verloren. Der Heilige Geist leitet uns jetzt dazu an, den Glauben so mit Menschen, die Christus nicht kennen, zu teilen, wie wir ihn selbst erlernen. Sie haben uns geholfen, Grund- und Mittelschulen und theologische Institutionen aufzubauen. Auf diese Weise haben sie uns Räume eröffnet zum eigenen kreativen Denken und Wirken.

Das Hauptproblem bleibt der Mangel an Kapital in unseren Ländern. Sieht man sich Orte wie Paraguay, Belize und Mexiko an, in denen unsere Cousins aus dem Norden als mennonitische Geschwister zusammenarbeiten, dann scheint die Lösung der ökonomischen Entwicklung Afrikas darin zu liegen, dass einzelne Unternehmer:innen aus dem Norden beginnen, Geschäfte mit ihren Cousins und Cousinen in jenen afrikanischen Ländern zu machen, in denen Mennoniten und Brüder in Christo leben. Diesem Ansatz haben wir bisher keine Beachtung geschenkt, aber womöglich ist die Zeit jetzt reif dafür.

d. Schweigen in Aktion verwandeln,
während Afrika in Flammen steht

Fast mein ganzes Leben lang habe ich mit und für täuferisch-mennonitische Institutionen gearbeitet. Ich wurde als Mennonit geboren, atmete „mennonitische Luft", aß mennonitische Gerichte wie Fufu und Zwieback, wurde in mennonitischen Schulen ausgebildet (mit Ausnahme meines Studiums bei den Adventisten, sehr ähnlich dem Umfeld, das ich von Mennoniten gewohnt war), ja ich „rieche" sogar mennonitisch. Wie kann das sein? Während meiner Reisen werde ich manchmal von Menschen im Zug oder im Flugzeug gefragt, was ich denn so mache. Gewöhnlich finden diese Menschen dann heraus, dass ich Mennonit bin, entweder aufgrund des Themas, das ich selbst anspreche, oder die Art und Weise, wie ich auf Fragen reagiere, oder schlicht, weil ich über mein Mennonit-Sein rede. Während einer Konferenz in Nairobi zu HIV/AIDS stellte ich einmal die Frage nach Gerechtigkeit und Frieden in Bezug auf die Herausforderung, wie Kirchen auf diese Pandemie reagieren sollten. Ein Teilnehmer aus Südafrika fragte daraufhin, bevor er seine eigentliche Frage stellte, ob sein Vorredner Mennonit sei. Später fragte ich ihn, wie er darauf gekommen sei. „Ich habe so eine Ahnung, wie Mennoniten denken und handeln", antwortete er. Ich erzählte ihm, dass ich ein Mennonit aus dem Kongo sei, was ja nicht ganz stimmte. Denn Dank der vielen Mentoren in meinem Leben, bin ich zu einem globalen täuferischen Mennoniten geworden, aber doch mit tiefen und starken Wurzeln in Afrika.

Manchmal sind Menschen auch von meiner Hautfarbe überrascht. Doch wenn ich erkläre, warum ich Mennonit bin, dass es mehr dunkelhäutige als hellhäutige Mennoniten gibt, dann sprechen diejenigen, die mit täuferisch-mennonitischem Gedankengut etwas vertrauter sind, gern über unsere Friedenshaltung, unsere friedensbildenden Aktivitäten, unser Konfliktmanagement, manche auch über ihre Erfahrungen mit mennonitischer Katastrophenhilfe. – „Die Menschen kennen uns", denke ich dann mit Freude.

Paradoxerweise fühle ich mich später dann niedergeschlagen, ironischerweise gerade dann, wenn ich nach Zimbabwe, Kongo oder Angola reise, einige Male auch auf meinem Weg nach Äthiopien. Lange verstand ich nicht, warum. Ich hatte doch gerade so begeistert mit unserer Theologie angegeben. Ich vermute, es war dieses Paradoxe meiner eigenen Erfahrung als Mitglied der Mennoniten und Brüder in Christo innerhalb der christlichen Familie. Wir haben eine so wunderbare Theologie der Gerechtigkeit und der Friedensbildung entwickelt, die unter jenen weithin bekannt zu sein scheint, die Zugang zu Literatur haben oder direkten Kontakt mit Mennonitischen Friedenszentren. Dies ist ein so großartiges Geschenk! Aber warum wurde es nie mit den Afrikaner:innen geteilt? Gerade dieses Verständnis des christlichen Glaubens wird doch so dringend in einem Afrika gebraucht, das seit langem in Flammen steht. Heute ist Afrika ein Kontinent mit einem beachtlichen Anteil von Mennoniten und Brüder in Christo-Gemeinden. Aber das Feuer brennt auch in unseren eigenen Ländern, manchmal sogar in unseren eigenen Kirchen. Ich bin mehr als einmal von Fremden gefragt worden, warum man von den Mennoniten nichts hört, warum sie abwesend sind und untätig, gerade in jenen Ländern Afrikas, in denen diese Friedenstheologie doch am dringendsten gebraucht würde.

Bisher haben einige unserer Kirchen junge Menschen in Friedensbildung und Konflikttransformation geschult. Deren Arbeit trägt gute Früchte an der Gemeindebasis, in lokalen Gemeinschaften. (Ich beobachte, dass mehrheitlich Kirchen in englischsprachigen Ländern von außen finanziell unterstützt werden, während französischsprachige Länder in Afrika weitgehend vernachlässigt zu bleiben scheinen.) Diese Arbeit an der Basis bleibt aber auf nationaler Ebene kaum spürbar. Zu lange haben die Missionare diesen Schatz für sich behalten, bevor wir von diesem Teil täuferischer Interpretation des Evangeliums erfuhren. Da nun aber dieser Schatz endlich mit uns geteilt wird, können wir es uns nicht länger leisten, ihn nicht mit den weiten Gesellschaften unserer Länder zu teilen. Das Friedenszeugnis ist eine Gabe Gottes, dazu bestimmt, geteilt zu werden, nicht, um es für sich selbst zu behalten. Unser Schweigen wird nicht vergeben werden können, während unsere afrikanischen Kirchen und Gesellschaften brennen!

e. Die Verästelung der Kirchenleitung und
-struktur überwinden

Die Täuferkirchen in Afrika orientieren sich in Struktur und Leitungskultur oftmals an den westlichen Missionaren und ihren Politikern. Es fehlt eine theologische und biblische Grundlegung, wie sie für die Gegenwart und den lokalen Kontext angemessen wären. Momentan muss man eine Ausbildung an einer Bibelschule oder einem theologischen Seminar abgeschlossen haben und von der Kirche ordiniert werden, um ein offizielles Amt in der Kirche antreten zu können oder gar Kirchenpräsident zu werden. Aufgrund der wirtschaftlichen Schwierigkeiten muss diese Person meist sowohl die pastoralen als auch die administrativen Aufgaben übernehmen. Das Ergebnis dieser Regelung sind vielfältige Konflikte und Unzulänglichkeiten, was vorhersehbar ist und m. E. daran liegt, dass theologisch gebildete Personen betriebswirtschaftliche Aufgaben zu erfüllen haben. Das Ergebnis sind oft jene Konflikte, die in vielen unserer Kirchen immer wieder aufflammen.

Ich habe Kirchenführer klagen hören, dass sie auf erbitterten Widerstand stoßen, wenn sie Reformen anschieben wollen. „So haben es uns die Missionare beigebracht, warum willst Du das ändern?" – ist eine gängige Reaktion in bestimmten Kreisen unserer Mitglieder. Veränderung ist niemals einfach, meist ist es weitaus einfacher, die Dinge weiter so zu betreiben wie es uns unsere Mentoren gelehrt haben. Und doch kommt irgendwann die Zeit, in der man das Überkommene auch in Frage stellen muss. Afrikanische Täufer und Täuferinnen müssen die Gelegenheit wahrnehmen, gerade auch angesichts der ökonomischen Realitäten, einen eigenen Kirchenleitungs-Stil und eigene Kirchenstrukturen zu entwickeln, der auf biblischen Fundamenten ruht und theologisch reflektiert ist.

III. Fazit

Meine Reflexionen über Mennoniten und Brüder in Christo in Afrika kann man letztlich in drei Fragen zusammenfassen:
(1) Wozu sind die Kirchen in Afrika in der dritten Dekade des 21. Jh. berufen?
(2) Wie können die Mennonitische Weltkonferenz und ihre

Mitgliedskirchen angemessen auf die afrikanischen Kirchen reagieren?

(3) Wie können wir aktiv werden, hören, beten, geben und teilen, in der gemeinsamen Absicht, Gottes Reich zu bauen?

Siaka Traoré erinnert uns in seinem Nachwort zu jenem Afrika-Band des *Global Mennonite History Project:* „Geschichte erzählt zwar von vergangenen Ereignissen, hilft aber in erster Linie den Betroffenen, ihre Identität besser zu verstehen. Im Rückblick auf vergangene Ereignisse lädt Geschichte dazu ein, die Lehren aus unseren Stärken und Schwächen zu ziehen, um die Gegenwart besser zu gestalten und die Zukunft sorgfältig zu planen".[9] Während der Abschlusspredigt, die unser Bruder Siaka am Ende der Versammlung der Mennonitischen Weltkonferenz in Bulawayo/Zimbabwe im Jahr 2003 hielt, schenkte er uns jene Metapher des kleinen afrikanischen Kükens. Er erinnerte uns, dass wir unsere Hühner nicht wiegen, sondern sie teilen, wie sie sind. „Gott ruft uns dazu auf, das zu geben, was wir haben", war seine abschließende Bemerkung.[10]

Drei Dinge vergaß Siaka Traoré in seinem schönen und unvergesslichen Bild zu erwähnen: Erstens sind unsere kleinen leckeren Küken in den Städten, wo unsere Kirchen am schnellsten wachsen, stark bedroht. Man bekommt sie kaum noch zu Gesicht, weil alle Kühlschränke mit diesen Riesenhühnern gefüllt sind, von denen niemand recht weiß, woher sie eigentlich kommen. Möglicherweise werden die kleinen leckeren Hühner bald aus den Städten verschwunden sein. Es wird schwierig für die Hühner aus dem Dorf, mit den riesigen und geschmacklosen Hühnern zu konkurrieren.

Zweitens wird es schwierig, ein neues Kapitel in der Geschichte aufzuschlagen, wenn die Geschwister aus dem Norden immer noch den Ruf hören, als Missionare nach Afrika zu kommen. Wenn sie dafür Geld brauchen, dann können sie einfach ihre großen Hühner überall auf der ganzen Welt zu guten Preisen verkaufen. Afrikaner:innen müssen dagegen immer um Geld bitten, wenn sie eigene Missionare aussenden wollen. Manch-

---

[9] Traoré, Siaka, Afterword, in: Lapp/Snyder, Anabaptist Songs in African Hearts, 263–268, 263.
[10] Traoré, Together We have much to Give, 2.

mal hören wir dann die kritische Frage, ob jene afrikanischen Missionare tatsächlich den Ruf Gottes vernommen haben, oder ob sie schlicht versuchen, den wirtschaftlichen Schwierigkeiten ihrer eigenen Länder zu entrinnen. An der Entscheidung, welche Missionare nach Afrika kommen, werden wir, die einheimischen Kirchen, nur selten beteiligt. Die fremden Missionare kommen dann oft nur für Kurzzeiteinsätze und haben zudem die Vorstellung, Afrika sei ein Land, nicht ein Kontinent.

Drittens, die Fehler der Missionare der Vergangenheit werden nicht korrigiert, sondern von Afrikanern wiederholt, obwohl wir sie kritisieren. Wir sind ebenfalls paternalistisch, wenn es um das Aussenden von Missionaren geht oder darum, eine neue Kirche aufzubauen. Wir kreieren eher ein Umfeld des Konsums anstatt zum kreativen Gebrauch der guten Gaben Gottes beizutragen. – Einmal wurde ein Afrikaner als Missionar in ein anderes afrikanisches Land geschickt, und wir empfingen ihn bei seiner Ankunft am Flughafen. Nach der formellen Begrüßung drückte der neue Missionar dem Vertreter der gastgebenden Kirche seine Tasche in die Hand, um sie für ihn zu tragen. Es war der Präsident dieser Kirche. Es lief mir kalt den Rücken herunter. Es war ihm offensichtlich nicht bewusst, was er da getan hatte. In Afrika behandeln wir so nur Kinder oder jemanden, der auf jeden Fall jünger ist als wir selbst. Ohne ein Wort zu sagen hatte dieser Missionar seinem Gastgeber deutlich zu verstehen gegeben, dass er über ihm stehe.

Könnte es sein, dass wir der finanziellen Seite der Globalisierung inzwischen völlig verfallen sind, aber immer noch nicht begriffen haben, wie wir als globale Familie miteinander arbeiten und leben sollten? Im Jahr 2006 fassten die Mitgliedskirchen der Mennonitischen Weltkonferenz ihre „Gemeinsamen Überzeugungen" in sieben Punkten zusammen.[11] Was würde wohl geschehen, wenn wir in gleicher Weise sieben biblische und theologische Prinzipien dazu entwickeln würden, wie wir als kirchliche Gemeinschaft unser Leben in einer globalisierten Welt gestalten wollen? Wie würden wir miteinander umgehen, wenn wir „Unsere gemeinsamen Überzeugungen in einer Welt der Globalisierung" formulierten? Mein Vorschlag wäre, dass jede

---

[11] „Gemeinsame Überzeugungen", in: Neufeld, Was wir gemeinsam glauben, 10–11.

Kirche darüber beraten sollte, welche Bedeutung sie den einzelnen Prinzipien beimessen wollte. Und alle diese Deutungen würden durch ein gemeinsam beauftragtes Team beraten, die dann die gemeinsamen Empfehlungen aussprechen würden. Ich denke dabei an folgende Prinzipien: Vertrauen, Hoffnung, Integrität, Ermächtigung, gegenseitige Verantwortung, Transparenz, und Berücksichtigung von Abhängigkeiten.

Trotz der Tatsache, dass wir uns am unteren Ende der ökonomischen Skala wiederfinden, haben wir uns ein hohes Maß an Vertrauen bewahrt. Wir wissen, wie man träumt, singt und tanzt. Diese Fähigkeiten verlangen ein hohes Maß an Kreativität. Vielleicht verhindern die vielen Schrecken der Vergangenheit, die unsere Herzen belasten, den klaren Blick. Und doch glaube ich, dass sich viele Fenster für uns und unsere Länder öffnen, die wir in weite, offene Türen verwandeln können. Sie werden es uns ermöglichen, nicht nur ökonomisch zu wachsen, sondern auch im kreativen Denken und im Herbeiführen von Veränderungen. Ich glaube, dass der *„wind of change"* für Afrika tatsächlich gekommen ist, die Leitung zu übernehmen. Jetzt ist die Zeit!

Literatur

Bühlmann, Walbert, Wo der Glaube lebt: Einblicke in die Lage der Weltkirche, Freiburg i.B. 1974.

Lapp, John Allen / Snyder, C. Arnold (ed.), Anabaptist Songs in African Hearts: Africa (Global Mennonite History Series; 1), Intercourse, PA, 2006.

Lind, Tim, Sharing Gifts and the Worldwide Mennonite Church, in Mission Focus: Annual Review 2002, Volume 10, 151–162.

Mennonite World Conference, „Statistics", https://mwc-cmm.org/sites/default/files/resource-uploads/directory2018statistics.pdf [01.02.2024].

Neufeld Alfred, Was wir gemeinsam glauben: Täuferisch-mennonitische Überzeugungen, Schwarzenfeld 2008.

Traoré, Siaka, Together We have much to Give, Courier 19 / 1 (2004).

17. Mennonitische Gemeinden und täuferische Kirchen in Lateinamerika
Hundert Jahre Pilgerweg

Jaime Adrián Prieto Valladares

Dieser Beitrag berichtet über den historischen „Pilgerweg" der täuferischen und mennonitischen Gemeinschaften in Lateinamerika in drei geschichtlichen Etappen: 1. Vom Beginn der ersten Missionsbemühungen und der Ankunft der mennonitischen Siedler:innen (1911–1958); 2. Konsolidierung und Verbreitung (1959–1979) und 3. Das Zeugnis der täuferischen Gemeinden und mennonitischen Kirchen (seit 1979).[1]

I. Der Anfang: Erste Missionsbemühungen und die Ankunft mennonitischer Siedler:innen in Lateinamerika (1911–1958)

a. Argentinien

Wenn wir die missionarische Erkundungsreise, bei der der Missionar Josephus Wenger Sank im Jahre 1911 im Auftrag des *Mennonite Board of Missions and Charities* (Elkhart, Indiana/USA) durch Bolivien, Uruguay und Argentinien reiste, als Startpunkt nehmen, können wir von einer über 100jährigen mennonitischen Präsenz in Lateinamerika ausgehen. Aufgrund des Ausbruchs des Ersten Weltkrieges konnten die Missionare Josephus W. und Emma Sank, Tobías K. und Mae Hershey allerdings erst im Jahr 1917 in Argentinien mit ihrem Dienst beginnen, aus der um 1919 die erste Mennonitengemeinde im Dorf *Pehuajó* hervorging. Einheimische Führungspersönlichkeiten wie Albano Luayza, sein Sohn Benjamín H. Luayza und die Schwester Felisa Cavadora waren aktiv bei der Gründung von Gemeinden beteiligt und verkündeten eine Friedensbotschaft, die sich kritisch mit dem spanischen Bürgerkrieg und den faschistischen

---

[1] Diese Zusammenfassung gründet auf einer breiten schriftlichen und mündlichen Quellensammlung, die der Autor in Lateinamerika, USA, Kanada und Europa während seiner Forschungen für das Projekt *Global Mennonite History* der Mennonitischen Weltkonferenz (1997–2010) gesammelt hat. Einzelheiten zu den Quellen können nachgelesen werden in Prieto Valladares, Mission and Migration.

Tendenzen, die sich in den 1930er Jahren in Argentinien ausbreiteten, auseinandersetzte.

Es war das Missionskomitee der *Iglesia Evangélica Menonita de Argentina,* welches die missionarische Arbeit unter den *Tobas* (bedeutendste Ethnie der indigenen *Guaycurú,* Region Gran Chaco) im Jahre 1943 initiierte. Aus dieser Arbeit entstanden neue missionarische Ansätze und eine große Unterstützung für eine Initiative, die die Bibel in die *Tobas*-Sprache übersetzte. 1958 gab es 14 Gemeinden in verschiedenen argentinischen Städten.

b. Paraguay

Bezeichnend für diese Epoche waren ebenso die Migrationsbewegungen mennonitischer Siedler:innen nach Lateinamerika. Eine davon waren *Altkolonier*-Mennoniten, ursprünglich aus Russland kommend, die sich, nun aus Manitoba und Saskatchewan (Kanada) einwandernd, zwischen 1922 und 1926 mit ca. 6.000 Personen in San Antonio de los Arenales (Mexiko) ansiedelten. Weitere 1.763 Siedler zogen zwischen 1926 und 1927 von Kanada nach Paraguay und gründeten die Kolonie Menno. Auch die Kolonie Fernheim entstand im paraguayischen Chaco, mit 2.000 Siedlern aus unterschiedlichen Ursprungsgebieten: Molotschna in der Ukraine, aus Amur, einer Provinz in der Nähe von Harbin (China) und einer kleinen Gruppe aus Polen.[2] Eine dritte Kolonie, Friesland, entstand 1937 im Osten Paraguays, aus einer sich trennenden Gruppe der Kolonie Fernheim. Aus Filadelfia, dem Zentrum Fernheims, begann 1937 eine missionarische Arbeit unter dem indigenen Volk der *Enthlet,* aus der eine indigene mennonitische kirchliche Organisation in Yalve Sanga (Lago Armadillo) hervorging.

c. Bolivien

Die Mennonitische Präsenz in Bolivien fing damit an, dass sich Familien aus der paraguayischen Kolonie Fernheim 1954 auf

---

[2] So setzte sich die Kolonie Fernheim aus Angehörigen der „kirchlichen" Mennoniten, der Mennoniten-Brüder und der Allianzgemeinde zusammen. Vgl. den Beitrag von Walter Sawatzky in diesem Band.

den Weg machten, um sich in Las Palmas, Provinz Santa Cruz, nieder zu lassen und einen Neustart zu wagen.

d. Brasilien

Auch nach Brasilien kamen in den Jahren 1930/31 insgesamt 1.256 deutschstämmige Migrant:innen aus Russland. Drei Jahre später waren drei Kolonien im *Kraueltal*/ Santa Catarina gegründet: Witmarsum, Waldheim und Gnadental, später noch die Kolonie Stoltz-Plateau.

e. Uruguay

Im Oktober 1948 erreichten 751 westpreußische und polnische Mennoniten von Bremerhaven aus den Hafen von Montevideo in Uruguay. Bald darauf wurde auch hier einer erste mennonitische Kolonie gegründet: El Ombú. Weitere 430 Menschen aus Danzig (Polen) und Russland gründeten 1951 die Kolonie Gartental, aus der 1955 eine weitere Gründung hervorging: die Kolonie Delta. Der hohe logistische und personelle Aufwand bei der Umsiedlung dieser Mennoniten wurde vom nordamerikanischen *Mennonite Central Committee* (MCC) getragen. Im Kontext dieser umfangreichen Umsiedlung entstand 1954 die missionarische Arbeit des *Mennonite Board of Mission and Charities* unter der uruguayischen Bevölkerung, und 1960 der Bau eines eigenen Theologischen Seminars in Montevideo, das *Seminario Evangélico Menonita Teológico* (SEMT).

f. Kolumbien

In Kolumbien gibt es seit 1943 Mennoniten. Die *General Conference Church* aus den USA entsandte die Missionare William C. Voth und Gerald Stucky, um die Möglichkeit einer missionarischen Arbeit unter den Hispano-Amerikaner:innen zu prüfen. Diese konkretisierte sich 1947, als eine kleine Schule in Cachipay, Anolaima (ca. 80 km westlich von Bogotá) entstand. In der Anden-Region zeigte sich der missionarische Beitrag der Mennoniten zunächst in einer Bibelübersetzung für das indigene Volk der *Ashaninca* mit *Wycliffe Bible Translators,* im Jahre 1946.

*II. Konsolidierung und Verbreitung der Mennoniten
in Lateinamerika (1959–1979)*

Die Konsolidierung und Verbreitung der Mennoniten auf ihrem Pilgerweg durch ganz Lateinamerika während der 1960er und 1970er Jahre ist einerseits der missionarischen Tätigkeit, anderseits der stetigen Migration der mennonitischen Siedler:innen zu verdanken. Um einen besseren Überblick zu gewinnen, teile ich die mennonitischen Gemeinschaften im Folgenden in vier geographische Gruppen ein.

a. Region Cono Sur
(Argentinien, Chile, Paraguay, Uruguay)

Die mennonitischen Gemeinden von Uruguay, Argentinien und Paraguay festigten sich, indem Gemeindeleiter in Bibelseminaren ausgebildet wurden. Die theologische Ausbildung in Uruguay wurde jedoch im Jahre 1974 durch die Militärdiktatur unterbrochen. Mehrere Pastoren und Lehrer:innen wurden ins Exil geschickt.[3] Pastor Ernesto Suárez Vilela (Argentinien) trug wesentlich zur Entstehung einer täuferischen Identität in Lateinamerika bei, der in den 1960er und 1970er Jahren die Zeitschrift *El Discípulo Cristiano* („Der Jünger Christi") herausgab und mennonitischer Grundlagenliteratur ins Spanische übersetzte.[4]

Die mennonitischen Kolonien im paraguayischen Chaco schafften es nach einem äusserst mühsamen Beginn zu einem wichtigen wirtschaftlichen Faktor im Land zu werden, besonders durch den Vertrieb von Rindfleisch und Milchprodukten. In ihren Gottesdiensten ist das deutsche Erbe immer noch erkennbar, was sich in Liturgie, Organisation, Sprache und Traditionen widerspiegelt. Aber sowohl in Paraguay wie auch in Brasilien ist eine neue Generation herangewachsen, die sich mehr und mehr einer stärkeren kulturellen und geistlichen Interaktion mit der einheimischen Bevölkerung öffnet. So entstanden auch neue Modelle von Mission. Heute finden in den Mennoniten-

---

[3] Daniel Miller, Miguel Brun und Julia Campos.
[4] nordamerikanische mennonitischen Autoren wie John C. Wenger (mennonitische Geschichte und Dogmatik) und Millard Lind (Friedensethik).

kirchen zuweilen sowohl deutsche wie auch spanische oder portugiesische, bzw. zweisprachige Gottesdienste statt.

Mit Sicherheit kann gesagt werden, dass die „russlanddeutschen" Mennoniten durch ihre langjährige Erfahrung in der Landwirtschaft große ökonomische Fortschritte im heißen Chaco bewirkten. Vieles wurde von den einheimischen Bauern übernommen. Auch ihr mennonitischer Glaube wurde insofern übernommen, als es heute indigene Gemeinden gibt, die in ihren lokalen Sprachen wie *Enlhet, Sanapaná, Nivaclé* oder *Toba* die Bibel lesen und Lieder singen.

b. Anden-Region

Zwischen 1961 und 1983 wurden insgesamt 14 mennonitische Kolonien in Bolivien gegründet, die ihren Ursprung in Paraguay, Mexico, Belize oder Kanada hatten. Durch die diakonische Arbeit des MCC in den ländlichen Bezirken von *Santa Cruz* öffnete sich die Tür für missionarische Arbeit. Die *General Conference Commission on Overseas Mission* (Newton, Kansas/USA), das *Mennonite Board of Missions* (Elkhart, Indiana/USA) und der mennonitische Gemeindeverband in Argentinien vereinten dazu ihre Kräfte. So konnten die argentinischen Mennoniten José und Soledad Godoy 1971 ihre missionarische Arbeit in *Las Palmas* begannen, wodurch mehrere, dem indigenen Volk der *Chiquitanos* angehörige Familien zum Glauben kamen. Schließlich wurde 1973 die *Iglesia Evangélica Menonita Boliviana* gegründet.

Im Jahr 1969 traten Mitglieder der ursprünglich kanadischen Mennoniten von *Santa Cruz* mit der *Evangelical Mennonite Mission Conference* aus Kanada in Kontakt. Hieraus entstand eine missionarische Arbeit in Zafranilla, wo 1974 die erste Gemeinde der *Iglesia Evangélica Anabautista de Bolivia* ins Leben gerufen wurde.

c. Karibik

Im Jahr 1943 begann das MCC damit, Jugendliche für einen Dienst nach Castañer, La Plata und Zalduondo in Puerto Rico zu senden. Aus Glaubensgründen hatten diese den Militärdienst verweigert und dienten stattdessen in kommunalen und landwirtschaftlichen Entwicklungsprojekten. So kam es, dass im selben Jahr eine kleine Klinik in La Plata eröffnet wurde, die bis 1945 medizinische Hilfe in Toita, Buena Vista Rincón und Pulguillas anbot. Durch die so entstandenen Beziehungen wurde bald die erste Mennonitengemeinde in La Plata gegründet.[5] Mennoniten waren Pioniere in der Verbreitung des Evangeliums durch Radioarbeit, mit ihrem Programm *Luz y Verdad* („Licht und Wahrheit").[6] Marta Quiroga de Álvarez aus Argentinien übernahm ab 1965 die Sendung *Corazón a corazón* („Von Herz zu Herz"), das eine große Verbreitung weit über Puerto Rico hinaus fand. 1980 zählten 17 Gemeinden zur mennonitischen Kirche von Puerto Rico.

Die *Evangelical Mennonite Church* aus den USA war die erste, die sich in der Dominikanische Republik engagierte. Sie entsandte die Missionarin Lucille Rupp nach Dajabón an der Grenze zu Haiti. 1969 zählte die *Sureña Evangelical Church* 456 Mitglieder in 13 Gemeinden.

Die Ankunft des *Virginia Mennonite Board of Missions and Charities* in den 1950er Jahren in Jamaika passte zeitlich in eine neue Ära des Landes. Die britische Präsenz nahm in der Wirtschaft ab, stattdessen wuchs der US-amerikanische Einfluss in allen Bereichen der Gesellschaft. Die erste Gemeinde besteht seit 1954 in Constant Spring und ist unter dem Namen *Good Tidings* bekannt. 1958 wurde das *Peggy Memorial Home* gegründet, das sich um Mädchen mit familiären oder finanziellen Problemen kümmerte.[7] 1970 wurde die *Jamaica Mennonite Church, Ltd.* gegründet.

Die Brüder in Christo kamen gemeinsam mit den Qäkern und den Nazarenern 1950 nach Havanna, Kuba. 1954 sandte das *Mennonite Board of Missions and Charities of Franconia* (USA) Missionare aus, um eine Gemeinde im ländlichen Gebiet von Las Villas im Dorf Rancho Veloz zu gründen. Durch die Revolution von Fidel Castro gegen die Diktatur von Fulgencio

---

[5] Die ersten Missionare waren Lester T. mit Ehefrau Alta Hershe, die 1947 kamen, um als Pastor*innen in der *Iglesia Menonita del Calvario* zu dienen.

[6] Die ursprünglichen Sendungen von *Luz y Verdad* wurden später von einem kontinent-weiten Zusammenschluss übernommen, der *Junta Latinoamericano de Audiciones Menonitas* (JELAM). Ihr erster Exekutivdirektor war der kolumbianische Mennonitenpastor Armando Hernández (1972).

[7] Florence O'Brien war lange Jahre Leiterin dieser Einrichtung, die 1975 schließen musste.

Batista im Jahr 1959 und die damit verbundene sozialistische Radikalisierung, erfolgte ein großflächiger Rückzug von nordamerikanischen Missionaren, doch das begonnene Werk unter den Familien von Rancho Veloz, Corralillo, Sagua la Grande und San Vicente en las Villas blieb am Leben.[8]

Die verheerenden Folgen des Orkans „Hazel" im Jahre 1957 veranlasste das MCC, Jugendliche nach Haiti zu schicken, um im Gesundheitswesen, der Landwirtschaft und der Bildung Unterstützung zu leisten. Die Orkane „Flora" (1964) und „Inez" (1966) vergrößerten die Schäden unter einem schon von Armut geplagten Land. Während dieser Jahre bemühte sich das MCC, den betroffenen Familien zu helfen. In diesen Jahren ließ sich auch *Mennonite Gospel of Haiti* auf der Insel nieder, aus der später die *Misión Evangelique La Redemption d'Haiti* wurde, unterstützt von *Bethel Mission Board* aus Indiana / USA. *Eastern Mennonite Missions* (USA) gründete 1966 die *Ecole Biblique par Extensión* (EBEX), durch die Menschen aus unterschiedlichen Gemeinden Zugang zu theologischer Ausbildung erhielten.[9]

1958 kamen die ersten mennonitischen Siedler aus Mexiko nach Belize und ließen sich in Blue Creek, Shipyard und Spanish Lookout nieder. Im April 1959 besuchte Orie O. Miller, Direktor des MCC, das Land und man entschloss sich, die ersten Siedler in ihrer landwirtschaftlichen und kommunalen Entwicklung zu unterstützen. *Eastern Mennonite Board of Missions* (USA) sandte in den 1960er Jahren die Missionare Dora Taylor und Ada Smoker aus, welche in einer Klinik in Orange Walk dienten. Aus diesem Einsatz entstand eine Mennonitengemeinde. Im Jahr 1971, als schon acht Gemeinden existierten, wurde die Konferenz der Mennoniten in Belize gegründet, zu der weitere Gemeinden hinzukamen. *Amish Mennonite Aid* (AMA) kam 1962 ins Land und half betroffenen Familien, die vom Orkan Hattie (1962)

---

[8] Während der Jahre der Revolution war die Leitung von Juana M. García von großer Bedeutung, um die kirchliche Arbeit aufrecht zu erhalten, die von den Brüdern in Christo im Dorf Cuatro Caminos in Havanna begonnen worden war.
[9] Weitere engagierte Missionsgesellschaften mit mennonitischen Verbindungen waren: *Église de Dieu en Christ* (1963); *Son Light Mission* aus Viriginia (1970 in *Miragoane*); *International Fellowship Haven* (1972–1993, gründete unter der Leitung von Joe und Mattie Miller ein Netz von 39 kleinen Gemeinden; *Comunión Mennonita de Haiti* (1970er); und die *Blue Ridge Intentational for Christ* (errichtete 1977 ein Kinderheim in *Sarthe,* einem Vorort von Port-au-Prince).

betroffen waren. 1965 kamen auch Amische Siedler aus den USA und ließen sich im Distrikt Cayo nieder.[10]

In Trinidad und Tobago begann 1971 die Arbeit mennonitischer Missionare aus Nordamerika, die in einem Regierungsprogramm zur Behandlung von Leprakranken mitarbeiteten. Die guten Ergebnisse ermöglichten es, die Krankheit gegen Ende jenes Jahrzehnts dort auszulöschen. In dieser Zeit entstanden drei Mennonitengemeinden.

Auch auf den Islas Vírgenes (Jungferninseln) begann die Arbeit durch die *Eastern Mennonite Board of Missions*.[11] Auf der Insel von Grenada wurde die mennonitische Präsenz durch das MCC im Bereich der Landwirtschaftshilfe möglich.

d. Mittelamerika

In dieser kurzen Zusammenfassung folgen wir keinem geographischen Ablauf, sondern einem chronologischen, der mit der Ankunft der ersten Missionare und Gründung täuferischer Gemeinschaften beginnt.

Die Eröffnung der Missionsfelder in *Durango, Días Ordaz* und *Reynosa* in Mexiko in den 1960er Jahren formte später die *Latin American Conference of Mennonite Brethren*. Außerdem gründete die nordamerikanische *Evangelical Mennonite Conference* 1961 eine Gemeinde in *La Norteña*. Eine weitere nordamerikanische Missionsgesellschaft, die *Franconia Mission Board*, konzentrierte sich 1958 auf die Zentralregion Mexikos und gründete eine Gemeinde in der Kolonie *San Juan* in Mexiko-City.[12] Sie übersetzten das Neuen Testament in die *Triquie*-Sprache in *Oaxaca*, mit dem wesentlichen Beitrag von Cecilia Espinoza. Die vierte Missionsorganisation war die *Pacific Coast Conference*, die 1960 eine missionarische Arbeit in der Stadt Obregón begann, die sich später bis nach *Sinaloa* ausweitete.

Nach einer Rundfahrt durch die Bananenplantagen an der atlantischen Küste von Honduras entschied das *Eastern Men-*

---

[10] Eine weitere kleine missionarische Organisation, bekannt unter dem Namen *Caribbean Light and Truth*, sandte mit Unterstützung von Mennoniten aus Iowa erste Missionare im Jahre 1974 dorthin.
[11] 1977 wurde die Missionarin Rhoda Wenger entsandt, 1978 Catherine Leatherman.
[12] Hier übernahm der Arzt Gillermo Zúñiga eine wichtige Leitungsfunktion.

nonite Board of Missions and Charities im Jahr 1950, eine erste Missionsreise durch George und Grace Miller zu organisieren. In *Trujillo* wurde die erste Kirche erbaut, in der sich schon 1953 insgesamt 74 Personen zum englisch-sprachigen Gottesdienst versammelten. Arthur July, afrikanischer Abstammung, war einer der hervorragendsten Evangelisten des Ortes, der erste lokale Pastor wurde Rafael Ramos (1970).[13] Im Jahr 1969 schlossen sich die Gemeinden offiziell unter dem Namen *Iglesia Evangélica Menonita de Honduras* zusammen. Eine weitere mennonitische Organisation ist *Amor Viviente,* welche aus der Arbeit unter drogenabhängigen Jugendlichen entstand. Sie wurde bereits in den 1960er Jahren initiiert. Bis 1983 hatte sich diese Organisation bis in die Städte von Puerto Cortés, Tegucigalpa, Danlí und Choluteca ausgedehnt und zählte insgesamt 2.500 Mitglieder in 15 Gemeinden. 1968 kamen Familien der *Old Order Amish* aus Aylmer (Ontario / Kanada) nach Guaimaca (Bundesstaat Choluteca), kauften Land und errichteten ein Waisenheim.

Der Kontakt der Mennoniten zur Bevölkerung in Panama erfolgte 1959, als die Mennoniten die Bibelübersetzung unter den *Embera* und *Wounaan* von der kolumbianischen Grenze aus fortsetzten.[14] Aureliano Sabugara war einer der wichtigsten indigenen Mitarbeiter, nicht nur für die Übersetzung des Markusevangeliums und der Apostelgeschichte, sondern auch als Prediger unter seinem Volk. 1973 zählte die *Mennonite Brethren Church of Panama* 481 Mitglieder, von denen etwa 300 zum Volk der *Wounaan* zählte.

In Costa Rica begann 1961 die *Conservative Mennonite Conference*[15] eine missionarische Arbeit. Susie und Raymond Schlabach ließen sich in Talamanca nieder, mit der Absicht, das Evangelium in das *Bri-Brí* zu übersetzen. Die ersten lokalen Pastoren in der Stadt Heredia waren Jovita und Eladio Corrales. *Mennonite Voluntary Service* unterstützte die pastorale Arbeit in *Sarapiquí* und in *San José*. 1974 wurde die *Convención de Iglesias Menonitas de Costa Rica* gegründet. Heute zählt diese Organi-

---

[13] In einer Zeit, in der die Armut groß war und sich die tropischen Krankheiten immer weiter ausbreiteten, wurde die Krankenschwester Dora Taylor aus den USA durch ihre liebende Fürsorge für die Kranken bekannt.
[14] Durch David Wirsche und Jakob Loewen.
[15] Heute: *Rosedale Mission,* Ohio (USA).

sation 23 Gemeinden und 5 Missionsfelder unter der Leitung von Sandra Campos. Seit 1968 kamen auch mennonitische Migrant:innen nach Costa Rica, von denen sich die ersten Familien unterhalb des Vulkanes Arenal niederließen. Nach dessen Eruption 1969 zerstreuten sich die Familien allerdings in verschiedene Städte und Dörfer.[16]

Im Gespräch mit Leitern des landwirtschaftlichen Instituts für Kolonisierung der Regierung von El Salvador, initiierte *Amish Mennonite Aid* (AMA) im Jahr 1962 Projekte für landwirtschaftliche und kommunale Entwicklung in Sitio del Niño. 1970 wurden 40 Hektar Land in der Nähe von Aguilares gekauft, um ein Waisenheim zu errichten. Nordamerikanische Familien adoptierten mehrere der Kinder und unterstützen das Heim weiterhin. In Aguilares und Texistepeque zählten die Mennonitengemeinden in den 1970er Jahren durchschnittlich 350 Gottesdienstbesucher und organisierten sich unter dem Namen *Mennonite Mission*.

1964 entschloss sich die *Conservative Mennonite Fellowship* (CMF) eine Arbeit in *Chimaltenango*, Guatemala zu beginnen. Sie dienten unter der *Kek-chi* sprechenden Bevölkerung. In Zaragoza, Las Lomas und El Tejar nahmen Menschen die Botschaft der Missionare an und ließen ihre überlieferten Bräuche hinter. Im Dorf *Palama* wurde eine Klinik errichtet. Der Jugendliche Pablo Tzul Cacao, der 1971 in San Pedro, Carchá zum Glauben an Jesus Christus kam, wurde später der größte Evangelist unter der Bevölkerung der *Kekchi*. Unzählige Menschen kamen durch seine Predigten zum Glauben und er gründete viele Gemeinden in der Region. Auch in Guatemala-Stadt entstanden neue Gemeinden.[17] Die ethnischen Unterschiede waren ein wichtiges Argument dafür, dass sich die Missionsinitiativen getrennt organisierten: Die *Evangelical National Mennonite Church of Guatemala* (Kek-chi-sprechend) und die *Iglesia*

---

[16] Wie etwa nach Upala, Grecia, San Carlos, Guatuso, Los Chiles, Coto Brus, Sarapiquí und Pérez Zeledón.
[17] Wie etwa *Puerta Estrecha, Roca de Salvación* und *Casa Horeb*. Mario und Leonor Méndez verbindet eine lange Geschichte mit *Casa Horeb*. Leonor Méndez wurde Mitglied im Exekutivkommittes der Mennonitischen Weltkonferenz.

Menonita de Guatemala (Spanisch-sprenchend). Weitere, kleine Initiativen folgten.[18]

Das erste täuferische Zeugnis in Nicaragua – dem Land der Seen – brachten 1966 Missionare der *Evangelical Mennonite Conference Board of Mission* aus Kanada. Die Gemeinde breitete sich in La Paz de Carazo, in Las Cruces, und San José de las Gracias aus.[19] Die *Mennonite Conservative Conference* aus Ohio (USA) begann ihrerseits ab 1968 mit Programmen zur Alphabetisierung, Kommunalentwicklung und Landwirtschaft, unter der Leitung des nordamerikanischen Soziologen Vernon Jantzi. Die *General Conference of the Brethren in Christ* (GCBC) begann 1972 in Esquipulas eine missionarische Arbeit. Das Erdbeben, welches Nicaragua 1972 erschütterte, war für unterschiedliche mennonitische Organisationen Anlass, Hilfs-, Entwicklungs- und Gesundheitsprogramme des *Consejo de Iglesias Evangélicas de Nicaragua* zu unterstützen.

III. Das Zeugnis der täuferischen Gemeinden und mennonitischen Kirchen (seit 1979)

a. Neue Missionsansätze, Migration und Wachstum der Mennonitengemeinden

Zwischen 1979 und 2009 wurden in mehreren Ländern Lateinamerikas neue täuferische Gemeinden gegründet. Es wird hier nicht möglich sein, alle neuen Gemeinden aufzuzählen, daher beschränke ich mich im Folgenden auf prägnante Beispiele.

Mehrere Missionare der *Conferencia General de la Iglesia de los Hermanos Menonitas* kamen nach Ecuador, um in der christlichen Radiostation *Heralding Christ Jesus' Blessings* (HCJB, auch bekannt als „Die Stimme der Anden") deutschsprachige Sendungen zu produzieren. 1979 begann die *Conservative Mennonite Conference* (USA) gemeinsam mit der Mennonitischen Weltkonferenz (MWK) Missionsprojekte in Landesgebieten, die

---

[18] 1972 ließ sich die *Mennonite Messianic Missions* in Quetzaltenango nieder und gründete eine Gemeinde. Die *Church of God in Christ* began ihre Arbeit 1977 mit der Absicht, den Opfern der Erdbebenkatastrophe zu helfen.

[19] Weitere Gemeinden wurden in Granada, Caloma und Managua (in der Nachbarschaft von Sandino) gegründet.

von Armut oder Naturkatastrophen betroffen waren, Nahrungsmittel zu organisieren. 1987 wurde der Gemeindeverband *Iglesia Evangélica Menonita Ecuatoriana* gegründet. Der erste lokale Pastor in *Guayaquil* war Julián Chaves. Das Missionskomitee der *General Mennonite Conference* (USA) begann 1992 mit der Aussendung von Mitarbeitern, um die *Federación Ecuatoriana de Indígenas Evangélicos* (FEINE) in der theologischen Ausbildung zu unterstützen.[20] Neben ihren Aufgaben im Bereich der theologischen Ausbildung unter den Indigenen, gründete Familie Moya (aus Kolumbien) eine Gemeinde in Quito, die hauptsächlich aus kolumbianischen Migrant:innen bestand. Auf ökumenischer Ebene arbeiteten sie eng mit dem lateinamerikanischen Kirchenrat zusammen.

1978 entschied die *Junta Misionera Menonita del Este,* das Ehepaar José und Agdelia Santiago aus Puerto Rico für drei Jahre nach *Caracas,* Venezuela zu schicken. Pastor Harry Satizabal, Mitglied der *Iglesia Hermanos Menonitas de Colombia,* zog nach Venezuela und wurde ein prominenter Leiter in den Anfängen der Gemeinde.[21]

Nach dem Militärputsch in Chile 1973 emigrierten viele Chilenen nach Kanada, unter ihnen auch die Familie Vallejos. José Vallejos war vor dem Sturz des Präsidenten Salvador Allende Mitarbeiter im Ministerium für Landwirtschaft gewesen. In Edmonton (Kanada) gründete Ehepaar Vallejos eine Latina / ogemeinde innerhalb der *Holyrood Mennonite Church.* 1989, gründeten die verbliebenen Mennonitengemeinden in Chile die *Iglesia Menonita de Chile* und suchten Beziehungen zu den chilenischen Mennoniten in Kanada. Diese Konferenz besteht aus 12 Gemeinden mit ungefähr 900 getauften Mitgliedern und schließt Gemeinden in Argentinien und Paraguay mit ein.[22] Die kirchliche Arbeit besteht aus Bibelarbeiten, Berufsausbildung, Musik- und Tanzunterricht. Diese Gemeinden wirken unter sehr armen Verhältnissen, auch mit Suchtkranken, von denen viele im Gefängnis

---

[20] Die von Mauricio Schenlo und seiner Frau begonnene Arbeit wurde von César und Patricia Moya und seinen Kindern aus der *Iglesia Evangélica Menonita de Colombia* fortgeführt.
[21] Erste Gemeinden wurden in San Bernardino, Charallare und in Cua gegründet.
[22] Zwei ihrer Gemeinden bestehen aus Familien des Mapuche-Volkes in La Araucanía und in Mañjuco.

waren oder auf der Straße lebten. Das Programm „Witness" der *Mennonite Church Canada* und das *Mennonite Mission Network* unterstützte die (baptistische) Gemeinde *La Puerta del Rebaño* in Concepción dabei, täuferische Kurse anzubieten und sandte John Driver als Lehrer. Driver beschreibt diese Kirche als radikale Gemeinschaft, die das soziale Evangelium lebt – eine Gemeinschaft ohne Hierarchien.[23] Diese Gemeinde hält außerdem Verbindung zur mennonitischen *Mountain Community* in Colorado (USA), die Ähnlichkeiten im Bereich des pastoralen Dienstes, der Betonung des Friedenszeugnisses, ihrer Nähe zur Universitätstheologie und ihrem Standort in einem kleinen Dorf spanischen Ursprungs aufweist.

Im Mai 1985 wurde das *Centro Cristiano Menonita* in *Santiago de Chile* eröffnet, das als Treffpunkt und Herausgeberin für täuferische Literatur fungiert. Diese Initiative wurde durch die gemeinsame Arbeit der *Unión de Iglesias Bautistas de Chile,* des *Mission Network* und der *Mennonite Church Canada* getragen. Seit 2007 betreiben sie das Friedenszentrum *Centro Cristiano de Recursos para la paz* (CERCAPAZ) voran, zu dessen Entstehung Pastor Omar Cortés Gaibur als Leiter wesentlich beigetragen hat.

Die evangelikale Initiative COMAESP (*Comité Menonita de Acción Evangélica y Social en Paraguay*) in Paraguay, die in den deutsch-sprachigen Kolonien begann, erlaubte die Entwicklung der Missionarbeit unter der indigenen Bevölkerung und den Spanisch-sprenchenden Paraguayer:innen. Der erste lokale Pastor war Victoriano Cáceres in Itacurubí de la Cordillera. Im Jahr 2000 zählte die selbständige *Convención Evangélica Menonita Paraguaya* (CONEMPAR) 890 Mitglieder in 19 Gemeinden. Jene Gemeinden, die weiterhin unter der Verwaltung der COMAESP blieben, zählten 781 Mitglieder in 19 Gemeinden – im Chaco, Cambyretá, Ciudad del Este und weiteren Orten.

Piura ist eine Küstenregion im Nordwesten Perus. Die von einem wüstenähnlichen Klima geprägten Küsten wurden 1983 vom Naturphänomen „El Niño" stark getroffen. So kam es, dass das MCC Freiwillige dorthin sandte, um den Bewohner:innen zu

---

[23] Der US-amerikanische Theologe John (Juan) Driver hat die Entwicklungen der Mennoniten in Lateinamerika über 50 Jahre begleitet und als theologischer Lehrer wesentlich mitgeprägt. Vgl. v. a. Driver, Contra Corriente; ders., Una teologia biblica de la paz; ders., Understanding the Atonement.

helfen, die ihre Ernten und Häuser verloren hatten, denen es an Nahrung wie an medizinischer Hilfe mangelte. Später entstanden in dieser Gegend Mennonitengemeinden.[24] 1995 vereinten sich die Gemeinden in der Konferenz *Iglesia Hermanos Menonitas del Perú*. Die Brüdergemeinden begannen eine Missionsarbeit in *Trujillo* (1994) und in *Lima* (2000).

Eine weitere Gemeinde wurde in *Cuzco* Ende der 1970er Jahre durch *Eastern Mennonite Board of Missions and Charites* (USA) ins Leben gerufen. Die Arbeit fing in einem kleinen Dorf namens *Lucre* an. Die erste öffentliche Taufe im Fluss (1990) wurde durch Steinwürfe von Seiten der Bewohner unterbrochen. In anderen Orten wurde das Evangelium auf *Quechua* gepredigt und es entstanden weitere Gemeinden.[25] 1999 wurde die *Iglesia Evangélica Menonita del Perú* gegründet.

Bolivien ist in den letzten zwei Jahrzehnten zum lateinamerikanischen Land mit der höchsten Migration konservativer Mennoniten deutschen Ursprungs geworden. Zwischen 1980 und 2007 bildeten sich insgesamt 53 neue Kolonien in den Provinzen Pando, Beni und Santa Cruz. Diese Kolonien entstanden aus Abspaltungen oder Aufteilungen schon bestehender mennonitischer Kolonien, entweder aus Bolivien selbst, oder aus Belize, Paraguay, Mexico, Argentinien oder Kanada. 2007 zählten diese Kolonien insgesamt 30.618 Personen (Erwachsene und Kinder).

Ein weiterer Grund für die Entstehung neuer Gemeinden in Lateinamerika ist die Spaltung von Konferenzen in den USA. Ein konkreter Fall ist die *Southeastern Mennonite Conference,* die 1972 gegründet wurde, nachdem sie sich von der *Virginia Mennonite Conference* abgelöst hatte. Diese neue Organisation sandte 1981 Missionare nach Añazco, Puerto Rico.

2008 begann eine neue missionarische Arbeit der Mennoniten in Kuba, als eine neue Organistion namens *Iglesia Menonita de Cuba* gründert wurde, die von der kubanischen Regierung noch nicht anerkannt worden ist. Sie ist in verschiedenen Hauskreisen organisiert und zählt etwa 120 Mitglieder.[26]

---

[24] In Sullana, Vichayal, El Indio und Chato Chico.
[25] In San Jerónimo de Angostura, Huacarpay und im Dorf von San Francisco.
[26] In den Provinzen Santiago de Cuba, Olguín, Gramma, Villa Clara und Cienfuegos.

b. Erneuerung im Heligen Geist

Die Erneuerung im Geist („Renovación en el Espíritu") ist eine Bewegung, die durch die Präsenz charismatischer Prediger stark zugenommen hat.[27] Seit Ende der 1960er Jahre drang diese Bewegung immer stärker auch in die Mennonitengemeinden Lateinamerikas ein. Merkmale dieser Bewegung sind Glaubenserweckung, Eifer für das christliche Zeugnis, charismatische Predigten, Zungenrede, innere Heilung, Erfahrung von Gesundungen, Umkehr von Sünde, Dämonenaustreibung, und auch neue Ausdrucksformen in Liturgie, Gottesdienstgestaltung und der Musik.

Seit der Entstehung der ersten täuferischen Gemeinden in Europa im 16. Jahrhundert begegnet hier Theologie, Bibelauslegung und pastoraler Dienst einer Bewegung, die vollständig pneumatologisch ausgerichtet ist. Eine der wichtigsten Aufgaben der heutigen Mennonitengemeinden in Lateinamerika wird es sein, das theologische Erbe in Bezug auf den Heiligen Geist neu zu entdecken. Dabei sollte natürlich keinesfalls auf die Elemente verzichtet werden, die den Gemeinden ihre ganz eigene Identität gegeben haben. Zu nennen ist hier die kritische Haltung gegenüber dem Staat, eine Theologie und ein pastoraler Dienst, die sich vor allem an die Armen richtet, eine kontextuelle Hermeneutik der Gewaltfreiheit, der Einsatz für Gerechtigkeit und Frieden, wie auch eine große Toleranz gegenüber anderen religiösen Formen, um das Geheimnis Gottes zu verstehen.

c. Die prophetische Rolle der Mennonitengemeinden während der Revolution in Mittelamerika

Die Radikalisierung der Sandinistischen Revolution nach dem Sieg über das militärische Regime von Somoza im Juli 1979 eröffnete eine neue pastorale und theologische Dynamik beim Nachdenken über das Verhältnis von Mennoniten und Gesellschaft. Die folgenden Worte des mennonitischen Pastors José Matamoros (1981) müssen im Kontext des Bürgerkrieges in El

---

[27] Zu nennen sind hier Juan Carlos Ortiz (Argentinien) und Pater MacNutt (USA), wie auch pfingstlerische Pastoren wie Yiye Avila (Puerto Rico) und Carlos Annacondia (Argentinien).

Salvador und Guatemala, gepaart mit der militärischen Aggression von Seiten der USA gegenüber der Sandinistischen Regierung (die an den Grenzen von Costa Rica und Honduras einen Gegenaufstand durchführten), verstanden werden:[28]

> „Der Friede wird auf der Grundlage der Gerechtigkeit gebaut. Wir können Frieden nicht erwarten, wo Ungerechtigkeit herrscht. Deshalb bekräftige ich, dass wir nicht nur die Gewalt hassen, sondern auch schon die Ungerechtigkeit hassen müssen, welche der Gewalt vorangeht (…) Wir haben Beispiele von Kämpfern der Gewaltlosigkeit, wie Gandhi, Martin Luther King und Dom Helder Cámara, welche in den letzten Jahrzehnten Zeugnis ablegten, oder wie im Falle von Martin Luther King sogar Martyrer einer großen Bewegung wurden, welche den Samen für den Frieden säte und Anhänger in allen Glaubensrichtungen fand."

Man kann nicht sagen, dass es eine einheitliche mennonitische Position gegenüber der Sandinistischen Revolution und dem Aufstand der mittelamerikanischen Völker Ende der 1980er Jahre gegeben hat; doch immer wieder gab es Momente, in denen die täuferische Perspektive der Gewaltfreiheit in den schwierigen sozio-politischen Kontext eingebracht wurde.

In der täuferischen Konsultation 1984 in Guatemala rief Pastor Gilberto Flores Campos zugleich protestierend und zu Tränen gerührt die Mennonitengemeinden auf, Frieden mit Gerechtigkeit in Verbindung zu bringen, die Realität wahrzunehmen, eine starke nationale Führung auszubilden und einen täuferischen Hirtenbrief für Mittelamerika zu verfassen. In dieser sozio-politischen Realität entstanden kirchliche Initiativen, das täuferische Zeugnis zu kontextualisieren und in der Kirche umzusetzen. In diesen Ländern nahmen mehrere Gemeinden die pastorale Herausforderung an, setzten sich für den Wiederaufbau von *Managua* ein, und betreuten in Honduras Migrant:innen aus El Salvador sowie vom Bürgerkrieg betroffene Familien. Sie begleiteten Landwirtschafts- und Entwicklungsprojekte und gründeten das *Seminario Anabautista Latinoamericano* (SEMILLA) zur Ausbildung von Pastor:innen. Dies wurde durch vielfältige Unterstützung von Mennonitengemeinden aus den USA und Kanada möglich, dem MCC, der Mennonitischen

---

[28] Matamoros, La no resistencia.

Weltkonferenz, ökumenischen Organisationen in mehreren Ländern Mittelamerikas, sowie weiteren internationalen Organisationen.[29]

d. Interne Organisation, zwischenmenschliche Beziehungen und missionarischer Dienst

Eine Herausforderung für die Mennonitengemeinden in Mittelamerika besteht darin, dynamische Strukturen zu schaffen, um alle Gemeinden zu stärken. Diese Strukturen sollten dahin führen, Solidarität, Geschwisterschaft und Freundschaft als Wesensmerkmale der Nachfolge Jesu hervorzuheben. Gemeindeverbände sollten sich als eine große Familie verstehen, in der man nicht beabsichtigt, sich gegenseitig zu verletzen oder die Autonomie der einzelnen Gemeinde zu beschränken, sondern in der Räume geschaffen werden, in der die täuferische Vision geteilt und die Geschwister ihre Begabungen in den Dienst der Anderen stellen können.

Wenn die Beziehungen unter den Leitungspersonen einer Gemeinde nicht stimmen, ist eine Gemeindespaltung oft nicht weit. Dafür gibt es zahlreiche Beispiele. Die Versuchung, nach Leitungspositionen in der Gemeinde zu streben, ist groß und gefährlich. Es gibt Pastoren, die finanziell von der Gemeinde abhängig sind und sich nur noch der Gemeindearbeit widmen. Sobald die pastorale Energie nachlässt, wird in der Gemeinde darüber nachgedacht, ob man den Pastor entlassen sollte. Zwischenzeitlich hat sich der Pastor aber an sein Gehalt gewöhnt und braucht es, um seine Familie zu versorgen. Das bringt Konflikte mit sich. In diesem Zusammenhang sollten verschiedene pastorale Modelle analysiert werden, aber auch die familiäre und finanzielle Versorgung der Pastor:innen berücksichtigt werden. Die gesamte Gemeinde ist dazu aufgerufen, die Gemeindearbeit zu planen und der jungen Generation eine Chance zur Mitwirkung zu bieten.

Es war nicht leicht, eine ganze Generation von Leitern für die Gemeinden Lateinamerikas vorzubereiten. Viele der gebildeten

---

[29] Dem Hohen Flüchtlingskommissariat der Vereinten Nationen (UNHCR), Ärzte ohne Grenzen, Caritas, Catholic Relief Service (CRS) und Menschenrechtsorganisationen.

Leiter sind später nach USA und Kanada ausgewandert, um dort zu arbeiten. Zurzeit ist man dabei, eine gemeinsame Missionsarbeit zu organisieren, um Missionare nach Afrika, Asien und sogar Europa zu senden. Hieraus ergibt sich die Frage, wie es möglich sein wird, neue Dienste im Ausland anzunehmen und gleichzeitig das Gleichgewicht mit der Arbeit in den lokalen Gemeinden nicht zu gefährden.

e. Frauen in der Leitung

Seit sich die täuferische Bewegung im 16. Jahrhundert in Zentraleuropa ausbreitete, haben Frauen eine wichtige Rolle in der Gemeindeleitung gespielt. Wir haben Pastorinnen, Prophetinnen, Lehrerinnen und viele Märtyrerinnen, die gemeinsam mit ihren Männern und Familien unter schwersten Umständen Zeugnis ihres Glaubens an Jesus Christus ablegten.[30] Die Leitungsrolle der Frau in lateinamerikanischen Mennonitengemeinden geht zurück auf die wichtige Unterstützung jener Ehefrauen der Missionare im Aufbau der Gemeinden und in der Gründung von Frauenkreisen.

Der elfte Kongress der *Consulta Anabautista Menonita de Centroamericana* (CAMCA), 1984 in Honduras, hatte zum Leitspruch: „Die Rolle der christlichen Frau in der Situation der Gemeinden in Mittelamerika", der zwölfte Kongress im darauffolgenden Jahr in Costa Rica: „Der Gemeindedienst der Frau". Die Vorträge wurden von Alba Elena Castillo und der Pastorin Leonor Méndez, beide aus Guatemala, gehalten. Einer der Vorträge basierte auf Markus 15,40–41, wo Maria Magdalena, Maria, die Mutter von Jakobus, und Salome als Nachfolgerinnen Jesu genannt werden. Der Aussageschwerpunkt lag darin, dass Jesus mit den Regeln seiner Zeit brach und neue Wege in Bezug auf das Verhältnis von Mann und Frau lebte.

---

[30] Einige davon sind: Agnes Linck und Margret Hottinger (beide aus der Schweiz), Sabine Bader, Sophia Marschalk, Helena von Freyberg, Anna Gaser, Katharina Purst Hutter (aus dem Süden Deutschlands und Österreich), Margarethe Prüss, Ursula Jost, Bärbel Rebstock, Fenneke van Geelen und Anna Hendricks (aus dem Norden Deutschlands).

Ein weiteres Beispiel ist die wachsende pastorale Rolle, die Frauen ab den 1980er Jahren in Puerto Rico übernahmen.[31] María Rodríguez wurde Ende der 1980er Jahre als erste mennonitische Pastorin Costa Ricas gewählt. Ein weiterer Höhepunkt war das 1989 von der mennonitischen Kirche in Kolumbien unterzeichnete Schreiben, das Frauen für den pastoralen Dienst begrüßte. Im vergangenen Jahrzehnt hatten verschiedene nationale Gemeindebünde eine Frau an ihrer Spitze.[32]

Die Begegnung mit afrikanischen Theologinnen während der Vollversammlung der Mennonitischen Weltkonferenz (MWK) 2003 in Bulawayo (Zimbabwe) hat die Leiterinnen aus Lateinamerika herausgefordert. Daraus entstand die Bewegung lateinamerikanischer Theologinnen („Movimiento de teólogas latinoamericanas"), die mit Unterstützung der MWK und regionalen mennonitischen Organisationen Treffen in Venezuela (2004), Mexico (2005), Costa Rica (2006), Guatemala (2007) und Uruguay (2007) durchführten. So kam es, dass während der Vollversammlung der MWK 2009 in Asunción (Paraguay) 120 Frauen aus ganz Lateinamerika zusammenkamen, um über das Thema „Die befreiende Botschaft Jesu für die Frauen heute" nachzudenken. Ein Teil der Erklärung, die daraus entstand und bei einem der Gottesdienste während der Versammlung vorgetragen wurde, besagt:[33]

> „Als Frauen und Männer verpflichten wir uns der Nachfolge Jesu und dem Bau seines Reiches ...
> Wir wollen ein befreiendes System fördern, das mit Schemata und Stereotypen eines patriarchalen Systems bricht und die Frau ausschließt. Wir bemühen uns um eine Bewegung, die vom Geist Gottes geleitet ist. Wir verpflichten uns, gemeinsam unterwegs zu sein im Aufbau und Begleitung einer täuferischen Bildung und einer erneuerten Lektüre der Bibel mit den Augen der Frau."

---

[31] Beispiele sind Aida M. Ortiz (*Iglesia Esmirn* in Coamo Arriba, 1980–1992), Johanna Flores (*Iglesia Menonita Ponce,* 1992) und Damaris Bonilla (*Iglesia Menonita de Bayamon,* Botijas I, 1993–1996 und in Palo Hincado, 1999).

[32] Alix Lozano (Kolumbien), Elisabeth Vado (Nicaragua) oder Sandra Campos (Costa Rica).

[33] „Como mujeres y hombres comprometidos en el seguimiento de Jesucristo y en la construcción de su Reino ... Promovemos un sistema liberador que rompe los esquemas y estereotipos de un sistema patriarcal que excluye a la mujer, hacia un movimiento integrador guiado por el Espíritu de Dios." El mensaje liberador.

Während der MWK-Vollversammlung 2015 in Pennsylvania, USA, traf sich die Bewegung der täuferischen Theologinnen von Latein Amerika (*Movimiento de Teólogas Anabautistas de América Latina*) mit Theologinnen aus der ganzen Welt, um ein globales Netzwerk zu initiieren und Aktivitäten für die weiteren Jahre zu planen, bis zur folgenden Vollversammlung in Indonesien 2022.

f. Auf dem Weg zu einer Friedenstheologie

Das vom Bürgerkrieg erschütterte Kolumbien, früher geprägt von der Auseinandersetzung zwischen Liberalen und Konservativen, heute von Drogenhandel, Guerilla, Militär und paramilitärischen Gruppen, ist unter den Mennoniten zur Vordenkerin hinsichtlich der Friedenstheologie geworden. In dieser Situation besteht die einzige Hoffnung, den Frieden zu festigen, in einem Lebensstil gemäß dem Reich Gottes, so Pedro Stucky, ein Leben in Gerechtigkeit und Frieden:[34]

> „Unsere Theologie und Praxis erwachsen aus dem Leben und dem Kampf unseres Volkes, ein verwundbares Volk, das auf der Grenze lebt, zwischen Leben und Tod. Das soziale, ökonomische und politische Klima von Ungerechtigkeit und Unterdrückung, die „Hitze" des Überlebenskampfes um Gerechtigkeit; der Glaube, von Gottes Wort genährt und bewässert durch den Regen des Geistes Gottes hat in verschiedenen Teilen unseres Landes und des gesamten Kontinents, in denen die Umstände gleich waren, ganz ähnliche Reaktionen hervorgerufen."

Das mennonitische Programm *Justapaz* wurde 1990 gegründet und lange Jahre vom mennonitischen Anwalt Ricardo Esquivia geleitet. Angesichts der schwierigen Situation und massiver Gewalt im Land, sah sich die mennonitische Kirche dazu berufen für den Frieden zu arbeiten. Es sollte ein Ort geschaffen werden, in dem sich die Kirche dafür einsetzt, über Gewaltfreiheit, Versöhnung und Menschenrechte zu lehren. Auf diesem Weg wollten sie die Werte des Reiches Gottes vermitteln. *Justapaz* hat die Gemeinden der CEDECOL (*Confederación de Evangélicos de Colombia*) mit diesen Gedanken beeinflusst und von dort aus in die gesamte Gesellschaft hineingewirkt. *Justapaz*

---

[34] Stucky, Liberation, 61 (Übers. Hg.).

wurde Mitglied eines Zusammenschlusses der Zivilgesellschaft, in der alle Friedensinitiativen auf nationaler Ebene zusammengebracht wurden. 1999 war Ricardo Esquivia Generalsekretär dieser Versammlung und arbeitete eng mit der Regierung im eigens gegründeten *Consejo Nacional de Paz* („Nationalrat für den Frieden") zusammen. Mehrere mennonitische Leiter:innen wurden durch *Justapaz* Mitglied in diesem Nationalrat, in Friedensräten verschiedener Stadtgemeinden sowie in Räten für Menschenrechte und Migration. In *Cundinamarca* boten sich 116 Stadtgemeinden zur Mitarbeit an, an der Nordküste in *Montes de Maria* waren es 8 Stadtgemeinden. Es wurde in Versöhnungszentren gearbeitet, wo die Mediation zwischen den verschiedenen politischen Parteien angestrebt wurde, ohne dabei Gewalt anzuwenden.[35]

Auch wenn Mitarbeiter:innen in manchen Situationen durchaus ihr Leben aufs Spiel setzten, hat *Justapaz* seine Bemühungen für Gewaltfreiheit, konstruktive Konfliktlösung und Friedensbildung nie aufgegeben. *Justapaz* sammelt außerdem Dokumente und Beweise, in denen Menschenrechtsverletzungen an Mitgliedern von Gemeinden dokumentiert werden. Diese Aktion ist eine Zusammenarbeit der Mennonitischen Kirche mit weiteren christlichen Kirchen, Organisationen für Menschenrechte und Frieden sowie weitere Organisationen der Zivilgesellschaft. Das Zeugnis derjenigen, die bei *Justapaz* für das Wohl ihrer Mitmenschen arbeiten und dabei sogar ihr Leben aufs Spiel setzen, erinnert uns an die Worte Jesu: „Selig sind die Friedfertigen; denn sie werden Gottes Kinder heißen" (Mt 5,9).

g. Täuferische Organisationen in Lateinamerika und die Mennonitische Weltkonferenz

Die Interaktion zwischen den Missionsgesellschaften und den Mennonitengemeinden Lateinamerikas begann im Februar 1968, als der erste *Congreso Menonita Latinoamericano* („Lateinamerikanischer Mennonitischer Kongress") unter dem Leitspruch „Auf dem Weg zu einer starken Mennonitischen Kirche", in Bogotá, Kolumbien stattfand. Daran schloss sich eine

---

[35] Solche Zentren wurden in La Mesa, an der Atlantischen Küste und in Cali eröffnet.

Serie von Kongressen an, die 1978 im Vierten *Congreso Menonita Latinoamericano* in San Antonio, Texas mündeten, unter dem Leitspruch „Christlich-täuferische Ausbildung". Hier gab es eine größere Zustimmung, die Kongresse in Zukunft eher auf regionaler Ebene durchzuführen.

Die *Consulta Anabautista y Menonita de Centro América* („Täuferischer und Mennonitischer Rat in Zentralamerika", CAMCA) war bereits 1974 gegründet worden und führte seine Treffen jährlich durch. Dagegen begannen die Mennonitengemeinden im *Cono Sur* erst 1981 mit regionalen Treffen, unter dem Leitspruch „Die gewaltfreie Haltung und der Versöhnungsauftrag der Kirche". Der 18. und bisher letzte dieser regionalen Kongresse widmete sich 2019 dem Thema „Der Heilige Geist tröstet uns".

Die letzte Region, die damit begann, regionale Kongresse auszurichten, war die Anden-Region. Das erste Treffen fand 2004 auf der Insel *Margarita* in Venezuela statt, unter dem Thema „Frauen der Bibel", und wurde unter Mitwirkung der Bewegung lateinamerikanischer Theologinnen veranstaltet.

Insgesamt haben bisher sieben Gesamtkonferenzen für Lateinamerika stattgefunden; die letzte 2014 in Guatemala: „Auf dem Weg zu einer pastoralen Hoffnung: soziale Realität, Glaube, Worte und pastorale Handlung". Während dieser Konferenz wurde das Lateinamerikanische Netzwerk für Täuferstudien (RELEA) geboren.

Die Karibik ist die lateinamerikanische Region, die aus geschichtlichen Gründen größte Schwierigkeiten bei der regionalen Organisation hat. Ihre Geschichte ist stark von der Kolonialzeit beeinflusst, so auch die komplexe politische Entwicklung der Länder und die große Sprachenvielfalt. Während der Vollversammlung der Mennonitischen Weltkonferenz (MWK) 2009 in Asunción (Paraguay) brachten die Repräsentant:innen dieser Region ihr Bemühen zum Ausdruck. Eine wichtige Konsultation der Mennoniten wurde 2016 in El Salvador durchgeführt, mit Teilnehmenden aus Mittelamerika, Mexiko und der Karibik, unter dem Thema „Pastoralarbeit vor gegenwärtigen Herausforderungen".

Die MWK und das MCC haben finanziell und personell dazu beigetragen, dass viele dieser Treffen stattfinden konnten, die die täuferische Identität in Lateinamerika gestärkt haben. Auf diesen regionalen Treffen werden theologische, aber auch soziale und seelsorgerliche Reflexionen erarbeitet. Diese dienten und dienen als Leitfaden und Stärkung der lokalen Gemeindeleitung, besonders in Zeiten militärischer Diktatur, bei großen finanziellen Krisen, Naturkatastrophen oder in Zeiten politischer Revolutionen.

Es ist hervorzuheben, dass zwei Vollversammlungen der MWK in Lateinamerika stattfanden. Die erste 1972 in Curitiba, Brasilien, unter dem Leitspruch: „Jesus Christus versöhnt" und 2009 in Asunción, Paraguay, unter dem Leitspruch: „Miteinander unterwegs auf dem Weg Jesu Christi", mit einer Beteiligung von fast 6.000 Menschen. Währen der Vollversammlung in Curitiba wurden grundlegende Veränderungen vorgenommen, um ein ethnisches Gleichgewicht der Vertreter:innen dieser globalen Organisation zu etablieren. Es ist für die lateinamerikanische Fraktion sehr wichtig geworden, während der MWK-Versammlungen auch eigens zu tagen, um über Vertretungen in den Kommissionen der MWK, wie Gerechtigkeit und Frieden, Mission, theologischer Bildung, Beziehungen zu anderen Konfessionen, dem Projekt der Globalen Mennonitischen Geschichte und vielen anderen zu beraten.

Aktuell partizipieren Kirchen aus 85 Ländern der Welt an der MWK. Der gegenwärtige Generalsekretär ist César García, Mitglied der *Iglesia Hermanos Menonitas de Colombia* (Mennoniten-Brüdergemeinden in Kolumbien).

h. Der multiethnische Charakter der lateinamerikanischen Mennoniten

Die in Asunción durchgeführte Vollversammlung der MWK 2009 hat den multiethnischen Charakter des lateinamerikanischen Täufertums deutlich gezeigt. In Paraguay findet man mennonitische Kolonien mit deutschen, niederländischen, preußischen und russischen Wurzeln. Außerdem gibt es in Paraguay Spanisch-sprechende Mennoniten genauso wie Mennoniten aus indigenen Völkern der *Guaraní, Toba, Enlhet* und *Nivaclé*. Im Bewusstsein ihrer eigenen Geschichte haben die *Enlhet*-Gemeinschaften in *Yalve Sanga* (Paraguay) wie auch die *Tobas* in Argentinien einen Prozess der historischen Aufarbeitung ihrer Erinnerungen, Mythen, Bräuche und ihres Gottesbildes begonnen. Andere Völker, wie die *Embera-Wounan* in Panama haben sich zur Aufgabe gesetzt, ihr kulturelles Erbe systematisch schriftlich und künstlerisch festzuhalten, um so ihre kulturelle und spirituelle Identität zu festigen. Die Texte der Heiligen Schrift sind in viele einheimische Sprachen übersetzt worden, wie z. B. ins *Kekchie* (Guatemala), *Trique* (México), *Garífuna* (Honduras), und ins *Bribí* (Costa Rica). Früher wurden diese Völker von den Mennoniten als „Heiden" bezeichnet. Heute wird der große spirituelle Reichtum ihrer Vorfahren wahrgenommen. Somit sind wir auf dem gesamten Kontinent aufgefordert, gemeinsam Jesus Christus nachzufolgen. Inmitten großer Armut teilen die mennonitischen Gemeinschaften der indigenen Völker, wie auch diejenigen afrikanischen Ursprungs (in Honduras, Kolumbien, Brasilien) ihren historischen, kulturellen und spirituellen Reichtum. Ihre Geschichten und Mythen, die vom Urwald, den Meeren, den Flüssen, den Steinen und den Feldern erzählen, fordern dazu auf, unsere Mutter Erde zu bewahren. Es sind ihre Visionen und Träume, die uns die Unordnung erkennen lassen, die die eingeführten ökonomischen Systeme in der Schöpfung hinterlassen, nur um die finanziellen Interessen von internationalen Unternehmen und einer kleinen Minderheit von Reichen zu schützen. Der Besuch der *Metis* und *Ojibwe* (Nordamerika), *Quechuas* (Perú), *Kekchies* (Guatemala), sowie *Embera* und *Wounan* (Panama) während der MWK-Vollversammlung in Paraguay war für die Ureinwohner:innen Paraguays ein Zeichen der Geschwisterschaft und Einheit, inmitten der Vielfalt. Heute besteht der Wunsch, voneinander und miteinander zu lernen, und die jeweiligen Gaben zum Dienst der Nächsten einzusetzen. Die große ethnische Vielfalt der lateinamerikanischen Mennoniten hat die gesamte Geschwisterschaft sichtbar bereichert. Damit kommen auch unsere Bemühungen, Instrumente in Gottes Schöpfung zu werden, der Wirklichkeit immer näher. Denn wie die Schöpfung mit Geburtsschmerzen auf ihre Erlösung wartet, so sehnen wir uns nach der Erlösung (Röm 8,18–24).

Wir Mennoniten und Täufer:innen in Lateinamerika wünschen uns, Jesus Christus nachzufolgen, um ihn besser kennenzulernen, während wir durch die Wege des Urwaldes, der Wüste und der Meere dieses großen Kontinentes streifen, der von unseren Vorfahren als *abya-yala* („reifes Land" in der *Kuna*-Sprache) bekannt war. Wir erhoffen uns jeden Tag, gemeinsam mit dem Fremden zu wandern und mit der Fremden, die an unserer Seite geht. Es besteht kein Zweifel, dass, wenn wir die Hütte erreichen, wir sein Gesicht erkennen und mit ihm Brot und Wein teilen werden, während die Sonne am Horizont untergeht (Mt 24,13–32).

Literatur

Driver, Juan, Contra Corriente: Ensayo sobre eclesiología radical (Communidad en compromiso), 3. Aufl., Guatemala ³1998.
–, Una teologia biblica de la paz (Espadas en arados), Guatemala 2003.
–, Understanding the Atonement for the Mission of the Church, Eugene, OR, 2005.
El mensaje liberador de Jesús para las mujeres hoy. Una creación colectiva, ed. Piedrasanta, Olga / Rindzinski, Milka, Guatemala 2010, https://archive.org/stream/LibroTeologas/Libro-Teologas_djvu.txt [01.08.2020].
Janz, Willy / Ratzlaff, Gerhard (Hg.), Gemeinde unter dem Kreuz des Südens: Eine geschichtliche Darstellung der Mennonitischen Brüder-Gemeinden von Brasilien, Paraguay und Uruguay: Ein Beitrag zum fünfzigjährigen Jubiläum 1930–1980, Curitiba 1980.
Kanagy, Conrad / Miller, Elizabeth / Roth, John D., Perfil Anabautista Mundial: Creencias y Prácticas de 24 Convenciones Miembros del Congreso Mundial Menonita, Goshen, IN, 2018.
Martínez, Juan / Driver, Juan et al., V Consulta Anabautista Latinoamericana, San Lorenzo / Paraguay, 9 al 14 de febrero de 1999, Guatemala 2000.
Matamoros, José A., La no resistencia en el contexto centroamericano. De la teología a la realidad concreta, in: Madeira L., Eugenio (ed.), Vocero Oficial Hermanos en Cristo, Nicaragua libre, edición No. 1 (31. Juli 1981), 3–12.
Prieto Valladares, James Adrián, Die mennonitsche Mission in Costa Rica (1960–1978), Perspektiven der Weltmission; Wissenschaftliche Beiträge Bd. 15, hg. von der Missionsakademie an der Universität Hamburg, Ammersbek bei Hamburg 1992.
–, Misión y Migración. Colección de Historia Menonita Mundial: Latin America, Kitchener, ON, 2018 (engl. *Mission and Migration:* Global Mennonite History Series: Latin America, Kitchener, ON, 2010.).
–, Mennonitas en América Latina: Bosquejos Históricos, North Newton, KS, & Kitchener, ON, 2008.
Ratzlaff, Gerhard, Ein Leib-viele Glieder. Die mennonitischen Gemeinden in Paraguay (Asociación Evangélica Menonita del Paraguay), Asunción 2001.
–, Historia, Fe y Prácticas Menonitas: Un Enfoque Paraguayo, Asunción 2006.
Schartner, Sieghard / Schartner, Sylvia, Bolivien. Zufluchtsort der konservativen Mennoniten, Asunción, Filadelfia 2009.

Schmiedehaus, Walter, Die Altkolonier-Mennoniten in Mexiko, Winnipeg 1984.

Stucky, Peter, Liberation and Anabaptist Theologies Meet: The Colombian Mennonite Church – A Case Study, in: The Conrad Grebel Review. Vol. 15, No. 1/2 (Winter/Spring 1997), 56–61.

Toews, Jacob, The History of Mennonite Brethren Missions in Latin America: A Dissertation presented to the Faculty of the Graduate School of Dallas Theological Seminary, Dallas 1972.

Unruh, Ernesto/Kalisch, Hannes (Hg.), Moya'ansaeclha' Nengelpayvaam Nengeltomha Enlhet, Ya'alve-Saanga, Comunidad Enlhet, Chaco/Paraguay 1997.

Zaracho, Rafael/Irala, David, Memoria Viva. Historia de las Iglesias de la Convención Evangélica de Iglesias Paraguayas Hermanos Menonitas, Asuncion/Paraguay 2019.

18. Mennoniten in Nordamerika heute – zwischen europäischer Vergangenheit und globaler Zukunft

Helmut Harder

Mehr als ein Jahrhundert lang war der nordamerikanische Kontinent das Zentrum des Wachstums und der Entwicklung mennonitischer Gemeinden. Zahlreiche Mennonitenkirchen überzogen die Landschaften Nordamerikas von Ost nach West und von Nord nach Süd. In dieser Zeit wurden auf dem Kontinent eine Fülle mennonitischer Bildungsinstitutionen gegründet, wie theologische Seminare, Hochschulen, Universitäten, Bibelschulen, Gymnasien sowie Grundschulen. Das *Mennonite Central Committee* (MCC), die weitbekannte nordamerikanische Hilfsorganisation der Mennoniten, hat seine Spuren an unzähligen Orten hinterlassen – nicht nur auf dem amerikanischen Kontinent, sondern überall auf der Welt. In den letzten 150 Jahren schickten die nordamerikanischen Mennoniten ihre Missionare in alle Winkel des eigenen Landes und der Welt, um das Evangelium zu verbreiten und neue Gemeinden aufzubauen.

Zukünftig wird sich der Schwerpunkt der mennonitischen Kirchen wohl in den globalen Süden verlagern. Noch sind die nordamerikanischen Mennoniten allerdings die initiativen Schlüsselfiguren, die global die mennonitische Identität prägen und repräsentieren. Dieser Beitrag beschreibt den Zustand der Mennonitenkirchen Nordamerikas zum aktuellen Zeitpunkt – zwischen europäischer Vergangenheit und globaler Zukunft.

I. Wurzeln

Die „Schweizer Mennoniten" kamen in zwei Strömen nach Nordamerika. Die ersten Migrant:innen kamen nicht nur aus der Schweiz, sondern auch aus Süddeutschland, besonders Rheinland-Pfalz, dem Elsass und Bayern. Von 1683 an bis weit ins 19. Jh. hinein siedelten diese „Schweizer" zunächst in den östlichen Regionen der Vereinigten Staaten, hauptsächlich im Bundesstaat Pennsylvania. Nach der amerikanischen Revolution (1776 und später) zogen einige Nachkommen dieser ersten mennonitischen Einwanderer weiter nördlich in die Provinz „Upper Canada" (heute Ontario). Dann, von Anfang bis Mitte des 19. Jh., kamen *Amische Mennoniten* aus dem Elsass, Bayern und angrenzenden Gebieten Europas in den Osten und den mittleren Westen der USA sowie nach „Upper Canada". Auch sie werden manchmal „Schweizer Mennoniten" genannt.

Zwischen 1874 und 1879 wanderten ca. 7.000 „russische" und „preußische" Mennoniten aus Südrussland ein, Mennoniten niederländischer und norddeutscher Herkunft, in die Provinz Manitoba in Kanada sowie in die Zentralebenen der Vereinigten Staaten (Central Plains). Eine große Zahl folgte diesen Pionier:innen in den 1920er und noch einmal in den 1940er Jahren (nach dem Zweiten Weltkrieg) nach Kanada. Gegen Ende des 19. Jh. und in der Zeit nach dem Zweiten Weltkrieg kam außerdem eine kleinere Anzahl Mennoniten aus dem damaligen Westpreußen (heute Polen) nach Nordamerika.

Während die Mehrheit der gegenwärtigen Mennoniten in Nordamerika aus Nachfahren dieser zwei Ströme europäischer Immigrant:innen besteht, ist jüngst eine signifikante Anzahl an Personen mit anderen ethnischen Ursprüngen der Mennonitenkirche beigetreten. Dazu gehören sowohl Angehörige indigener Stämme Kanadas und der Vereinigten Staaten, als auch Afroamerikaner:innen und Frankokanadier:innen. Außerdem umfasst diese Gruppe viele Einwanderer aus verschiedenen afrikanischen, asiatischen und südamerikanischen Ländern.

II. Statistik

Nach dem Verzeichnis, das die Mennonitische Weltkonferenz (MWK) 2018 veröffentlichte, beträgt die Anzahl getaufter Mennoniten in Nordamerika ungefähr 650.000. Davon leben ca. 150.000 in Kanada und 500.000 in den USA.[1] Da – entsprechend der mennonitischen Tradition und Theologie – nur diejenigen, die ein persönliches Bekenntnis ihres christlichen Glaubens abgeben, getauft werden und also als vollgültige Mitglieder in der Kirche gezählt werden, sind in dieser Statistik die ungetauften „Mennoniten" nicht berücksichtigt (Babies, Kinder und Teenager aus mennonitischen Familien). Die absolute Zahl beträgt demnach schätzungsweise das zwei- bis dreifache der oben genannten Zahlen.

---

[1] Vgl. Mennonite World Conference, „Statistics".

Mennoniten in Nordamerika sind in unterschiedlichsten Gruppen organisiert: Kirchen, Konferenzen, Gemeinschaften, Kolonien oder Gemeinden. Für gewöhnlich besteht jede Gruppe aus einer Fülle zusammenhängender Kirchengemeinden, wobei jede Gemeindeeinheit sich auf einen lokale Gottesdienstort konzentriert. Es gibt schätzungsweise 1.600 Gemeinden in den USA und um die 750 in Kanada. Manche Gruppen, wie z. B. Immigranten aus Russland und Preußen oder aus Spanisch-sprechenden Ländern Lateinamerikas oder auch aus Südost-Asien haben Kirchengemeinden entsprechend ihrer Muttersprache und ihrer Kultur aufgebaut. Andere Gruppierungen entstanden, weil sie sich aufgrund interner Differenzen über praktische oder dogmatische Fragen von der ursprünglichen Gruppe abspalteten. Im Jahr 2018 wurden 22 verschiedene Gruppierungen in Kanada und 59 in den Vereinigten Staaten verzeichnet, dazu zählen auch sechs binationale Gruppierungen.[2]

Die kirchlichen Gruppen variieren in ihrer Größe von einer Handvoll Gemeinden bis hin zu einem Netzwerk von fast 900 Gemeinden. Die sechs größten Konferenzen, gemessen an der ungefähren Zahl ihrer getauften Mitglieder, sind die *Mennonite Church USA* (110.000 Mitglieder), die *Mennonite Church Canada* (34.000), die *Canadian Conference of Mennonite Brethren Churches* (Konferenz der Mennoniten-Brüdergemeinden in Kanada, 32.000), die *U.S. Conference of Mennonite Brethren Churches* (21.000), die *Old Order Mennonites* („Altmennoniten", 20.000) und die *Old Colony Mennonites* („Altkolonier", 20.000). Die nächstgrößten Gruppen sind die *Evangelical Mennonite Conference* („Konferenz Evangelikaler Mennoniten", 6.000), die *Sommerfelder Mennonite Church* (5.000) und die *Eastern Pennsylvania Mennonite Church* (4.500). Die übrigen Gruppen sind deutlich kleiner. Sechs der oben genannten Gruppen, insgesamt ca. 207.500 Menschen (42 % aller getauften Mitglieder mennonitischer Gemeinden in Nordamerika) sind Mitglieder der Mennonitischen Weltkonferenz.[3]

---

[2] Ebd.
[3] Diese sind: *Mennonite Church USA, Mennonite Church Canada, Mennonite Brethren USA, Mennonite Brethren Canada, Evangelical Mennonite Conference* und die *Evangelical Mennonite Mission Conference.*

Die *Amischen* und *Hutterer*-Gemeinden sind Gruppierungen, die mit den Mennoniten den gemeinsamen täuferischen Ursprung teilen. Sie gehören aber nicht zum Mennonitischen Kirchennetzwerk und identifizieren sich formal auch nicht als „Mennoniten". Die stetig wachsende Population der Amischen zählt zurzeit ungefähr 230.000 Mitglieder, von denen der Großteil in den USA siedelt, eine Handvoll in Kanada. Die Population der Hutterer in Nordamerika beträgt ungefähr 34.000 Mitglieder stark, was bemerkenswert ist, bedenkt man, dass die Zahl der 1870 ursprünglich aus Europa übergesiedelten Hutterer gerade einmal 400 betrug. Die Mehrheit, ca. 28.000, leben heute in Kanada. Die Amischen und Hutterer werden in der folgenden Beschreibung nicht weiter berücksichtigt.

III. Charakterisika

Wie bei den meisten christlichen Konfessionen, ist es auch bei den Mennoniten in Nordamerika nicht einfach, ein allgemeingültiges Bild ihres derzeitigen Zustandes zu zeichnen. Obwohl alle das gemeinsame täuferische Erbe aus dem 16. Jh. beanspruchen, haben sich ihre Wege in den vergangenen fünf Jahrhunderten zum Teil erheblich voneinander entfernt. Ihre Theologien sind unterschiedlichen Einsichten gefolgt und ihre Beziehungen in der Gesellschaft und zur „Welt" sind vielfältiger geworden. Obwohl sich die Gruppen stark in Größe, theologischer Orientierung und nicht zuletzt in ihren Glaubenspraktiken unterscheiden, haben Theologen und Soziologen eine Möglichkeit gefunden, die mennonitischen Kirchen Nordamerikas unter zwei großen Rubriken zusammenzufassen: progressive Mennoniten und konservative Mennoniten. Dieser Differenzierung folgt die Beschreibung hier im Weiteren.

a. Progressive Mennoniten

Zu dieser Gruppe zählen wir jene Mennonitengemeinden, die offen mit allen Menschen ihrer Ortsgemeinde in Verbindung treten und dennoch der mennonitischen Theologie und Praxis verbunden bleiben. Sie verhalten sich entspannt und aufgeschlossen gegenüber neuen Einsichten oder modernen Erfindungen der Gesamtgesellschaft. Sie zögern nicht, sich am öffentlichen Leben zu beteiligen, einschließlich der Lokalpolitik, Geschäftsgemeinschaften und Freizeitprogrammen.

„Progressive" Mennoniten nutzen die verschiedenen Möglichkeiten öffentlicher Bildung, inklusive Primar- und Sekundarschulen sowie Universitäten. Mennonitische Studierende besuchen diese Einrichtungen, mennonitische Dozenten und Professor:innen haben Lehrstühle auf jedwedem Level inne. Gleichzeitig haben diese Mennoniten eine Vielzahl kirchlicher Bildungsinstitutionen, parallel zu den öffentlichen Schulen, aufgebaut. Dazu gehören Grundschulen für Kleinkinder, weiterführende Schulen für Jugendliche sowie Hochschulen und Universitäten.

Das soziale und familiäre Leben „progressiver" Mennoniten unterscheidet sich kaum von dem der Gesamtgesellschaft. Auf eine Familie kommen im Durchschnitt zwei bis drei Kinder, die Mehrzahl der Frauen ist berufstätig. Dass Mennoniten generell zu einem einfachen Lebensstil neigen, ist nicht legalistischen Anforderungen geschuldet, sondern zeigt eher ihr Verständnis von „guter Haushalterschaft", dem überlegten Umgang mit Ressourcen, und dem Umweltbewusstsein. Das tägliche Familienleben und das Berufsleben sind in den Kontext einer kosmopolitischen Gesellschaft eingebettet. Dennoch nehmen die Familien ihre kirchlichen Verbindungen sehr ernst. Wenn sich die Möglichkeit ergibt, schicken viele Mennonitenfamilien ihre Kinder auf mennonitische Privatschulen. Tägliche Andachten sowie Abendgebete sind oft Teil der häuslichen Rituale, den Sonntagsgottesdienst besuchen die Familien meist gemeinsam.

Die lokale Kirchengemeinde ist für diese Mennoniten die primäre Verortung von Kirche. Die Kirchengebäude ähneln anderen Gotteshäusern der Umgebung. Das typische Gotteshaus hat einen langen Mittelgang, mit Bänken auf beiden Seiten, mit einer zentral positionierten Kanzel vorn, eine Empor für den Chor befindet sich entweder dahinter oder an der Seite der Kanzel. Für gewöhnlich wird als Begleitinstrument für den Gesang im Gottesdienst ein Klavier benutzt, manchmal ist auch eine Orgel vorhanden. Moderne Musikinstrumente sind heute weiter verbreitet als noch vor einer oder zwei Dekaden. Die Bandbreite der sonntäglichen Morgengottesdienste reicht von formal-liturgisch bis hin zu formlos-spontan, gewöhnlich gibt es aber eine gewisse Reihenfolge und ein Muster, dem der Gottesdienstverlauf folgt. Die Predigt ist der zentrale Bestandteil des Gottesdienstes. Ihr

Thema und das des Gottesdienstes kann dem Kirchenjahr folgen oder von einem Gottesdienstausschuss bzw. der/m Pastor:in hinsichtlich eines aktuellem Anlasses oder einer gegebenen Situation aus dem Gemeindeleben gewählt werden. Junge Menschen und Kinder werden durch ein breites Angebot, z. B. Sonntagsschule, Jungen- und Mädchen-Clubs, Jugendprogramme und Campingfreizeiten, in der Kirche willkommen geheißen.

In den meisten Mennonitengemeinden werden die Lieder im Gottesdienst von der Gemeinde sowohl ein- als auch mehrstimmig gesungen. Viele Gemeinden nutzen das gemeinsame Gesangbuch als Grundlage für ihre Liedauswahl, wobei mindestens alle 20 bis 30 Jahre ein neues Gesangbuch erstellt wird. Die Liedauswahl reflektiert hierbei die wachsende Internationalität der Mennoniten. Beim Singen wird die Gemeinde entweder von einer/m Kantor:in, einem Chormitglied oder einer Band angeleitet. Einige Gemeinden haben eine lange Chor-Tradition, die durch regelmäßig organisierte, gemeindeübergreifende Chor-Festivals stets wieder neu inspiriert wird.

Einen Schwerpunkt bildet das Zeugnis geben und dienen außerhalb der eigenen Kirchenwände. Die Gemeinden engagieren sich in Projekten, die den Bedürfnissen und Bedürftigen ihres lokalen Umfeldes zugute kommen. Mennoniten fühlen sich verantwortlich, Anderen als „Salz und Licht in der Welt" zu dienen. Dies beinhaltet das Bereitstellen von Nahrungsmitteln für bedürftige Familien, Besuche von Gefangenen, Katastrophenhilfe, die Arbeit mit behinderten Jugendlichen, Krankenhausbesuchsdienste und nicht zuletzt die Einladung, am Geschenk des christlichen Glaubens und der christlichen Lebensführung teilzuhaben. Viele Mennoniten haben mehrere Jahre ihres Lebens freiwillig Hilfsdienste geleistet, vermittelt durch internationale oder nordamerikanische Programme des *Mennonite Central Committee* oder einer anderen der vielen Missions- und Hilfsorganisationen, die zur weiten Gemeinschaft der Mennoniten gehören.

b. Konservative Mennoniten

Ein beträchtlicher Teil der Mennoniten, wenn auch nicht die Mehrheit, werden den „konservativen" Mennoniten zugerechnet. Im Folgenden werden deren Hauptgruppen beschrieben. Im Allgemeinen richten sich bei ihnen die religiöse Orientierung und der Lebensstil an Traditionen der Vergangenheit aus. Ihre konservativen Überzeugungen, die sich im Laufe der Zeit entwickelten, gehen auf die Reformation im 16. Jahrhundert zurück, in der ihre Glaubensvorfahren, die Täufer:innen, danach strebten, religiösen Schmuck abzulegen und sich auf ein einfaches Evangelium der Nachfolge Christi zu besinnen. Dies fordert heute den Verzicht von prunkvollen Gegenständen wie teuren Autos, Schmuck, auffälligen Handtaschen, moderner Kleidung und auch Eheringen. „Konservative" Mennoniten richten ihre volle Aufmerksamkeit darauf, ihr traditionelles Verständnis des christlichen Glaubens zu bewahren, indem sie dem Vordringen moderner Errungenschaften widerstehen und ihre überkommenen Auffassungen an die jüngere Generation weitergeben.

Mit ein paar Ausnahmen findet man „konservative" Mennonitengemeinden heute vor allem in ländlichen Gegenden Nordamerikas, wo es für sie leichter ist, die Interaktion mit der modernen Gesellschaft zu vermeiden. Außerhalb von Nordamerika, etwa in Mexiko, Bolivien und anderen Ländern, findet man „konservative" Mennoniten oft in eigenen Kolonien. In Nordamerika ist dies jedoch eher selten der Fall, ihre Eigenheime erstrecken sich über das gesamte Land, neben ihren nichtmennonitischen Nachbarn. Leben und Arbeit der „Konservativen" sind aber überwiegend landwirtschaftlich orientiert, wobei auch Heimarbeit als erstrebenswert gilt. Es herrscht eine klare Rollenverteilung zwischen Mann und Frau: der Mann ist der Herr des Hauses, die Frau hat ihren Platz im Haus, wo sie viele Kinder gebiert und sich um die Belange und Bedürfnisse der Familie kümmert. Nicht selten sieht man unter den *Altmennoniten* und *Altkoloniern* Familien mit zehn oder mehr Kindern. Sie favorisieren eine einfache Garderobe – dunkle Farbtöne und Kleidungsstücke, die den Körper gut bedecken. „Konservative" Mennoniten bevorzugen ihre eigenen Schulen. Eine sechsjährige Schulausbildung wird hierbei in den allermeisten Gemeinden als ausreichend angesehen.

Die Gemeinde vor Ort gilt ihnen als primäre Orientierung für die alltägliche Glaubenspraxis. Gotteshäuser sind sowohl von innen als auch von außen von schlichter Erscheinung, traditionell gibt es zwei separate Eingänge, für Männer und für Frauen. Auch während des Gottesdienstes sitzen die Frauen von den Männern getrennt. Eine traditionelle und noch immer weit verbreitete Praxis ist, ausführliche Predigten aus Sammlungen früherer Generationen zu lesen. Die Bibel wird in direkter Weise ausgelegt, mit einem ständig päsenten legalistischen Oberton. Die bevorzugte Sprache für den Gottesdienst ist Hochdeutsch, während das viel geläufigere Niederdeutsch / „Plattdeutsch" im täglichen Umgang die Hauptrolle spielt. Der einzig zulässige Musik-Stil in den Mennonitengemeinden der *Altkolonier* und *Altmennoniten* sind einstimmig gesungene Gemeindelieder ohne instrumentale Begleitung. Die Choräle werden oft langsam und mit langgezogener Phrasierung gesungen und handeln oft von den Martyrien und dem Leid der frühen Täufer:innen. Es ist erklärte Absicht, ein einfaches Leben zu führen und die Welt so gut es geht zu meiden, also „in der Welt, aber nicht von der Welt" zu sein. Dennoch sollte erwähnt werden, dass – trotz offizieller Missbilligung – einige junge *Altkolonier* auch säkulare Lieder singen und an Square-Dance-Veranstaltungen teilnehmen. Zum Leidwesen ihrer „Ältesten" (Gemeindeleiter) singen junge Leute oft schnellere Choräle oder auch Country- und Westernlieder an ihren sonntäglichen Liederabenden.

Natürlich gibt es auch unter den „konservativen" Mennoniten eine beachtliche Vielfalt und nicht alle sind so strikt, wie diejenigen, die oben beschrieben wurden. Obwohl manche sich selbst eher konservativ einschätzen, haben sie beispielsweise Autos und verfügen über Telefone, Elektrizität und sogar Computer. Einige Gruppen wurden durch evangelikale Theologien und Praktiken beeinflusst, singen Gospels, engagieren sich in der evangelistischen Sozialarbeit ihrer Gemeinde und unterstützen die Missionsarbeit in anderen Erdteilen.

IV. Wichtige Kirchenverbände und Konferenzen

Wie wir oben bereits sahen, können Mennoniten in gewisser Hinsicht nach ihren sozialen und kulturellen Gepflogenheiten in Gruppen unterteilt werden. Dies ist auch darum möglich, weil sie in gemeinschaftlichen Verbünden zusammen lebten und als ganze Volksgruppen von Land zu Land zogen. Seit sie jedoch nach Nordamerika kamen, haben die Mennoniten sich weit verbreitet. Viele ihrer Mitglieder sind nicht länger anhand kultureller Charakteristika zu identifizieren. Es gab lebhafte Bemühungen unter den Mennoniten, sich selbst nicht als distinkte kulturelle Gruppe, sondern vielmehr als christliche Kirche zu verstehen.

Im Folgenden systematisieren wir die mennonitischen Gruppierungen in Bezug auf ihre ekklesiologische Identität – jener primären Identität also, durch die sich auch die meisten Mennoniten zuerst beschreiben würden. Wir werden uns eine kurze Übersicht über neun Mennonitengruppen in Nordamerika verschaffen. In Anlehnung an die bereits vorgenommene Einteilung, gehören die ersten sechs Gruppen der progressiven Bewegung und die übrigen drei Gruppen eher der konservativen Bewegung an. Die neun ausgewählten Gruppen sind die größten unter einer Vielzahl mennonitischer Ableger und Abspaltungen in Nordamerika und Kanada. Zusammen repräsentieren sie mindestens 90 % aller Mitglieder der Mennonitenkirchen in Nordamerika.

Um die Relevanz und Wichtigkeit des MCC, des nordamerikanischen Hilfswerks der Mennoniten, zu betonen, sind die ersten sechs hier aufgelisteten Institutionen allesamt Teilhaber:innen und Teilnehmer:innen der MCC-Programme. Als solche arbeiten diese Kirchen mit anderen historischen Friedenskirchen in Nordamerika und der ganzen Welt daran, Frieden und Gewaltfreiheit im Sinne eines christlichen Pazifismus voranzutreiben.

a. Mennonite Church USA

Die *Mennonite Church USA* (MC USA) ist die größte mennonitische Denomination Nordamerikas. Sie entstand im Jahr 2002, aus dem Zusammengehen der zwei bis dahin größten Mennonitengemeinschaften in Nordamerika (der *Mennonite Church* und der *General Conference Mennonite Church*). Die MC USA beschreibt sich selbst als täuferisch-christliche Denomination, die ihre Wurzeln in der Radikalen Reformation des 16. Jahrhunderts hat. Das Bestreben dieser Glaubensgemeinschaft ist im aktuellen Leitbild so formuliert: „Gott beruft uns zu Nachfolger:innen Jesu Christi, um in der Kraft des Heiligen Geistes als Gemeinschaften der Gnade, der Freude und des Friedens zu wachsen, so dass Gottes Heilung und Hoffnung durch uns in die Welt fließt."[4] Das Leitbild unterstreicht

---

[4] „God calls us to be followers of Jesus Christ, and by the power of the Holy Spirit, to grow as communities of grace, joy and peace, so that God's healing and hope flow through us to the world." Dies Leitbild entstand im Zuge der Fusionsbemühungen zwischen der *Mennonite Church* und der *General Conference*

die Schwerpunkte der MC USA: Nachfolge; ein vom Heiligen Geist ermöglichtes und durchdrungenes christliches Leben; eine Gemeinschaft zu leben, in der Vergebung geübt wird, fröhlich Gottesdienst gefeiert und Friedensdienst getan wird; und das die Botschaft von Versöhnung und Hoffnung in einer Welt voller Leid, Verzweiflung und Gewalt.

Die Anzahl der getauften Mitglieder beträgt (Stand: 2006) 110.696 Personen in 950 Gemeinden. Historisch gesehen hat die Mehrheit der Mitglieder entweder einen schweizerischen, einen russischen oder einen deutschen Migrationshintergrund, doch aufgrund der Evangelisierung und der Migrationsfreundlichkeit der Vereinigten Staaten umfasst die MC USA heute eine ganze Bandbreite an Mitgliedern aus anderen europäischen Ländern sowie Mitglieder mit nicht-europäischem Hintergrund, wie z. B. Amerikanische indigene Völker, Lateinamerikaner:innen, Chines:innen, Taiwanes:innen, Koreaner:innen, Laoten, Hmong, Äthiopier:innen und einer beträchtlichen Zahl Afroamerikaner:innen.

Die zwei Hauptsitze der MC USA befinden sich in *Newton* (Kansas) und in *Elkhart* (Indiana). Ihre Arbeit ist in vier kirchliche Institutionen aufgeteilt:

(1) Das *Mennonite Mission Network* (MMN) betreibt Missionsarbeit und diakonische Dienste in US-amerikanischen Gemeinden sowie in über fünfzig Ländern der Welt. Das MMN folgt einem täuferischen Ansatz in der Mission und konzentriert sich auf Evangelisierung, Frieden, Gerechtigkeit und sozialen Wandel. Es will die Kirche ermächtigen, Jesus Christus in einer zerbrochenen Welt ganzheitlich zu bezeugen, auf nationaler wie auf internationaler Ebene.

(2) Das *Mennonite Publishing Network* (MPN) vertreibt unter dem Namen „*Faith and Life Resources*" Bildungspläne, Zeitschriften und sonstigen Bedarf für die Gemeindebildung. Bücher und Musikdateien für Familien, Kirchengemeinden und Schulen werden unter dem Namen *Herald Press* publiziert und herausgegeben.

Mennonite Church, in den Jahren 1998/99. Mennonite Church USA, Vision: Healing and Hope, https://www.mennoniteusa.org/who-are-mennonites/what-we-believe [01.02.2024].

(3) Die *Mennonite Education Agency* (MEA) dient als Informationsquelle und Netzwerk von zwei theologischen Seminaren, fünf Hochschulen und unzähligen Grund- und Mittelschulen im ganzen Land.
(4) Die neuorganisierte *Everence* – Finanzagentur (vormals *Mennonite Mutual Aid*) bietet Versicherungen und Finanzdienstleistungen an, um Menschen dabei zu helfen, ihre finanziellen Angelegenheiten mit ihrem Glauben in Einklang zu bringen.

b. Mennonite Church Canada

Die „Mennonitische Kirche in Kanada" (*MC Canada*) ist heute die größte mennonitische Denomination in Kanada. Sie entstand im Jahr 2000 im Zuge desselben Integrationsprozesses, der auch die MC USA hervorbrachte. Ihre Ziele und Ansprüche sind weitestgehend mit denen ihrer US-amerikanischen Schwesterkirche deckungsgleich. Obwohl MC Canada und MC USA voneinander unabhängig sind, kooperieren sie in einer Vielzahl kirchlicher Aufgaben, z. B. gemeinsamen Verlagen, der internationalen Mission und dem *Anabaptist Mennonite Biblical Seminary* in Elkhart / Indiana. Die Glaubensüberzeugungen der MC Canada und der MC USA sind im „Glaubensbekenntnis aus mennonitischer Perspektive" dargelegt, das 1995 verabschiedet wurde.[5]

Aus historischer Sicht reichen die Wurzeln der MC Canada bis zu den ersten mennonitischen Einwanderern zurück, jenen „Schweizer Mennoniten", die bereits 1786 von Pennsylvania nach Kanada in das Gebiet des heutigen Bundesstaates Ontario zogen. Dennoch hat die Mehrheit der Mitglieder einen russlanddeutschen Hintergrund. Sie kamen in drei Einwanderungswellen nach Kanada, in den 1870ern, den 1920ern und schließlich den 1940er Jahren. Heute hat die MC Canada etwa 35.000 getaufte Mitglieder, die in 235 Gemeinden über das ganze Land verbreitet sind.

Die MC Canada ist in fünf regionalen Glied-Kirchen aufgeteilt.[6] Die Arbeit der Denomination wird von einem Vor-

---

[5] Ein Mennonitisches Glaubensbekenntnis.
[6] Diese sind, von West nach Ost: MC British Columbia, MC Alberta, MC Saskatchewan, MC Manitoba und MC Eastern Canada.

stand verwaltet, welcher von Delegierten bei der jährlichen Vollversammlung gewählt wird. Die fünf Vorsitzenden der Glied-Kirchen sind ebenfalls im Vorstand. Außerdem wird die MC Canada von drei Programmräten verwaltet: dem Rat für Bildung, für Zeugnis und für Gemeindeangelegenheiten (*Church Engagement*). Die Gremien arbeiten Hand in Hand mit den fünf Glied-Konferenzen und ihren Gemeinden, um einen intensiven Austausch zwischen den verschiedenen Ebenen der Kirche sicherzustellen. Ziel des Bildungsrates ist es, in den Bereichen der Kinder- und Jugendarbeit, der Seniorenarbeit und der pastoralen Weiterbildung Angebote zu machen. Der „Rat für Zeugnis" trägt dazu bei, missionarische Programme für die nationale Kirche zu entwickeln und durchzuführen, was Gemeindegründungen, Evangelisierung, internationale Missionierung, Programme für indigene Bevölkerung sowie Friedens- und Gerechtigkeitsbildung einschließt. Der Rat für Church Engagement hat die Aufgabe starke interkirchliche Beziehungen aufzubauen.

Glied-Kirchen der MC Canada sind Teilhabende an drei Universitäten, bzw. Hochschulen,[7] außerdem besitzen und leiten sie sechs weiterführende Schulen.[8] Darüber hinaus werden zahlreiche Grundschulen von Glied-Kirchen der MC Canada unterhalten. Die Schulen sind sowohl für Mennoniten, als auch für Familien mit anderem Hintergrund offen.

Die MC Canada ist Mitglied des *Canadian Council of Churches* („Kanadischer Kirchenrat"), der *Evangelical Fellowship of Canada* („Evangelikale Gemeinschaft von Kanada") und der *Mennonitischen Weltkonferenz*. Die offizielle, 14-tägig erscheinende Zeitschrift heißt *Canadian Mennonite*.

---

[7] Canadian Mennonite University (Winnipeg, Manitoba), Columbia Bible College (Abbotsford, B.C.) und Conrad Grebel University College (Waterloo, Ontario).

[8] Mennonite Educational Institute (Abbotsford, B.C.), Rosthern Junior College (Rosthern, Sask.), Mennonite Collegiate Institute (Gretna, Man.), Westgate Mennonite Collegiate (Winnipeg, Man.), United Mennonite Educational Institute (Leamington, Ont.) und Rockway Mennonite Collegiate (Kitchener, Ont.).

c. Mennoniten-Brüdergemeinden

c.1 Conference of Mennonite Brethren Churches (in Canada)

Die „Konferenz der Mennoniten-Brüdergemeinden" (MB) ist eine 225 Gemeinden starke Denomination mit ca. 35.000 Mitgliedern (Stand: 2003), die sich in Kanada von Quebec bis British Columbia erstreckt. Die erste Brüdergemeinde wurde 1888 im Zuge einer missionarischen Initiative aus den Vereinigten Staaten im Bundesstaat Manitoba gegründet. Zwischen 1923 und 1929 wanderten viele *Mennoniten-Brüder* von Russland nach Kanada ein, eine zweite Enwanderungswelle kam nach dem Ende des Zweiten Weltkriegs ins Land, was die Anzahl der Kirchenmitglieder und Gemeinden erheblich steigerte. Zunächst bildeten die Brüdergemeinden eine nordamerikanische Einheit, doch 1954 wurde eine zwei-Konferenzen-Struktur etabliert, mit dem Ergebnis, dass fortan eine US-amerikanische Konferenz und eine kanadische Konferenz der Mennoniten-Brüdergemeinden koexistierten.

Freilich herrscht auch unter den Mennoniten-Brüdergemeinden eine gewisse Diversität, die sich in einer Vielzahl von Kulturen, Sprachen, Generationen und Gottesdienstformen niederschlägt. Doch die Kirchen sind geeint in einer gemeinsamen Betonung des evangelikal-täuferischen Glaubens, der individuellen Erlösung und Nachfolge Jesu Christi und der Pflege eines missionarischen Gemeindebewusstseins, dass sich der Evangelisierung, sozialer Gerechtigkeit und Friedensarbeit verpflichtet weiß, auf lokaler, nationaler und globaler Ebene.

Wie alle Mennoniten legen auch die Brüdergemeinden großen Wert auf die Verantwortung der Ortsgemeinde, zur geistgen Erbauung sowie des gemeinsamen Fragens nach Gottes Willen für die Mission der Kirche. Die kanadischen Mennoniten-Brüdergemeinden verwirklicht diese Ansprüche auf ganz verschiedenen Weisen – auch durch die Unterstützung von zwei mennonitischen Hochschulen.[9]

Obwohl die oberste Priorität der kanadischen Mennoniten-Brüdergemeinden in der Mission liegt, werden gemeinsame Anstrengungen unternommen, um das geistliche Leben in den

---

[9] Canadian Mennonite University (Winnipeg, Manitoba), Columbia Bible College (Abbotsford, B.C.).

Gemeinden zu fördern und die inner-gemeindliche wie intergemeindliche Einheit in all der Verschiedenheit zu stärken. Musik spielt dabei eine besonders wichtige Rolle, die unterstützt wird durch regelmäßige Überarbeitungen des gemeinsamen Gesangbuches sowie regelmäßig stattfindenden Kursen zu Gemeinde- und Chorgesang.

Die kanadischen Mennoniten-Brüdergemeinden sind mit Brüdergemeinden in mehr als 20 Ländern verbunden, mit weltweit über 300.000 Mitgliedern. In der Ökumene engagiert sich die kanadische Konferenz der Mennoniten-Brüdergemeinden als Mitglied im *Evangelical Fellowship of Canada*.

c.2 Conference of Mennonite Brethren Churches in USA

Die „Konferenz der Mennoniten-Brüdergemeinden in den USA" besteht aus 188 Gemeinden (Stand: 2003) mit ca. 26.000 Mitgliedern. Die meisten Gemeinden finden sich in den mittleren und westlichen Teilen des Landes. Als Ergebnis einer Erweckungsbewegung unter den Mennoniten Südrusslands ging 1860 die Mennoniten-Brüdergemeinde hervor. Die Pläne der russischen Regierung, einen allgemeinen Wehrdienst zu etablieren und die Mennonitischen Kolonien mit wirtschaftlichen Auflagen zu belegen, hatte zur Folge, dass eine beachtliche Anzahl Mennoniten in den 1870er Jahren nach Nordamerika auswanderte. Unter den Einwanderern waren viele *Mennoniten-Brüder*. Die meisten von ihnen kamen in den mittleren Westen der USA. Sie siedelten sich vor allem in den Bundesstaaten Kansas, Nebraska, Minnesota, North Dakota und South Dakota an. Die erste Konferenz der Mennoniten-Brüdergemeinden fand gegen Ende des Jahres 1879 in Henderson / Nebraska, statt – es nahmen 22 Delegierte teil. Ziel war es, die Gemeinschaft zu stärken, sich in Lehre und Glaubenspraxis zu vereinen und in der Mission sowie weiteren Aktivitäten miteinander zu kooperieren. Viele Jahre lang agierten die Mennoniten-Brüdergemeinden in den USA und Kanada unter dem Schirm einer einzigen nordamerikanischen Konferenz.

Obwohl die Konferenz ihre Organisation und Aufgabenbereiche von Zeit zu Zeit umstrukturierte, blieben einige Dienste über die Jahre konstant bestehen. Ein beständiger Schwerpunkt blieb die In- und Auslandsmission, die mit der Missionsarbeit unter den indigenen *Comanche* (in Oklahoma) und in Indien begann. Die Mennoniten-Brüdergemeinden waren seit jeher in humanitärer Nothilfe und christlichem Sozialdienst tätig. Publiziert wurden kirchliche Zeitschriften, Kinderlehrpläne, Kirchenchoräle und Lehrmittel für die Evangelisierung und für den Unterricht. Im Laufe der Zeit gründeten die Mennoniten-Brüdergemeinden in den USA zwei Hochschulen[10] und ein theologisches Seminar-Netzwerk (*Mennonite Brethren Biblical Seminary*).

Spiritualität und Glaubensleben der Brüdergemeinden in den USA sind derjenigen ihrer Geschwister in Kanada. Beide Kirchen legen besonderen Wert auf Evangelisierung und Gemeindegründung; sie arbeiten eng mit den Hilfsprogrammen des MCC zusammen; sie experimentieren gegenwärtig mit alternativen Gottesdienstformen; sie investieren großzügig in die Jugend-Arbeit; ihre Gemeinden halten ihre Gottesdienste neben der englischen in verschiedenen weiteren Sprachen ab; sie suchen die Auffassung zu schärfen, dass mennonitisch-sein weniger eine kulturelle Zugehörigkeit bezeichnet und vielmehr mit einer gesitlichen Haltung zu tun hat.

d. Evangelikale Mennoniten

d.1 Evangelical Mennonite Conference

Die „Konferenz Evangelikaler Mennoniten" (EMC) nahm ihren Ursprung 1812 in der Mennonitensiedlung *Molotschna* in Russland (heute Ukraine). Eine kleine Gruppe Gemeindeleiter und -mitglieder schloss sich aus Sorge über den negativen Einfluss der „weltlichen" Mennoniten zusammen, um Nonkonformität und Kirchenzucht wiederherzustellen. Sie wurde die „Kleine Gemeinde" genannt. 1874/75 wanderte die gesamte Gemeinde nach Nordamerika aus, wo sich die zwei größten der insgesamt drei Gruppen in Manitoba, Kanada niederließen. Die kleinere Gruppe zog nach Nebraska, USA. 1952 änderte die „Kleine Gemeinde" ihren Namen in *Evangelical Mennonite Conference*. Heute hat die EMC, mit Hauptsitz in Steinbach/Manitoba 7.300 getaufte Mitglieder, 61 Gemeinden und 174 Pas-

---

[10] Tabor College (Hillsboro, Kansas) und Fresno Pacific University (Fresno, Kalifornien).

toren. Ihre Gemeinden finden sich in den Provinzen Ontario, Manitoba, Saskatchewan, Alberta und British Columbia. Außerdem gibt es einige Gemeinden in Kansas und Texas. Die Mitglieder der EMC sind hinsichtlich ihres kulturellen und ethnischen Hintergrundes zunehemend divers.

Die EMC ist eine missionarisch ausgerichtete Kirche. Ungefähr 75 % des Konferenz-Budgets fließen in Gemeindegründungen und Missionierungen innerhalb Kanadas oder anderen Orten. Die Gemeinschaft wird zunehmend urbaner und hat ihren Missions-Fokus auf die Städte verlagert. Das *Board of Missions*, das erstmals 1953 mit einem Budget von 4.500 kanadischen Dollar zustande kam, verfügt heute über einen Etat von weit über einer Million Dollar. 1997 dienten 125 EMC-Missionare in Kanada, Europa, Afrika und Lateinamerika.

Auch die EMC ist Mitglied der *Evangelical Fellowship of Canada,* der *Mennonitischen Weltkonferenz* sowie dem *Council of Anabaptist International Ministries* (einem evangelikalen Missionsnetzwerk). *Steinbach Bible College* ist die Hochschul-Institution der EMC.

d.2 Evangelical Mennonite Mission Conference

Die „Evangelikale mennonitische Missionskonferenz", EMMC) ist eine Gemeinschaft evangelikaler Mennoniten, die 1937 aus einer Erneuerungsbewegung in der *Rudnerweide Mennonitengemeinde* in Manitoba hervorging. Unter dem Namen EMMC fand sich die Gemeinde allerdings erst 1959 zusammen, mit dem erklärten Ziel einer missionarischen Bewegung. Momentan (2003) besteht die Konferenz aus 35 Gemeinden: 29 in Kanada (Alberta, Manitoba, Ontario und Saskatchewan), zwei in den Vereinigten Staaten (Kansas und Texas), zwei in Belize und zwei in Mexiko. Der Hauptsitz ist in Winnipeg/Manitoba. Alljährlich findet ein Konvent statt. Die EMMC ist Mitglied der *Mennonitischen Weltkonferenz.*

e. Konservative Mennoniten

e.1 Sommerfelder Mennonite Church

Die „Sommerfelder Mennonitengemeinde" in Manitoba (Kanada) ist eine etwa 5.000 getaufte Mitglieder starke konservative

Gruppe. Sie ging aus der *Bergthaler Mennonitengemeinde* hervor, die ebenfalls in den 1870er Jahren von Russland aus nach Kanada einwanderte. Aufgrund von Fragen der Bildung spalteten sie sich 1890 von den *Bergthalern* ab: Als die Regierung Manitobas, die das Schulsystem kontrollierte, auf Englisch als Unterrichtssprache bestand, verweigerten sich einige Mitglieder der *Bergthaler* Gemeinde dieser Anordnung und trennten sich von denen, die zu Kompromissen waren. Einige dieser „Verweigerer" siedelten sich zunächst in der heutigen Provinz Saskatchewan neu an. in der Hoffnung, dort mit ihren traditionellen Auffassungen geduldet zu werden. In Manitoba wurde die konservative Gruppierung als *Sommerfelder* bekannt, da ihr neu ernannter Bischof in der Siedlung Sommerfeld residierte. In der Zwischenzeit organisierte sich eine beachtliche Gruppe in Ost-Manitoba, die sich geographisch von der Hauptgruppe entfernt hatte, unter der Führung eines aus Chortitza (Russland, heute Ukraine) stammenden Bischofs. Heute sind sie als die *Chortitzer Mennonite Church* bekannt, haben sich ihre Verbundenheit mit den *Sommerfeldern* bewahrt.

Die Konservativen in Manitoba blieben, gemeinsam mit einigen anderen in Saskatchewan, beunruhigt angesichts des Englisch-sprachigen Schulsystems. Sie befürchteten ernsthaft, dass dies die Aufrechterhaltung ihres Glaubens und ihres Lebensstils bedrohe. Dies führte zur Auswanderung einer beträchtlichen Zahl nach Mexiko (1922) und Paraguay (1926), später auch nach Bolivien.

In mancherlei Hinsicht pflegt die Sommerfelder Mennonitengemeinde in Kanada auch weiterhin ihre konservativen Auffassungen. Insbesondere, da sie an einer Bischof-ähnlichen Leitungshierarchie festhält, nur widerwillig zur englischen Sprache übergeht und ihre Lehren und Praktiken gegen Modifikationen aller Art zu schützen sucht. Allerdings hat sich ihre Haltung gegenüber staatlichen Bildungsbestimmungen geändert, Sonntagsschule und Jugendarbeit wurden eingeführt, auch Musik wird inzwischen im Gottesdienst freier verwendet. Während der beiden Weltkriege setzten sich die *Sommerfelder* mit vielen anderen Mennonitengemeinden für die Anerkennung des Rechtes auf Kriegsdienstverweigerung ein, um nicht am Krieg teilnehmen zu müssen.

Die *Sommerfelder Mennonitengemeinde* beteiligt sich aktiv an der Arbeit von MCC Kanada, der allgemein angesehenen Hilfsorganisation kanadischer Mennoniten.

e.2 Old Order Mennonites

Als „Altmennoniten" werden einige konservative Mennonitengruppierungen in den USA und in Kanada bezeichnet. Sie spalteten sich von den „alten" oder „Schweizer Mennoniten" in der zweiten Hälfte des 19. Jahrhunderts ab. Zu dieser Zeit begannen die Mennonitengemeinden damit, fortschrittliche Methoden und Gedanken, wie Evangelisierung und Sonntagsschulen, einzuführen. Außerdem wurde mehr Wert auf freies und geistbegabtes Predigen gelegt. Es war vorhersehbar, dass einige Leiter der konservativen Gemeinde darauf bestanden, bei der „alten Ordnung" (*old order*) für Gottesdienst und gemeindliches Leben zu bleiben. Dies schuf den Nährboden für weitreichende Abspaltungen innerhalb der Gemeinschaft. Gruppen mit eher traditioneller Ausrichtung entstanden in vier Regionen: 1893 in Indiana und Ohio, 1889 in Ontario, 1893 in Pennsylvania und im Jahr 1900 in Virginia.

Diese Gruppen waren formal nicht als geeinte Kirche organisiert, auch wenn sie einander als Teil derselben Geschwisterschaft ansahen. Sie wurden unter dem Namen *Old Order Mennonites* bekannt. Seither spalteten sich die Altmennoniten immer wieder, aufgrund von Differenzen hinsichtlich der Kleiderordnung, der Gottesdienste, dem Gemeindegesang oder dem alltäglichen Leben in kleinere Gruppen auf. Die Orte des gemeinsamen Gottesdienstes sind von einfacher Struktur mit schmucklosen Innenwänden. Ihre Alltagspraktiken variieren. So nutzen die konservativsten Gruppen der Altmennoniten beispielsweise ausschließlich Pferde und Kutschen als Fortbewegungsmittel, wohingegen andere Altmennoniten durchaus Autos nutzen, freilich jedoch nicht, ohne jegliches Chrom unter schwarzem Lack zu verdecken. Auch funkelnder Schmuck und modische Kleidung werden als prahlerisch abgelehnt. Mancherorts werden sie als *„plain people"* (einfache Leute) bezeichnet.

Im Großen und Ganzen ist die Zahl der Gemeindemitglieder der Altmennoniten von 5.800 Gläubigen in 44 Gemeinden (1957) zu schätzungsweise 20.000 getauften Mitgliedern in 150 Gemeinden (2002) angestiegen. Darin enthalten sind 3.000 Altmennoniten in der kanadischen Provinz Ontario. Das Wachstum ist den großen Familien und der relativ starken Gemeindebindung der Kinder von Generation zu Generation zuzuschreiben.

e.3 Old Colony Mennonites

Als „Altkolonier" wird eine Gruppe konservativ orientierter Mennoniten bezeichnet, die ebenfalls in den 1870er Jahren von der Kolonie Chortitza (heute: Ukraine) in die Provinz Manitoba einwanderten. Chortitza war die älteste Mennonitenkolonie im damailigen Südrussland, woraus ihr Name „Altkolonier"-Mennoniten abgeleitet ist. Die Gruppe kam mit der Auffassung nach Kanada, sie könne hier ihre Lebensweise, ihre deutsche Sprache, ihr mennonitisches Bildungssystem und ihre pazifistischen Grundüberzeugungen aufrechterhalten. Doch kurz nachdem sie sich in ihrem neuen Heimatland angesiedelt hatten, verabschiedete die Landesregierung von Manitoba die Gemeindeverordnung von 1880, nach der säkulare Lokalverwaltungen aufgestellt wurden. Bald darauf, im Jahr 1890, wurde das Manitoba-Schulgesetz verabschiedet, welches besagt, dass Bildung nur in der englischen Sprache betrieben werden darf und dass alle Schulen Manitobas den Lehrplan, wie vom Kultusministerium der Provinz vorgegeben, zu befolgen hätten. Diese Auflagen bedrohten aber eben den eigentlichen Grund der Einwanderung der Altkolonier nach Kanada: die Bewahrung ihrer eigenen, auf dem Glauben basierende Sozialstruktur.

Auf der Suche nach einer ihrer konsservativen Haltungen eher entsprechenden Umgebung zogen einige weiter nach Westen, dorthin, wo später (1905) die Provinz Saskatchewan entstand. Es folgte der Erste Weltkrieg – und damit auch die Gefahr, wehrpflichtig zu werden. Dies stellte eine direkte Herausforderung ihrer pazifistischen Prinzipien dar. Außerdem ging die Regierung Saskatchewans bald mit jener Manitobas konform hinsichtlich der Bildungsverordnungen. 1918 erfolgte ein Erlass, wonach alle Schulen, die einen bestimmten Kriterienkatalog nicht erfüllten, unter die direkte Kontrolle der Regierung fallen sollten. Auch hier wurde fortan Englisch als die einzig zulässige Unterrichtssprache in allen öffentlichen Schulen vorgeschrieben. Zahlreiche Petitionen vonseiten dieser Mennoniten linderten die große Gefahr und das geschehene Unrecht nur ungenügend, so empfanden sie es. Deshalb verließen in den 1920er Jahren ca. 6.000 Altkolonier Manitoba und Saskatchewan, um ebenfalls nach Mexiko und Paraguay auszuwandern. Dort bot man ihnen politische, religiöse und auch schulische Autonomie, in Verbindung mit Land zu günstigen Konditionen. Als das Land knapper wurde, zogen einige weiter nach Belize, Bolivien und Argentinien.

Inzwischen hat ein beständiges Rinnsal von Mennoniten, 20.000 bis heute, seinen Weg zurück nach Kanada gefunden. Das Leben in Mexiko war für viele zu beschwerlich geworden, nachdem die Ländereien knapper wurden und die wirtschaftlichen Möglichkeiten zunehmend schwanden. Auch der Einfluss der sich ausbreitenden mexikanischen Gesellschaft hat beständig zugenommen. Für den Großteil der Rückkehrer:innen war die Anpassung an das Leben in Kanda sehr schwer. Nicht nur, dass sie eine neue Sprache zu lernen hatten (eine Aufgabe, die durch den Umstand noch erschwert wurde, dass viele von ihnen kaum lesen konnten), sie hatten sich auch einer sehr offenen Gesellschaft anzupassen, in der es – im Vergleich zu ihrem bisher geschlossenen Koloniesystem – kaum Regeln zu geben schien.

Heute leben mindestens 170.000 Altkolonier in fünf lateinamerikanischen Ländern – ca. 80.000 in Mexiko, 50.000 in Bolivien, 30.000 in Paraguay und jeweils 5.000 in Belize und Argentinien. Außerdem leben fast 85.000 Altkolonier in Kanada (vornehmlich in den Seeprovinzen Kanadas, in Ontario oder im Westen des Landes) und etwa 20.000 in den Vereinigten Staaten (Texas und Kansas). Diese Schätzung schließt alle Familienmitglieder, nicht nur die getauften, ein.

In Lateinamerika schafften es die Altkolonier erfolgreich, sich kulturellen Anpassungen und theologischen Neuerungen zu verschließen, während die in Kanada verbliebenen Altkolonier sich dem kanadischen Lebenswandel anpassen mussten. Gleichermaßen neigten auch die von Lateinamerika nach Kanada zurückgekehrten Mennoniten dazu, ihre ultra-konservativen Ansichten hinter sich zu lassen und sich mit dem Druck einer fortschrittlichen kanadischen Gesellschaft zu arrangieren.

V. Schluss

Die neun beschrieben Gruppen mennonitischer Gemeinden repräsentieren, zusammen mit zahlreichen kleineren Gruppen, die hier vernachlässigt wurden, eine bunte Mischung von Mennoniten, mit all ihren unterschiedlichen Glaubensweisen und -praktiken. Doch inmitten der Diversität findet sich ein gemeinsames Erbe, das auf die Glaubensvorfahren im 16. Jh. zurückgeht. Über die Jahre kamen viele von anderen Kontinenten nach Kanada und in die Vereinigten Staaten, um hier Zuflucht zu finden. Für viele bot Nordamerika ein langfristiges Zuhause, in dem Glauben und Leben aufblühen konnten. Andere blieben nur eine Weile, bevor sie in andere Kontinente weiterzogen, auf der Suche nach einem sichereren Schutz vor den Zwängen zur Modernisierung. Ob sie nun hier (in Nordamerika) bleiben oder weiterziehen – Mennoniten sehen sich selbst als ein pilgerndes Volk, bestimmt für das Reich Gottes.

Literatur

Driedger, Leo / Kaufman, J. Howard, The Mennonite Mosaic: Identity and Modernization, Waterloo, ON, 1991.

Ein Mennonitisches Glaubensbekenntnis. Veröffentlicht nach Absprache mit der Konferenzleitung der General Conference Mennonite Church (Allgemeine Konferenz der Mennoniten) und der Konferenzleitung der Mennonite Church (früher Altmennoniten), übers. von Julia Hildebrandt, Winnipeg, MA, 1996 (Engl. orig. Confession of Faith in a Mennonite Perspective, Scottdale, PA, and Waterloo, ON, 1995).

Ens, Adolf, Becoming a National Church: A history of the Conference of Mennonites in Canada, Winnipeg, MA, 2004.

Global Anabaptist Mennonite Encyclopedia Online, http://www.gameo.org/encyclopedia/contents/ [01.02.2024].

Loewen Reimer, Margaret, One Quilt Many Pieces: A Reference Guide to Mennonite Groups in Canada, Waterloo, ON, ^{3}1990.

Mennonite Church USA, Vision: Healing and Hope, https://www.mennoniteusa.org/who-are-mennonites/what-we-believe [01.02.2024].

Mennonite Encyclopedia, 5 vols. Scottdale, PA, 1981.

Mennonite World Conference, „Statistics", https://mwc-cmm.org/sites/default/files/resource-uploads/directory2018statistics.pdf [01.02.2024].

Paxson, Thomas D., Jr. (ed.), Ecumenical Engagement for Peace and Nonviolence: Experiences and Initiatives of the Historic Peace Churches and the Fellowship of Reconciliation, Elgin, IL, 2006.

Regehr, T. D. Mennonites in Canada 1939–1970: A People Transformed, vol. III of Mennonites in Canada, Toronto, ON, 1996.

19. Die mennonitischen Kirchen in Asien
Chiou-Lang (Paulus) Pan

I. Historische Entwicklung und rechtliche Situation

Die Mennoniten bewegten sich nach Asien, als die protestantische Mission sich im 19. Jh. ausweitete und die europäischen Großmächte um Kolonien kämpften.

a. Indonesien

Pieter Jansz, der erste Missionar der niederländischen mennonitischen Missionsvereinigung (*Doopsgezinde Zendings Vereniging*), erreichte Batavia, die Hauptstadt von Niederländisch-Indien (heute Jakarta, Indonesien) im Jahre 1851. Durch den Aufbau christlicher Landwirtschaftskolonien und die Zusammenarbeit mit einer christlichen Bewegung von Einheimischen formte Jansz eine Kirche unter der javanesischen Bevölkerung im Norden von Zentral-Java, in der Nähe des Berges Muria.

Zu Beginn des 20. Jahrhunderts entwickelte sich die überwiegend javanesische Mennonitenmission weiter. Immer mehr chinesisch-stämmige Indonesier bekehrten sich zum christlichen Glauben, hatten aber Schwierigkeiten, sich in schon bestehende javanesische Gemeinden zu integrieren bzw. integriert zu werden. Ein chinesisch-indonesischer Geschäftsmann namens Tee Siem Tat gründete daraufhin im Jahre 1920 eine neue, mit den Mennoniten verbundene Kirche in der Stadt Kudus, ebenfalls in der Gegend des Muria-Berges. Seit 1960 breitete sich diese Gruppierung, die sich heute *Persatuan Gereja-Gereja Kristen Muria Indonesia* (GKMI, „Christliche Kirche in Muria, Indonesien") nennt, auch außerhalb der Gegend um den Muria-Berg auf die vier Hauptinseln des westlichen Indonesiens aus und schließt nunmehr auch Menschen anderer ethnischer Gruppen mit ein. Die GKMI begann eine Missionspartnerschaft mit den nordamerikanischen Organisationen *Mennonite Brethren Mission and Services,* dem *Mennonite Central Committee* (MCC) und dem *Eastern Mennonite Board of Mission,* und gründete bis Mitte der 1970er neue Gemeinden im ganzen Land. Im Jahr 2018 umfasste die GKMI 56 Gemeinden mit rund 18.000 Mitgliedern. Zur Mennoniten-Mission in Java, die 1940 in eine Konferenz umgestaltet und 1988 in *Gereja Injili di Tanah Java* (GITJ, „Evangelische Kirche von Java") umbenannt wurde, gehören 102 Gemeinden mit 43.000 Mitgliedern.

b. Indien

Nach Indien kamen die ersten mennonitischen Missionare im Jahr 1890. Die Mennoniten-Brüdergemeinden Russlands schickten Abraham und Miriam Friesen unter dem Schirm der *American Baptist Missionary Society* nach Hyderabad, die Hauptstadt des Bundesstaates Andhra Pradesh. Im Jahre 1898 wurde diese Arbeit als Reaktion auf die politischen Unruhen in Russland an die *American Mennonite Brethren Mission* übertragen. Diese gründete in der Folge neue Kirchengemeinden in verschiedenen Bundesstaaten Indiens, mit dem Ziel, eigenständige und unabhängige Kirchen in Indien zu bilden.

Die Unabhängigkeit Indiens im Jahr 1947 mit den einhergehenden Freiheits- und Friedensbestrebungen markierte einen Wendepunkt für die nordamerikanische Missionsbewegung im Land. Die Verantwortung wurde Stück für Stück an die lokalen Gemeinden abgegeben. Momentan gibt es zwölf mennonitische Denominationen in Indien. Unter ihnen ist die *Conference of the Mennonite Brethren Churches in India* diejenige mit dem stärksten Wachstum. Sie hat 992 Gemeinden mit über zweihunderttausend Mitgliedern (2018).

c. China

Die ersten Mennoniten erreichten China als unabhängige Missionare nach dem Boxer-Aufstand, einem konservativ-politischen Aufstand mit ausländer- und christenfeindlichem Bestreben. Die nordamerikanischen Henry C. und Nellie Schmidt Bartel der Mennoniten-Brüdergemeinden riefen 1905 zusammen mit einigen anderen Mitarbeiter:innen und 50 Dollar in der Tasche eine unabhängige Kirche ins Leben, die *Christian Church Gospel Association,* in Caoxian, in der Provinz Schandong im Norden Chinas. Im Jahr 1911, als die chinesische Revolution ganz China aufrührte, gründete das unabhängige Missionarspaar Henry J. und Maria Miller Brown die *General Conference Mennonite Church in China* in Chili, auf der Grenze zwischen den

Provinzen Henan und Hebei im Norden Chinas. Die Regierung der neugegründeten Republik setzte sich für religiöse Toleranz gegenüber den Christen ein, so dass das Christentum in China – zumindest ein Jahrzehnt lang – ein „Goldenes Zeitalter" erlebte.

Ungefähr zur gleichen Zeit, im Jahr 1912 gründeten Frank J. und Agnes Harder Wiens die *Hakka Mennonite Brethren Conference* innerhalb der Volksgruppe der *Hakka* in der Provinz Fujian im Süden Chinas. Von Anfang an waren einheimische Christen in die Durchführung der Gottesdienste eingebunden und stellten selbst Gemeindeordnungen auf. Die hervorragenden medizinischen Möglichkeiten vor Ort nutzte die Kirche, um in der umkämpften Bergregion vielen verwundeten Soldaten zu helfen, so dass die Kirche an Ansehen auf beiden Seiten gewann.

Im Jahr 1922 wurden Frank und Agnes E. Wiebe sowie Margaret Thiessen von der *Krimmer Mennonite Brethren Conference* (USA) nach China geschickt, um ihr christliches Glaubensbekenntnis in der inneren Mongolei bekannt zu machen und ihre Vorstellung von Kirche umzusetzen. Trotz sensibler Missionsarbeit gab es in den 1920ern eine Reihe antichristlicher Bewegungen, die das Christentum als kulturellen Arm der westlichen Mächte verurteilte. 1927–1928 kam es zum Bürgerkrieg. Ein Großteil der Missionare im Norden Chinas musste evakuiert werden und die Kirchenleitung wurde auf einheimische Christen übertragen.

Bevor die Kirchen sich von dem Trauma und den Wirren des Bürgerkriegs erholen konnten, eroberte Japan den Norden Chinas. Dies bildete den Auftakt für das Grauen des Japanisch-Chinesischen Krieges von 1937 bis 1945. Nach dem Zweiten Weltkrieg übernahm die Kommunistische Partei Nordchina und startete eine Reihe von politischen Kampagnen. Wenn es den Missionaren nicht gelang zu fliehen, wurden sie oft deportiert; viele einheimische Pastoren wurden inhaftiert. In der Folge kontrollierte die vom Regime unterstützte Chinesische Patriotische Christliche Drei-Selbst-Bewegung die meisten christlichen Institutionen von nun an. Nach der Kulturevolution (1966–1976) wurden alle Christ:innen aus früheren mennonitischen Missionen in die nunmehr einzige legale protestantische Kirche Chinas integriert, dem Chinesischen Christenrat.

Der Zweite Weltkrieg markierte auch für andere mennonitische Kirchen in Asien einen Neubeginn. Einerseits mussten die Kirchen in Indonesien und Indien nach der staatlichen Unabhängigkeit nun von Einheimischen geleitet werden. Andererseits unterstützte die humanitäre Hilfe des MCC auf den Philippinen, in Japan, Vietnam, Taiwan und Honkong nicht nur den Wiederaufbau nach dem Krieg, sondern half auch bei der Gründung von neuen Gemeinden.

d. Philippinen

Die Mennoniten kamen auf die Philippinen, als das MCC 1946 einen medizinischen Dienst in Luzon einrichtete. Die erste philippinische mennonitische Kirche begann 1964 als Vereinigung von unabhängigen ländlichen Gemeinden und nannte sich *Mission Now Incorporated* (MNI). Im Jahr 1972 wurden die Missions- und Diakoniestationen dann offiziell an das *Eastern Mennonite Board of Mission* angegliedert. Nach einer weiteren Reorganisation im Jahr 1991 entstand die *Integrated Mennonite Churches Incorporated* (IMCI), mit dem Ziel, einheimische selbständige Kirchen nach neutestamentlichem Vorbild zu bilden. Heute befinden sich die meisten der 55 Gemeinden mit rund 1.500 Mitgliedern in ländlichen Gebieten.

e. Japan

In Japan wurde der Herrscher im Shintoismus während der Meiji-Ära als Gott verehrt. Nach der Niederlage im Zweiten Weltkrieg garantierte die neue staatliche Verfassung die Religionsfreiheit und löste damit den Shintoismus als Staatsreligion ab. Dadurch gab es Raum für verschiedene religiöse Bewegungen. Douglas MacArthur, Kommandeur der Besetzungsmacht, rief die amerikanischen Kirchen dazu auf, Missionare nach Japan zu entsenden. Mit vielen anderen amerikanischen Kirchen schickten auch vier mennonitische Denominationen, die *Mennonite Brethren* (MB), die *Brethren in Christ* (BIC), die *Mennonite Church (MC)* und die *General Conference Mennonite Church* (GC), Missionare nach Japan und reagierten damit auf den Aufruf.

Mit dem verlorenen Krieg ging auch die spirituelle Basis verloren und viele Japaner:innen interessierten sich für neue Religionen. Gerade junge Leute legten ihre Hoffnung in den christlichen Glauben und nutzten die Möglichkeit, Kirchen zu besuchen. Der

Zeitraum zwischen 1948 und 1955 wurde zu einer „Goldenen Zeit des Christentums". Zwischen 1955 und 1970 wurden erste Gemeinden ins Leben gerufen, Kirchenvereinigungen wurden gegründet, unterschiedliche evangelistische Aktivitäten fanden statt und Lehrgänge für neue geistliche Leiter wurden eingerichtet.

Als das nordamerikanische MCC seine Hilfsarbeit 1960 beendete, wurde der Wunsch geäußert, dass die Gemeinden in Japan diese Arbeit weiterführten. Es kam zu Gesprächen zwischen den unterschiedlichen mennonitischen Vereinigungen und im Mai 1971 zur Gründung der gesamtjapanischen *Japan Mennonite Fellowship* (JMF). Heute gibt es fünf mennonitische Vereinigungen in Japan mit insgesamt 72 Gemeinden, die jeweils zumeist weniger als 40 Mitglieder haben.

f. Vietnam

In Vietnam gelang es der kommunistischen Partei *Viet Minh* unter der Leitung von Ho Chi Minh, das französische Militär – und später auch das nordamerikanische – aus dem Land zu vertreiben. Bald nach der Unterzeichnung des Genfer Abkommens am 21. Juli 1954, mit dem die französische Herrschaft endete, begann das MCC mit Hilfsprogrammen in Saigon und im zentralen Hochland, wo materielle Hilfeleistungen den Vertriebenen und ethnischen Minderheiten zukamen. Die *Eastern Mennonite Mission* aus den USA begann 1957 mit der *Vietnam Mennonite Mission,* die 1964 von der Regierung offiziell anerkannt wurde. Die Expansion der Kirche in den folgenden Jahren führte zur Einrichtung eines gemeinsamen Verwaltungsrates im Jahr 1971. Als die mennonitische Kirche gegründet wurde, kam es zu einer Diskussion über ihre Identität, denn sie ähnelte in vielerlei Hinsicht der *Evangelical Church of Vietnam.*

Während dieser Zeit litten die Religionen unter staatlicher Repression. Religiöse Führer, buddhistische Mönche, katholische Priester und evangelische Pastoren, wurden eingesperrt und viele Glaubenszentren geschlossen. Ab 1986 führte die Regierung schrittweise die Marktwirtschaft ein. Der damit verbundene allmähliche wirtschaftliche Aufschwung führte auch zu mehr gesellschaftlicher Freiheit. Von da an versammelten sich Kirchenmitglieder wieder gelegentlich in Wohnhäusern. In den späten 1990ern kam es zu einer weiteren Entwicklung, die die Expansion der mennonitischen Kirche in Vietnam zusätzlich förderte. Einige vietnamesische mennonitische Gemeinden, die in Kanada und den USA nach der Revolution im Jahr 1975 und dem Exodus der „Boatpeople" gegründet worden waren, reorganisierten die mennonitische Kirche in Vietnam. Darüber hinaus gliederten sich ab 1998 christliche Gemeinschaften aus dem zentralen Hochland der mennonitischen Kirche an. Die neue gesellschaftliche Freiheit, aber auch der staatliche Druck zur Registrierung, brachte diese Gruppen dazu, nach einer Denomination zu suchen, die offen für weitere Mitglieder war und der sie sich biblisch-theologisch verbunden fühlten. Ein Bericht bestätigt die Gründung einer mennonitischen Gemeindekonferenz in der Hochlandregion mit mehreren tausend Mitgliedern.

Aufgrund der restriktiven Politik der Regierung hatten Leiter der mennonitischen Gruppierungen in unterschiedlichen Landesteilen allerdings nicht die Möglichkeit sich zu treffen. Erst 2003 wurde die nationale Konferenz der mennonitischen Kirche in Vietnam mit sechs geographischen Distrikten gegründet und erhielt 2007 die Erlaubnis, ihre religiösen Aktivitäten auf das ganze Land auszuweiten. Mit dem vollen Rechtsstatus durfte die Kirche nunmehr Immobilien besitzen, eine Bibelschule einrichten um Pastoren und Gemeindeleiter auszubilden, Pastoren offiziell ordinieren, Schriften publizieren, Beziehungen zu anderen Konfessionen aufnehmen, gemeinsame Projekte unternehmen, offiziell als Partner mit dem nordamerikanischen MCC in der Entwicklungsarbeit zusammenarbeiten und Einladungen zu internationalen Konferenzen folgen.

Die mennonitische Konferenz ist indes hinsichtlich der Registrierung in zwei Kirchen geteilt. Die registrierte *Vietnamese Mennonite Church* hat 5 Ortsgemeinden und landesweit etwa 2.100 getaufte Mitglieder (2018). Die nicht registrierten mennonitischen Gruppen sind ebenfalls stark angewachsen. Viele der in fünf Bezirken angesiedelten, nicht-registrierten 70 Gemeinden mit 3.500 Mitgliedern werden allerdings von lokalen Behörden anerkannt.

g. Taiwan

In den Jahren 1945–1949 wurden mit der chinesischen Nationalpartei *Kuomintang* mehr als eine Million Flüchtlinge und 600.000 Mandarin-sprechende Soldaten nach Taiwan verbannt. Im Jahr 1948 bat man daher das MCC, in den ärmsten Bergregionen Taiwans medizinische Hilfe zu leisten. Um die medizinische Arbeit auszuweiten, übernahm 1953 das *General Conference Mennonite Board of Mission* (später *Commission of Overseas Mission*, COM) die Arbeit des MCC und gründete auch Gemeinden. Die instabile politische Lage Taiwans in den 1950er und 1960er Jahren und die Angst vor dem kommunistisch regierten China führten zu einem Gefühl der Unsicherheit. Die Prozentzahl der Christ:innen auf der Insel stieg von einem Prozent im Jahr 1945 auf fünf Prozent im Jahre 1965. Auch die mennonitischen Gemeinden in Taiwan wuchsen während dieser Zeit rasch. Durch eine politisch forcierte, planmäßige Weiterentwicklung der Wirtschaft und Landreformen zu Beginn der 1950er Jahre verbesserte sich die taiwanesische Wirtschaftskraft und Taiwans Kirchen lösten sich allmählich von nordamerikanischer Hilfe. Soziologische Studien zeigen, dass das Kirchenwachstum Mitte der 1960er Jahre einen Höhepunkt erreichte.

Ende des 20. Jh. wurde – neben spirituellen Fragen – eine nationale und ethnische Identitätskrise zur größten sozialen Herausforderung Taiwans. Die *Fellowship of Mennonite Churches in Taiwan* (FOMCIT) wurde unweigerlich in diese sozioethnischen Probleme hineingezogen. Auch FOMCIT erlebte eine Identitätskrise, weil sie der presbyterianischen Kirche Taiwans stark ähnelte. Es wurde nicht nur dasselbe Gesangsbuch und die gleiche Gottesdienstliturgie genutzt, man sprach auch denselben chinesischen Dialekt. Für einige Mennoniten war es schwierig zu entscheiden, ob FOMCIT nun aus „mennonitischen Presbyterianern" oder „presbyterianischen Mennoniten" bestand. Als Reaktion darauf hielt FOMCIT mehrere Seminare ab und entwickelte Ziele und Strategien, um mennonitische Grundwerte zu erarbeiten und die Identität von FOMCIT im gegenwärtigen Taiwan zu stärken. Auf diese Weise wurde FOMCIT strukturell und finanziell unabhängig und bewies eigene Handlungsfähigkeit. Doch der schwierigere Teil, eine eigene Theologie zu entwickeln und danach zu leben, ist noch immer in der Entwicklungsphase.

II. Mission und Verkündigung

Die mennonitischen Kirchen agierten in Asien hauptsächlich im Sinne einer ganzheitlichen Mission. Nicht nur Verkündigung, auch Bildung, medizinische Versorgung und humanitäre Hilfe bildeten wichtige Aktivitäten der Kirche. Zusammen mit Kirchengebäuden wurden Schulen und Krankenhäuser errichtet. Interessanterweise begann die Missionsarbeit der Mennoniten-Brüdergemeinden und der Brüder in Christo-Gemeinden mit Waisenhäusern, sowohl in Indien als auch in China. Dies scheint die Arbeit der amerikanischen Mennoniten-Brüdergemeinden nachzuahmen. Henry C. Bartel gründete 1906, ein Jahr nach seiner Ankunft in China, ein Waisenhaus, ähnlich dem *Light and Hope*-Waisenhaus in Nordamerika. Später spielten mehrere von „Bartels Kindern" eine wichtige Rolle in der Kirche, einige wurden Pastoren. Jahrzehntelang sandte *Helping Hand Ministry* in Hongkong Mitarbeiter auf die Straße, um sich um Obdachlose zu kümmern und Nahrung und Kleidung zu verteilen.

Allerdings folgten die meisten Missionsbestrebungen vor dem Zweiten Weltkrieg dem Konzept der Missionsstationen. Missionare gründeten Missionen in demographischen Zentren, alle Institutionen wurden dort eingerichtet, und sandten dann von dort aus Missionare und lokale Pastoren in die umliegenden Dörfer zur Evangelisation. Beispielsweise wurde eine kleine GCMC-Gemeinde in China später zu einer großen Missionsstation mit rund acht Hektar Land, dazu einem Gottesdienstgebäude mit einer Kapazität von eintausend Personen, Missionarshäusern, einer Schule und einem Krankenhaus. Die chinesisch-amerikanische *Hua Mei-Schule* wurde gegründet, um der Landbevölkerung Bildungsmöglichkeiten zu eröffnen und potentielle Führungskräfte für die Kirche vorzubereiten. Die *Hua Mei High School* wird heute von der chinesischen Regierung geleitet, ohne dass Änderungen am Namen oder am Gebäude vorgenommen wurden. Das Konzept der Missionsstation reflektiert die Tatsache, dass fast alle Missionare im 19. und beginnenden 20. Jh. aus dem mittleren Westen Nordamerikas kamen und daran gewöhnt waren, auf dem „Land" zu arbeiten.

Der Zweite Weltkrieg markiert nicht nur den Neubeginn der mennonitischen Kirchen in Asien, sondern auch die allmähliche Verlagerung der Missionsstrategie. Die medizinische und humanitäre Hilfe des MCC hatte einen großen Einfluss auf die Entstehung der Mennonitischen Kirchen. Beispielsweise nahm das Ärzteteam des MCC (das *Mennonite Mountainous Medical Team*) in Taiwan 1948 seine Arbeit auf und half der presbyterianischen Kirche 400 Gemeinden unter den Bergvölkern zu gründen. Die Bergklinik im östlichen Taiwan, jetzt *Mennonite Christian Hospital* mit einer Kapazität von 600 Betten, half den umliegenden Kirchen weiter zu wachsen.

Allmählich übernahmen die mennonitischen Missionen jedoch die Methoden der „Gemeindegründungsbewegung", denn die größeren Kirchenkomplexe waren auf Dauer ineffektiv und finanziell in diesen Entwicklungsländern kaum tragbar. Zunächst wurde also ein Platz gekauft oder gemietet, der das geographische wie mentale ‚Missionsfeld' markierte, und von wo aus mehrere Personen, die den Kern der entstehende Gemeinde bildeten, gemeinsam mit den Missionaren ausgesendet wurden. Bibelunterricht und spezielle evangelistische Treffen fanden an diesen Orten statt. In Japan, Vietnam und Taiwan war Englischunterricht attraktiv, auch wenn er im Wohnzimmer eines Missionars gehalten wurde, da in diesen Ländern seit dem Ende des Krieges ein wahres „Englischfieber" herrschte. Derweil entwickelten die *Integrated Mennonite Churches* auf den Philippinen Projekte, mit denen die Menschen ihr Einkommen verbessern konnten. Dies erwies sich als wichtig für das Wachstum der Kirche. Die Kreativität der mennonitischen Mission zeigt sich auch in der Gründung des *Menno Village* in Japan, auf Landwirtschaft fokussiert, oder des *Jesus Village* in Korea. Beide sind kommunale Projekte, die als mennonitische Versuche des Lebens als *koinonia* (Lebensgemeinschaften) bezeugen.

III. Wachstum und Abnahme

Zunächst muss erwähnt werden, dass Regierungsvorschriften einen großen Einfluss auf das Wachstum der mennonitischen Kirchen in Asien hatten. Die Kirchen in China erlebten zu Beginn des 20. Jh., wie auch die Kirchen in Japan und Taiwan nach dem Ende des Zweiten Weltkrieges, ein goldenes Jahrzehnt, da die Regierungen eine tolerante Politik gegenüber dem christlichen Glauben ausübten. Allerdings führten Regierungsvorschriften dann in den 1960er Jahren in China beinahe zum

Verschwinden der Kirche. In Vietnam wurde die Kirche in den 1970ern ebenfalls unterdrückt und der institutionelle Riss in der wiederbelebten vietnamesischen Kirche ist ebenfalls staatlicher Politik geschuldet. Die Unsicherheiten der Gesellschaften in Ostasien nach dem Ende des Zweiten Weltkrieges spielte in psychologischer Hinsicht eine wichtige Rolle, da allenthalben ein spiritueller Mangel festzustellen war, der die Menschen nach religiöser Erfüllung streben ließ. Auch die ökonomische Entwicklung spielte eine wichtige Rolle in Ostasien. Auf den Philippinen, in Vietnam und einigen Orten in China verhinderten fehlende Ressourcen das Wachstum der Kirchen. Derweil sorgten in Japan, Taiwan, Hongkong und Indien die Sozialstrukturen dafür, dass die Kirchen die nötige Aufmerksamkeit in der Öffentlichkeit erfuhren. Als sich dann in den 1960er Jahren die wirtschaftliche Situation verbesserte, blühte Ostasien auf. Kirchenmitglieder hatten nun die Möglichkeit, ihre Gemeinden finanziell zu unterstützen und an den Asienkonferenz der Mennoniten und den Versammlungen der Mennonitischen Weltkonferenz teilzunehmen. Diese Aktivitäten stärkten ihre täuferische Identität als Mitglieder der globalen Mennonitenfamilie.

Allerdings folgte auch der Materialismus sofort als Nebeneffekt des wirtschaftlichen Aufschwungs. Zunächst erlahmte der spirituelle Enthusiasmus für gemeinschaftliche Lebensbeziehungen untereinander und materielle Hilfe für Nicht-Gemeindeglieder (wie Milchpulver und Mehl) wurde immer weniger benötigt. Missionsstationen, die sich auf dem Land befanden und von der Wald- und Landwirtschaft abhängig waren, erlebten ökonomische Einbußen aufgrund der Industrialisierung. Auch die Urbanisierung hatte einen großen Einfluss auf die Kirchen. Kirchen in ländlichen Gegenden und kleinen Städten begannen an schwindenden Mitgliederzahlen zu leiden, da gerade junge Leute in Großstädte wie Sapporo oder Tokyo abwanderten. Der Strom der jungen Intellektuellen in die Städte prägte die kirchliche Landschaft in Japan für Jahrzehnte. Dazu kommen die hohen Kosten für Eigentum. Hongkong entwickelte sich zu einer der teuersten Städte für Auslandsentsandte. Die hohen Preise erschwerten die Missionsarbeit und wurden zu einem der größten Hindernisse für Mennoniten.

Hinzu kommen weitere lokale Faktoren. Unstimmigkeiten in Kirchenleitungen können zu Kirchenspaltungen führen, wie auf den Philippinen. In Taiwan hingegen war es eher der Mangel an fähigen Führungskräften, der die Kirchen am Wachstum hinderte. In Japan sucht die Kirche nach Lösungen hinsichtlich den Fragen nach dem Wesen des Pastorats und der Ordination. Einige Gemeinden werden von Vollzeitpastoren betreut, andere betonen das Laienpredigertum und teilen die pastoralen Aufgaben unter den Mitgliedern.

IV. Inkulturationen

In den traditionellen asiatischen Kulturen werden Menschen von einer Geisterwelt umgeben, in der viele gut- und bösartige Kräfte wirken. Diese müssen entsprechend vermieden, manipuliert und/oder kontrolliert werden. Um zu überleben, praktizieren Menschen Zauberei, streben nach dem guten *Feng Shui* oder bringen Opfer dar. Darüber hinaus wurde die Solidarität innerhalb der familiären Bindungen in allen gesellschaftlichen Bereichen oberste Pflicht.

Im chinesischen Kulturbereich, zu dem auch Taiwan, Honkong und Vietnam gehören, steht die Ahnenverehrung für soziale Solidarität und religiöse Sicherheit und bildet das Zentrum des sozio-religiösen Komplexes. Die Lebenden setzen die Pflege der Verstorbenen fort und die Verstorbenen führen die Lebenden. So wird das Wohlergehen sowohl der Lebenden als auch der Toten gesichert. In einer *I belong, therefore I am*-Gesellschaft („Ich gehöre dazu, also bin ich") wird eine Person schnell zum Außenseiter sobald sie zum christlichen Glauben konvertiert – vor allem wenn das Evangelium individualistisch ausgelegt wird und die Erlösung der einzelnen Seele verspricht. H. J. Brown von der GCMC-Kirche in China warf einem Diakon Götzendienst vor, weil dieser eine Ahnentafel seiner Vorfahren im Haus hatte. Der Diakon war beleidigt und argumentierte, dass Ahnenverehrung den Respekt gegenüber den Vorfahren und den Eltern zum Ausdruck bringe. Diese Thematik wurde zu einem Streitpunkt, weil Gemeindeleiter aufgrund ihrer unterschiedlichen Herkunft verschiedene Meinungen dazu hatten.

Christ:innen gerieten außerdem unweigerlich in Konflikt mit ihren Nachbarn, wenn Opfer und Gaben für eine Regen- oder Friedenszeremonie dargebracht werden. Da hiermit das Schicksal des gesamten Dorfes verknüpft ist, geraten Christ:innen unter

Druck, wenn sie nicht daran teilnehmen. Glücklicherweise trug die Urbanisierung teilweise dazu bei, dieses Problem in Asien zu entschärfen. Wenn Menschen in städtische Umgebungen ziehen, werden sie ohnehin aus ihren traditionellen sozialen Netzen gelöst.

Die mennonitischen Gemeinden in Indien werden vor allem mit dem allgegenwärtigen Hinduismus konfrontiert. Dieser zeigt sich als ausschweifende, komplexe aber auch subtil einheitliche Masse spirituellen Denkens und in ihrer Manifestierung in religiösen Festen, sozialen Regeln, Haushaltsritualen und visuellen Darstellungen von Göttern, Skulpturen, Theater und Literatur. Dazu gehört auch das indische Kastensystem als einflussreiches soziales Kontrollsystem. Es überrascht nicht, dass die meisten indischen Mennoniten aus den unteren Kasten kommen und Gerber, Weber, landlose Bauern o. ä. sind. Sehr wenige stammen aus der hohen Kaste der Brahmanen. In sprachlicher Hinsicht sind die Mennoniten in Indien sehr heterogen; mehr als ein halbes Dutzend Sprachen ist vertreten. Deshalb müssen sie gemeinsam in Englisch kommunizieren, was ironischerweise die Sprache der ehemaligen Kolonialherren ist.

V. Beziehungen in den jeweiligen Gesellschaften

Die Geschichte der mennonitischen Kirche in kann entlang der drei großen Kriege eingeteilt werden: Der Nordfeldzug (1926–1927), als Chiang Kai-shek die Volksarmee aus Südchina in den Norden führte, um das Land zu einen, der Japanisch-Chinesische Krieg (1937–1945) und schließlich der Bürgerkrieg zwischen Nationalisten und Kommunisten, der am 1. Oktober 1949 zur Gründung der Volksrepublik China führte. Während dieser Unruhen und Kriege wurden Christ:innen getötet, viele wurden obdachlos, die Missionare wurden evakuiert. Die Kirche hatte einen großen Mangel an Führungskräften. Die Mehrheit der christlichen Kirchen in China vertrat die Auffassung, dass der Taufe nicht nur eine persönliche Umkehr, sondern auch eine katechetische Ausbildung und eine Zeit der Bewährung vorausgehen sollte. Aber dieses Modell ist von verlässlichen Kirchenleitungen und stabilen Organisationen abhängig, die in einer unbeständigen politischen Situation nicht gewährleistet werden konnten. Soziale Unruhen beeinflussten das Wachstum der Gemeinden negativ. Durch die Kriege wurde die Kirche gezwungen, ihre Missionsstrategie zu ändern und darüber hinaus mehr auf einheimische Kräfte zu setzen. Letztlich gewann die mennonitische Kirche an Anerkennung und Respekt beim chinesischen Volk durch ihre Beiträge und Dienste in den chaotischen Kriegsjahren.

Die Errichtung der Volksrepublik China (PRC) 1949 auf dem chinesischen Festland brachte auch eine Verlagerung von Nationalchina (ROC) nach Taiwan. Beide Seiten der Meerenge zwischen Taiwan und dem Festland folgten einer strikten „Ein-China-Politik", beide behaupteten, das einzig legitime China zu sein. In der Hoffnung auf das Festland zurückkehren zu können, führte Nationalchina kurz nach der Ankunft auf Taiwan den Wehrdienst ein, der jeden männlichen Erwachsenen zum Dienst an der Waffe zwang. Die taiwanesischen Mennoniten befanden sich in einem Dilemma, denn diese Politik kollidierte mit der täuferischen Friedensethik. Allerdings blieben die Mennoniten in Taiwan stumm, da die dortigen Gemeinden zu klein waren, um sich gegen die Regierung aufzulehnen. Seit Taiwan 1971 seinen Sitz in den Vereinten Nationen verlor, emigrierten jedes Jahr schätzungsweise 20.000 Taiwanesen ins Ausland. Rund ein Viertel von ihnen waren Christ:innen. Durch diese Emigrationen gingen der mennonitischen Kirche Taiwans viele Mitglieder verloren. Mit der Einführung der Demokratie in Taiwan 1988 begann eine neue Phase. In dieser ethnischen und nationalen Identitätskrise entstand eine Unabhängigkeitsbewegung, die den politischen Diskurs auf der Insel veränderte und internationale Ansprüche erneuerte. Die Volksrepublik China sah Taiwan jedoch weiterhin als „abtrünnige Provinz" und drohte mit Gewaltanwendung gegen Taiwan, um die Einheit Chinas zu verwirklichen. Unter diesem langen Schatten des großen China mussten die taiwanesischen Mennoniten ihre theologische Identität fortschreiben, auch wenn sie mehr oder weniger für die Unabhängigkeit waren.

Auch in Hongkong entschieden sich viele Menschen dazu, das Land zu verlassen, als die Verhandlungen zwischen China und den Briten über die Souveränität des Landes begann. In den Jahren zwischen 1982 und 1997 verließen rund 100.000 Kirchenmitglieder (ungefähr ein Viertel aller Mitglieder) Hongkong. Im historischen Rückblick war die Kommunistische Partei Chinas der einflussreichste Angstfaktor in Ostasien.

In Japan brachte der Ausbruch des Koreakrieges 1950 ein rasches Wirtschaftswachstum, vor allem im Bergbau und in der verarbeitenden Industrie. Und auch Taiwan wurde nach dem Ausbruch des Koreakrieges politisch interessant. Die USA unterzeichneten einen neuen Vertrag mit Taiwan, der die taiwanesische Gesellschaft zusätzlich stabilisierte.

Indonesien wurde nach seiner Unabhängigkeit ein muslimisch geprägtes Land. Dennoch gewährte die Regierung vielen Religionen wie dem Christentum einen anerkannten Rechtsstatus. Davon ausgenommen waren nur der Atheismus und einige animistische Gruppierungen. Aufgrund dieser politischen Richtlinien traten viele dieser Gruppierungen den rechtlich anerkannten religiösen Institutionen bei. So profitierte auch die christliche Mission von dieser Politik.

Armut in den Philippinen war nicht nur eine ökonomische Frage, sondern auch eine Frage des sozialen Status. Die ländlichen Gebiete auf den Philippinen waren in der Regel unterentwickelt. In den meisten Fällen gab es keinen Strom, keine Krankenhäuser oder Kliniken. So mussten die mennonitischen Pastoren nicht nur über theologisches Wissen verfügen, sondern auch in der Lage sein, logistische Hilfe zu leisten oder Projekte zur Einkommensgenerierung zu entwickeln.

Die mennonitische Kirche in Vietnam wurde inmitten von Krieg und Revolution geboren. Die Wehrpflicht war ein Hindernis für die Ausbildung von kirchlichen Führungskräften. Als die Streitkräfte der USA im August 1964 mit Bombenangriffen über Nordvietnam begannen, gerieten die dortigen mennonitischen Missionare, die allesamt aus den USA stammten, in starke Bedrängnis aufgrund des aggressiven politischen und militärischen Vorgehens Nordamerikas. Die Missionare versuchten, Abstand vom amerikanischen Militär und diplomatischen Personal zu gewinnen. Ihre Anstrengungen wurden von der Nationalen Befreiungsfront anerkennend bemerkt. Dieses Vorgehen wurde beispielhaft für Christ:innen und half den Kirchen, die nachfolgenden harten Zeiten zu überstehen. Als die Kirche in den 1990er Jahren wieder sichtbar wurde, stritten sich unglücklicherweise zwei der einflussreichsten Kirchenführer über die Frage, ob und in welchem Umfang die christlichen Kirchen der Registrierung und den Behörden gehorchen sollten. Dem Staat gehorchen oder nicht gehorchen? – dies war eines der zentralen Herausforderungen in Ostasien.

VI. Ökumenische Beziehungen

Die Mennoniten in Asien bauten von Anfang gute innermennonitische Beziehungen auf. In China half Henry C. Bartel dem Ehepaar Brown von der GCMC-Kirche, ein eigenes Missionsfeld direkt neben seinem eigenen zu erschließen. Außerdem unterstützte er die Arbeit der *Krimmer Mennonite Brethren Conference* in der inneren Mongolei in den 1920er Jahren. Die *Japan Mennonite Literature Association* entstand als Kooperation der *Mennonite Church,* der *General Conference* und *Brethren in Christ* Konferenzen im Jahr 1963. Seither wurden über zwanzig täuferisch-theologische Bücher ins Japanische übersetzt. Die mennonitischen Kirchen in Vietnam lernte Mennoniten aus anderen Ländern kennen indem sie Kirchenführer aus Japan, Indien, Indonesien und Taiwan bei sich aufnahmen. In Taiwan und Honkong wurden die Verbindungen zu anderen mennonitischen Institutionen verstärkt, als sie die *Asian Mennonite Conference* bzw. das *Asian Labor Camp* ausrichteten. Durch die Organisation der *Asian Mennonite Conference* im Jahr 1971 und die Beteiligung an den Versammlungen der *Mennonitischen Weltkonferenz* haben sich hilfreiche Netzwerke weiter gebildet und die täuferische Identität wurde gestärkt.

Auch die Beziehungen zu nicht-täuferischen Kirchen nahmen zu. Während die mennonitische Kirche in Indien Mitglied des nationalen Kirchenrates ist und sehr eng mit der interkonfessionellen *Churches Auxiliary for Social Action* (CASA) zusammenarbeitet, ist die ebenfalls mennonitisch geprägte *General Conference Church* Mitglied der *Evangelical Fellowship of India* und kooperiert mit der Föderation evangelischer Kirchen Indiens und dem *Evangelical Fellowship of India Committee on Relief.* Auch die mennonitische Kirche Vietnams hat enge Verbindungen zu der evangelischen Kirche in Vietnam (EVCN). Von Beginn an besuchten mennonitische Missionare regelmäßig Gemeinden der ECVN und entwickelten dadurch enge Beziehungen zu vielen Pastoren und Laienpredigern. Sie unterstützten die *Christian and Missionary Alliance* (CMA) bei evangelistischen Predigten. Mehrere Pastoren wurden in Schulen des ECVN ausgebildet oder kamen aus diesem Hintergrund. In Indonesien traten die mennonitischen Kirchen einer evangelischen christlichen Vereinigung bei, den *Persekutuan Gereja-Gereja di Indonesia.* Auf den Philippinen wurde eine religiöse Gruppierung schnell als ein falscher Kult angesehen, wenn sie nicht zu einer der Hauptkonfessionen gehörte. So zum Beispiel bei der *Integrated Mennonite Church Inc.* (IMCI). Dennoch begann diese Kirche mit anderen Evangelikalen zusammenzuarbeiten, als sie ihre arrogante Haltung, „heiliger als die anderen" zu sein, in den 1990er Jahren überwand.

Allmählich nehmen die asiatischen Mennoniten an der globalen Mission, „von überall nach überall" (*from everywhere to everywhere*) teil. So wurden zum Beispiel Takashi und Kazue Manabe als die ersten Mennoniten-Brüder-Missionare Japans nach Papua-Neuguinea geschickt. Im Jahr 1988 wurde Keiko Hamano nach Pakistan entsandt. Die *Mennonite Church Conference* sandte 1969 Hiroshi und Chiekio Kaneko nach Ecuador, um dort als Radioprediger bei HCJB Sendungen in japanischer Sprache zu halten. Der *General Conference* sandte Chizuko Katakabe nach England, um dort in einem japanisch-christlichen Bund mitzuarbeiten. Taiwan schickte erste Missionare nach Thailand. 1998 sandten die IMCI von den Philippinen aus erste Missionare mit Hilfe anderer Missionswerke nach Hongkong.

Erst recht spät fassten die Mennoniten fassten in der asiatischen Missionsszene Fuß, was einige Nachteile mit sich brachte. Viel „gutes Land" war schon an andere Missionen gegangen. Die Mennoniten bemühten sich jedoch, ihre abweichlerische Minderheiten-Mentalität zu überwinden und Teil der globalen *missio Dei* zu werden, der Welt Christus in Form einer alternativen Gemeinschaft zu bezeugen. Die soziale, kulturelle und ethnische Vielfalt in Asien wächst weiter und stellt Mennoniten vor neue Herausforderungen. Aber auch die Hoffnung wächst! Die Mennoniten in Asien proklamieren Jesus Christus als ewige Zuflucht und verkörpern inmitten von Tsunamis und Erdbeben die inkarnierte himmlische Gnade Gottes.

20. Mennoniten in Europa: Glaube und Tradition in der Bewährungsprobe

Hanspeter Jecker

I. Ein geschichtlicher Überblick

Die Gegenwart täuferisch-mennonitischer Kirchen in Europa ist das Resultat einer langen und komplexen Geschichte. Angefangen hat diese Geschichte im Kontext der Reformation zu Beginn des 16. Jh. auf dem Gebiet der heutigen Schweiz, Deutschlands und den Niederlanden. Bis zum Ende jenes Jahrhunderts hatten sich drei täuferische Gruppierungen herauskristallisiert, die bis in die Gegenwart überlebt haben: Die sogenannten „Schweizer Brüder", die mährischen Hutterer und die niederländisch-niederdeutschen *Doopsgezinden*.[1] Deren hauptsächlichste Verbreitungsgebiete erstreckten sich infolge von Mission, aber auch von repressionsbedingter Migration, Flucht und Deportation weit über die Orte ihrer Entstehung hinaus.

Die nachfolgende Darstellung verzichtet auf eine detaillierte Auflistung möglichst vieler Daten, Eigenheiten und Sonderentwicklungen der einzelnen täuferisch-mennonitischen Kirchen in Europa. Dazu ist in neuerer Literatur vieles aufgearbeitet und nachzulesen.[2] In diesem Beitrag soll vielmehr versucht werden, anhand einiger ausgewählter Fakten und Ereignisse die großen Linien nachzuzeichnen und etwas von der Gesamtsituation der heutigen täuferisch-mennonitischen Kirchen in Europa sichtbar zu machen.

a. Das schweizerisch-süddeutsch-elsässische Täufertum

Das schweizerische Täufertum erreichte – ausgehend von seinen Anfängen in Zürich – sehr rasch die gesamte Deutschschweiz und noch im Verlaufe des 16. Jh. große Teile Süddeutschlands sowie Elsass-Lothringens, ferner weite Teile im heutigen Österreich und in Nordostitalien (v. a. Südtirol).

---

[1] Vgl. zu den Details und Hintergründen dieser Entstehungsgeschichte den Beitrag von Hans-Jürgen Goertz in diesem Band.
[2] Vgl. Hoekema/Jecker, Glaube und Tradition; Meyhuizen, Die Mennoniten.

Durch ihre Kritik an einer in ihren Augen unheilvollen Allianz von Kirche und Obrigkeit zogen die Täufer:innen allerdings hier wie anderswo bald den Zorn der Mächtigen auf sich. Intensive Verfolgung hat die Schweizer Brüder bis 1700 in manchen europäischen Regionen fast völlig ausgemerzt, so etwa in Österreich und Italien, mit Ausnahme von Bern und der Nordwestschweiz auch in weiten Teilen der Schweiz (Zürich und Ostschweiz). Allerdings fanden täuferische Flüchtlinge, namentlich aus der Eidgenossenschaft, bis weit ins 18. Jh. hinein immer wieder Zufluchtsorte auf den Jurahöhen im Fürstbistum Basel, ferner in der Pfalz und im Kraichgau, in den nördlich an die Schweiz angrenzenden Gebieten des heutigen Frankreichs, schließlich nach Westen bis in die Niederlande und nach Osten bis Wolhynien und Galizien.

Die systematisch verschärfte Repression trieb die Schweizer Brüder aber auch immer mehr in die Isolation. Dies trug dazu bei, den Boden zu bereiten für wachsende gesellschaftliche Absonderung und eine bisweilen auch theologische Enge mit teils schmerzhaften Fehlentwicklungen und Zerwürfnissen untereinander. Erst mit der Aufklärung und der Französischen Revolution begann der äußere Druck nachzulassen. Einflüsse aus Pietismus und Erweckungsbewegungen im 18. und 19. Jh. ließen die Gemeinden regional anwachsen und zu neuem Leben finden. Obwohl viele Gemeindeglieder in der Folge – teils aus wirtschaftlichen, teils aus religiösen Gründen, auch weil sie der Verpflichtung zum Militärdienst ausweichen wollten – nach Nordamerika weiterzogen, blieben in all den genannten Regionen bis heute täuferisch-mennonitische Gemeinden bestehen (mit Ausnahme von Galizien und Wolhynien). Sie bildeten den Grundstock sowohl für die beiden nationalen Zusammenschlüsse der Konferenz der Mennoniten der Schweiz (bis 1983 Altevangelische Taufgesinnten-Gemeinde; Mitgliederzahl 2023: 2.000)[3] und der *Association des Eglises Evangéliques Mennonites de France* (1979; Mitgliederzahl 2023: 2.000), als auch für die beiden süddeutschen Zusammenschlüsse des (v. a. rechtsrheinischen)

---

[3] Die nachfolgend genannten Mitgliederzahlen stammen aus dem Mennonitischen Jahrbuch, hg. von der Arbeitsgemeinschaft Mennonitischer Gemeinden in Deutschland. Alle übrigen sind Angaben der Mennonitischen Weltkonferenz (www.mwc-cmm.org) entnommen.

Verbandes deutscher Mennonitengemeinden (1854 ff.; Mitgliederzahl 2023: 1.230) sowie der (vorwiegend linksrheinischen) Arbeitsgemeinschaft Südwestdeutscher Mennonitengemeinden (1886 ff.; Mitgliederzahl 2023: 1.350). Die beiden letztgenannten Konferenzen sind heute Mitglieder des gesamtdeutschen Zusammenschlusses der Arbeitsgemeinschaft Mennonitischer Gemeinden in Deutschland (1990; Mitgliederzahl 2023: 4.000).

Aus dem Umfeld des schweizerisch-süddeutsch-elsässischen Täufertums entstanden drei weitere verwandte Bewegungen:

Die Amischen

Im Zeitalter des Pietismus wurde auch das schweizerisch-süddeutsch-elsässische Täufertum mit der Frage nach geistlicher Erneuerung konfrontiert. Die Gemeinschaft zerbrach über der Frage, ob dabei im Bereich der Kirchendisziplin, der Heiligung und des Verhältnisses zu Obrigkeit und Gesellschaft eher eine das Gemeinsame zu anderen Christen betonende Öffnung oder eher eine die Differenzen akzentuierende Radikalisierung vorzuziehen sei. Aus dieser Zertrennung ging 1693 die täuferische Gruppe der Amischen hervor, benannt nach einem ihrer maßgeblichen Wortführer der ersten Stunde, dem Berner Oberländer Jakob Amman. Die meisten Amischen verließen Europa im Verlauf des 18. und 19. Jh. Richtung Nordamerika. Wer auf dem Kontinent verblieb, schloss sich über kurz oder lang den täuferisch-mennonitischen Gemeinden der nicht-amischen Richtung an oder vertrat doch zunehmend ähnliche Positionen. Am stärksten wirken amische Prägungen noch in manchen französischen Mennonitengemeinden nach.

Die Schwarzenauer Brüder (Church of the Brethren)

Die Begegnung zwischen Täufertum und radikalem Pietismus führte wenige Jahre später zur Bildung einer weiteren neuen Gemeinschaft, welche die Züge beider Bewegungen vereinigte: die 1708 aus süddeutschen und schweizerischen Kreisen im Wittgensteinischen entstandenen Schwarzenauer Täufer. Aufgrund der Verfolgung wanderten sämtliche Mitglieder dieser Kirche im Laufe der nächsten Jahrzehnte nach Nordamerika aus, wo sie unter dem Namen *Church of the Brethren* bekannt geworden sind. Sie gelten neben Mennoniten und Quäkern (Gesellschaft der Freunde) als dritte Historische Friedenskirche.[4]

Evangelische Täufer-Gemeinden

Eine dritte täuferische Gemeinschaft entstand in demselben schweizerisch-süddeutsch-elsässischen Raum in der Zeit der Erweckungsbewegungen im 19. Jh. Es ist dies die 1832 durch den jungen reformierten Schweizer Theologen Samuel Heinrich Fröhlich begründete Bewegung der Evangelischen Taufgesinnten („Neu-Täufer"), der heutigen Evangelischen Täufer-Gemeinden (in Nordamerika: *Apostolic Christian Church*). Nach Jahrzehnten eines spannungsvollen Gegen- und Nebeneinanders, gibt es heute wieder zahlreiche Bereiche der Zusammenarbeit mit mennonitischen Verbänden.[5]

b. Das hutterische Täufertum

Die Hutterer, in Mähren hervorgegangen aus Flüchtlingsgruppen aus dem deutschen und schweizerischen Raum, insbesondere aber aus Nord- und Südtirol, durchlitten nach einer Blütezeit in der zweiten Hälfte des 16. Jh. ebenfalls eine lange Phase der Repression und des äußeren und inneren Niedergangs. Auf Umwegen über die Slowakei, Ungarn und die Ukraine erreichte ein kleiner hutterischer Rest nach Jahrhunderten des Herumgetriebenseins in den 1870er Jahren Nordamerika, wo die Gemeinschaft auf ihren Bruderhöfen sowohl numerisch wie auch wirtschaftlich zunächst eine neue Blütezeit erlebte. In Europa gibt es heute keine alt-hutterische Präsenz mehr, wohl aber vier Niederlassungen der in den 1920er Jahren im Umfeld des Religiösen Sozialismus entstandenen und von Eberhard Arnold gegründeten „neu-hutterischen" Bruderhofbewegung (in Deutschland und in England je eine, in Österreich zwei). Die hutterischen Gemein-

---

[4] Für neuere Gesamtüberblicke zu den Amischen und den Brethren (wie auch zu Mennoniten und Hutterern) vgl. Kraybill, Concise Encyclopedia.
[5] Vgl. Ott, Missionarische Gemeinden werden.

schaften zählen nicht zu den mennonitischen Kirchen, pflegen aber oft freundschaftliche Kontakte zu ihnen.

c. Das niederländisch-niederdeutsche Täufertum

Die *Doopsgezinden* („Taufgesinnten") im niederländisch-norddeutschen Raum durchlebten einerseits Phasen eines beispiellosen Wachstums, anderseits aber auch eine Brutalität von Repression und Verfolgung, die europaweit ihresgleichen sucht: Nirgendwo sonst sind auch nur annähernd so viele Täuferinnen und Täufer um ihres Glaubens willen hingerichtet worden wie hier. Allerdings kam diese religiöse Intoleranz auch nirgendwo sonst so früh zu einem Abschluss wie auf dem Gebiet der Niederlande und etlicher norddeutscher Städte. Davon profitierten nicht zuletzt auch die *Doopsgezinden* dieser Regionen, welche dank dieser Toleranz schon ab 1600 ihr gesellschaftliches und kirchliches Leben relativ ungehindert entwickeln und entfalten konnten. Anders als die viel länger unter Diskriminierung leidenden Schweizer Brüder und ihrer Neigung zur Separation entwickelten die *Doopsgezinden* weitreichende Modelle der gesellschaftlichen Integration und Formen der Kooperation mit staatlichen Behörden. Längerfristig prägender als Pietismus und Erweckungsbewegungen erwiesen sich bei ihnen die Gedanken von Aufklärung und Rationalismus. Schon früh setzten sich niederländische Taufgesinnte – auch dank ihres wirtschaftlichen Erfolges in Handel und Gewerbe – zugunsten ihrer weiterhin notleidenden europäischen Geschwisterkirchen ein, etwa im Rahmen der *Commissie voor Buitenlandse Noden* (1655 ff.). Lange vor allen andern gründeten sie in Amsterdam ein eigenes Theologisches Seminar (1735) und setzten mit der *Doopsgezinde Zendings Vereeniging* eine eigene Missionsgesellschaft ein (1847). In den niederländischen Kontext gehört auch der Hinweis, dass es im Rahmen der Flucht englischer religiöser Nonkonformisten in die Niederlande kurz nach 1600 zu intensiven Kontakten mit niederländischen Taufgesinnten gekommen ist. In diesen Gesprächen und Begegnungen wurden mit die Grundlagen geschaffen für die kurz darauf erfolgte Entstehung der Baptisten (1608), der bis heute weltweit größten täuferischen Kirche.

Noch heute gibt es in den traditionellen Siedlungsgebieten der *Doopsgezinden* zahlreiche Kirchgemeinden, deren Mitgliederzahlen – nach langen Perioden des Wachstums – nun seit einigen Jahrzehnten stark und kontinuierlich zurückgehen. Die niederländischen Gemeinden sind seit 1811 zusammengeschlossen in der *Algemene Doopsgezinde Sociëteit* (Mitgliederzahl 2022: 5.570). Diejenigen des nördlichen und westlichen Deutschlands gründeten die Vereinigung der Deutschen Mennonitengemeinden (1886 ff. Mitgliederzahl 2023: 1.550), welche seit 1990 zusammen mit den beiden andern deutschen Regionalverbänden die Arbeitsgemeinschaft Mennonitischer Gemeinden in Deutschland (AMG) bilden.

Noch zur Zeit der Verfolgung im 16. Jh. verließen zahlreiche Taufgesinnte ihre Heimat im niederländisch-niederdeutschen Raum und suchten entlang der Ostseeküste eine Zuflucht. Viele von ihnen ließen sich im Raum Danzig und den südlich und östlich davon gelegenen Gebieten der Weichselniederung nieder. Im Unterschied zu den Schweizer Brüdern, die primär auf isolierten Einzelhöfen ihr Überleben sicherten, gründeten sie geschlossene Siedlungskolonien, die sich zu einem guten Teil selber zu organisieren und zu verwalten hatten. Wirtschaftlich und kirchlich erlebten diese Niederlassungen in West- und Ostpreußen manche Blütezeit. Wachsende innere und äußere Schwierigkeiten in den Kolonien bewogen kurz vor und nach 1800 allerdings zahlreiche Menschen, ihre Heimat erneut zu verlassen und auf Einladung der russischen Zarin Katharina in die Ukraine zu emigrieren. Fleiß und wirtschaftliches Geschick ließen bald auch hier die Mennoniten zu Wohlstand und Ansehen gelangen, was nicht nur zu einem markanten numerischen Wachstum und zahlreichen neuen Koloniegründungen auch in anderen Teilen Russlands führte, sondern auch Anlass bot zu innovativen Neuentwicklungen in Handel, Gewerbe und Industrie sowie im Schulwesen. Wie schon in Preußen, so führten die Erfahrungen eines „Goldenen Zeitalters" nun auch hier in den Mennonitenkolonien zu einer kirchlich akzentuierten Debatte über Chancen und Gefährdungen von gesellschaftlicher Integration, von Macht und Reichtum. Was ist erforderlich, um auch in dieser Situation einen Glauben zu bewahren und ein Leben zu führen, das den täuferischen Akzentsetzungen verpflichtet bleibt? Eine Folge dieser teils heftig geführten innermennonitischen Auseinandersetzungen war die Entstehung der Mennoniten-Brüdergemeinden im Jahr 1860, nicht ohne

Einfluss von außen, durch die europaweiten Erweckungsbewegungen des 19. Jh.

Die Wirrnisse der beiden großen Weltkriege stürzten die Mennoniten sowohl im heutigen Polen als auch in Russland ins Elend. Zehntausende kamen dabei ums Leben. Wer es rechtzeitig schaffte, das Land zu verlassen, versuchte sich denjenigen – meist Verwandten – anzuschließen, die schon Jahrzehnte früher nach ersten Anzeichen einer Lageverschlechterung (v. a. seit den 1870er Jahren) nach Nordamerika ausgewandert waren. Nur einer Minderheit gelang die Flucht. Diese fand entweder in Deutschland, oder aber in den USA, Kanada, Brasilien oder Paraguay und Uruguay eine neue Heimat. Die Mehrheit war zum Bleiben verurteilt. Auf sie warteten nun schwere Jahre und Jahrzehnte unter stalinistisch-kommunistischer Herrschaft, welche viele von ihnen nicht oder bloß in der Verbannung überlebten. Erst die allmähliche Entspannung zwischen Ost und West gegen Ende der Epoche des „Kalten Krieges" ermöglichte zahlreichen „Russlanddeutschen" seit den 1970er Jahren die Auswanderung in den Westen. Darunter befanden sich auch Tausende mit mennonitischen Wurzeln, die in der Bundesrepublik Deutschland eine neue Bleibe fanden. Nicht alle, aber manche schlossen sich hier wieder zu großen eigenständigen mennonitischen oder „Mennonitennahen" Gemeinden zusammen. Nur selten gelang eine Integration in bereits bestehende mennonitische Gemeindeverbände. Die Folge war eine Reihe von neuen Zusammenschlüssen, welche insgesamt schon bald wesentlich mehr Mitglieder aufwiesen als die älteren, einheimischen Mennonitengemeinden: Den ältesten Zusammenschluss bilden die in der Arbeitsgemeinschaft zur geistlichen Unterstützung in Mennonitengemeinden (AGUM) befindlichen Gemeinden (1978; Mitgliederzahlen 2022: 6.480), daneben gibt es den Bund Taufgesinnter Gemeinden (1989; Mitgliederzahl 2022: ca. 14.000), die Bruderschaft der Christengemeinde in Deutschland (Mitgliederzahl 2022: ca. 21.000) sowie eine größere Anzahl unabhängiger „Mennoniten-Kirchgemeinden" und „Mennoniten-Brüdergemeinden". Die Kontakte dieser Gruppen zu den älteren mennonitischen Verbänden in Deutschland sind bisher eher punktuell, eine Mitgliedschaft in der Mennonitischen Weltkonferenz besteht derzeit oft (noch) nicht. In den zu Europa zählenden Nachfolgestaaten der ehemaligen Sowjetunion bestehen noch kleine Gruppen mennonitischer Gläubiger, die nun aber meist keine deutschen Wurzeln mehr haben. Deren gesamte Mitgliederzahl dürfte weit unter 5.000 gesunken sein.[6]

d. Neuere Gemeindebildungen

Nicht alle der heute in Europa bestehenden täuferisch-mennonitischen Kirchen und Gemeinschaften haben ihre Wurzeln direkt in den bisher geschilderten Entwicklungen. Nicht alle sind demnach primär das Resultat innereuropäischer Migrationsbewegungen oder die Folge unterschiedlicher innereuropäischer kultureller, politischer, sozialer oder kirchlich-theologischer Prägungen, welche die drei in der Reformationszeit entstandenen Gruppen der Schweizer Brüder, der Hutterer und der *Doopsgezinden* / Mennoniten beeinflusst, transformiert und diversifiziert haben. Vielmehr verdankt eine Reihe neuerer Gruppen in Europa ihre Existenz maßgeblich täuferisch-mennonitischer Diakonie- und Missionstätigkeiten aus Nordamerika. Inspiriert von der seit den 1930er Jahren einflussreichen „Wiederentdeckung des täuferischen Erbes" (*Rediscovery of the Anabaptist Vision*[7]) und deren Betonung von Nachfolge Jesu, Gemeinschaft und Gewaltverzicht, intensivierten sich namentlich nach dem Zweiten Weltkrieg die Aktivitäten nordamerikanisch-mennonitischer Werke in Europa sehr stark. Teils in Zusammenarbeit mit bestehenden europäischen Geschwisterkirchen, teils in eigener Regie leisten nordamerikanische Mennoniten umfangreiche materielle Hilfe und Wiederaufbauarbeit, förderten Versöhnungs- und Friedensarbeit, und ermutigten zu einem Dialog mit anderen Kirchen. Bisweilen entstanden in den folgenden Jahrzehnten aus solchen Initiativen, aber auch aus spezifisch missionarisch-evangelistischer Arbeit neue täuferisch-mennonitische Gemeinschaften, namentlich in Regionen, wo es solche entweder seit langer Zeit nicht mehr gegeben hatte (z. B. in Österreich, Belgien, Rumänien oder Litauen) oder überhaupt noch nie vertreten waren (z. B. in Großbritannien, Irland, Süditalien, Spanien oder Por-

---

[6] Zur Geschichte und Gegenwart russlanddeutscher Mennoniten vgl. den Beitrag von Walter Sawatsky in diesem Band. Zu deren Präsenz in Deutschland vgl. Klassen, Russlanddeutsche Freikirchen.
[7] Vgl. Bender, The Anabaptist Vision.

tugal). Die Mitgliederzahlen in diesen Ländern bewegen sich derzeit (2023) zwischen 30 und 700 Personen. Noch wichtiger als diese Neugründungen waren für die bestehenden täuferisch-mennonitischen Kirchen in Europa aber die herausfordernden theologischen Impulse, die sie von den nordamerikanischen Geschwistern empfingen.

Eine noch jüngere Entwicklung stellen die sich abzeichnenden Gemeindegründungen im Umfeld von Migrant:innen aus Südosteuropa, Afrika und Asien dar. Entstanden teils aus deren eigener Initiative, teils durch Impulse aus täuferisch-mennonitischen Kirchen in den Gastgeberländern, eröffnen diese neuen Zellen von Gläubigen ungewohnte Perspektiven auf mögliche nächste Kapitel in der Geschichte täuferischer Präsenz in Europa. Erwähnt sei hier als Beispiel eine erste Gemeindegründung in den Niederlanden durch die indonesische *Sinode Jemaat Kristen,* einem assoziierten Mitglied der Mennonitischen Weltkonferenz, sowie Kontakte von Mennoniten in der französischsprachigen Schweiz mit Migrantengruppen aus dem Kongo.

e. Fazit

Die bisherigen Ausführungen verdeutlichen, dass die Gegenwart täuferisch-mennonitischer Gemeinschaften in Europa nur vor dem Hintergrund einer bald fünfhundertjährigen Geschichte zu verstehen ist:

Bis heute bedeutsam sind erstens eine Reihe von Impulsen und Akzentsetzungen, die schon für die Entstehung im frühen 16. Jh. konstitutiv wichtig waren und die von täuferisch-mennonitischen Kirchen durch die Jahrhunderte hindurch und ungeachtet teils erheblicher Modifikationen als bleibende Kernelemente eigener Identität bezeichnet worden sind. Hierher gehören etwa die Betonung der Freiwilligkeit von Kirchenmitgliedschaft und persönlichem Glaubensbekenntnis, die Betonung der Übereinstimmung von Wort und Tat oder auch die Betonung der konkret sichtbar werdenden Gemeinschaft der Glaubenden.

Bedeutsam ist zweitens die jahrhundertelange Erfahrung als Minderheitskirche, eine Erfahrung, die längere und kürzere, stets jedoch sehr prägende Phasen von Repression und Verfolgung, von Ablehnung, Zurückweisung und Diskriminierung durch politische und kirchliche Obrigkeiten einschloss. Die Erinnerung an diese Perioden der eigenen Geschichte, die theologisch-kirchliche Verarbeitung der dabei gemachten Erlebnisse und die daraus gezogenen Schlüsse im Hinblick auf die Stellung der eigenen Kirche in der Gesellschaft (Integration, Assimilation oder Separation) in Zeiten von Toleranz oder Akzeptanz sind in täuferisch-mennonitischen Kirchen im Verlauf der Zeit jeweils sehr unterschiedlich ausgefallen.

Bedeutsam ist drittens das Ausmaß, in welchem täuferisch-mennonitische Kirchen durch die Jahrhunderte hindurch die prägende Kraft von zeitgenössischen kirchlich-theologischen sowie politisch-gesellschaftlichen Erneuerungsbewegungen und Denkrichtungen zugelassen und fruchtbar gemacht, beziehungsweise zurückgewiesen und bekämpft haben. So haben – um nur einige der wichtigsten zu nennen – Pietismus und Aufklärung im 17. und 18. Jh., Erweckungs- und Heiligungsbewegungen, Liberalismus und Nationalismus im 19. und frühen 20. Jh., sowie Evangelikalismus, pfingstlich-charismatischer Aufbruch, ökumenische Bewegung und die *Anabaptist Vision* im späteren 20. Jh. eine wesentliche, regional aber bisweilen sehr divergente Rolle gespielt für die Herausbildung von je eigenen Akzentsetzungen in Theologie, Spiritualität und kirchlicher Praxis.

Bedeutsam ist schließlich viertens, dass seit dem frühen 20. Jh. auch bei den täuferisch-mennonitischen Kirchen in Europa ein wachsendes Bestreben nach geschwisterlichen Kontakten und Begegnungen über die nationalen Grenzen hinaus besteht. Neben der Pflege von Austausch und Gemeinschaft spielt auch das theologische Gespräch und das Ringen um eine gemeinsame Identität und gemeinsame Positionen eine zunehmende Rolle. Innermennonitisch ist hier zum einen die Mennonitische Weltkonferenz zu nennen, der weltweite Dachverband täuferisch-mennonitischer Kirchen, dessen erste Vollversammlung 1925 auf europäischem Boden stattfand (Basel/Schweiz).[8] Zum andern gibt es seit 1975 auch eine Mennonitische Europäische Regionalkonferenz, bei der sich alle sechs/sieben Jahre zahlreiche Delegierte und Mitglieder europäischer Gemeinden zu mehrtägigen Treffen versammeln. Parallel dazu haben täuferisch-mennonitische Kirchen in Europa auch die Zusammenarbeit auf dem Gebiet der theologischen Ausbildung, der Mission, der kirch-

---

[8] Vgl. den Beitrag von Larry Miller in diesem Band.

lichen Hilfswerks- und Entwicklungszusammenarbeit, sowie der Friedensarbeit, aber auch der historischen Forschung intensiviert, wobei in manchem auf frühere Ansätze zurückgegriffen werden konnte: 1936 wurde das Internationale Mennonitische Friedens-Komitee (IMFK) gegründet, 1950 die Europäische Mennonitische Bibelschule (heute Theologisches Seminar Bienenberg in Liestal/Schweiz), 1951 für die Belange der Mission das Europäische Mennonitische Evangelisations-Komitee (EMEK), 1967 im Bereich der Hilfswerkarbeit die Internationale Mennonitische Organisation (IMO).

II. Theologische Charakteristika

Die im vorangegangenen Kapitel genannten vier Faktoren – (1) Impulse aus der Anfangs- und Aufbruchszeit; (2) Erfahrungen als (teils verfolgte) Minderheit; (3) Prägungen durch gesamtgesellschaftliche Strömungen; (4) globaler innermennonitischer Dialog zu Fragen der eigenen Identität – haben dazu geführt, dass sich seitens täuferisch-mennonitischer Kirchen in Europa allmählich etwas entwickelt hat, was als minimaler Grundkonsens dessen gelten kann, das man als die eigenen Stärken und Schwächen in Geschichte und Gegenwart bezeichnen könnte. Dabei bleibt klar, dass es „*die* Täufer" so nie gab. Es war stets eine vielgestaltige Bewegung. Gleichwohl lassen sich im Verlauf der Geschichte einige gemeinsame Hauptakzente herausschälen. Sie bilden den Kernbestand dessen, was man zum einen aus europäischer Perspektive als „täuferische Tradition" bezeichnen kann, was sich zum andern über Jahrhunderte und geographische Räume hinweg immer wieder als bleibend aktuell erwiesen hat, auch wenn es phasenweise preisgegeben worden ist, und was schließlich im weltweiten Dialog, etwa im Rahmen der Mennonitischen Weltkonferenz, daraufhin überprüft wird, inwiefern es heute zur eigenen kirchlichen Identität beitragen kann.

Es soll nachfolgend versucht werden, eine Reihe solcher „täuferischer Akzentsetzungen" zusammenzustellen und dabei an manchen Stellen, wo es nötig scheint, einige knappe Hinweise anzufügen über aktuelle Unterschiede der Gewichtung und Schwerpunktverschiebungen innerhalb der täuferisch-mennonitischen Kirchen in Europa.

(1) **Die Freiwilligkeit des Glaubensbekenntnisses und der Kirchenmitgliedschaft**
- In Ablehnung der obrigkeitlich geforderten, obligatorischen Kindertaufe folgte im 16. Jh. die Praxis der freiwilligen Glaubenstaufe.
- Dem obrigkeitlich erzwungenen Kirchgang mit Besuch von Gottesdienst und Teilnahme am Abendmahl wird keine Folge mehr geleistet: Dem „Nein" zu jedem Zwang in Fragen von Glaube und Kirchenmitgliedschaft folgt die Forderung nach Glaubens- und Gewissensfreiheit – für sich selbst und andere.

Die wichtigste Modifikation dieser Positionen ist die in manchen täuferisch-mennonitischen Kirchen Europas (v. a. bei den alteingesessenen Gemeinden in den Niederlanden, Deutschlands und der Schweiz) zunehmend gepflegte Praxis, auf eine erneute Taufe bei beitrittswilligen Personen zu verzichten, die andernorts bereits als Säuglinge getauft worden sind und nun ihren persönlichen Glauben überzeugend bekennen. Damit möchten sie eine neue Wertschätzung anderer kirchlicher Traditionen zum Ausdruck bringen, ohne die eigene Überzeugung aufzugeben.

(2) **Das Streben nach authentischem, persönlichen Glauben**
- Ausgangspunkt ist die „Nicht-Selbstverständlichkeit des Christseins": Darum ist der Ruf zur Umkehr, zum Glauben und in die Nachfolge Jesu zentral.
- Empfang und Aneignung des Heils geschieht nicht durch Vermittlung der Kirche, nicht durch Sakramente, nicht durch bloßes Fürwahr-Halten der „Rechtfertigung aus Gnade" durch Glauben aufgrund des bloßen Buchstabens der Schrift, sondern durch vom Geist Gottes gewirkte persönliche Gottesbegegnung und Herzensveränderung und einer daraus folgenden Transformation des Lebens.

Wo Pietismus, Erweckungsbewegungen und Evangelikalismus in täuferisch-mennonitischen Kirchen eine bis heute nachhaltig prägende Kraft entfaltet haben (etwa beim traditionellen schweizerisch-süddeutsch-elsässischen Täufertum, aber auch in russlanddeutschen Gemeinden), da tritt heute Glaube und Spiritualität mit einem tendenziell stärker gefühlsbetonten Zug auf und der Missionsgedanke ist stärker betont als in jenen Gruppen, die in Theologie und Gemeindepraxis stärker von rationaler Nüchternheit geprägt sind (wie etwa in den Niederlanden oder in Norddeutschland). Die Betonung individueller Authentizität bei der Ausgestaltung des Glaubens im alltäglichen Leben ist hingegen beiden Traditionsströmen gemeinsam.

(3) **Der Aufbau eigener, obrigkeitsunabhängiger „frei-kirchlicher" Kirchgemeinden**
- In allen Fragen des Lebens und Glaubens gebührt Gott und seinem Reich die oberste Loyalität.
- Angesichts der damit konkurrierenden Prioritätsansprüche und Vereinnahmungsversuche irdischer „Mächte und Gewalten" (Regierungen, Nationen, Kultur, Zeitgeist etc.) ist ihnen gegenüber eine kritisch prüfende Distanz entscheidend wichtig.
- Zu diesem Zwecke ist eine klare Trennung von Staat und Kirche unabdingbar.
In täuferisch-mennonitischen Gemeinden ist die Wichtigkeit dieser kritisch prüfenden Distanz zwar unbestritten. Da die Spannung der johanneischen Formel des „Ganz-in-der-Welt-Seins-ohne-von-der-Welt-zu-Werden" in der eigenen Geschichte aber oft nicht durchgehalten, sondern zugunsten von Assimilation und Anpassung oder auch durch Rückzug und Isolation preisgegeben wurde, ist Ausgewogenheit zwischen einem „Zuviel" und einem „Zuwenig" an kritisch prüfender Distanz in der Praxis oft nicht erreicht worden.

(4) **Aufbau lokaler geschwisterlicher Gemeinschaften**
- In der Gemeinschaft freiwillig Glaubender verfügt niemand allein über die Fülle der Gaben und Einsichten, aber alle haben etwas davon anvertraut bekommen.
- Das Eingeständnis der Ergänzungsbedürftigkeit aller fördert die Entstehung von „Räumen", wo die Gaben der Einzelnen zum Wohle aller zum Tragen kommen können (z. B. bei der Bibelauslegung oder der Entscheidungsfindung).
- Das führt zu Aufwertung und Wertschätzung der „Unscheinbaren", aber auch zur Entlastung und Korrektur der „Starken".

- Gegenseitige Ermutigung und Ermahnung stellen Eckpfeiler des Strebens nach gemeinsamer Entscheidungsfindung, Konfliktlösung und versöhnter wie auch versöhnender Gemeinschaft dar.

Die Wichtigkeit von geschwisterlicher Gemeinschaft ist in allen täuferisch-mennonitischen Gruppen unbestritten. Zu große geographische Distanzen zwischen Mitgliedern derselben Gemeinde haben in Vergangenheit und Gegenwart aber oft ein intensiveres gemeinschaftliches und kirchliches Leben behindert. Ebenfalls hat in allen täuferisch-mennonitischen Gruppen eine zu autoritäre oder eine zu schwache Leitung den Aufbau lokaler geschwisterlicher Gemeinschaften bisweilen verhindert und entweder zu Phasen von rigidem „Ältestendiktat" oder zu Perioden von konturloser Orientierungslosigkeit geführt. Generell kann gesagt werden, dass in den Gemeinden im niederländisch-norddeutschen Raum und teilweise auch der südwestdeutschen Gemeinden ein stärkeres Gewicht auf (akademisch-theologisch) gebildeten und hauptamtlich tätigen Pastor:innen gelegt wurde. Diese decken einen großen Anteil gemeindlicher Verkündigung, Gottesdienstleitung und Seelsorge ab und orientieren sich oft an traditionellen Liturgien der Großkirchen ihrer Umgebung. In den übrigen Gruppen mit einer teils stärker nachwirkenden pietistisch-erwecklichen, evangelikalen oder charismatischen Prägung blieb das Laienelement bis in die Gegenwart auf allen Ebenen des Gemeindelebens stärker verankert. Kleingruppen bilden hier neben dem Sonntagsgottesdienst für viele Mitglieder ein wichtiges Element des Gemeindealltages. Die Liturgie ist weniger festgelegt, erlaubt mehr Spontaneität und gibt Raum für eine Vielzahl an audio-visuellen Elementen hinsichtlich Bild- und Filmeinspielungen, Lied, Musik und Gebet. Während die Mennoniten in den Niederlanden die erste Kirche war, die eine Frau ordinierte (Anne Zernike, 1911), sind in einigen konservativeren Gemeinden die Funktionen des Ältesten- und des Predigtdienstes manchmal noch Männern vorbehalten, obwohl die Diskussion darüber auch hier an den meisten Orten eingesetzt hat.

Gemeinsame Entscheidungsfindung in biblisch-theologischen, dogmatisch-ethischen und gemeindepraktischen Fragen in einem sich an Mt 16 und Mt 18 orientierenden Prozess des „Bindens und Lösens", des Verbindlich-Erklärens bzw. des Frei-Gebens wird von vielen als wichtiger Bestandteil des eigenen kirchlichen Erbes geschätzt – trotz des Wissens um mancherlei Missbrauch im Kontext gemeindedisziplinarischer Maßregelungen im Verlauf der Geschichte. Gleichwohl tut sich die große Mehrheit der täuferisch-mennonitischen Gemeinden und Verbände in Europa schwer – etwa in ethischen Fragen von Frieden und Gewaltanwendung, Sexualität, Ökologie oder im Umgang mit Geld und Besitz – eine Einmütigkeit an den Tag zu legen, die sie signifikant von ihrer Umgebung unterscheidet.

(5) „Früchte der Buße"
- Sichtbare und auch für Außenstehende erfahrbare Konsequenzen des Glaubens sind wichtig. Sie sind Ausdruck der Dankbarkeit für Empfangenes.
- Die Übereinstimmung von Wort und Tat unterstützt die Glaubwürdigkeit der eigenen Positionen.
- Dort, wo „Früchte der Buße" als Konkretionen der Nachfolge Jesu auf Widerstand stoßen, gilt es, sich von Christus her Zivilcourage, Mut zum Nonkonformismus, aber auch Leidensbereitschaft schenken zu lassen.
- „Früchte der Buße" beinhalten auch eine veränderte Einstellung zu Menschen außerhalb der eigenen Gemeinden: Solidarisches Offensein und Einstehen für Bedürfnisse anderer – zuerst innerhalb der Gemeinde, dann aber auch darüber hinaus, bis hin zur Feindesliebe – ist wichtig: „Suchet der Stadt Bestes!" (Jer. 29)
- „Früchte der Buße" in der Nachfolge Jesu beinhaltet auch einen veränderten Umgang mit Krieg und Gewalt: Die Verweigerung von Eid und Kriegsdienst sowie die Nicht-Kooperation bei Todesstrafe ist in der Geschichte des Täufertums oft zu einem der wichtigsten Merkmale ihres Glaubenszeugnisses geworden. Trotz manchem grundsätzlichen theologischen Einspruch auch in den eigenen Kreisen und trotz (oder gerade wegen) eines weitgehenden Verlustes dieses Merkmals im Verlauf der neueren europäischen Geschichte ist dieser Punkt bis in die Gegenwart für viele täuferisch-mennonitische Kirchen ein Desiderat geblieben, das seit den Erfahrungen des Zweiten Weltkrieges vielerorts wiederbelebt wurde und wird.

Durch die Geschichte sämtlicher täuferisch-mennonitischer Gruppen in Europa zieht sich bis in die Gegenwart ein innovativer Zug sozial-diakonischen Engagements zugunsten von Notleidenden innerhalb und außerhalb der eigenen Gemeinden. Anders verhält es sich mit dem Gewaltverzicht und dem Friedenszeugnis: Diese Überzeugungen waren seit dem späten 18. Jh. in Europa weitgehend verloren gegangen. Wer in dieser Thematik nicht zu einem Kompromiss mit den staatlichen Behörden bereit war, wanderte über kurz oder lang nach Nordamerika aus, wo diese Position bis in die Gegenwart sehr viel konsequenter gepflegt und praktiziert wurde. Wer in Europa blieb, passte sich in zusehends nationalistischeren Zeiten den Anforderungen der obligatorischen Wehrpflicht an, auch wenn dies hieß, gegen Glaubensgeschwister in den Krieg ziehen zu müssen. Die Erfahrungen zweier Weltkriege haben – zusammen mit den Impulsen nordamerikanischer Geschwister – eine wachsende Zahl von Mitgliedern täuferisch-mennonitischer Kirchen in Europa das eigene friedenskirchliche Erbe wieder neu entdecken und schätzen lassen. Fruchtbar gemacht wird es nicht nur in der Frage internationaler Beziehungen, sondern in allen Lebensbereichen, in denen Konflikte gelöst werden müssen: in Familie und Erziehung, Beruf und Kirche.

III. Bewusstsein für die eigenen Defizite

Es gehört ebenfalls zur Gegenwart täuferisch-mennonitischer Kirchen in Europa, dass sie aufgrund ihrer Geschichte auch um die „Kehrseite der Medaille" wissen. Sie sind sich zunehmend bewusst, dass das, was sie als Stärken der eigenen Tradition für die Gegenwart je neu fruchtbar machen möchten, oft auch seinen Preis hat. Es gibt Defizite, die es einzugestehen und die es nach Möglichkeit zu korrigieren oder zu überwinden gilt.

Auf einige dieser Schwachstellen sind täuferisch-mennonitische Gruppen und Einzelpersonen durch eigene Erfahrung und Reflexion gestoßen. Manch anderes ist ihnen aber erst durch den im 20. Jh. lokal, national und international intensivierten Dialog innerhalb der eigenen und namentlich auch mit anderen Kirchen bewusst geworden. Für einige geschah dies primär in freikirchlichen Dachverbänden, für andere im Rahmen von überkonfessionellen Arbeitsgemeinschaften Christlicher Kirchen.

Vor allem für die niederländischen und norddeutschen Mennoniten bildete dazu die ökumenische Bewegung eine wichtige Plattform: sie gehörten zu den Gründungsmitgliedern des Ökumenischen Rates der Kirchen (1948). Für die anderen bot die Weltweite Evangelische Allianz immer wieder Gelegenheit zum Austausch über die Grenzen der eigenen Denomination hinweg. Als wichtigste der offiziell geführten Diskurse seien etwa die zwischen Historischen Friedenskirchen und Volkskirchen geführten „Puidoux-Gespräche" in den 1950er und 1960er Jahren genannt, sowie die bilateralen Dialoge mit Reformierten (1975 ff.), Lutheranern (1981 ff.), Baptisten (1986 ff.) und Katholiken (1998 ff.).[9]

Im Hinblick auf solche bis in die Gegenwart täuferisch-mennonitischer Kirchen in Europa spürbaren Defizite seien nachfolgend einige der wichtigsten und augenfälligsten genannt:

(1) Das täuferische Pochen auf Freiwilligkeit des Glaubens hat bisweilen zu einer Überbetonung des menschlichen Beitrags geführt. Das Eigene „Ja" zu Gott ist wichtiger geworden als das „Ja" Gottes zum Menschen. Es hat vergessen lassen, dass vor aller menschlichen Ant-Wort das göttliche Wort steht.

(2) Der täuferische Mut zur Nicht-Anpassung erlag bisweilen der Tendenz zur Selbstgefälligkeit, zu notorischem Querulieren, zum Rückzug „aus der Welt" ins fromme Abseits. Aber auch eine Gegenbewegung lässt sich feststellen, wo Täufer ihres Anders-seins müde und überdrüssig geworden sind, endlich auch „so sein wollen wie alle andern auch" (vgl. 1Sam 8) und dabei in vorauslaufendem Gehorsam zu Vorzeigemodellen für Staat und Gesellschaft geworden sind bezüglich des Obrigkeitsgehorsams, bürgerlicher Moral und Pflichterfüllung sowie wirtschaftlichem Erfolg.

(3) Die täuferische Betonung der „Früchte der Buße" zeichnete sich bisweilen aus durch eine Tendenz zu elitärer Gesinnung, zu krankmachender Leistungsfrömmigkeit und unbarmherziger Gesetzlichkeit.

---

[9] Vgl. hierzu den Beitrag von Fernando Enns, Mennoniten in ökumenischen Beziehungen in diesem Band.

Vgl. Enns, Heilung der Erinnerungen.

Vgl. Bühler / Geiser / Gerber-Geiser / Heinzer / Jecker / Sallmann / Schweizer (Hg.), Christus ist unser Friede.

(4) Die hohen moralisch-ethischen Ansprüche der Täufer führten bisweilen zu einem Hang von Unwahrhaftigkeit und Heuchelei, und zu einem unheilvollen Vertuschen und Verschweigen von eigenem Versagen und Scheitern.
(5) Die täuferische Bereitschaft zum Leiden führte bisweilen zu pauschaler Bitterkeit bezüglich Obrigkeit und Gesellschaft und hallt da und dort nach in einem bis heute nachwirkenden „traumatisierten" Geist der Ängstlichkeit, der Verzagtheit und der Menschenfurcht.
(6) Die täuferische Betonung der Lokalgemeinde und des kompromisslosen Festhaltens an biblisch als wahr Erkanntem führte bisweilen zu einer Verengung des Blicks für die Katholizität der Kirche Jesu Christi, wo gemäß der Bitte Jesu (Joh 17) das Ringen um Wahrheit in seiner Kirche nicht ohne das Ringen um Einheit geschehen soll.

IV. Schluss: Licht und Schatten

Licht und Schatten kennzeichnen Geschichte und Gegenwart auch der täuferisch-mennonitischen Kirchen in Europa. Etliche ihrer oben genannten, im Rahmen einer langen Geschichte gewonnenen Akzentsetzungen bleiben bis ins 21. Jh. aktuell und brisant. Das hat dazu geführt, dass täuferisch-mennonitische Kreise in Europa in den letzten Jahren bisweilen zu gefragten Gesprächspartnern anderer Kirchen, aber auch säkularer Institutionen geworden sind – etwa im Zusammenhang mit der Friedens- und Gewaltthematik, mit der Frage des Verhältnisses von Mehrheiten und Minderheiten oder mit der Frage der Freiwilligkeit von Glaubensbekenntnis und Kirchenmitgliedschaft. Erinnert sei in diesem Zusammenhang etwa an die zentrale Rolle mennonitischer Einzelpersonen bei Planung und Durchführung der weltweiten „Ökumenischen Dekade zur Überwindung von Gewalt (2001–2010)" oder an das von nicht-mennonitischen Kreisen initiierte „Täuferjahr 2007" in der Schweiz, welches auf vielfältige Art und Weise breiten Bevölkerungskreisen Geschichte und Gegenwart des einheimischen Täufertums vorstellte.[10] Immer wieder haben dabei täuferisch-mennonitische Kirchen eine mediale Aufmerksamkeit und Beachtung gefunden, die im Ver-

---

[10] Vgl. Enns, Ökumene und Frieden.

gleich zu ihrer kleinen Mitgliederzahl beachtlich ist. Dabei wird allerdings manchmal übersehen, dass von dem, was da an Eindrücklichem in der eigenen Geschichte zelebriert und für eine bessere Zukunft in Kirche und Welt ersehnt wird, in den heutigen Gemeinden nicht immer erlebt wird. Bisweilen ist es auch so, dass ursprünglich „täuferische Postulate" mittlerweile von anderen Kirchen und Gruppierungen konsequenter und glaubwürdiger gelebt werden als von heutigen täuferisch-mennonitischen Gemeinden. Anderseits ist ebenso klar, dass manche aus der „täuferischen Tradition" inspirierten Akzentsetzungen, sowohl innerhalb täuferisch-mennonitischer Kirchen als auch außerhalb, durchaus nicht nur auf Beifall stoßen, sondern umstritten geblieben sind.

Insofern sich auch die täuferisch-mennonitischen Kirchen in Europa eingestehen, dass jede eigene Erkenntnis „Stückwerk" bleibt, so könnte sie diese Einsicht – nach innen wie auch im Dialog mit anderen Kirchen – befreien, die Andersartigkeit der anderen nicht als Bedrohung, sondern als hilfreiche Ergänzung zu sehen. Es könnte sie frei machen, diese Andersartigkeit als Einladung sowohl zum Dialog als auch zum Überdenken eigener Positionen dankbar anzunehmen, sodass daraus ein glaubwürdigeres und hoffentlich auch ein gemeinsames Christuszeugnis erwachsen kann.

Literatur

Bender, Harold S., The Anabaptist Vision, Scottdale, PA, 1944.
Bühler, Philip / Geiser, Ernest / Gerber-Geiser, Nelly / Heinzer, Ruedi / Jecker, Hanspeter / Sallmann, Martin / Schweizer, Esther (Hg.), Christus ist unser Friede. Schweizer Dialog zwischen Mennoniten und Reformierten 2006–2009, Bern 2009.
Dueck, Abe J. (ed.), The Mennonite Brethren Church Around the World. Celebrating 150 Years, Kitchener, ON, 2010 (darin v. a. der Abschnitt über Europa, 185–262).
Enns, Fernando (Hg.), Heilung der Erinnerungen – befreit zur gemeinsamen Zukunft: Mennoniten im Dialog. Berichte und Texte ökumenischer Gespräche auf nationaler und internationaler Ebene, Frankfurt a. M. 2008.
Enns, Fernando, Ökumene und Frieden, Bewährungsfelder Ökumenischer Theologie. Neukirchen-Vluyn 2012.
Hoekema, Alle / Jecker, Hanspeter (Hg.), Glaube und Tradition in der Bewährungsprobe. Weltweite täuferisch-mennonitische Geschichte: Europa. Schwarzenfeld 2014.

Klassen, John N., Russlanddeutsche Freikirchen in der Bundesrepublik Deutschland. Grundlinien ihrer Geschichte, ihrer Entwicklung und Theologie, Nürnberg 2007.
Kraybill, Donald B., Concise Encyclopedia of Amish, Brethren, Hutterites and Mennonites, Baltimore 2010.
Mennonitische Weltkonferenz, https://mwc-cmm.org/en (für aktualisierte Daten und weiterführende Hinweise)
Mennonitischen Jahrbuch, hg. von der Arbeitsgemeinschaft Mennonitischer Gemeinden in Deutschland, Schwarzenfeld (verschiedene Jahrgänge).
Meyhuizen, Hendrik W., Die Mennoniten in Europa, in Goertz, Hans-Jürgen, Die Mennoniten (Die Kirchen der Welt, Bd. VIII), Stuttgart 1971, 159–183.
Ott, Bernhard, Missionarische Gemeinden werden: Der Weg der Evangelischen Täufergemeinden, Uster, Schweiz, 1996.

21. Die russlanddeutschen Mennoniten

Walter Sawatsky

I. Mennoniten im Europa des 18. und 19. Jahrhunderts

Im flämischen Gebiet, das heutige Grenzgebiet von Belgien und den Niederlanden, verbreitete sich das Täufertum im 16. Jh. am schnellsten und wurde auch am schärfsten verfolgt, so dass es dort heute kaum noch Anhänger des täuferischen Glaubens gibt. Dies ist auch für die Geschichte der russlanddeutschen Mennoniten insofern von besonderer Relevanz, da diejenigen, die die Verfolgungen überlebten, nordwärts nach Friesland flohen um – gemeinsam mit Friesen – nach religiöser Freiheit zu suchen. Zuflucht fanden sie zunächst an Nord- und Ostsee, insbesondere im polnischen Territorium entlang des Weichsel-Deltas. Mit den jeweiligen Lehnsherren handelten die Mennoniten aufgrund ihrer besonderen agrarwirtschaftlichen Fähigkeiten Minderheitsrechte aus und arbeiteten schließlich auch als Unternehmer und Handwerker in Danzig. Bis das Weichselgebiet ein Teil von Preußen wurde, erhielten die dort ansässigen Mennoniten regelmäßig Pastoralbesuche ihrer Glaubensbrüder aus den Niederlanden, hielten ihre Gottesdienste in der niederländischen Sprache ab und pflegten auch zu Hause flämische und friesische Dialekte. Die sprachliche Verbindung zum Niederländischen ging erst in den 1780er Jahren verloren, als Hochdeutsch zur Gottesdienst-Sprache wurde. Dennoch blieb der Dialekt das Identitätsmerkmal dieser tolerierten Minderheit. Noch immer verweigerten sie den Wehrdienst. Im Laufe des 19. Jh. passten sich die „preußischen Mennoniten", wie sie anschließend genannt wurden, allerdings mehr und mehr der deutschen Kultur und Gesellschaftsstruktur an. Ab Mitte des Jahrhunderts schlossen sie nach und nach auch den Militärdienst in das Verständnis ihrer bürgerlichen Pflichten mit ein.[1]

Während die preußischen Mennoniten um 1800 ca. 13.000 getaufte Mitglieder zählten, erreichten die niederländischen Mennoniten mit 65–70.000 Mitgliedern ihren Höchststand.

---

[1] Vgl. die tiefgehende und umfassen Studie von Jantzen, Mennonite German Soldiers.

Dies zeigte sich darin, dass sie bereits im Jahr 1811 Strukturen einer Religionsgemeinschaft (*Algemeene Doopsgezinde Sociëteit*) ausbildeten, indem sie ein Theologisches Seminar, eine Hilfsorganisation und nach 1849 auch eine Missionsgesellschaft und eine Zeitschrift unterhielten. Hinsichtlich ihrer kulturellen Präsenz, ihres Wohlstandes und ihrer institutionellen Strukturen, gilt das 17. und 18. Jh. als das „goldene Zeitalter" der niederländischen Mennoniten. Dagegen wuchs die Tradition der Schweizer Täufer nie über ein paar Tausend Mitglieder hinaus, von denen nur eine Handvoll in süddeutschen Fürstentümern oder dem Elsass überlebten. Es gab beständige Auswanderungswellen in die USA und nach Kanada, meist in kleineren Familieneinheiten und oft durch die mennonitische Hilfsorganisation in den Niederlanden, *Bijzondere Noden,* unterstützt. Diese Mennoniten schweizerischer Herkunft gründeten in Nordamerika Gemeinden. Manche ihrer Ansiedlungen mündeten schließlich in Gemeinde-Netzwerken (oder auch in bischöfliche Strukturen, wie z. B. in Lancaster County, Pennsylvania), die bereits im frühen 19. Jh. über gemeinsame Anliegen berieten. Allerdings wurde erst gegen Ende des 19. Jh. damit begonnen, regionale und nationale Delegiertenversammlungen zu etablieren, einige Zeitschriften in Umlauf zu bringen und schließlich, um 1900, auswärtige Missionsaktivitäten zu initiieren. Die Förderung kulturübergreifender Mission veränderte den Charakter und die Theologie nordamerikanischer Mennoniten im 20. Jh. tiefgreifend.

II. Russlanddeutsche Mennoniten
in transnationalen Beziehungen

Die zwei Jahrhunderte dauernde kulturelle und religiöse Isolation der europäischen Mennoniten in Nordamerika hätten vermutlich ihre Fortsetzung gefunden, wäre da nicht der Einfluss der russlanddeutschen Mennoniten gewesen. Zum einen wurde durch deren verzweifeltes Hilfesuchen während der sowjetischen Hungersnot von 1920–23 die Organisation eines gemeinschaftlichen Hilfswerkes, dem *Mennonite Central Committee* (MCC), ausgelöst, das durch globale Hilfsprogramme die mennonitische „Prägung" nachhaltig beeinflusste. Zum Zweiten waren es die russlanddeutschen Einwanderer der 1870er

Jahre, die In Nordamerika einen mennonitischen Zusammenschluss auf nationaler Ebene, die *General Conference of Mennonites,* gründeten, um dadurch Missionsarbeit, Bildung und Verlagswesen zu fördern und aktiver auf die kirchliche Institutionalisierung hinzuarbeiten. Dies galt insbesondere für die 22.000 russlanddeutschen Mennoniten, die zwischen 1923 und 1926 nach Kanada kamen, tief traumatisiert durch den Verlust ihrer Kolonien während der turbulenten Anfangszeit der entstehenden Sowjetherrschaft. Sie trugen maßgeblich zu Einfluss und Bekanntheit der nordamerikanischen Mennoniten in der globalen Mennonitenfamilie nach dem Zweiten Weltkrieg bei.

III. Die Anfänge der Mennoniten im russischen Zarenreich

Dieser Hintergrund dient als Kontrastgeschichte zur Auswanderungswelle der niederländischen bzw. preußischen Mennoniten ins russische Zarenreich. Diese begann im Jahr 1789 mit der Gründung der Kolonie *Chortitza* im Südosten der heutigen Ukraine und führte um 1802 zum Aufbau einer zweiten, der *Molochnaia* (Molotschna) Kolonie, 60 km von Chortitza entfernt. So wuchs hier eine religiöse Bevölkerung heran, die ihre eigene Verwaltung für die Landwirtschaft (und später auch für landwirtschaftlich gebundenen Handel), sowie Pastoren und (Bischofähnliche) „Älteste" für die Leitung ihrer Kirchengemeinden wählte. Um 1900 lehrten die russlanddeutschen Mennoniten in eigenen Schulen die russische Sprache, der Gottesdienst jedoch wurde weiterhin in Hochdeutsch abgehalten und die Umgangssprache blieb jenes *„Plautdietsch",* eine Mischung aus flämischen und friesischen Dialekten. Obwohl sie bald in vielerlei Weise in die sich modernisierende, zaristische Administration integriert worden waren, blieben ihre eigenen Verwaltungsstrukturen der Kolonien Ausdruck jener Bemühung, den Gottesdienst und das alltägliche Leben in enger Verschränkung miteinander als eine Glaubensgemeinschaft zu leben.

IV. Erste Auswanderungsinitiativen

Als Reaktion auf die zaristischen Reformen Anfang der 1870er Jahre, die erneut erweiterte Auflagen als Ersatz für den verweigerten Wehrdienst beinhalteten und damit verschiedene ausländischen Siedler im Zarenreich betrafen, wanderten rund 18.000 Mennoniten zwischen 1874 und 1878 aus und ließen sich in den kanadischen und amerikanischen Prärien nieder. In Kanada behielten sie ihre kolonialen Strukturen mit dem gemeinschaftlichen Besitz von Ländereien bei. Als die zunehmende „Kanadisierung" nicht nur das Leben in den Kolonien erschwerte, sondern auch die Schulen dazu zwang, ein nationales Curriculum anzunehmen, entschieden sich nicht wenige der zuvor eingewanderten russlanddeutschen Mennoniten zu einer erneuten Auswanderung. Einige von ihnen gründeten in Nordmexiko neue Kolonien, andere zogen bis nach Paraguay. In beiden Ländern (und weiteren lateinamerikanischen Ländern) existieren bis heute Kolonien mit russlanddeutschem Hintergrund – einige von ihnen sehr isoliert von ihrer sozialen Umgebung, andere recht modern und fortschrittlich hinsichtlich Bildungswesen, Missionsarbeit und Diakonie. Letztgenannte Gruppen nahmen die spanische Sprache an (in Brasilien Portugiesisch), blieben innerhalb der kolonialen Gemeinschaft allerdings bei den niederdeutschen Dialekten. Die Gottesdienste sind heute oft zweisprachig.

V. Entfaltung der Selbstbestimmung

Die Mehrheit der russlanddeutschen Mennoniten zog es in den 1870ern allerdings vor, in Russland zu bleiben, wo sie aushandelten, anstelle des Wehrdienstes einen selbst finanzierten und selbst organisierten Dienst in der Forstarbeit zu leisten. Bedingt durch die eher langsame Entwicklung der zaristischen Infrastruktur, kombiniert mit dem explosionsartigen Wachstum und den zahlreichen Neugründungen mennonitischer Kolonien entlang der sibirischen und der zentralasiatischen Grenze, bauten die Mennoniten dort oftmals ihre eigenen Schulen, bis diese später verstaatlicht wurden. Mit rund 120.000 getauften Mitgliedern um 1900, von denen gut die Hälfte bereits seit den 1880er Jahren in Ostrussland, Sibirien, Usbekistan und Kirgistan lebten, waren die russlanddeutschen Mennoniten die stärkste und am besten organisierte mennonitische Gruppe weltweit. Die holländischen Mennoniten, die 1851 ein Missionswerk in Indonesien eröffneten, erhielten bald den Großteil ihrer Missionare (und nebenbei auch beachtliche finanzielle Unterstützung) von den russlanddeutschen Mennoniten.² Heinrich Dirks zum Beispiel, der eine Dekade lang als Missionar in Indien tätig war, musste aus gesundheitlichen Gründen zurückkehren und wurde bald, im letzten Drittel des 19. Jh., nicht nur zu einem überaus aktiven Verfechter der Mission, sondern auch zu einem geachteten Ältesten und zu einem exzellenten Prediger und Poeten.³ Die Kolonien der russlanddeutschen Mennoniten unterhielten nicht nur Schulen und Ausbildungsstätten für Lehrer, sie errichteten darüber hinaus auch Krankenhäuser, Waisenhäuser, Diakonissenanstalten und Blindenschulen. Außerdem waren sie in vielen der neueren Kolonien höchst aktiv, betreiben Getreidemühlen und stellten landwirtschaftliche Geräte her.

VI. Erzwungene Entkirchlichung

Die russlanddeutschen Mennoniten hatten Interesse daran, einen mennonitischen Weltkongress zu gründen, um für eine bessere Verbindung zwischen den zunehmend verstreuten Gemeinden zu sorgen. Sie schickten einen ihrer am besten ausgebildeten Pastoren, um an der ersten Mennonitischen Weltkonferenz teilzunehmen, die 1925 in der Nähe von Basel abgehalten wurde. Doch es stellte sich heraus, dass es Jacob Rempel nicht nur nicht gestattet war, die Schweiz zu betreten, sondern auch, dass er viele Jahrzehnte gefangen im Exil verbringen musste, bevor er einen Märtyrertod starb. Er kehrte niemals zurück.

Man könnte sagen, dass die russlanddeutschen Mennoniten als Gesamtheit in den 1930ern praktisch einen institutionellen Tod starben. Alle Kirchen wurden geschlossen und die Prediger und Lehrer waren gemeinhin die ersten, die in Gulags deportiert wurden, wenn sie nicht am Ende eines hastig eingerichteten Troika-Prozesses standrechtlich erschossen wurden.⁴ Viele Historiker neigen dazu, die „Überreste" der Geschichte der russlanddeutschen Mennoniten fortan nach Nord- und Südamerika zu

---

² Weitere Informationen zu russlanddeutscher, mennonitischer Mission vgl. Kasdorf, Flammen unauslöschlich.
³ Vgl. Heidebrecht, Unmögliches wagen!.
⁴ Eine umfassende Bestandsaufnahme unter Einbeziehung der Geschichte der russlanddeutschen Mennoniten , die auch ins Russische übersetzt wurde, um sie in Russland lebenden Mennoniten zugänglich zu machen, bietet Sawatsky, Soviet Evangelicals.

verlagern, wo jene, die entkommen konnten, mit gefestigten Glaubensüberzeugungen ein neues Leben begannen.[5] Doch diese „Immigranten" der 1920er Jahre oder auch die Flüchtlinge nach dem Zweiten Weltkrieg, die insgesamt vielleicht 33–35.000 Personen zählten, machten nicht die Mehrheit der russlanddeutschen Mennoniten aus. Trotz dieser Geflohenen und weiteren Zehntausenden, die während der stalinistischen Reinigungen umkamen oder den Gulag nicht überlebten oder zu Zwangsarbeit verurteilt wurden, blieb die Gemeinschaft der russlanddeutschen Mennoniten mit schätzungsweise 100.000 Personen eine relativ stabile Größe in der Sowjetunion. Dies wurde erst vollständig deutlich, als 1955 gegenseitige Kontakte nach dem allmählichen Ende der *Spetskommandatura* (den Deportations-Siedlungen für Menschen deutscher Herkunft oder jener, die als solche erachtet wurden) wieder möglich wurden.

VII. Prüfungen mennonitischer Glaubensüberzeugungen

Für die in der Sowjetunion verbliebenen Mennoniten waren die Jahre von 1925 bis 1985 ihre bis dahin härteste Prüfungszeit. Jene, die Mitte der 1920er Jahre nach Kanada gekommen waren, gaben eine deutschsprachige, zweibändige Sammlung mennonitischer Märtyrer heraus, die zumindest oberflächlich die Herausforderungen und das Leid dieser Jahre widerspiegelt.[6] Diese Geschichten vermitteln einige Ambiguitäten, die diese Glaubensprüfungen umgaben. In einer aktuellen, fünfbändigen Ausgabe über die weltweite Geschichte der Mennoniten wurde der Band über Mennoniten in Europa mit „Glaube und Tradition in der Bewährungsprobe" betitelt.[7] Darin beginnt die „Prüfung" in den frühen Jahren der Täuferbewegung, in denen einige Fürstentümer und sogar das Heilige Römische Reich die Täufer zu illegalen und häretischen Sektierern erklärten. Doch die „Prüfung"

---

[5] Vgl. Toews, Czars, Soviets & Mennonites; Friesen, In Defense of Privilege; Urry, Mennonites, Politics, and Peoplehood.

[6] Vgl. Toews, Mennonitische Märtyrer. Es gibt eine wachsende Erinnerungsliteratur insbesondere im Deutschen und Russischen, eine exzellente Auswahl bietet Hildebrandt / Klassen / Wölk, Aber wo sollen wir hin?

[7] Vgl. Hoekema / Jecker, Glaube und Tradition. Das Kapitel zu Russland von John N. Klassen basiert weitgehend auf seiner umfangreichen Dissertation: Klassen, Russlanddeutsche Freikirchen.

bezieht sich auch auf die vielfältigen Wege, auf denen es den Mennonitengemeinden als religiöser Minderheit gelang, in der Schweiz, in Frankreich, Deutschland und den Niederlanden (um gegenwärtige Staatsbezeichnungen zu benutzen) zu überleben. Bestenfalls wurden Mennonitengemeinden in Europa toleriert, doch niemals kamen sie zu größerem Einfluss, obwohl die niederländischen Gemeinden während ihres „Goldenen Zeitalters" einflussreiche und weithin respektierte wirtschaftliche und kulturelle Führungspersonen hervorbrachten, ökumenisch im Pietismus engagiert und allem weiteren, was sich daraus ergab. Ein besonderer Aspekt solcher „Bewährung" war gemeinhin das Thema der tödlichen Gewalt: Die frühe täuferische Überzeugung, die Gefährdung von Menschenleben unbedingt zu vermeiden und stattdessen lieber die andere Wange hinzuhalten, gewaltbedingtes Leiden in Kauf zu nehmen und bewaffneten militärischen Dienst zu verweigern. Durch den Aufstieg nationalistischen Gedankenguts wurde diese Haltung bei den Mennoniten als einer transnationalen Glaubensgemeinschaft hart auf die Probe gestellt, insbesondere in zwei Weltkriegen, als der pazifistische Ansatz weitestgehend aufgegeben wurde.[8] Die 70 Jahre nach dem Zweiten Weltkrieg waren für viele europäische Mennoniten eine Zeit, in der sie neu lernten, dass Liebe und Gewaltfreiheit grundlegend zum Evangelium gehören. Ein Ergebnis zeigte sich schließlich darin, dass die Mennoniten Fernando Enns (Deutschland) und Hansulrich Gerber (Schweiz) die ökumenischen Bemühungen um die ökumenische *Dekade zur Überwindung von Gewalt* (2001–2010) des Weltkirchenrates vorantrieben und einen *Ökumenischen Aufruf zum Gerechten Frieden* (2011)[9] mit erarbeiteten, die den Abschluss dieser Dekade bilden sollte.

VIII. Zwischen Widerstand und Loyalität

Die russlanddeutschen Mennoniten verstanden sich selbst immer als Teil des „Europäischen Hauses", um sich einer Metapher des ehemaligen sowjetischen Präsidenten Gorbatschow zu bedienen. Doch die Entwicklungen während des 20. Jh. führten zu weiteren „Prüfungen". Während der 1920er Jahre

---

[8] Vgl. Dyck, MCC and the Iron Curtain.
[9] Ökumenischer Rat der Kirchen, Ein ökumenischer Aufruf.

bekannten sich die meisten freikirchlichen Bewegungen im slawischen Raum (Baptisten, Evangelikale, Pfingstler, Adventisten und Molokanen) zu einer pazifistischen Haltung, nachdem ihnen – nach jahrelanger Dominanz der Orthodoxen Kirche – ein legaler Status zuerkannt wurde. Die neuen Sowjet-Führer verlangten nun jedoch von diesen Religionsgemeinschaften eine Loyalitätserklärung und bestanden darauf, dass sie sich von ihrer pazifistischen Einstellung distanzierten. Der Widerstand innerhalb dieser Religionsgemeinschaften war zwar stark, doch wurden sie alle gezwungen, bei nationalen Kongressen oder Konferenzen ihre Loyalität zum Regime zu bekunden. Und obwohl ein früheres Dekret der Sowjetunion Kriegsdienstverweigerung zugelassen und einen nicht-kombattanten Dienst eingerichtet hatte, wurde der Druck, der Roten Armee beizutreten, bald immens hoch. Viele Kriegsdienstverweigerer wurden erschossen oder inhaftiert. Die Mennoniten arbeiteten, gemeinsam mit einem gemischt besetzten Ausschuss religiöser Repräsentanten, sehr engagiert daran, die Rechte und den Status der Kriegsdienstverweigerer zu verbessern.[10] Als 1925 ein intermennonitisches Komitee zusammenkam, stimmten die Delegierten einem Acht-Punkte-Appell für Religionsfreiheit zu, in dem auch das Recht den Kriegsdienst zu verweigern enthalten war. Danach wurde kein weiterer Mennonitenkongress mehr zugelassen und die Versammlung von 1925 wurde bekannt als die „Konferenz der Märtyrer", da die Mehrzahl der Teilnehmenden bald danach entweder ins Ausland fliehen musste, oder aber in Gefängnissen und Gulags verschwand. – Die Mennoniten blieben in der Sowjetunion bis zu ihrer Auflösung 1991 eine illegale Religionsgemeinschaft.

Die „Bewährungsprobe" hatte allerdings auch andere Seiten. Zum Beispiel gründete eine Gruppe junger Männer während einer Mennonitenkonferenz im Jahr 1919, als die Fronten des russischen Bürgerkrieges sich quer durch die ukrainischen Kolonien der Mennoniten vor und zurück verschoben, einen bewaffneten Selbstverteidigungsbund, der immerhin 18 Monate lang Bestand haben sollte. Viele der jungen Männer hatten in der vorangegangenen Dekade bereits Erfahrungen als bewaffnete

---

[10] Zu Einzelheiten unter Einbeziehung von staatlichem Archivmaterial vgl. Sawatsky, Pacifist Protestants.

Wächter für wohlhabende mennonitische Großgrundbesitzer gesammelt. Doch es stellte sich heraus, dass diese Miliz ineffektiv war, da sie durch Gefechte sowohl mit der Roten als auch mit der Weißen Armee stark geschwächt wurde. Bei einer späteren Versammlung von Kirchenführern erklärten Vertreter dieser „Schutztruppe", sie hätten falsch gehandelt. Sie kehrten bewusst wieder zu jener Haltung zurück, vom Gebrauch tödlicher Gewalt ganz abzusehen. In den folgenden sechs Dekaden wurde dieser Fall von mennonitischer Selbstverteidigung von den Sowjets für antimennonitische Propaganda benutzt, in der die Mennoniten als Heuchler dargestellt wurden.

IX. Isolation und Öffnung

Als sich das kirchliche Leben nach Ende des Zweiten Weltkrieges auch in Russland *de facto* wieder zu etablieren begann, verbanden sich die Mennoniten, die nun über die gesamte Sowjetunion zerstreut waren (außer in der Ukraine, aus der sie vollständig ausgelöscht wurden) mit Gläubigen aus unterschiedlichen Traditionen. Einige dieser neuen Gemeinden sicherten sich einen legalen Rechtsstatus, indem sie dem „Allunionsrat" der *Evangeliums-Christen-Baptisten* (ECB), beitraten, einem Gesamtverbund frei-evangelischer Christen, Baptisten, Pfingstlern und Mennoniten.

Nach 1955 wurden die russlanddeutschen Mennoniten für den Militärdienst eingezogen und in der Regel dienten die Männer im wehrpflichtigen Alter in der Sowjetarmee. Da viele Aufgabenbereiche in der Armee nicht zwangsläufig den tödlichen Waffengebrauch beinhalteten, wie z. B. Arbeits-Bataillone oder polizeiliche Funktionen, konnten Christen aus den evangelischen Freikirchen (einschließlich der Mennoniten) ihr Gesicht wahren, da sie auf keine Mitmenschen schießen mussten. Eine weitaus härtere Prüfung war es für Mennoniten, als sie in den Kampfeinsatz nach Afghanistan geschickt wurden und Zeuge der dort begangenen Gräueltaten wurden. Es gab Fälle von jungen Mennoniten, die ihren Glauben verloren oder für das Verweigern des Schusswaffengebrauchs hart bestraft wurden. Ein organisiertes Bündnis von *Evangeliums-Christen-Baptisten* (ein illegales Konzil der offiziellen ECB-Kirchen), in dem insbesondere Menschen aus mennonitischem Hintergrund oder mit Verbindungen zu Mennoniten herausragende Positionen einnahmen, begann damit, das Schwören des militärischen Eides aufgrund der darin enthaltenen atheistischen Beteuerungen zu verweigern und wurden deshalb zu Haftstrafen verurteilt.

Eine weitere, mehrdeutige „Prüfung" der russlanddeutschen Mennoniten ist bis heute nur wenig in der globalen mennonitischen Gemeinschaft öffentlich reflektiert worden. In ihrer eigenen Erzählung der Geschichte entwickelten die russlanddeutschen Mennoniten eine Haltung profunder Loyalität zur eigenen Gemeinde, eine Art sektiererischer Isolation, die einer separatistischen Mentalität sehr ähnlich ist, wie sie im 18. und 19. Jahrhundert in Nordamerika bestand. Doch ist sie davon auch zu unterscheiden, da mit ihr oft eine kulturelle Arroganz gegenüber den benachbarten slawischen Bauernfamilien verbunden war. Gemeinschaften erodierten, wenn Gemeindemitglieder, teilweise ganze Familien, sich anderen Glaubensgemeinschaften anschlossen oder ihren Glauben schlicht nicht mehr praktizierten. Sowohl in Nordamerika als auch in Russland neigte die mennonitische Historiographie dazu, diese Entwicklungen aus ihrer Geschichte zu streichen. Doch auch hierin liegt ein Aspekt der Bewährung, das sich nur schwer artikulieren lässt, weil es mit spiritueller Erneuerung zu tun hat und mit einem vom Heiligen Geist geleiteten Streben nach christlicher Einheit.

X. Der Einfluss geistlicher Erweckungsbewegungen im 19. Jahrhundert

Im 19. Jh. erlebten die russlanddeutschen Mennoniten mindestens vier große geistliche Erneuerungsbewegungen; die erste ungefähr 1812, als einige Neueinwanderer die mennonitische Gemeinschaft zu ethischer Treue aufriefen, indem sie entsprechende Texte von Menno Simons zitierten. Dies hatte zur Folge, dass sich eine separate religiöse Gruppierung, die „Kleine Gemeinde", etablierte. Eine weitere täuferisch-pietistische Erneuerung im Jahr 1860 resultierte in der Spaltung zwischen *Mennoniten-Brüder* und die abwertend als „kirchliche" Mennoniten bezeichnete Gemeinde, ähnlich der Brüderbewegung in der evangelischen Kirche in Deutschland. Der Hauptstreitpunkt lag anschließend darin, dass der Landbesitz in der Kolonie an die (durch Erwachsenentaufe vollzogene) Mitgliedschaft in der Kirche gebunden war und die Leitenden der „Kirchlichen" die „Brüder" zunächst aus den Kolonien vertrieben. Schließlich musste der Staat 1862 intervenieren, damit „Brüder" und „Kirchliche" gleichermaßen in der Kolonie bleiben konnten. Die zwei anderen Erneuerungsbewegungen waren die Templerbewegung und der „Große Treck nach Zentralasien", die auf zwei Varianten apokalyptisch-chiliastischer bzw. eschatologischer Erwartung gründeten. Die erste führte zu einer Migrationswelle nach Palästina, die andere war eher ein Misserfolg. Eine kleine Gruppe siedelte eine Zeit lang in Kirgistan, außerhalb einer organisierten staatlichen Struktur, wo – wie sie hofften – kein Zwang zum Militärdienst über sie verhängt werden könnte. Doch das expandierende russische Reich hatte sie bald schon wieder eingeholt. Eine fünfte, kleinere Erneuerungsbewegung wurde als *Allianz-Bewegung* bekannt. Diese wollte die mennonitischen Glaubensgemeinschaften wieder einen, wurde dann aber zu einer weiteren, separaten mennonitischen Denomination in den USA und Südamerika.

In der Geschichtsschreibung der *Mennoniten-Brüder* wurde davon gesprochen, dass die „alten" Mennoniten der Apostasie verfallen seien und sie selbst, die „neuen" Mennoniten, einen lebendigen Glauben hätten und dazu berufen seien, Zeugnis zu geben und anderen zu dienen. Dabei wurde allerdings die ekklesiologische Anpassung übersehen, die diese Bewegung durchlief, ein theologischer Paradigmenwechsel, denn die *Mennoniten-Brüder* bezogen das kirchliche Leben nun explizit auf seine religiösen Dimensionen und auf die Zugehörigkeit zu einer eher kulturell bestimmten Volksgruppe, die in einer kolonialen Kommunität zusammen lebt. In den 1890er Jahren gingen schließlich die gegenseitigen Antipathien zurück und eine gesamt-mennonitische Konferenz von Repräsentanten aus Russland, der Ukraine und Sibirien traf gemeinsame Entscheidungen, insbesondere in Bezug auf die Beziehungen zu den Autoritäten des Zaren- und späteren Sowjet-Staates. Außerdem wurden die „Kirchlichen" zu diesem Zeitpunkt zum Hauptträger der Missionsarbeit, sowohl gemeinsam mit den Niederländern in Indonesien, als auch bei sibirischen Stammesgruppen in Zentralasien. Die „Brüder" hingegen assoziierten sich mit den immer häufiger auftretenden slawischen (protestantischen) Freikirchen. Wichtiger jedoch war, dass Mennoniten an vielen Orten in der Gegend um Omsk, in Sibirien, der Wolga-Region und dem Kaukasus mit Baptisten und frei-evangelischen Christ:innen während der „goldenen Jahre" (1917–1929) zusammenarbeiteten, um Evangelisten zu unterstützen, landwirtschaftliche und urbane Kommunen zu organisieren und mithilfe des *Raduga Verlags* Bibeln und Gesangbücher herauszugeben. Außerdem arbeiteten sie während der sowjetischen Hungersnot mit Mennoniten aus den Niederlanden, Deutschland, Kanada und den USA zusammen.

XI. Aufleben des geistlichen Lebens

Nach der Wiederbelebung der Glaubenspraxis nach dem Zweiten Weltkrieg feierten die weit verstreuten mennonitischen Gruppen zusammen mit den Evangeliums-Christen-Baptisten (ECB) Gottesdienste und teilten sich die Versammlungshäuser – manchmal legal, öfter aber unerlaubt. Das mennonitische Engagement in der (zunächst nur einen) ECB-Union war überproportional, denn mit einer anderen kleinen Gruppe russisch-deutscher Baptisten hatten sie den größten Schatz an Erinnerungen an Kirchenorganisation, theologischer Praxis und Bibelstudium. Im Laufe der folgenden Jahrzehnte gewannen die slawischen (protestantischen) Freikirchen an theologischer Bildung und russischsprachigen Publikationen und wurden dann teilweise Lehrer einiger isoliert lebender Mennonitengemeinden, die nach Leitung fragten. Als allerdings die Kampagne Chruschtschows zur Ausmerzung jeglicher religiöser Praxis um 1959 begann, nun noch größere Anpassung und Kontrolle der Kirchenleitungen durch die sowjetische Regierung erzwingend, organisierte eine Widerstandsbewegung schnell ihre eigene ECB-Vereinigung. Auch hier waren Mennoniten überproportional vertreten, und weitere Mennoniten traten der registrierten ECB-Union förmlich bei, um mehr Freiheit zur Ausübung ihrer Glaubenspraxis zu erhalten. Aufgrund des organisierten Widerstandes änderte die staatliche Führung ihre Strategie. Nun erhielten auch lokale Gemeinden der Mennoniten und der Mennoniten-Brüder die Erlaubnis, sich legal zu registrieren. Aus diesem Strudel von Ereignissen, in denen Mitglieder beider Kirchenvereinigungen unter dem Druck der vorangegangenen Verfolgungen und der konstanten Bedrohung bis in die 1980er Jahre eindrückliche Glaubenszeugnisse gaben, entstand eine russisch-mennonitische, theologische post-Gulag Mentalität. Neben der starken Betonung der Christologie und einer hohen Erwartung einer Nachfolge-Ethik und Gemeindedisziplin behauptete sich der Wunsch, das Evangelium durch Ausweitung der Mission zu teilen, auch wenn dies regelmäßig zu Geldstrafen oder zur Inhaftierung von Gemeindeleitern führte. Der Weg der Liebe und Gewaltlosigkeit behauptete sich erneut.[11]

XII. Erscheinungsbild in Deutschland nach 1990

Zwischen 1987 und 1993 verließen praktisch alle, die sich jetzt noch als Mennoniten und Mennoniten-Brüder identifizierten, die Sowjetunion, um sich in Deutschland niederzulassen. Mit über 100.000 Personen war das die größte mennonitische Auswanderung, die es jemals gegeben hat. Welchen Einfluss hatten diese „geprüften" Gläubigen auf jenen Kontext, den sie hinter sich ließen, und wie sollten sie nun die neue, moderne deutsche Gesellschaft beeinflussen? Ihr Einfluss war gut und wichtig, auch wenn das nur allmählich wahrgenommen wurde und die Anomalien immer noch im Vordergrund zu stehen scheinen. Seit 1989 sind die russlanddeutschen Freikirchen in Deutschland bestens organisierte und konstante Partner für die Erneuerung eines evangelischen Glaubens und Zeugnisses in der ehemaligen Sowjetunion. Ihre Missionsorganisationen unterstützen Pastoren und andere Aktivitäten, ihre Jugendlichen reisten regelmäßig für missionarische Sommercamps und Zeltlager zurück in die alte Heimat, und ihre neu ausgebildeten Leitungspersonen unterstützten die Gründung und Formierung von theologischen Universitäten und Seminaren. Ganz Allgemeinen gab es eine Überflutung von ähnlichen Betätigungen aus dem Westen, aber der Beitrag der russlanddeutschen Mennoniten (jetzt aus Deutschland) erwies sich als kontextuell besser abgestimmt und theologisch kompatibler als die Bemühungen der Baptisten aus dem Westen.

Allerdings gibt es derzeit über 500 Gemeinden mit mindestens 100.000 Mitgliedern (und etwa 500.00 Angehörigen) in Deutschland,[12] die sich verschiedentlich *Mennoniten, Mennoni-*

---

[11] Vgl. Sawatsky, Historical Roots.
[12] Vgl. Löwen, Russlanddeutsche Christen in Deutschland, 18 f.; siehe auch, Art. „Deutschland (mennonitische Gemeinden und Organisationen)".

ten-Brüder, Brüder, Baptisten, Evangeliumschristen, Frei-Evangelisch u. a. nennen, erkennbar russlanddeutsch-mennonitisch in Abstammung und Charakter sind, die sich aber nicht den etablierten mennonitischen Konferenzen in Deutschland und Europa anschlossen. Die Mehrheit lehnt es weiterhin ab, der *Mennonitischen Weltkonferenz* beizutreten, weil diese zu „ökumenisch" ausgerichtet sei. Gleichzeitig sind diese Mennoniten in ihrer pazifistischen Tradition, alternativen christlichen Hilfsdiensten und ihrer Mission stark engagiert und weiten sich nicht nur in post-sowjetischen Gegenden aus, sondern auch in Afrika und Lateinamerika. Die 500 Gemeinden variieren in der Teilnehmerzahl ihrer Gottesdienste zwischen 50 und 3.000 Gläubigen und zeigen somit eine Kirchenpraxis, die generell recht unüblich in Deutschland ist – einschließlich der etableren Mennonitengemeinden. Es gibt mindestens zwanzig Gemeinden-übergreifende „Vereinigungen" oder „Gemeinschaften", aber das tiefe Misstrauen in zentralisierte Kirchenstrukturen, die ihnen in der Sowjet-Zeit aufgezwungen wurden, führen zu einer anhaltenden strukturellen Unordnung. Ähnlich ist ihr Misstrauen gegenüber der Ökumene, immer noch beeinflusst von der Art, wie die Sowjetregierung internationale ökumenische Veranstaltungen zu Propagandazwecken missbrauchte. Die tief verwurzelte „Allianz"-Tradition, die sie in Russland zwischen 1890 und 1990 erlernten, hat bis heute noch nicht zu ernsthaften kooperativen Anstrengungen für ein gemeinsames Zeugnis mit anderen Mennoniten oder weiteren Christ:innen in einem westeuropäischen Kontext geführt, in dem die Säkularisierung allgegenwärtig – wenn auch weniger anti-christlich – ist und bereits die Glaubenstreue russlanddeutscher Mennoniten annagt, die sich der deutschen Gesellschaft anpassen.

Die dynamische Geschichte der russlanddeutschen Mennoniten ist noch nicht zu ende, sondern wird Bild der Mennoniten in Europa vermutlich – wie zuvor in den beiden Amerikas – nachhaltig beeinflussen und wohl auch zunehmend mit der weltweiten mennonitischen Gemeinschaft interagieren lassen.

Addenda

Die schwere Prüfungszeit führte am Ende nicht zu einem totalen Zusammenbruch der russlanddeutschen Mennoniten. Während des Krieges gegen alle Religion wurde der Druck allmählich geringer, aber es gab auch eine große Anzahl von Menschen, die ihren Glauben hinter sich ließen, wie in den anderen Kirchen auch. Sie versuchten, sich der Gesellschaft anzupassen. Gründe gab es mehrere, wie die Sicherung einer Arbeitsstelle (die des öfteren eine Mitgliedschaft in der Partei voraussetzte), um Chef in einem Kollektiv bleiben zu können, oder auch, um andere zu beschützen. Viele versuchten, die „bolschewistische Sprache" zu lernen. Während der Kriegszeit und auch noch 10 Jahre später war eine Generation im Gulag herangewachsen, die keinerlei Schulbildung genossen hatte.

Als die nationalsozialistische Armee in Russland einmarschierte, wurden einige gezwungen, diesen Deutschen als Mitarbeiter zu dienen, insbesondere als Dolmetscher. Als die Deutschen sich dann später wieder zurückzogen, folgten Tausende Russlanddeutsche als Flüchtlinge, meist Frauen und Kinder, da die Männer in Gefangenschaft geraten oder erschossen worden waren. Einige tausend wurden dann an der Grenze von den Sowjets abgewiesen und wieder zurück geschickt, selten in ihre angestammte Heimat, eher nach Sibirien oder andere Gebiete im Osten.

Als 2021 eine jüngere Generation von Mennoniten in Nordamerika (vornehmlich jene mit „schweizer" Hintergrund, die wenig Kenntnis über die Russlanddeutschen besaßen) aus verschiedenen Quellen hörten, dass russlanddeutsche Mennoniten auch „Gehilfen des Holocaust" gewesen sein sollten, und auch im MCC Antisemitismen festzustellen seien, wurde geforscht: Konferenzen wurden veranstaltet, MCC Akten studiert, Artikel erschienen. Erwiesen ist wohl, dass sich eine geringe Anzahl (ca. 10–20 Personen) mitschuldig gemacht haben. Zeitzeugen hatten lange geschwiegen, aber nun gab es endlich auch einen direkten Austausch zwischen Juden und Mennoniten.[13]

Literatur

„Deutschland (mennonitische Gemeinden und Organisationen)", in MennLex V, http://www.mennlex.de/doku.php?id=loc:deutschland&s[]=russlanddeutsch [01.02.2024].

---

[13] Vgl. Friesen, Mennonites in the Russian Empire; Jantzen/Thiessen, European Mennonites.

Dyck, Johannes, MCC and the Iron Curtain: Serving the Mennonite Family in the USSR after the Second World War, in Journal of Mennonite Studies, 40, Nr. 2, 2022, 57–72.

Friesen, Abraham, In Defense of Privilege: Russian Mennonites and the State before and During World War I, Winnipeg, MB, 2006.

Friesen, Leonard G., Mennonites in the Russian Empire and the Soviet Union, Through Much Tribulation, Toronto, ON, 2022.

Heidebrecht, Hermann, Unmögliches wagen! Heinrich Dirks (1842–1915), Missionar auf Sumatra, Lüdenscheid 2019.

Hildebrandt, Julia / Klassen, Heinrich / Wölk Gerhard (Hg.), Aber wo sollen wir hin? Briefe von Russlandmennoniten aus den Jahren ihrer Gefangenschaft, Verbannung, und Lagerhaft in der Sowjetunion, Frankenthal 1998.

Hoekema, Alle / Jecker, Hanspeter (Hg.), Glaube und Tradition in der Bewährungsprobe. Weltweite täuferisch-mennonitische Geschichte: Europa. Schwarzenfeld 2014.

Jantzen, Mark, Mennonite German Soldiers: Nation, Religion and Family in the Prussian East, 1772–1880, Notre Dame, IN, 2010.

Jantzen, Mark / Thiessen, John D. (ed.), European Mennonites and the Holocaust, Toronto, ON, 2020.

Kasdorf, Hans, Flammen unauslöschlich: Mission der Mennoniten unter Zaren und Sowjets 1789–1989. Bielefeld 1991.

Klassen, John N., Russlanddeutsche Freikirchen in der Bundesrepublik: Grundlinien ihrer Geschichte, ihrer Entwicklung und Theologie, Nürnberg 2007.

Löwen, Heinrich, Russlanddeutsche Christen in Deutschland. Das religiöse Erscheinungsbild russlanddeutscher Freikirchen in Deutschland, Hamburg 2014.

Ökumenischer Rat der Kirchen (ÖRK), „Ein ökumenischer Aufruf zum gerechten Frieden", Begleitdokument, Genf 2011, https://www.evangelische-friedensarbeit.de/system/files?file=media/document/2022/ork-2011-ein-okumenischer-aufruf-zum-gerechten-frieden [01.02.2024].

Sawatsky, Walter, Historical Roots of a Post-Gulag Theology for Russian Mennonites, in Mennonite Quarterly Review 86 / 2, 2002, 149–180.

–, Pacifist Protestants in Soviet Russia between the Wars, in Pavlova, Tatiana (ed.), Dolgii Put' rossiiskogo patsifizma [The Long Way of Russian Pacifism], Moscow 1997, 262–284.

–, Soviet Evangelicals Since World War II, Scottdale, PA, 1981 (Russisch: 1996).

Toews, Aron A., Mennonitische Märtyrer der jüngsten Vergangenheit und der Gegenwart, 2 Bde., Clearbrook, BC 1948.

Toews, John B., Czars, Soviets & Mennonites, Newton, KS, 1982.

Urry, James, Mennonites, Politics, and Peoplehood: Europe, Russia, Canada, 1525–1980, Winnipeg, MB, 2006.

ANHÄNGE

Gemeinsame Überzeugungen

Angenommen durch die Mitgliederversammlung der Mennonitischen Weltkonferenz Pasadena / USA, 2006.

Durch die Gnade Gottes wollen wir die gute Nachricht von der Versöhnung in Jesus Christus leben und verkündigen. Weil wir zu allen Zeiten und an allen Orten Teil des einen Leibes Christi sind, halten wir das Folgende für die Mitte unseres Glaubens und unseres Lebens:

(1) Gott teilt sich uns mit als Vater, Sohn und Heiliger Geist, als Schöpfer, der die gefallene Menschheit wiederherstellen will, indem er ein Volk beruft, das treu sein soll in der Gemeinschaft, im Gottesdienst, in Dienst und Zeugnis.

(2) Jesus ist der Sohn Gottes. Er hat uns durch sein Leben und seine Lehre, seinen Tod am Kreuz und seine Auferstehung gezeigt, wie wir ihm im Glauben treu nachfolgen können. Er hat die Welt erlöst und ewiges Leben verheißen.

(3) Als Gemeinde sind wir die Gemeinschaft derer, die Gottes Geist dazu beruft, sich von der Sünde abzuwenden, Jesus Christus als ihren Herrn anzuerkennen, die Taufe auf das Bekenntnis ihres Glaubens hin zu empfangen und Jesus Christus in ihrem Leben nachzufolgen.

(4) Als Gemeinschaft der Gläubigen erkennen wir die Bibel als Autorität für unseren Glauben und unser Leben an. Wir legen sie gemeinsam unter der Leitung des Heiligen Geistes und im Licht Jesu Christi aus, um Gottes Willen für ein gehorsames Leben zu erkennen.

(5) Der Geist Jesu gibt uns die Kraft, Gott in allen Lebensbereichen zu vertrauen. So werden wir Friedensstifter, die der Gewalt absagen, ihre Feinde lieben, nach Gerechtigkeit trachten und ihren Besitz mit Notleidenden teilen.

(6) Wir versammeln uns regelmäßig zum Gottesdienst, um das Abendmahl zu feiern und um Gottes Wort zu hören. Wir tun das im Bewusstsein gegenseitiger Verantwortlichkeit.

(7) Als weltweite Gemeinschaft von Menschen, die Glauben und Leben teilen, wollen wir jegliche Trennung durch Nationalität, ethnischen Hintergrund, Klasse, Geschlecht und Sprache aufheben. Wir wollen in dieser Welt leben, ohne uns von den Mächten des Bösen bestimmen zu lassen. Wir bezeugen

Gottes Gnade, indem wir anderen dienen, Sorge für die Schöpfung tragen und alle Menschen dazu einladen, Jesus Christus als Heiland und Herrn kennen zu lernen. Unsere Überzeugungen sind geprägt durch unsere täuferischen Vorfahren des 16. Jahrhunderts, die uns eine radikale Nachfolge Jesu Christi beispielhaft vorlebten. In der Kraft des Heiligen Geistes wollen wir im Namen Jesu Christi unser Leben gestalten und vertrauensvoll auf die Wiederkunft Christi und die Vollendung des Reiches Gottes warten.

Autorinnen und Autoren

Über den Herausgeber
Dr. Fernando ENNS, Professor / Fakultät Religion und Theologie, Vrije Universiteit Amsterdam (Doopsgezind Seminarium); und Stiftungsprofessur „Theologie der Friedenskirchen" / Fachbereich Evangelische Theologie, Universität Hamburg;

Friedenstheologie und -ethik, Systematische und Ökumenische / Interkulturelle Theologie;

Enns, Fernando, Ecumenism and Peace: From Theory and Practice to Pilgrimage and Companionship, Geneva 2022.

Enns, Fernando, Ökumene und Frieden. Bewährungsfelder ökumenischer Theologie. Theologische Anstöße Bd. 4, Neukirchen-Vluyn 2012.

Enns, Fernando, Friedenskirche in der Ökumene. Mennonitische Wurzeln einer Ethik der Gewaltfreiheit. Kirche–Konfession–Religion Bd. 46, Göttingen 2003.

Autorinnen und Autoren
Dr. Neal BLOUGH, Professor em. / Faculté Libre de Théologie Evangélique, Vaux sur Seine; und Dozent / Institut Supérieur d'Etudes Oecuméniques an der Katholischen Universität, Paris, Direktor des mennonitischen Zentrums,

Paris; Kirchen- und Täufergeschichte;

Blough, Neal: Christ in Our Midst. Incarnation, Church, and Discipleship in the Theology of Pilgram Marpeck, Kitchener, ON, 2017.

Blough, Neal: Les révoltés de l'Evangile: Balthasar Hubmaier et les origines de l'anabaptisme, Paris 2017.

Mag. theol. Rainer W. BURKART; Pastor / Mennonitengemeinden Enkenbach und Neudorferhof;

Burkart, Rainer: Heilung der Erinnerung. Versöhnung zwischen Lutheranern und Mennoniten, in: Enxing, Julia / Koslowski, Jutta (Hg.), Confessio. Schuld bekennen in Kirche und Öffentlichkeit. Beihefte zur Ökumenischen Rundschau 118, Leipzig 2018.

Dr. Paul DOERKSEN; apl. Professor / Canadian Mennonite University, Winnipeg, Kanada;
Moderne Theologie, Mennonitische Literatur und Theologie;
Doerksen, Paul, Take and Read: Reflecting Theologically on Books, Eugene, OR, 2016.
Doerksen, Paul (Hg.), James Reimer: Toward an Anabaptist Political Theology. Law, Order, and Civil Society. Theopolitical Visions Series, Eugene, OR, 2014.
Doerksen, Paul, Beyond Suspicion: Post-Christendom Protestant Political Theology in the Thought of John Howard Yoder and Oliver O'Donovan, Eugene, OR, 2010.

Dr. Joel DRIEDGER; Pastor / Mennonitengemeinde Karlsruhe-Thomashof;
Hermeneutik, Friedensethik, Systematische Theologie aus täuferisch-mennonitischer Perspektive;
Driedger, Joel: Der gewaltfreie Messias. Einführung in Theologie und Ethik von John H. Yoder, Berlin 2013.

Dr. Hans-Jürgen GOERTZ, Professor em. / Universität Hamburg;
Thomas Müntzer, Täufertum, soziale Bewegungen in der Frühen Neuzeit, Geschichtstheorie;
Goertz, Hans-Jürgen, Thomas Müntzer. Revolutionär am Ende der Zeiten, München 2015.
Goertz, Hans-Jürgen, Die Täufer. Geschichte und Deutung, München ²1988.
Goertz, Hans-Jürgen, Pfaffenhaß und groß Geschrei. Die reformatorischen Bewegungen in Deutschland 1517–1529, München 1987.

Dr. Helmut HARDER, Professor em. / Canadian Mennonite University, Winnipeg, Kanada; Zeitgenössische Theologie, Mennonitische Glaubensbekenntnisse;
Harder, Helmut, Witnessing to Christ in Today's World, Winnipeg, Kanada, 1990.
Harder, Helmut, Confession of Faith in a Mennonite Perspective- co-authored, Harrisonburg 1995.
Harder, Helmut: David Toews was Here – 1870–1947, Winnipeg, Kanada, 2006.

Dr. Hanspeter JECKER, Dozent a. D. / Bildungszentrum Bienenberg, Liestal, Schweiz; und Präsident des Schweizerischen Vereins für Täufergeschichte / Bienenberg, Schweiz;
Täufertum, Pietismus und Erweckungsbewegungen, historische Friedenskirchen;
Amstutz, Lukas / Jecker, Hanspeter (Hg.), Beiträge zu einer friedenskirchlichen Theologie und Gemeindepraxis, Schwarzenfeld 2017.
Jecker, Hanspeter, Ketzer – Rebellen – Heilige. Das Basler Täufertum von 1580 bis 1700, Liestal 1998.
Jecker, Hanspeter (Hg.), Mennonitica Helvetica, Jahrbuch des Schweizerischen Vereins für Täufergeschichte.

Arli KLASSEN, Regional Representatives Coordinator, and Chief Development Officer / Mennonite World Conference, Kitchener, Kanada.

Dr. Karl KOOP, Professor / Canadian Mennonite University, Winnipeg, Kanada;
Täuferische und mennonitische Studien;
Dueck, Abe / Harder, Helmut / Koop, Karl: New Perspectives in Believers Church Ecclesiology, Winnipeg, MB, 2010.
Koop, Karl (ed.), Confessions of Faith in the Anabaptist-Mennonite Tradition, 1527–1660; Classics of the Radical Reformation Series vol. 11, Institute of Mennonite Studies, Kitchener, ON, 2006.
Koop, Karl, Anabaptist-Mennonite Confessions of Faith: The Development of a Tradition; Anabaptist and Mennonite Studies Series vol. 3, Institute of Anabaptist Mennonite Studies, Kitchener, ON, 2004.

Dr. Larry MILLER, General Secretary em. / Global Christian Forum und Moderator / Mennonite Church Atlanta.
Miller, Larry / Gribben, Robert: Global Christian Forum, in Wainwright, Geoffrey / Mcpartlan Paul (eds.), The Oxford Handbook of Ecumenical Studies, Oxford 2021, 477–486.
Miller, Larry / Van Beek, Huibert (eds.): Discrimination, Persecution, Martyrdom: Following Christ Together, Bonn 2018.
Miller, Larry / Harder, Helmut, Mennonite Engagement in International Ecumenical Conversations: Experiences, Per-

spectives, and Guiding Principles, in Bolen, Donald / Jesson, Nicolas / Geernaert, Donna (eds.), Towards Unity: Ecumenical Dialogue 500 Years after the Reformation, New York 2017, 196–225.

Dr. Andrés Felipe PACHECO LOZANO, wissenschaftlicher Mitarbeiter / Arbeitsstelle Theologie der Friedenskirchen, Universität Hamburg und co-Direktor / Amsterdam Center for Religion and Peace and Justice Studien, Fakultät Religion und Theologie, Vrije Universiteit Amsterdam (Doopsgezind Semiarium);
Friedenstheologie, öffentliche Theologie, täuferische / mennonitische Theologie, dekoloniale / postkoloniale Theologien;
Enns, Fernando / Schroeder-van 't Schip, Nina / Pacheco-Lozano, Andrés (ed.): A Pilgrimage of Justice and Peace: Global Mennonite Perspectives on Peacebuilding, Eugene, OR, 2023.
Pacheco Lozano, Andrés, Spiritual Crisis to a Transformative Spiritual Journey: Re-imagining Reconciliation in Colombia, in Enns, Fernando / Lumā Vaai, Upolu / Pacheco-Lozano, Andrés / Pries, Betty (ed.), Transformative Spiritualities for the Pilgrimage of Justice and Peace, Geneva 2022, 155–169.
Pacheco Lozano, Andrés, Mission and Margin(alization): An Ecumenically-Shaped Anabaptist / Mennonite Approach to Mission, in Schmidt Roberts, Laura (ed.), Concern for Church Mission and Spiritual Gifts: Essays on Faith and Culture, 1958–1968, Eugene, OR, 2022, 170–185.

Dr. Chiou-Lang (Paulus) PAN; adj. Professor / Chung Yuan Christian University, Taiwan und General Secretary / Taiwan Christian Grace Covenant Association, Taiwan;
Missionstheologie, Volksreligionen, christliche Ethik;
Pan, Paulus, Church Pathology: Reflections on Why the Taiwanese Churches Go Wrong (erscheint in Kürze)

Dr. Jaime Adrián PRIETO VALLADARES, Pastor / Discípulos de Jesús, Heredia, Costa Rica; Geschichte, Kultur, Religion in der Afro-Brasilianischen Literatur;
Prieto Valladares, Jaime, Die mennonitsche Mission in Costa Rica (1960–1978), Perspektiven der Weltmission; Wissenschaftliche Beiträge, Bd. 15, hg. von der Missionsakademie an der Universität Hamburg, Ammersbek bei Hamburg 1992.

Prieto Valladares, Jaime, Indianermission im Tal von Talamanca, Costa Rica (1891–1987), Wissenschaftliche Beiträge aus Europäischen Hochschulen, Hamburg 1995.
Prieto Valladares, Jaime: Menonitas en América Latina: Bosquejos Históricos, North Newton, KS, and Kitchener, ON, 2008.

Dr. John D. REMPEL, Professor em. / Toronto, Kanada;
Mennonitische Theologie, Systematische Theologie, Sakramentenlehre;
Rempel, John, Recapturing an Enchanted World: Ritual and Sacrament in the Free Church Tradition, Downers Grove, IL, 2020.
Rempel, John (Hg.), Jörg Maler's Kunstbuch: Writings of the Pilgram Marpeck Circle, Kitchener, ON, 2010.
Rempel, John (Hg.): Mennonite Minister's Manual, Harrisonburg, VA, 1998.

Dr. Jonathan SEILING, Verleger und Übersetzer / Gelassenheit Publications, Kanada; Täufertum, Naturphilosophie, Ökumene;
Seiling, Jonathan / Maendel, Emmy, Jakob Hutter: Letters and Documents, Classics of the Radical Reformation, Walden, NY, 2024.
Seiling, Jonathan: From Antinomy to Sophiology: Modern Russian Religious Consciousness and Sergei N. Bulgakov's Critical Appropriation of German Idealism, Ph.D. Diss, Toronto 2008.
Seiling, Jonathan, „Die biblische Hermeneutik des mennonitischen Kollegianten Jarich Jelles: Zwischen Spinozismus und biblischem Spiritualismus," in Mennonitische Geschichtsblätter, Bd. 79, 69–85, Bolanden-Weierhof 2022.

Dr. Franciska STARK, Associate Professor / Protestantische Theologische Universität, Amsterdam;
Praktische Theologie (Homiletik), Öko-Theologie;
Stark, Franciska / de Leede, Bert, Ontvouwen, Protestantse prediking in de praktijk, Zoetermeer 2017.

Dr. Walter SWATSKY, Professor em. / *Anabaptist Mennonite Biblical Seminary*, Elkhart; USA, und Senior Researcher / International Baptist Theological Centre, Amsterdam.
Globale Kirchengeschichte, Missiologie.
Sawatsky, Walter, Soviet Evangelicals Since World War II, Scottdale, PA, 1981 (Russisch: 1996).
Sawatzky, Walter W. / Penner, Peter (ed.), Mission in the Former Soviet Union, IBTS Books 2, Schwarzenfeld 2005.
Sawatzky, Walter, *Going Global with God as Mennonites for the 21st Century*, North Newton, KS, 2017.

Dr. Pakisha K. TSHIMIKA, Executive Director / Mama Makeka House of Hope, Kinshasa, Democratic Republic of Congo;
Public Health;
Tschmika, Pakisa K., Grief, Grace and Hope: The Autobiography, New York, NY, 2008.

Jonas WIDMER, M.A. Religious Studies & BSc, Data Scientist / Universität Bern, Schweiz.
Digitale Verarbeitung (historischer) Quellen, Machine Learning, automatisierte Handschriftenerkennung;
Widmer, Jonas Mikhael / Zihlmann, Patricia, Schreibt da Gottheit? (30 January 2023), https://boris.unibe.ch/178083/
Ströbel, Phillip / Widmer, Jonas u. a., Bullingers Briefwechsel zugänglich machen: Stand der Handschriftenerkennung, in Trilcke, Peer / Busch, Anna / Helling, Patrick (ed.), DHd 2023 Open Humanities Open Culture 9.10.5281/zenodo.7715357
Hodel, Tobias Mathias / Janka, Anna / Widmer, Jonas, Digital Mappa – Simple and Web-based Annotations. Tool Review. RIDE: a review journal for digital editions and resources (15), 2022, 10.18716/ride.a.15.1